财政信息管理系统

主　编：白恩来　白　贵
副主编：魏　松

中国财经出版传媒集团
中国财政经济出版社

图书在版编目（CIP）数据

财政信息管理系统/白恩来，白贵主编．—北京：中国财政经济出版社，2019.5

ISBN 978-7-5095-8985-4

Ⅰ.①财… Ⅱ.①白…②白… Ⅲ.①财政管理-管理信息系统-高等学校-教材 Ⅳ.①F810.2

中国版本图书馆 CIP 数据核字（2019）第 083578 号

责任编辑：胡 博 庄 莉　　　　责任校对：李 丽
封面设计：孙俪铭

中国财政经济出版社 出版

URL：http://www.cfeph.cn

E-mail：cfeph@cfemg.cn

（版权所有 翻印必究）

社址：北京市海淀区阜成路甲 28 号　邮政编码：100142
营销中心电话：010-88191537
北京财经印刷厂印装　各地新华书店经销
787×1092 毫米　16 开　23.5 印张　453 000 字
2019 年 5 月第 1 版　2019 年 5 月北京第 1 次印刷
定价：68.00 元
ISBN 978-7-5095-8985-4
（图书出现印装问题，本社负责调换）
本社质量投诉电话：010-88190744
打击盗版举报热线：010-88191661　QQ：2242791300

前 言

20世纪末以来，把学生作为知识灌输对象的行为主义学习理论，已经让位于把学生看作信息加工主体的认知学习理论。随着心理学家对人类学习过程认知规律研究的不断深入，近年来，认知学习理论的一个重要分支——建构主义学习理论在西方逐渐流行。

建构主义是当代教育心理学中的一场革命，对于改进教学方法，提高教学质量有着重要意义。建构主义非常重视学生在学习过程的参与及体验，与其他理论不同的是，该理论认为学习过程不是简单的信息输入、存储和提取，而是新旧知识经验之间的双向相互作用过程，也就是学习者与学习环境之间互动的过程。因此，建构主义学习理论认为学习环境中的四大要素为：情境、协作、会话、意义建构。该理论反对满堂灌的教学方法，要求营造适当的环境让学生在体验与协作中学习，通过自己的亲身实践形成新知识。建构主义提倡在教师指导下的、以学习者为中心的学习，也就是说，既强调学习者的认知主体作用，又不忽视教师的指导作用，教师是意义建构的帮助者、促进者，而不是知识的传授者与灌输者。学生是信息加工的主体、是意义的主动建构者，而不是外部刺激的被动接受者和被灌输的对象。

教学是一个相互作用的过程，要想取得理想的教学效果，必须在传者和受者之间构建起双向通道，使教师和学生处在积极的相互作用之中，实行双向教学，提高教学效率。在传统教学中，教师和学生很难一一沟通，难以展现形象化的操作过程，学生难以理解抽象的社会现实。随着信息网络技术的突飞猛进，利用信息化技术开展教学获得了很大的提升空间。网络可提供教学资源共享，促进课堂教学结构的改革。网络版的财政管理软件可以让学生以不同身份登录，扮演各种不同的角色，了解和操作财政部门及相关业务部门多个岗位的业务，真实体验财政部门的实际业务流程。这不仅可以培养学生的动手能力、形象认识，而且对于培养学生的创新精神、探索精神、合作意识也非常有效，是教学改革的正确方向。

通过开展实验教学，学生可以在操作中理解抽象的理论、枯燥的知识，掌握一技之长；可以培养他们的团队精神、协调能力、创新勇气，使他们在体验中学习，在感知中培养，在参与中提高，在实践中成长，不断提高自身的综合素质；实现教学与社会实际的对接，搭建起理论联系实际的桥梁，帮助大学生更好地认识社会、掌握技能、全面发展。

实验教学是学科建设的重要组成部分，也是办学特色化的重要内容。围绕构建有利于培养大学生可持续发展能力的长效教学机制，需要创新财政专业实验教学模式。这个教学模式可以概括为"一、二、三、四"模式，即"一个目标"——以培养大学生可持续发展能力为根本目标；"两个载体"——将实验教学研究作为培养和提高教师能力的载体，将实验教学作为锻炼和提高学生素质的载体；"三大功能"——充分发挥实验室的实践教学、科学研究、服务社会三大功能；"四大内容"——创新教学内容、创新教学手段和方法、创新实验室建设方式、创新实验教学研究成果。这样做，可以搭建一个与理论教学相对应的实验教学体系，使之成为培养学生可持续发展能力的第二战场。

在现代信息社会，政府作为国家的权力中心和社会管理机构，将实现从管理型到管理服务型的转变。政府机构在管理和规范国家政治经济活动之外，将借助强大的网络技术，把更多的时间和精力，投入到社会公众服务中去。社会信息资源和各种政策法规不再会尘封库中或者层层传达，而将通过网络在第一时间与公众见面，通过网络，政府可以广纳贤言，迅速了解社会政治经济的发展动态，甚至是来自社会最底层的信息，并以此做出及时准确的决策，这对于更好地促进经济建设和社会稳定，其好处不言而喻。

电子政务是在先进技术是支撑下的政府服务的变革，它面向的是客户需求而不仅是管理的便利，它是真正的变革，而不仅是流程的自动化。而财政管理信息系统是政府管理工作的核心，也是电子政务建设的重点，所以该系统的实现也具有十分重大的意义。

本书正是基于高等教育改革以及时代的要求编写的，主要用于财政学专业的本科生把理论付诸实践，通过实验课，利用多媒体网络及相关财政教学辅助软件，模拟财政收入的形成、缴纳、入库、核算、使用、检查、考核等事项的发生环境及程序，目的是让学生了解我国财政信息化的发展进程、信息化管理和标准化建设、信息化中的安全与风险防范等基本知识，掌握财政各项资金系统的组成模块、流程及运行相关基本技能，有利于学生理解财政理论，提高实践能力，更好地适应经济和社会的发展需要，实现应用型专门人才培养的目标。

目 录

上篇　理论前沿

第一章　国家治理与财政治理 …………………（ 3 ）
　　第一节　国家治理现代化 ……………………………（ 3 ）
　　第二节　财政改革、财政治理与国家治理 …………（ 10 ）

第二章　部门预算编制与执行 …………………（ 21 ）
　　第一节　部门预算编制内涵解析 ……………………（ 21 ）
　　第二节　预算编制与执行偏差的理论基础 …………（ 24 ）
　　第三节　影响预算编制与执行吻合度的因素 ………（ 27 ）
　　第四节　部门预算科学化精细化路径 ………………（ 30 ）
　　第五节　新预算法对基层财政部门预算管理影响 …（ 34 ）

第三章　财政专项资金管理与实务 ……………（ 38 ）
　　第一节　财政专项资金管理综述 ……………………（ 38 ）
　　第二节　财政专项资金绩效评估 ……………………（ 49 ）
　　第三节　构建财政项目支出绩效评价机制的基本框架 …（ 69 ）

第四章　行政事业单位内部控制 ………………（ 96 ）
　　第一节　内部控制概述 ………………………………（ 96 ）
　　第二节　新行政事业单位内部控制规范解读与
　　　　　　操作指南 ……………………………………（106）

第三节　内部控制实操及案例 ··· (115)

第五章　政府会计改革综述 ··· (151)
　　　第一节　政府会计体系的演进、解构与整合 ······························ (151)
　　　第二节　我国政府会计改革现状分析 ··· (158)
　　　第三节　新政府会计制度体现十大亮点 ····································· (164)

下篇　实验指导

第一章　管理平台基础设置 ··· (173)
　　　实验一　核算账套建立 ·· (174)
　　　实验二　操作员定义及权限分配 ··· (184)

第二章　预算编审系统 ·· (188)
　　　实验一　一上编制及审核、控制数下达 ···································· (189)
　　　实验二　二上编审及批复 ·· (208)

第三章　财政支付中心系统 ·· (225)
　　　实验一　指标编制及下达 ·· (225)
　　　实验二　拨款申请及拨付 ·· (240)
　　　实验三　国库集中支付 ··· (249)
　　　实验四　政府采购管理 ··· (278)

第四章　收入管理系统 ·· (308)
　　　实验　非税收入管理 ·· (308)

第五章　工资管理系统 ·· (321)
　　　实验一　工资系统基础设置 ··· (321)
　　　实验二　工资系统日常业务 ··· (329)

第六章　资产管理系统 ·· (337)
　　　实验　国有资产管理 ·· (337)

后记 ·· (367)

上篇

理论前沿

探訪外國

第一章 国家治理与财政治理

2013年11月12日,中国共产党第十八届中央委员会第三次全体会议通过了《中共中央关于全面深化改革若干重大问题的决定》(以下简称《决定》),提出了全面深化改革的总目标就是要"完善和发展中国特色社会主义制度,推进国家治理体系和治理能力的现代化"。《三中全会决定》提出的这个具有鲜明时代特征的重大命题内涵深刻,影响深远,值得中国公共管理学界深入思考,认真探讨。

第一节 国家治理现代化

一、国家治理现代化的历史背景与紧迫性

从1978年开始的中国改革开放事业是人类历史上具有划时代意义的重大事件,推动了中国经济体制、产业结构、社会形态、治理体系的四大转型:

(一) 经济体制从计划经济转向市场经济

市场经济导向的经济体制改革使得中国的经济体制发生了根本性变化,社会主义市场经济日渐成熟,中国经济高速增长,在过去40年中保持了10%左右的年均增长速度。

(二) 产业结构变化导致农业大国转向世界工厂

中国GDP中农业的比重大幅度下降,占GDP的比重从改革开放之初的30%左右下降到10%左右,而服务业从20%左右增长到46%左右,已经超过了制造业。比较特殊的是中国的制造业。在过去40年里,基本保持了GDP半壁江山的地位,比很多人均GDP相同的国家制造业的比重高出至少10个百分点。凸显了制造业在中国经济当中不可替代的作用。

（三）社会形态从比较封闭的乡村社会转向全面开放的都市社会

中国的社会形态也从一个相对封闭的乡村社会向一个更加开放的都市社会转型。2011年中国的城镇化率首次达到51.27%，城镇常住人口超过了农村常住人口；中国已经成为世界第一贸易国；2013年中国出境人次9800多万；到2013年年底，中国网民超过6亿。

（四）公共治理体系从权力集中转向参与和效率

中国改革开放的过程中，政治与行政管理体制也经历了多方面的转变，包括政府的行政体制改革、反腐倡廉的推进、基层民主制度的不断完善、社会组织的蓬勃发展都是这种转型的重要体现。

中国改革开放成功的因素，总结归纳起来可以有以下几点：（1）解放思想，摆脱僵化的意识形态束缚。例如，在改革开放之初通过真理标准的讨论摆脱了两个凡是的束缚，在改革过程中妥善地解决了姓社姓资的困扰；进入21世纪之后，在融入国际经济体系和保持中国特色之间取得了比较好的平衡，从而使得中国的经济体制改革没有发生方向性的摇摆；（2）协调国家治理体系改革与经济体制改革，确保政局和社会稳定。在中国改革开放的40年中，中国也进行了多次政府内部的行政体制改革，并经受了国内外政治风浪的冲击。但中国政府牢牢把握政局方向，避免无谓争论，不断提高政府效率，确保有效治理。这是非常不容易的。在与非洲的等发展中国家政府官员交流中，往往听到他们谈及非洲不少国家发展面临的最大问题不是具体的经济和社会政策，而是在于它们的政局不稳定。政府的无序更迭和国家内部或国家之间的冲突是最让人痛心的事情。而中国总体保持了稳定，把握了政局，使得中国的改革能够稳妥地进行。同时，通过行政体制改革等提高了政府效率，确保了有效治理。（3）勇于实践，坚持渐进式改革开放。中国改革的过程就是一个勇于实践、敢于探索、不断试错、总结推广的过程。同时，也是改革与开放相互促进形成良性循环的过程。以实际国情出发，制定政策、推进政策，同时保持稳定，体制改革与经济改革保持协调。

但是中国下一步改革与发展面临的问题和挑战也是巨大的。首先，中国经济社会发展的粗放型发展模式亟待转型，传统的依靠出口和投资拉动的经济增长方式风光不再。其次，中国经济在过去40年高速增长的过程中，也消耗了很多宝贵的生态矿产资源，环境污染问题十分严重，雾霾已经成为当今中国人民生活中挥之难去的阴影。同时，在利益分化、价值多元、收入差距加大的情况下，社会信任缺失严重，社会矛盾与风险不断加大。

我们必须看到，尽管中国从1979年以来以经济建设为中心的改革开放事业取得了巨大成功，但要解决当今发展所面临的种种挑战，仅仅把视角聚焦于与市场经济体制相关的改革已经远远不够了,中国必须启动以公共管理现代化为基础的国家制度建设的重大转型,为长治久安与和谐发展奠定基础。

二、国家治理现代化的基本框架与内涵

国家治理现代化的命题有四个核心的内容:

(一) 国家的基本政治制度

一个国家的基本政治制度是关于国家权力的性质、组织、分配、运作等方面的基本规范法度。其内容包括政党体系、选举制度、立法机构、政府组织、司法体系、军队体系、政府—市场关系等。一个国家的政治制度与这个国家的历史文化传统、经济社会发展现状、公众选择意愿等因素密切相关。一个国家的基本政治制度有其相对的稳定性,但也会随着经济社会的发展而变化演进。正如习近平总书记谈到的那样:"一个国家选择什么样的治理体系,是由这个国家的历史传承、文化传统、经济社会发展水平决定的,是由这个国家的人民决定的。我国今天的国家治理体系,是在我国历史传承、文化传统、经济社会发展的基础上长期发展、渐进改进、内生性演化的结果。我国国家治理体系需要改进和完善,但怎么改、怎么完善,我们要有主张、有定力。"

(二) 国家治理的价值体系

国家治理的价值体系是指在国家治理领域中社会意识的集中反映。习近平在中央党校的讲话中谈道:"推进国家治理体系和治理能力现代化,要大力培育和弘扬社会主义核心价值体系和核心价值观,加快构建充分反映中国特色、民族特性、时代特征的价值体系。"在这个价值体系中,国家治理的价值体系对各级政府行为和公共政策导向将产生巨大影响。美国公共管理学界在 20 世纪 30 年代到 50 年代期间曾经对传统公共行政理论中的政治—行政二分有过反思。很多学者对公共行政要保持价值中立,与政治分离的主张进行了批评。很多价值理念,如公众参与、公开透明、正当程序等都隐含在政府执政行为和运作程序中。中国从 2003 年开始提出的"科学发展观"和近年来提出的"社会治理"也都隐含着国家治理价值体系的变化与演进。

(三) 国家治理体系

从治理体系的概念出发,国家治理体系涉及到国家治理各类组织的功能定位、基本结构、运行规则、操作机制与策略。国家治理的有效性与国家治理体系的科学性与合理性有着密切的关联。改革开放后我们推进的历次行政体制改革主

要是集中在这个层面,如何使国家治理机器运行得更加科学,更加合理。例如,中国目前很多监管型机构与行政型机构的机制设计没有什么差别,从而使得其监管职能很难充分发挥。但在很多其他国家,监管型机构的功能定位、运行模式和组织结构与行政型机构都有很大差别,按照完全不同的运行逻辑在工作。

(四)国家治理能力

国家为了实现其治理目标所需要的资源动员能力、资源配置能力和资源有效使用能力。这里的资源既包括财力资源,也包括人力资源、信息资源等。资源配置能力既包括公共财政在不同社会需求领域的配置,也包括中央与地方财政资源的合理配置。资源的有效使用既包括常规状态下公共资源的有效使用,也包括紧急状态下政府有效动员各种资源应对突发事件的能力。综上所述,国家治理现代化涉及到基本的政治制度、价值体系、治理体系和治理能力。这几者之间有着密切的联系,但也有其各自的特点。基本的政治制度在国家治理现代化的范畴中起根本性的作用,确定了国家治理的基本方向和基本道路。不同的国家对政治制度有不同的选择,对中国而言,就是中国特色社会主义制度。国家治理的价值体系是一个国家执政理念的集中体现。也是基本政治制度与治理体系和治理能力之间的纽带。国家治理体系和治理能力是实现国家治理目标的核心要素,受到两个方面的影响。一方面,治理体系和治理能力受到基本政治制度的规范与制约。另一方面,治理体系和治理能力也必须遵循现代公共管理的基本规律。正因为如此,不同国家的治理体系和治理能力在现代公共管理的理论框架下有一定的可比性。所以世界银行等国际机构也经常发布一些国家治理能力的国际比较。

三、国家治理现代化的道路选择

从政策分析的框架来讨论在国家治理现代化建设过程中具体会遇到的一些挑战:

(一)问题根源的识别——多重转型叠加导致政策问题识别困难

如前所述,中国从20世纪70年代末开始的改革带领中国经历了若干重大转型,包括经济体制、产业结构、社会形态和治理体系。由于这些重大转型的叠加,使得中国改革面临的复杂性是全世界前所未有的。这种高度复杂性使得我们识别中国当前各种问题的根源非常困难。例如,传统公共政策理论中涉及到市场领域时面临的主要问题是市场失灵,包括公共产品、外部性、自然垄断、信息不对称等市场失灵现象。但由于中国从计划经济到市场经济的转轨还没有完成,因此,中国除了典型的市场失灵问题,还同时面临着市场发育不健全的问题。例如，在很多重要的经济领域中，还存在着产权不清晰、市场主体发育不成熟、市场缺乏足够竞争等问题。当市场失灵和市场发育不健全这两类问题交织在一起导致市场运行出现问题的时候，做出正确诊断并提出合理解决方案就变得非常困难。例如，有些市场不健全的问题被归罪于市场失灵，所以本来应该更好推进市场化改革，让市场配置资源的作用充分发挥出来。但由于误认为是市场失灵，政府的手就伸进来，力图用行政的手段来解决相关的问题。而另外一些市场失灵的问题又被认为是市场运行中必然存在的现象，政府反而放手不管或没有采取有效的手段来解决。

同样，我们也常常可以看到把政府失灵和政府不完善，社会失灵与社会发育不健全混为一谈的现象。由于对这些问题根源的判断错误，找到的解决方案往往也是错误的，从而导致改革走弯路。非常遗憾的是，由于现代公共管理教育在中国的发展滞后，很多公共管理中的一些基本概念，如市场失灵、政府失灵等，在中国的普及程度非常有限。因此，在识别当前中国各种问题背后的根本原因方面产生各种混淆仍然在所难免。

(二) 改革路径选择——目标模式多元导致改革路径曲折

中国深化改革的核心之一就是调整政府、市场与社会之间的关系。政府、市场与社会在不同公共事务当中怎样有机配合，三者之间的关系按照什么模式安排才符合理想，理论和实践上并没有唯一的答案。Levi-Fauer 把这个方面国际相关研究归纳总结为四种模式。第一种是"空心政府"治理模式。在这种模式下，政府的权力和权威被地方政府、市场及其他政治组织所分割与分享，逐渐形成空心政府。第二种是"去治理化"的治理模式。这种模式所追求的是治理最小化，不仅仅是政府减少规制，而且包括企业之间和社会组织之间的自我治理也是越少越好。第三种是"以政府为中心"的治理模式。这种模式认为政府仍然是合法权力的中心，应当在公共事务的治理中发挥主导作用。第四种是"大治理"模式。这种模式特别强调规制在治理体系中的重要作用。

中国的转型过程很难从这些多元的目标模式中去生搬硬套。需要在具体实践中逐步探索。由于历史的原因，中国政府在公共事务中仍然发挥巨大的主导作用，需要更好地发掘市场和社会在公共事务中的巨大潜力。新一届政府成立后，在简政放权，激发社会活力方面做了很多工作，已经通过七个批次，取消和下放了共632项行政审批等事项，约占改革前行政审批项目总数的1/3。但与此同时，中国的社会性规制仍然面临着重大的挑战，全国食品药品监管的任务仍然异常繁重，环境污染问题挑战空前严峻。这些问题的解决都需要大大加强政府的监管职能，而不是简单地放给市场或社会。这就充分说明，中国深化改革的路径很难沿着一个简单的单一方向的路径执行，必须充分考虑到中国改革现实的复杂性和多样性，并据此实事求是地设计改革路径。

（三）现代治理的困境——理论与现实脱节导致现代治理难以推行

国家治理现代化的一个重要基础就是治理理论与实践的统一。但我国目前的情况是，在行政体制改革的理论概念方面紧跟国际潮流，如新公共管理、善治、绩效管理等。但在政府的管理实践中对与基本公共管理原理严重脱节的现象却熟视无睹。

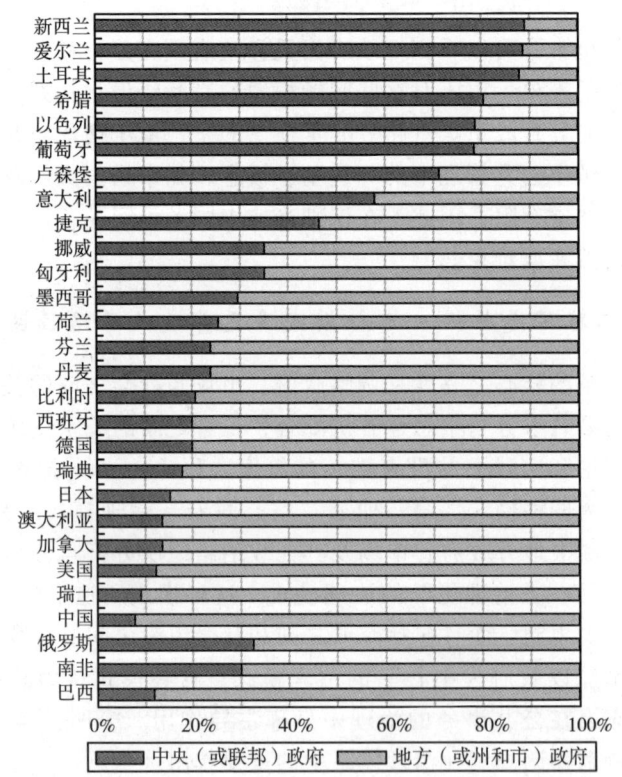

图1-1 OECD和金砖国家公务员在不同层级政府间的分布

资料来源：OECD网站（2008）。

例如，政府职能与政府运行资源的合理匹配是任何现代政府运行的基本条件，这很难说是什么高深的理论，而不过是现代公共管理中的一个基本常识。但是，中国现代公共管理的实践却存在着大量违反这一基本常识的现象。例如，在中国700多万公务员中，中央政府人员所占比例不超过1%，即使把其他各类参公人员都算上，在OECD和金砖国家中也是最低的（见图1-1）。这样的编制人数与中央政府实际承担职能的需要来比远远不足。正因为如此，中央政府各个部门通过各种方式大量借入的现象长期存在，一些部门外借的人数甚至超过了自身的编制。由此产生的各种违反行政规律的弊病也因此长期存在。

与此类似的一个现象是包括公务员和事业单位人员在内的公共部门人员的薪酬问题。前一段时间网上一篇题为《公务员收入之真相》的消息引起了社会的关注。作者是一名在湖南省某市一行政执法机关工作近三十年的公务员，担任科长十二年。每月工资加上津补贴一同打到工资存折上的收入是2643.68元。"这么一个工资收入水平，在本地，正好和请个保姆的工资相当。可是，保姆的工资是包吃住以后的纯粹收入。"无独有偶，他的女儿2010年大学毕业工作三年后通过考试成为中央国家机关公务员。她现在每月的工资是2790元，外加住房补贴每月800元。现在每月交完房租2300元之后，所剩不到500元。与此类似，按照现行国家事业单位工资制度，在国内高校担任二级正教授的岗位工资只有1900元，博士毕业后20年教龄的薪级工资为984元，绩效工资为170元，加起来基本工资为3054元/月。从国际比较上看，中国高校教师的收入水平与国外同行相比也是最低的。根据2008年的一个研究，中国高校新入职教师收入在国际比较中居末席（见图1-2），最高级别教师也同样居末席。

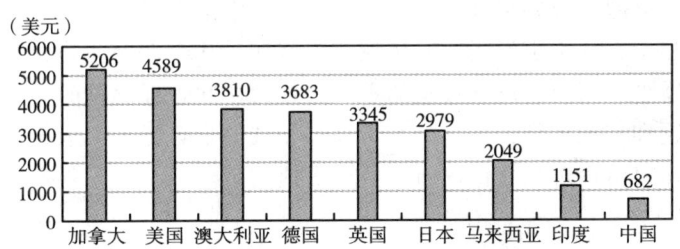

图1-2　各国高校新入职教师月工资收入情况

正因为在公共部门人力资源体系中存在着如此巨大的制度性扭曲，所以很多政府部门和事业单位通过各种方式给本单位职工争取各种福利或灰色收入也就成为比较普遍的现象，为各种形式的部门利益和腐败寻租提供了广泛的空间和土壤。以上这两个例子充分凸显了中国推动现代治理的困境——符合现代政府运行的基本规则无法实施，而只能通过各种非正式的规则和行为来对不合理的扭曲进行修正：在中央政府编制不够的情况下采用借调的方式补充人员；在公共部门的薪酬体系不合理的情况下，采用各种名目的补贴来弥补不足的收入。为什么这些明显违背现代公共管理原则的实践如此难以改变？

首先，我们对于现代国家体系运行的基本规律还缺乏深入的研究，对于不同政府职能所需要的基本人力物力缺乏科学的分析与核算，政府职能的增减往往与政府行政资源的增减完全脱节。同样，在市场经济条件下，政府工作人员的薪酬待遇应该参照什么样的标准？应该如何根据市场变化进行调节？这些都缺乏科学合理的设计和稳定的制度安排。

其次,受国际趋势影响和很多网络不实信息影响,中国社会近年来对中国政府的运行形成了一系列错误的认识,如认为中国政府规模过大,政府收入待遇过高等,并形成了一种社会舆论,从而使得政府在改善和解决前述问题上有所顾忌。以上从政策问题根源的辨识、改革路径的选择,及现代治理的困境等方面所做的分析充分表明,中国深化改革所面临的挑战是多方面的,既有思想观念与客观规律认识方面的问题,也有现实操作的具体利益的问题,这些问题交织在一起,使得中国深化改革的任务异常艰巨。

结 语

中国国家治理现代化目标的提出是人类社会制度演变过程中的重大事件,其复杂程度和面临的挑战是人类历史上前所未有的。正因为如此,从改革的战略和战术的角度看,需要把顶层设计与渐进调试有机地结合起来。而这场意义深远的重大改革也为中国公共管理事业的发展提供了空前的机会。从现代公共管理的前身——行政学算起,公共管理学作为一个学科在中国发展已近百年。在过去近百年的发展过程中,从来也没任何时候像今天这样,社会发展向公共管理学领域提出了强烈的需求,国家治理现代化的重大命题为公共管理学科的研究提出了一系列的理论问题和实践问题,中国公共管理学领域的学者要勇于承担这样的历史责任,为中国国家治理现代化做出自己的历史性贡献。

第二节 财政改革、财政治理与国家治理

一、财政在国家治理中发挥基础性作用

《决定》有十六个部分,其中第五部分是讲财税改革;具体有 60 条,其中有 32 条与财政改革有关。可以说,关于全面深化改革的内容中有一半与财税改革直接关联。《决定》明确指出:"财政是国家治理的基础和重要支柱。"

如何理解财政的这种重要性,可用"改进的木桶原理"来说明。木桶原理是指一个木桶能装多少水是由最短的那块木板的长度决定的。以系统论的观点来分析,每一块木板是同等重要的,共同决定木桶的功能。如果把国家治理比作木桶,那么,财政在其中不是竖着的木板,而是底板。对于木桶功能而言,底板与竖板的重要性有重大区别,前者决定整个木桶功能"有与无"的问题,桶底一旦有漏洞,或者掉了,整个木桶功能就丧失了;后者决定木桶功能"大与小"

的问题，一旦出现短板，木桶功能就会大打折扣。显然，财政作为国家治理这个木桶的底板发挥基础性作用，若财政治理出了问题，就会动摇整个国家治理，甚至导致国家治理失效。

从现实来看，财政治理的碎片化、不规范、不统一等问题已经相当严重。例如税费的征收，法定原则远未落实，妨碍市场在资源配置中发挥决定性作用，抑制了微观活力和创新动力。在财政资金的分配和使用上，预算与政策两张皮，各部门争取财力的积极性很高，但干什么往往不清楚，造成钱花了不少，但效果低下，损失浪费现象相当普遍。花钱没有变成一种责任，而是仅仅成为一种权力，争取资金越多，意味着权力越大。这种异化使政府职能的转变变得越来越艰难。财政治理的脆弱性，也弱化了国家治理，给国家治理带来越来越大的潜在风险。

二、财政是公平与效率的融合机制

国家治理能力的强弱，可以用效率与公平的融合程度来衡量。纯粹的市场机制无法解决公平问题，市场本身产生"马太效应"。公平问题，靠"无形之手"难以解决，主要靠政府这只"有形之手"。学术上把公平和效率对立起来，实质上是市场与政府在理论界长期对立的逻辑延伸。从整体来衡量，市场与政府是有机的统一，效率与公平要有机融合，财政是不可或缺的载体。

三、财政要平衡两个"钱袋子"

从国家与老百姓的关系来看，财政制度安排关系到两个"钱袋子"：国家的"钱袋子"和老百姓的"钱袋子"。这两个"钱袋子"通过财政这个管道连接在一起，财政的任何制度安排都会对其产生影响。国家多收，国家的"钱袋子"就会鼓起来，可以提供更多的公共服务，避免更多的公共风险；但老百姓的"钱袋子"就会瘪下去了；相反，国家少收，老百姓的"钱袋子"就会鼓起来，国家的"钱袋子"就会瘪下去，可以提供的公共服务就会减少，公共风险可能扩大。这就涉及到国家的"钱袋子"和老百姓的"钱袋子"的平衡问题，必须依据不同发展阶段的特定经济社会条件，找到一个黄金分割点。

从个体的角度来看，当然是自己的"钱袋子"越鼓越好，对税费产生一种本能的抗拒，或者说个体天生就有逃避税费的心理。故而说，征税是拔鹅毛的艺术。那么，两个"钱袋子"怎么来平衡呢？矛盾的主要方面不是哪个"钱袋子"的多与少的问题，而是判断多与少的依据。从理论上看，长期以来有个流行的理论，即社会福利最大化。这个理论最大的问题是福利是没有上限的，从人性来看，趋向多多益善。如此一来，在政治家与老百姓的共同"努力"下，社会福利最大化往往会失去约束，要么造成多收，税赋重；要么赤字扩大，债台高筑。这对国家治理而言，无论哪一种情况都不是福音。从西方国家的实践来看，这个理论已经带来严重的危害。欧洲主权债务危机已经产生严重的后果。这个理论有误导的嫌疑。

从我国来看，需要理论创新，通过新的理论来指导我们的实践，平衡好两个"钱袋子"。国家治理的本质是风险的治理，追求的目标是公共风险的最小化。这既是一种风险思维，也是一种底线思维。政府的责任是托底，使老百姓无法承担的公共风险最小化，使老百姓承受最小的公共风险，而不是福利的最大化。公共风险，就是社会个体无法化解，而需要集体的力量、国家的力量去化解的风险。公共风险最小化，应该是衡量国家"钱袋子"要装多少钱的标准。社会福利最大化理论，无论从逻辑，还是从实践来看，都是有问题的。公共风险最小化，就是避免公共危机的产生，这是政府的责任边界，剩下的事情都是老百姓自己可以解决的。

从当前来看，平衡两个"钱袋子"，就是要通过财政改革来实现。十八届三中全会提出"改革税制，稳定税负"。这是基于当前现实条件提出的一个改革原则，也是当前条件下平衡两个"钱袋子"的原则。稳定税负，实质是稳定市场、社会的预期，表明财政收入增长要和经济增长相适应。依据经济增长的潜力和公共风险化解的迫切需要，财政收入的过快增长或者过低增长都不现实，都可能造成更大的公共风险——要么是因加重税负造成经济进一步滑坡，要么是因公共服务缩减造成民众的更加不满。在当前条件下，稳定税负是改革风险最小化的原则，也是公共风险最小化的原则。

四、实行两级治理，发挥中央与地方两个积极性

大国治理、大国财政与小国治理、小国财政具有质的区别，不可同日而语，不能相提并论。发挥中央、地方两个积极性，既是我们国家治理的一个重要原则，也是大国财政的必然要求。我们在讨论行政体制改革和财政体制改革的时候，大多是从五级政府的角度来考虑的。这使我们陷入一个严重的误区，认为政府级次、财政级次太多，应当缩减。其实，政府级次与国家治理的级次是两个不同的问题，而且性质不同，因为二者存在的依据不同，不能混为一谈。

从国家治理的角度来观察，我国作为一个单一制国家，国家治理在纵向上是两级架构：国家（中央）与地方。与此相应，我国的财政分权改革也是两级，而不是五级。一级是国家层面的，由中央国家机关来治理；另一级是地方层面的，由地方国家机关来治理。我国实行中央和地方两级立法体制，但地方的立法体制只赋予到省一级，省以下没有立法权。在这里，"地方"是一个整体，属于

独立的法律实体，也是市场经济条件下独立的利益主体和发展主体。与此相应，司法体制也将向两级过渡，地方作为整体是一级司法，在国家层面是一级，国家再设巡回法院和专业性法院来解决司法独立审判的问题，促进司法的审判公平。从这个角度来看，国家治理的两级架构非常明显。税收的征管也是两级架构，不是每级地方政府都有税务局，征税权是两级，而不是五级的概念。我们过去说，一级政府一级财政，但是征税权并不是有一级政府就有一级征税权。当然，我国的征税权在地方一级体现得并不充分，并无税种的开征、停征权。从国家治理架构来看，我国是两级财政，而不是五级财政的概念。这就是为什么总是强调两个积极性，而不说五个积极性的原因所在。

因此，财政体制改革应抓住主线，即从国家治理两级架构来考虑，从两个层面来搞好财政体制改革的总体设计：一是在国家层面处理好中央与地方的财政关系，再一个就是在地方层面处理好省以下的财政关系。地方层面的财政体制与国家层面的财政体制是不同的，如何改革应分开设计，不能混同。在国家层面的分权和地方层面的分权也是不一样的。地方治理、地方财政体制怎么搞是另外一个层面的问题，它们的性质和任务是不同的。只有明确了这条主线，财政体制改革才能避免微观化陷入误区而不知。

五、财政治理的实施途径

在此次全面深化财政改革的基础上，再向前推进一步，达到"财政治理"的目标，形成一个"35 年财政改革——财政再全面深化改革——财政良性治理"的路径。具体措施及后续发展如下：

（一）坚决抛弃"税收任务论"，回归"经济决定税收，税收反作用于经济"的本质

《决定》指出："审核预算的重点由平衡状态、赤字规模向支出预算和政策拓展。"对这个问题，前财政部长楼继伟作了十分到位的解读："我国预算审批包括收入、支出和收支平衡三个方面，但核心是收支平衡，而不是支出规模与政策。如果预算以平衡状态为重点，那么每年财政收入就必须完成预算安排，否则就会造成赤字扩大。这样一来，客观上容易带来预算执行的'顺周期'问题，当经济较热的时候，完成收入任务比较容易，财税部门会倾向于少收点，民间的钱越多，经济就会越热；当经济较冷的时候，完成任务不容易，财税部门为了完成任务就倾向于多收，民间的钱少了，经济就会更冷。因此，在预算审批以支出为重点后，税收就不再是任务而是预期。财政收入依法征收，这是一项重大的机制变化"。这种治国理财观念的转变，最大的受益者是企业。

这是对"税收任务论"的彻底否定,《决定》的这个论断也让所有企业家松了一口气。经济发展过程充满不确定性,税收计划只是一种导向,超额完成与未完成税收任务都有可能,正好完成计划倒是不正常的。这也是"经济决定税收规律"在起作用。回顾改革的历程,可以发现税收考核计划任务与依法征税是矛盾的。一是税收考核计划任务指标数下达不科学。传统"基数法"的税收考核计划任务必然与税源实际相违背。二是税收计划执行带有相当的行政指令性特色。有的地方政府在制定税收任务时,不切实际地规定本级收入完成数额。这就容易形成税源形势好,税务机关要适当控制当年税收增长的幅度,不想收,不严查,以便下年"机动"。一旦税源形势不好,而要完成收入任务,就会出现人为"变通"手段如"拉税"或"引税"和不按规定税种入库等现象。这些都是对市场经济的"破坏力"。

同时,还应该强调要重点审核增加民生、生态、文化等方面的支出比重,还要了解这些支出下拨之后是否达到应有目标。现在的预算公开更多的是财政收支情况的报账,预算要更多强调公开支出政策及其效果,只有这样,预算社会监督才有章可循。

(二)法定支出与 GDP 脱钩

《决定》指示:"清理规范重点支出同财政收支增幅或生产总值挂钩事项,一般不采取挂钩方式。"这是一个突破。按照现有制度,与财政收支增幅或 GDP 挂钩的重点支出涉及七类,包括教育、科技、农业、文化、医疗卫生、社保、计划生育。2012 年,财政安排这七类挂钩支出就占到全国财政支出的 48%。支出挂钩机制在特定发展阶段为促进上述领域的事业发展发挥了积极作用,但也不可避免地造成财政支出结构固化,加大了政府统筹安排财力的难度,全国财政从中央到县四级都要求挂钩,也不符合社会事业发展规律,部分领域甚至出现财政投入与事业发展"两张皮",容易产生"钱等项目"、"敞口花钱"等问题。另一弊端是造成财政专项转移支付过多,资金投入重复低效。清理规范挂钩并不意味着财政要削减这些重点支出,只是不再采取这种挂钩方式,根据需要安排。

从地方的情况来看,硬性的挂钩是一种教条主义,比如全社会教育支出占 GDP 的 4%,对中心城区来说会造成浪费,而贫困地区仍然不足。目前在法定支出方面主要存在以下问题:一是支出数量不足不实。对于法定增长支出主要表现在年初预算中不足额安排或者安排后不能落实,逐年向后结转造成法定支出增长"有名无实"。二是支出结构不合理。从支农支出情况看,有些县支农支出虽然达到了法定要求的数额,但支出的绝大部分用在农业主管部门的人员经费,对农业基础设施、农业科技、农村社会化服务体系等营运维护和建设资金严重缺乏。三是支出的效果不佳,尤其是重复投入的部分。

(三) 建立滚动预算制度

年度预算审核重点的变化，预算确定的收支平衡状态在执行中有可能被打破。为确保财政可持续，就要建立跨年度预算平衡机制，一方面是建立跨年度弥补超预算赤字机制，另一方面是建立中长期重大事项科学论证的机制，对一些重大项目不能一年一定政策，要有长远考虑，通过实行中期财政规划管理，强化其对年度预算的约束性，增强财政政策的前瞻性和财政可持续性。也就是说各年份之间的财政任务并不均衡，有时有赤字，有时有结余，因此，不妨追求跨年度平衡。这就有必要建立滚动预算制度。

滚动预算又称连续预算或永续预算，是指在编制预算时，将预算期与会计年度脱离，随着预算的执行不断延伸补充预算，逐期向后滚动，使预算期始终保持为固定期间的一种预算编制方法。如加拿大的预算编制就是建立在正确可靠预测的基础之上，并实行滚动预算。根据《预算透明与责任法案》，政府要成立经济预测委员会，为财政部长进行财政经济形势预测提供建议。在预算编制以前和预算编制过程中，经济预测委员会将根据财政经济形势的发展变化，不断更新其财政经济形势预测。在每年正式编制预算之前，加拿大财政部首先会根据经济形势的发展变化不断更新其"经济与财政展望"报告，这一报告包括对未来 2～3 年的财政收入、支出和盈余（或赤字）情况的预测，这是财政部开始准备预算编制的标志，也是预算编制的重要基础，值得我们借鉴。

(四) 权责发生制的政府综合财务报告

权责发生制是指以实质取得现金的权利或支付现金的责任权责的发生为标志来确认本期收入和费用及债权和债务，而不是以现金的收支来确认收入费用。权责发生制可以部分缓解"年终突击花钱"的现象。如果是现收现付制，年度拨款的钱到了 12 月 31 日没有花完，要么钱会被收回，要么影响下一年的基数。如果是权责发生制，这就不只是看现在还要看全项目，但这其中要配套中期预算的改革。因此，权责发生制的政府综合财务报告与滚动预算制度是密切相关的。按照党的十八届二中、三中、四中全会精神，根据新修订的《中华人民共和国预算法》和《国务院关于深化预算管理制度改革的决定》（国发〔2014〕45 号）有关要求，2014 年 12 月 12 日国务院批转财政部《权责发生制政府综合财务报告制度改革方案》（国发〔2014〕63 号），初步建立了政府会计准则体系和政府财务报告制度框架体系。为了加快建立健全政府会计核算标准体系，2017 年 10 月 24 日，财政部印发了《政府会计制度——行政事业单位会计科目和报表》（财会〔2017〕25 号），制定适用于各级各类行政事业单位的统一的会计制度。

（五）政府债务管理及风险预警机制

全国审计系统的政府债务审计工作已经接近尾声，很多专家预计债务总量在20万亿元左右。各级政府债务规模到底多大才算合理？关键是与财政规模、GDP规模挂钩。2013年以来，国务院、财政部等在地方政府债务管理和平台融资模式等方面进行多次政策调整，调整城市建设投融资模式，推进地方政府债务甄别，建立债务预算管理制度、风险预警及风险处置机制，发行置换债券；明确融资平台各类债务的偿债主体，平台清理、整顿、剥离乃至市场转型，目前地方投融资平台再也不能维持原来靠政府信用和土地资产注入方式进行融资替政府进行基础设施建设了。目前阶段，置换债务工作已接近尾声，现阶段地方政府正在采取各种措施进行债务化解，以防范债务风险。

2010年6月印发的《国务院关于加强地方政府融资平台公司管理有关问题的通知》，对全面清理规范融资平台公司作出了要求部署。按照国务院要求，财政部会同有关部门采取了一系列政策措施，防范化解财政金融风险，加快建立健全地方政府性债务管理制度。财政部会同国家发改委、人民银行、审计署、银监会等有关部门研究相关配套制度文件，督促地方政府做好加强融资平台公司管理各项工作。严格控制地方政府新增债务，抓紧建立地方政府性债务风险预警机制。

2014年9月21日，《国务院关于加强地方政府性债务管理的意见》（国发〔2014〕43号）中指出"加强政府或有债务监管。剥离融资平台公司政府融资职能，融资平台公司不得新增政府债务。地方政府新发生或有债务，要严格限定在依法担保的范围内，并根据担保合同依法承担相关责任。地方政府要加强对或有债务的统计分析和风险防控，做好相关监管工作"。

2016年10月27日，国务院办公厅关于印发了《地方政府性债务风险应急处置预案的通知》国办函〔2016〕88号，建立健全了地方政府性债务风险应急处置工作机制，要求坚持快速响应、分类施策、各司其职、协同联动、稳妥处置，牢牢守住不发生区域性系统性风险的底线，切实防范和化解财政金融风险，维护经济安全和社会稳定。

2018年3月28日，财政部《关于规范金融企业对地方政府和国有企业投融资行为有关问题的通知》（财金〔2018〕23号）中指出"除购买地方政府债券外，不得直接或通过地方国有企事业单位等间接渠道为地方政府及其部门提供任何形式的融资，不得违规新增地方政府融资平台公司贷款。可见随着地方政府债务纳入预算管理，平台公司被剥离了政府融资职能，政府性债务制度不断收紧，平台公司失去了生存空间和原有功能。

（六）扩大一般性转移支付

一般性转移支付是指上级政府根据依法核定的下级政府标准财政需要额与财政支出额的差量以及各地区间在人口、资源、贫富等方面存在的差别因素将其财政资金转作下级政府财政收入的一种补助形式。如增加对革命老区、民族地区、边疆地区、贫困地区的转移支付。而"中央出台增支政策形成的地方财力缺口，原则上通过一般性转移支付调节"。也就是说，不能再出现"中央请客、地方买单"的状况，出台政策也要出资金。对于法定配套支出，主要问题是一些地方在争取国债建设资金、农业综合开发、世界银行和外国政府贷款项目时有意扩大计划申报数额而在要求地方落实配套资金时采取"假配套"或向企业借款方式。专项转移支付是指上级政府为实现特定的宏观政策目标以及对委托下级政府代理的一些事务进行补偿而设立的专项补助资金。专项转移支付往往与"跑部钱进"联系在一起，因此有必要"清理、整合、规范专项转移支付项目，属地方事务的划入一般性转移支付"。2014年12月27日，国务院印发《关于改革和完善中央对地方转移支付制度的意见》（以下简称《意见》），针对中央和地方转移支付制度存在的问题和不足，提出了改革和完善转移支付制度的指导思想、基本原则和主要措施，进一步明确将加大一般性转移支付的比重。也就是说，中央对地方拨款中，将有更大比例由地方自行决定用途。

（七）税法升格

"落实税收法定原则"是党的十八届三中全会决定提出的一项重要改革任务。根据党的十八大和十八届三中、四中全会精神，为全面落实依法治国基本方略，加快建设社会主义法治国家，按照中央全面深化改革领导小组的统一部署，全国人大常委会法工委牵头起草了《贯彻落实税收法定原则的实施意见》。实施意见明确，开征新税的，应当通过全国人大及其常委会制定相应的税收法律，同时对现行15个税收条例修改上升为法律或者废止的时间作出了安排。实施意见已经报经党中央审议通过。将这个实施意见落实好，有利于推动我国宪法确立的税收法定原则的贯彻落实，进一步规范政府行为，推动完善我国税收法律制度，使其在国家治理中发挥更加积极、有效的作用，为实现国家治理体系和治理能力现代化提供更坚实的制度保障。目前我国18个税种中有6个已实现法定，还有12个需要上升为法律，2018年立法工作计划建议已将耕地占用税、资源税、消费税、契税这6个税种列入立法计划，力争在2020年完成"落实税收法定原则"的改革任务。

（八）房地产税立法并适时推进

加快房产税立法和改革步伐，减少房产建设和交易环节税费，清费立税，增加房产保有环节的税收。如果能够果断地"以税（房地产税）代金（土地出让金）"，税负放在持有环节，而不是购买环节，房价将下降，一定面积自住房产免税，炒房则征房地产税，如此，才会有更多的人买得起、住得起房，才能理顺财政与房地产关系，扭转"土地财政"的局面。

在2018年政府的工作报告中对房地产税的相关表述为"稳妥推进房地产税立法"，而在2019年政府的工作报告中却产生了新的变化，表述为"稳步推进房地产税立法"，这就表示了最新的房地产税正在制定的过程，目前处于研究起草阶段，还没有形成共识，还有很多问题还在研究，并且还存在意见分歧。

（九）国税地税合并，才能对违规优惠"零容忍"

各地招商引资拼的就是给投资者的税收返还，但这容易造成财政利益的总体损失。清理规范税收优惠政策，也是三中全会确立的重要任务。市场经济是公平竞争的经济，税收优惠政策过多过滥不符合市场经济的一般原理。要按照统一税制、公平税负、促进公平竞争的原则，加强对税收优惠特别是区域税收优惠政策的规范管理。对于目前已有的优惠政策，要确定期限、限期取消。区域发展规划应与税收优惠政策脱钩，原则上不再出台新的区域税收优惠政策，税收优惠政策统一由专门税收法律法规规定。同时，严格禁止各种越权税收减免。《决定》中提出要"完善国税地税征管体制"，尽量减少征管重复与征管空白。但是，从最近20年来看，国税地税分设是弊大于利，增加了税收成本，增加了征管漏洞。应该考虑将两者合并。只有这样才能控制税收肆意优惠的问题。

2018年3月13日，十三届全国人大一次会议第四次全体会议上，国务委员王勇受国务院委托向十三届全国人大一次会议作关于国务院机构改革方案的说明。该说明第二点第十一条明确指出，改革国税地税征管体制。将省级和省级以下国税地税机构合并，具体承担所辖区域内的各项税收、非税收入征管等职责。国税地税机构合并后，实行以国家税务总局为主与省（区、市）人民政府双重领导管理体制。通过国地税合并，可以降低税收征纳成本，提高征管效率，推动"放管服"改革落地见效。

（十）事权与财权要结合

实行分税制近20年，事权与财权不相适应是一个突出的问题。要"适度加强中央事权和支出责任"，"部分社会保障、跨区域重大项目建设维护等作为中央和地方共同事权"，"区域性公共服务作为地方事权"。中央可通过安排转移支付将部分中央事权支出责任委托地方承担。"对于跨区域且对其他地区影响较大的公共服务，中央通过转移支付承担一部分地方事权支出责任"。这些都表明，有多少钱办多少事，是必要的原则。当前中央和地方职责交叉重叠，共同管理的事项较多，这种格局造成目前中央财政本级支出只占全国财政支出的15%，地方实际支出占到85%。这说明很多该中央管的事情中央没有直接管理，委托地方去做，再通过专项转移支付给地方提出要求，客观上会不同程度地干预地方事权，地方往往也没有动力做好不适宜地方承担的事项，造成行政效率偏低。

今后要按照建立事权与支出责任相适应的制度要求，在转变政府职能、合理界定政府与市场边界的基础上，充分考虑公共事项的受益范围和管理效率，合理划分中央和地方事权与支出责任，适度加强中央政府事权和支出责任，减少委托事务。《决定》同时提出，要保持现有中央和地方财力格局总体稳定。在这一基础上，中央和地方按规定分担支出责任，规范一般转移支付和专项转移支付事项，有利于促进市场统一和公共服务均等化。

2018年2月8日，国务院办公厅印发《基本公共服务领域中央与地方共同财政事权和支出责任划分改革方案》，将义务教育、学生资助、基本就业服务、基本养老保险、基本医疗保障、基本卫生计生、基本生活救助、基本住房保障等八大类18个基本公共服务事项，首先纳入中央与地方共同财政事权范围，由中央与地方共同承担支出责任，具体比例因地制宜，不搞"一刀切"。

（十一）节约成为财政常态

健全改进作风常态化制度。围绕反对形式主义、官僚主义、享乐主义和奢靡之风，加快体制机制改革和建设。健全严格的财务预算、核准和审计制度，着力控制"三公"经费支出和楼堂馆所建设。

公务员节约要从领导干部开始，《决定》指出，"规范并严格执行领导干部工作生活保障制度，不准多处占用住房和办公用房，不准超标准配备办公用房和生活用房，不准违规配备公车，不准违规配备秘书，不准超规格警卫，不准超标准进行公务接待，严肃查处违反规定超标准享受待遇等问题。探索实行官邸制"。这些都涉及到财政的巨额支出。2013年11月25日公布的《党政机关厉行节约反对浪费条例》强调："党政机关要坚持从严从简，降低公务活动成本"，这是一条基本原则。2000多年前孔子就说过"政在节财"，不管财政收入如何增长，政府以及公务员都应该成为"消费不浪费"的表率。2016年12月27日，财政部　中共中央组织部　国家公务员局联合印发了《中央和国家机关培训费管理办法》（财行〔2016〕540号），进一步推进了厉行节约反对浪费制度体系的建设。

（十二）增加地方财力

要"保持现有中央和地方财力格局总体稳定，进一步理顺中央和地方收入划分"。这里有提高地方财力的空间。分税制改革形成了地方"税收短缺"，导致有的地方走向了"收费"、"卖地"、"建立融资平台圈钱"等"邪路"。随着时间的延续，"营改增"之后增值税将达到税收总收入的55%，提高地方留成比例已没有悬念。在此基础上，对于增值税与企业所得税，笔者建议实行"基数固定比例，增量提高比例"的模式，以提高地方财力。

第二章　部门预算编制与执行

第一节　部门预算编制内涵解析

一、部门预算的基本内涵

部门预算即一个部门一本预算，是指各部门依照国家政策规定及其职能要求由基层组织负责编制的，并通过逐级上报、审核、汇总等流程而形成的反映部门各项收支状况的综合资金计划。其基本涵义可概括为以下三个方面：

第一，部门预算是将部门作为预算编制的基本单元，涵盖了其所有的收入和支出，不局限于预算内资金收支，还囊括了经营收支、非税收入和其他收支等。第二，预算管理以部门为依托，财政预算的各项收支要落实到每一个具体单位，不同性质的资金收支要合并归属到使用这些资金的部门。同时要求细化预算编制，把各项资金细化到每一个项目，落实到具体执行单位。第三，财政预算要从部门预算的编制开始，而部门预算本身由其基层单位编起，汇总而成。在操作过程中，由基层预算单位按照其本身的职责要求、发展规划需要和本年度工作计划设计而成，再经由层层上报、审核汇总，最终产生了部门预算。

按照部门预算管理的要求，财政部门编制并向立法机关报送的年度预算，不仅包括政府的总预算，而且还应包括各政府部门的预算：立法机关在审议和批复预算时，即同时批准了政府总预算和各部门的预算。因此，部门预算的实施意味着各部门都是相对独立的预算编制主体，都要编制和报送各自的预算，并且需要分别得到立法机关的审议和批准，才能最终产生法律效力。

二、部门预算的主要内容

部门预算是全面反映部门内部所有单位收支活动的综合财政预算。在具体的实施过程中，要将本级部门的各类财政性资金以及所属二级单位的收支情况全部纳入其中。从预算主体看，不仅涵盖了行政单位的收支预算，也包括了事业单位的收支预算;从资金类型看,既有一般收支,也有政府基金收支;从资金来源看,既涵盖了财政管理机构的转移收支,也包括了预算部门的自由裁量部分,还包括非税收入的安排;从支出角度看,包含了基本支出预算和项目支出预算两大块;从资金管理看,既包括维持部门日常运转的经费预算,也包括了建设性资金预算和专项支出预算。

三、部门预算执行

部门预算执行指的是立法机关按法律程序审核批准的各部门预算具体实施安排,是预算由计划变成现实的过程,是预算管理活动的最重要的一环。部门预算执行的内容主要包括:收入安排的实行、支出安排的实施、部门预算的调整和执行分析等。它时间跨度大,一般从年初直到年末;涵盖范围广,涉及部门预算的每一笔收入和支出活动,是一项经常的、细致的、复杂的工作。

部门预算执行是部门预算收入和支出由可能变为现实的关键步骤,也是部门预算管理的中心环节。它关系到党和国家各项方针政策的贯彻执行、国民经济和社会发展划的全面实现,其意义非常重大。首先,有效执行部门预算工作是完成财政资金收支任务的重要保证。部门预算的各项收支任务是根据当时的政治经济形势、计划年度的国民经济与社会发展计划以及有关财政收支定额及其规律确定的,完成预算收支需要各方面的积极配合。其次,积极做好部门预算执行工作是实现机构资金收支平衡的有力保障。在预算执行过程中,各种情况的变化和客观因素的不确定性可能导致预算收支计划无法达到预期效果。因此,各部门在预算执行实践中要积极应变,不断组织新的平衡,促使部门预算达到动态收支平衡。最后,认真执行部门预算是调节社会经济正常运行和培养财源的基础。预算资金的合理安排和有效使用有利于社会经济的运行和财源的培养,为政府预算的增长提供更加雄厚的物质基础。

部门预算执行要求:

1. 确保按照法律授权权限执行预算,确保预算执行过程符合预算既定政策、各项资金计划符合预算批复;

2. 适应宏观经济环境的变化,及时根据情况的变化进行调整,灵活组织新的预算平衡提高预算执行效率;

3. 部门各层级相互协作,共同消除预算执行中存在的各式各样的问题,既灵活又高效地做好预算执行工作;

4. 有效管理和使用公共财政资源。详细的业务记录、严格的资金管理、透明的部门采购程序,防止预算执行中的各种腐败行为。

四、部门决算

部门决算是指是列入年度部门预算编制范围的各部门和单位按照相关编审要求向财政部门报送的、经法定程序审查和批准的年度预算执行报告，是本部门和单位财务收支状况、资金、资产和人员机构管理状况的综合反映。部门决算由决算报表和文字说明两部分构成，报表中的决算数据对于分析、预测社会事业发展和编制部门预算具有无可替代的作用。通过对决算数据的分析、测算，能够暴露出部门上一年度的预算执行在财务和会计核算方面的缺陷，督促部门有针对性地进行改理，从而形成"预算→决算→预算规范"的预算管理链。

部门预算经由立法机关审批后，即进入执行阶段。由于各方面因素的存在，部门预算执行的结果不可能与事前的预算安排完全重合。部门预算执行结果究竟如何，收支计划是否完成，财政收支是否平衡，实施过程中存在什么问题，部门预算编制得是否科学、合理，只有通过部门决算才能准确地反映出来。对于"部门"而言，编制部门决算有利于加强预算单位财务会计监管。编制部门决算的过程就是总结财务管理措施、成效的过程，也是发现问题，找出对策的过程。通过加强财务分析，掌握财务活动规律，强化人、财、物管理，严肃财经纪律，适时增强财务管理能力，提升部门资金使用的有效性。

五、部门预算执行偏差

部门预算的实施过程实际上是强调法定预算的贯彻过程。经过精心编制的部门预算可能会执行得一团糟，而本身存在缺陷的预算编制就更不可能取得好的成效。部门预算执行与预算编制相比较而言涉及的参与方要多得多，各种矛盾和问题此起彼伏，只要一方出现随意更改预算的行为，那么整个部门预算执行就必然出现偏差。

当前财政学术界并未对预算执行偏差实现统一观点，本文中我们把部门预算执行偏差定义为：经立法机关审查和批准的部门收支实际执行情况同部门预算收支之间的偏离，或者是部门决算相对于预算的差异程度。引入"部门预决算偏离度"这一指标用于衡量部门预算的执行过程中，实际收支与计划预算之间的偏差程度。部门收入预决算偏离度和部门支出预决算偏离度可以作为部门预算执行偏差的度量，分别用以下两个公式表示为：

部门收入预决算偏离度 =（收入决算数 − 收入预算数）/收入预算数 × 100%

部门支出预决算偏离度 =（支出决算数 − 支出预算数）/支出预算数 × 100%

第二节 预算编制与执行偏差的理论基础

一、公共财政理论

公共财政理论起源于欧洲，在 1776 年亚当·斯密发表的《国富论》中初现雏形，其实质是市场经济下的政府财政，是政府为了满足社会公共需要而形成的财政运行机制。具体来说是为了弥补市场缺陷，政府以管理者的身份进入市场，建立的一个财政收入和支出的运行方式，其目的在于最大限度的满足公众对公共产品和服务的需求。

政府各部门应当提供哪些公共产品、提供多少公共产品、应当以何种方式提供公共产品等问题是关系社会资源配置和公众权力行使的关键问题。而部门预算是先于部门活动存在的，公共财政运行的基本规则就是部门预算制度。从实际经济内容看，部门预算的编制就是对财政收支的计划安排，预算的执行就是财政收支的筹集和实施过程，决算则是政府预算执行的最终结果。经历 200 多年深化和拓展的公共财政理论，丰富了我国部门预算管理的理论依据和也为其提供了有力的智力支持。

公共财政理论要求各部门的资金运行必须具备公开性、透明性和完整性的特点，所有部门的财政资金收付都必须全程置于财政监督和社会监督之下，而部门预算制度充分满足了这一理论要求。就公开性而言，部门预算的收支明细要提交立法机关进行审议并向社会公布；就透明性而言，部门预算的细化程度相对较高，能够反映自己具体用途；就完整性而言，部门预算将所以公共收支一并纳入预算范畴，与公共财政思想和原则保持高度一致。因此，建立和完善部门预算制度凸显了财政公共性理论逻辑。

二、委托—代理理论

委托—代理理论始于经济学家对企业内部信息不对称和激励问题的深入分析，其核心思想是分析利益冲突和信息不对称条件下，委托人会采取何种方式用以激励代理人。政府预算管理就是典型的委托代理而且是多层次代理，其中部门预算管理主要研究财政部门与各预算单位的委托代理关系。具体来说，财政部门代表政府将财政资金和资源的使用权委托给了预算单位，同时也将部分监督权委托给了预算单位的内部监督机构。

委托代理理论的核心问题就是信息不对称。就部门预算而言，信息的不对称问题覆盖了整个预算过程：首先，在部门预算编制中，由于本级财政部门所获得的资金收支讯息远远超过了上一级财政管理部门和本级立法机构，所以本级财政部门会尽可能表现出对财政资源的渴求，以便争取更多的资金资源；其次，由于各因素的存在，监督部门无法全面知晓预算执行情况，从而使得监督作用受限，预算执行活动常常出现一些违法违规现象；最后，在部门决算中，经过层层统计的信息数据可能失去了真实性，加上数据信息的共享性差，决算数据并未发挥其应有的作用。

由于自身利益的差异，代理人与委托人容易出现利益冲突，因此，设计一种激励和约束机制协调委托—代理关系就成了委托代理理论研究的重点。著名经济学家布坎南指出，处理政治代理问题最理想的方式是一种激励与约束相容的激励机制，其理想模型是在政治代理人追求个人利益最大化的过程中一并实现委托人效益的最大化；其预期目标是协调好个人短期利益追求与交易相对人的权利尊重以及自身长远利益实现三者之间的关系。所以，要想进一步完善部门预算活动，必须寻找到适合的激励机制，在保证委托人和代理人利益一致的同时，强化预算监督建立相应的问责机制，保障公众利益。

三、交易费用理论

交易费用是人们在各种交易行为过程中产生的成本费用各种可度量或不可度量的成本付出。1937年，科斯于《企业的性质》文章中第一次提出交易费用的思想，而后成为新制度经济学的核心理论。科斯认为，交易费用应包括度量、界定和保障产权的费用、实际交易中的费用以及维持契约的费用。交易费用理论告诉我们，政策和制度的产生源于交易成本的降低，交易费用较低的制度往往能替代原有费用较高的制度，从而协调组织行为走向高效、秩序和安全。该理论比较适合用于以制度为基础的研究领域，因而，部门预算行为即可纳入交易费用理论的分析框架。

预算交易中费用主要包括：交易前的费用，如编制预算的费用、部门信息交换的费用和维护预算契约机制的费用；交易后的成费用，如执行预算的费用和预算监督费用等。新制度经济学认为，由于信息的不对称，有限理性的预算参与者获取信息的交易费用较高；预算参与者的机会主义行为特征，往往会对预算结果造成难以估量的后果。从预算执行角度来看，交易费用可以作为审视部门预算内部组织制度布置合理性的衡量标准，从某种意义上说，交易费用最节约的预算安排其执行效率通常越高。

四、博弈论

博弈论以理性人为假设前提，研究局中个体或者团体的预测行为和实际行为，并关注它们的优化策略。我们可以根据不同的基准对博弈论进行分类：根据局中人之间是否约定限制性的条约，可分为合作博弈和非合作博弈；根据参与人的行为时间顺序，可分为静态博弈和动态博弈；根据参与者对其他参与人信息的了解程度，可分为完全信息博弈和不完全信息博弈。不管是何种博弈类型，局中人都必须围绕着游戏规则进行，这规则或是隐蔽的或是显性的，或是约定俗成的或是具体制定的；或是合约或是制度。理性的参与者都会选择最有利于自己的策略去执行，最终是靠诚信得利还是抛弃诚信得利，其决定性因素是其利益的期望值。

博弈论对我国预算管理具有现实的指导意义。"两上"、"两下"的部门预算编制过程就是典型的由财政部门与各支出部门参与的博弈过程，其主导权在财政部门手中。因为财政资源是有限的，所以过多倾向于某个部门必将影响到对其他部门的资金投入，降低整个财政资源的分配效率。就财政部门而言，其重点关注的是财政资源分配的整体效果，其进行预算安排和审查是为了合理分配有限的财政资源，有效实现资源的配置和调整，保证政府方针政策的顺利执行，而其他众多参与部门更多追求的是实现部门利益最大化。财政部门与各支出部门追求目标的差异，使得整个预算编制与审核的博弈已成常态。在部门预算执行过程中，资源的拥有者即各支出部门对博弈结果的影响增强，其讨价还价能力不言而喻。由于各方面信息的不对称性，资源拥有者无法完全掌握其他参与者的行动信息，其往往会借助概率论来分析制定决策，选择严格执行预算或是不严格执行预算，这大大加剧了公民需要与公共产品供给的不均衡。

虽然我国以部门预算为核心的预算编制制度已基本完善，但是改革之路任重而道远。我们要正确运用博弈论这一分析工具，强化和推进预算改革，在不断修正部门预算编制和执行进的过程，严抓绩效监督，扩大公开和透明度，让人民群众明确掌握政府事业开展的过程和方向，明晰部门干了什么事、花了多少钱，钱花在哪，由此形成一种社会公众对政府的监督机制。

五、帕累托最优理论

帕累托最优理论是福利经济学中讨论实现生产资源的最优配置条件的理论，指生产资源配置和财富分配如果已经达到这一状态，则任何改变都不可能使一部分人的福利增加，而又不使另一部分人的福利减少。福利经济学用效率来评价总体经济运行的合理性,因为当经济运行处于低效率状态时,社会资源没有得到最合理的配置,如果能够通过一些恰当补偿措施,最终总有一些人能在不使其他人境况受损的基础上提高自身福利,即为"帕累托改进"。

部门预算管理活动实际上就是部门内部对财政资源的配置过程,其包含了对财政性资金的安排、运用和监管,其目的在于集合有限的人、财、物对资金资源进行优化分配,以求利用尽可能小的成本实现尽可能大的收获。这里的"收获"包含两层意思,一是基于优化资源配置的经济效率,即财政制度安排要在不妨碍市场机制运行的基础上,维护资源的自由流动和市场竞争的正常运转;二是基于制度有效运转的行政效率,即要求财政制度安排规范、操作简便并能低成本运作。编制部门预算即能对公共财政资金进行科学规划和部署,又能兼顾公平与效率,是协调部门内部财政资源分配,创造资源运行的高效率的有力保障。

第三节 影响预算编制与执行吻合度的因素

一、技术层面上的影响因素

所谓预算技术层面的影响因素,换句话说,就是从预算计划安排赖以产生和形成的基础层面分析预算实践与预算计划的差异性问题。主要包括部门预算编制内容和编制依据是否合理、预算调整是否规范、预算科目设置是否清晰等方面。

(一)部门预算编制内容和编制依据是否合理

部门预算编制的主要法律依据是新《预算法》《预算法实施条例》以及其他法规和本部门出台的相关规章制度,主要现实依据是上一年的预算执行情况,人大代表建议、国研中心、社科院等专家建议以及新一年本部门的重点工作和项目等。法律依据如果可以不断推新、与时俱进,对预算的阶段性目标、财政收支范围等细节部分进行明确,就能够促进预算管理各个环节有法可依,依法办事;现实依据如果能够以事实为根本推陈出新,必将提高预算管理的科学性与效率性。

(二)预算调整是否规范

预算调整是指经过批准的预算计划,在执行过程中由于各种情况的变化,需要增加支出或者减少收入等改变原预算安排的行为,按调整幅度的差异,可分为局部调整(小调整)和全面调整(大调整)。局部调整是对收支计划的某些项目的调整,在预算执行中经常发现,主要包括动用预算后备专项基金,科目之间的经费流用,收支总额的追加追减和涉及隶属关系的预算划转等四大措施;全面调整实际上就是重编预算。由于在实际操作中预算调整频率较高，如果各部门在不严格按照调整程序规范进行，整个预算将出现混乱的局面。

(三) 预算科目设置和归属是否清晰

预算科目是财政收支的总分类及明细分类，是政府编制预、决算，组织预算会计核算，反映预算执行情况的分类依据，主要分为"类"、"款"、"项"、"目"四个等级。有专家指出，政府收支分类和预算科目的设置以及指标体系的确定十分的关键，科学细致的分类方法，能让政府办了什么事情在科目上一览无遗，业内人士读起来也能方便清楚。因此，在全口径预算管理制度下，预算科目的设置要关注民生、"三公"经费等社会大众关心的容易滋生违法、腐败、不规范行为的领域；同时要细化项目，例如按经济分类，资金到了科教文卫事业里，钱具体用在了哪些项目上，都要公开细化的表现出来。否则，如果这个编不好，后面的监督都是空的。

表面上看，影响预算编制与执行吻合度的主要因素是滞后的信息平台建设、繁重的预算工作量、仓促的预算编制时间等客观因素，但究其本质，制度和文化才是关键。公共选择理论指出，由内部经济利益的驱动，政府部门存在追求部门预算最大化的倾向。以零基预算为例，虽然政府一直推崇实行以零为起点测算预算收支指标，但这一方法却难以在实践中有效推进，这就与部门单位极力维护其自身利益有很大关系。因为零基预算一旦实施，必将削弱部门的资金支配权，有些领导干部存在思想认知上的误区，无法正确看待和处理局部利益和整体利益的关系，这无疑会影响到预算编制与执行的吻合度。

二、制度层面上的影响因素

法律制度是规范各类经济行为的基本制度，当然也是规范财政行为的基本制度。所谓预算制度层面影响因素，换言之，就是从与预算编制、管理和监督相关的法律法规体系层面进行分析影响预算编制与执行吻合度的因素。通俗来讲主要包括财政法制建设方、预算监督体制、预算的透明度和公开性以及财政内部机构设置等方面的内容。

(一) 财政法制建设

新世纪开始的十余年，我国的财政法制建设已取得了长足成效，财政的资金分配活动和管理行为已纳入法制化管理的轨道，国家也在积极推进以市场化分配为基础、政府调节为补充的资源配置模式。同时，不可否认财政制度建设方面还存在法律缺位、规章滞后、立法层级较低、法律冲突等问题。各界人士应当积极配合，努力营造办事依法、遇事找法、解决问题用法、化解矛盾靠法的良好法治环境，保障预算编制的顺利实施。

（二）预算监督体制

预算监督是指通过一系列的组织、政策、标准、程序和方法对预算的执行进行检查、督促和分析，掌握预算的执行情况，使之不越出预算既定范围，确保预算执行达到预算目标的行为。主要内容包括：监督预算的编制、监督预算计划的实施、监督财政制度和财经纪律的执行。为规范政府预算行为，加强对预算执行情况的监督，提高监督质量，政府机构会出台一些规范性文件，逐渐形成了预算监督体制。如果其中的某些规定只是监督人员和部分领导的主观臆想，那么预算监督则被戴上了行政指令性和主观随意性的帽子，这将造成政府预算管理的致命一击。

（三）预算的公开透明制度

预算的透明度和公开性是社会公众一直关心和关注的热点，是树立法治社会、打造责任政府、建设服务机构的主要一环，对于限制行政权力、预防行政腐败、推动政府机构改革，具有重要意义。预算公开机制的建立，尊重了公民的预算知情权、参与权和监督权，拓宽了群众的监督渠道，确保了预算的法制化、民主化和科学化。同时，不断完善预算公开和透明制度，有助于政府找寻预算管理的薄弱环节，切实提高预算执行水平，阻绝预算执行的违规违纪行为，破坏腐败生存的土壤。

（四）内部结构设置和责任划分

就部门内部而言，虽各个科室各司其职、作用不同，但它们对于实现整个预算目标都具有重要作用，因此科学的机构设置和责任划分也是影响吻合度的重要因素。有关资金预算的编制和执行应统一归属于预算科室，涉及重大资本投资的项目，需要专业人员进行严格把控，经过科学的预算评估和财务测算方可执行，如此才能实现预算效益的最大化。

制度建设因时因地而异，并且还受到政治、经济、文化等因素的影响，同时其建立与发展也是一个博弈的过程，既得利益一方不会在占据优势的情况下轻易做出让步，制度的发展过程是一个与政治、经济环境逐步适应和磨合的过程。一套健全细致的法律制度是强化预算法治的指导和基础，是确保部门预算编制和执行严肃、科学和规范的首要条件，但目前我国部门预算相关的法律体系还不健全，无法可依、有法不依、执法不严的情况一直存在。从这一角度，机制和制度是影响预算编制与执行的吻合度的又一个重要方面。

第四节　部门预算科学化精细化路径

一、部门预算改革的背景和必要性

多年来，经过大量的实践和探索，部门预算改革已经取得了长足的进步，不论从形式上还是从内容上看，较之传统的单位预算都有了一个质的飞跃。但也应看到，部门预算改革是一项复杂的系统工程，受相关配套改革措施不到位等因素的制约和影响，仍存在一些问题。

（一）预算管理口径偏小

当前编制的部门预算，与传统的单位预算相比，虽然做到了预算内、外资金的统一，但并不是严格意义上的全口径预算，仍有一部分政府性财力没有纳入。部门预算中反映的只是财政部门管理的各项资金，包括各项行政事业经费、医疗经费、房改经费等，而一些有预算分配权的部门所管理的预算资金，如计划主管部门管理的基本建设资金、科技主管部门管理的科技三项费等，没有在年初一并反映在各部门的预算之中，而是在预算执行中再分配下达。此外，目前还存在上级政府财政部门或主管部门直接给予下级政府的专项经费拨款，这部分拨款也无法反映在下级政府的部门预算之中。这样带来的后果是财力分散，资金运用低效率，各部门可以多渠道得到财力，降低了部门预算的透明度。

（二）预算定额体系不完善

现行部门预算在编制方法中存在着定额测算方法不准确、定额标准不科学、定额体系涵盖不全面等问题，在操作过程中很大程度上只能依赖原有的"基数加增长"的编制方法。同时，现有的定额基本上是财政补助定额，并不是真正意义上的综合定额，这也是造成财政预算资金以外的各项合法资金无法真正做到统筹使用、原有财力分配格局难以打破的重要原因。行政性收费、罚没收入等政府非税收入还没有实现彻底的"收支脱钩"，部门取得的收费基本还是按照统一的标准实行与财政分成，没有完全作为可支配财力进行统筹安排，靠收费养人等问题仍然不同程度、不同形式的存在，违背了部门预算的公平原则。

（三）预算执行经费追加频繁

部门预算的约束作用不强，主要表现是部门预算批复后，预算执行中经费追加数额比较多，决算与预算之间的差距过大。造成这种情况的主要原因：一是政府财政超收形成预算追加；二是政府支出预算中预留的机动资金形成预算追加；三是上级政府转移支付性质的补助形成预算追加。如此，弱化了部门预算的法定刚性，对体现其公平、公正、公开原则极为不利。

（四）预算审查监督薄弱

人大对预算的审查监督，与宪法和法律要求差距还较大，预算审议质量不高。从法律依据上看，当时实行的《预算法》是 1994 年分税制财政体制改革刚刚开始时颁布的，对预算审查监督的规定比较原则、简单，尤其是近年来为建立公共财政而进行的一系列财政预算体制改革，在《预算法》中没有体现（如对部门预算的审查监督等内容），也给开展预算审查监督工作带来了掣肘。同时，预算审查监督多数流于形式。受部门预算编制时间、人代会会期等因素制约，部门预算编制完成后，人大代表难有足够的时间对大量的预算信息进行仔细分析和审查。又由于预算编制具有较强的专业性，而现在各级人大财经委员会或预算工作委员会的委员大多没有从事过财政预算编制工作，"内行"或专家较少，难以保证预算审查的质量。

（五）预算编制过于粗放

编入部门预算中相当一部分项目支出缺乏科学审核论证，"领导定项目、部门争项目"的现象比较普遍，有限的资金并未真正发挥使用效益，也使预算资金的分配有失公平。同时，由于一些部门工作计划过粗或部门工作计划周期与预算编制周期不相衔接，使得一些专项资金在人大审议部门预算时难以落实到具体的项目，只是确定使用方向，将资金"切块"列入部门预算，待预算执行中再确定具体项目。

（六）预算执行缺乏绩效考核

现行的预算编制方法仍是传统的投入预算，也就是对投入重视多，对产出重视少，预算一经确定，对预算执行的审计和检查就侧重于投入方面的问题，而对预算执行中财政资金的产出和结果并不关心。政府各部门只需确保财政资金取得和使用合法、合规，不需要对财政资金使用所产生的结果承担受托责任。导致各部门把工作重心放在争取预算拨款上，而不是放在用好预算资金以取得成效上，预算执行的结果往往偏离预算所应体现的政策意图，造成财政支出效率不高。

上述问题不但影响了预算管理的科学化和规范化，而且在一定程度上弱化了财政职能。要消除传统功能预算的种种弊端，就要紧密结合我国特殊的历史背景和现实国情，对我国的预算管理模式进行变革，推动建立新型的预算管理制度。1999 年，财政部印发了《关于改进 2000 年中央预算编制的意见》，正式拉开了部门预算改革的序幕。

二、部门预算改革内容

近年来，随着 2014 年新《预算法》的颁布实施，通过推进综合预算、优化支出结构、完善分配机制、改进项目管理、理顺编制权责、实行中期规划、强化预算执行、加强绩效管理、推进预算公开等一系列改革，提高了预算管理的完整性、规范性、科学性、有效性和透明度，更加有效地发挥了财政职能作用。

（一）推进综合预算管理

规范部门预算编报范围，将预算单位符合规定的各项资金全部纳入部门预算管理，一个部门一本预算。2011 年起，全部预算外收入纳如预算管理，进一步提高部门预算编制的完整性和财政资金的统筹能力。增强各类预算之间的统筹协调，加大政府性基金预算、国有资本经营预算与般公共预算的统筹力度，2014 年新《预算法》明确规定，政府的全部收入和支出都应当纳入预算。预算包括一般公共预算、政府性基金预算、国有资本经营预算、社会保险基金预算四本预算。这为走向全口径预算，完善中国特色的预算体系奠定了法制基础。2015 年以来，实行全口径预算，先后将中央水利建设基金、船舶港务费、无线电频率占用费、南水北调工程基金等 14 项政府性基金转列一般公共预算，取消了排污费、水资源费、国家留成油上缴收人等以收定支、专款专用的规定，对相关领域支出统筹安排保障。

（二）完善预算分配机制

推进预算支出标准体系建设。逐步扩大基本支出定员定额管理范围，初步建立了较为完善的分类分档定额标准体系。全面推进实物费用定额试点，范围扩大到所有中央部门本级，按照人员定额和实物定额相结合的方式核定试点单位公用经费规模。2009 年全面启动中央本级项目支出定额标准体系建设，按照先易后难、重点突破、逐步深入、梯次推进的原则，加强支出标准编制，强化支出标准应用，发挥标准在预算编制和管理中的支撑作用。

（三）优化财政支出结构

结合国家战略部署、政府施政目标和宏观调控要求，调整和优化支出结构，加大对重大改革、重要政策和重点项目，以及民生工程的支持力度，更好地服务经济社会发展。从严控制一般性支出。为落实党的十八届三中全会要求，清理规范重点支出挂钩事项，对农林水、教育、科学等重点支出，根据推进改革的需要和确需保障的内容统筹安排，不再采取先确定支出总额再安排具体项目的办法。

（四）改进项目支出管理

完善项目管理层次，将项目分为一级和二级项目，加强项目整合，清晰反映项目与部门职能、任务之间的结构关系。加强政策研究和项目论证，加大项目精简整合力度，完善项目决策机制，提高项目质量。所有项目纳入项目库管理，年度预算安排项目从项目库中择优选取。规范项目入库管理，经过研究、论证、评审等程序后方可入库。

（五）理顺预算编制权责

进一步理顺预算管理关系，更好地发挥部门在预算编制、执行中的主体地位和责任，赋予部门更多的预算管理权限，增强部门的自我管理意识，发挥部门在优化结构、提高效率方面的优势和潜力。进一步增强财政部门的资源配置、综合平衡和监督管理职能，更好地处理总量控制与局部平衡的关系。2015年起，将预算评审中心和专员办实质性嵌入预算编制流程，健全预算审核程序，充实预算审核力量，更充分地发挥预算审核和监管作用。

（六）实行中期规划管理

根据中期财政规划和部门改革发展需求，合理确定规划期内中央部门的支出总量和结构。从编制2016年预算起，对纳入中央部门预算的一般公共预算和政府性基金预算拨款收支实行中期财政规划管理。实行逐年滚动管理，突出政策与预算相结合，增强预算约束力，各部门年度预算安排不得突破中期财政规划确定的对应年度部门中期财政规划。

（七）加强预算绩效管理

推进绩效管理与预算管理紧密结合，实行预算编制、执行、监督全过程的绩效管理工作机制。逐步规范预算绩效管理程序，建立了绩效目标的设立、审核、批复机制。把绩效目标作为项目入库的前置条件，2017年实现中央部门项目支出绩效目标全覆盖，并随同预算一同批复，将"花钱和办事"有机结合起来，强化了绩效目标的严肃性和约束力。

（八）推进部门预算公开

强化部门主体责任，提高部门预算公开的主动性和积极性。部门预算公开的数量不断增加，2017年公开部门预算的部门由上年的102个增加到105个。丰富部门预算公开信息，中央部门公开的表格增加到8张，并对机关运行经费情况、政府采购情况、国有资产占有使用情况、预算绩效情况进行说明。细化公开内容，部门预算全部公开到支出功能分类最底级的项级科目，一般公共预算基本支出公开到经济分类最底级的款级科目。进一步提前公开时间。除在部门网站公开外，还在财政部门户网站建立的专门平台和中国政府网设置的专门栏目集中公开中央部门预算，取得了较好的社会反响。

第五节　新预算法对基层财政部门预算管理影响

一、新预算法的变化与亮点

（一）亮点一：政府全部收支入预算接受人民监督

新预算法一大亮点是实行全口径预算管理，如第 4 条明确规定"政府的全部收入和支出都应当纳入预算"；第 5 条明确规定"预算包括一般公共预算、政府性基金预算、国有资本经营预算、社会保险基金预算"。

实行全口径预算管理，是建立现代财政制度的基本前提。收入是全口径的，不仅包括税收和收费，还包括国有资本经营收入、政府性基金收入等；支出也要涵盖广义政府的所有活动；同时，将地方政府债务纳入预算管理，避免地方政府债务游离于预算之外、脱离人大监督。

（二）亮点二：避免"过头税" 预算审核重点转向支出预算和政策

原预算法规定预算审查重点是收支平衡，并要求预算收入征收部门完成上缴任务。于是在客观上带来预算执行"顺周期"问题，容易导致收入征收部门在经济增长放缓时，为完成任务收"过头税"，造成经济"雪上加霜"；而在经济过热时，为不抬高基数搞"藏富于民"，该收不收，造成经济"热上加热"。

新预算法旨在改变这一现状，将审核预算的重点由平衡状态、赤字规模向支出预算和政策拓展。同时，收入预算从约束性转向预期性，通过建立跨年度预算平衡机制，解决预算执行中的超收或短收问题，如超收收入限定冲抵赤字或补充预算稳定调节基金，省级一般公共预算年度执行中出现短收，允许增列赤字并在下一年度预算中弥补等。这些规定强调依法征收、应收尽收，有助于避免收"过头税"等行为，增强政府"逆周期"调控政策效果。

（三）亮点三：规范专项转移支付减少"跑部钱进"

针对地方可自由支配的一般性转移支付规模偏小、限定用途的专项转移支付项目繁杂、交叉重复、资金分散、配套要求多等问题，新预算法第 16 条、第 38 条、第 52 条等条款对转移支付的设立原则、目标、预算编制方法、下达时限等做出规定。

新预算法重点规范了专项转移支付，如强调要建立健全专项转移支付定期评估和退出机制、市场竞争机制能够有效调节事项不得设立专项转移支付、除国务院规定上下级政府应共同承担事项外不得要求下级政府承担配套资金等，有利于减少"跑部钱进"现象和中央部门对地方事权的不适当干预，也有利于地方统筹安排预算。

（四）亮点四："预算公开"入法从源头防治腐败

与原预算法相比，新预算法首次对"预算公开"做出全面规定，第 14 条对公开的范围、主体、时限等提出明确具体的要求，对转移支付、政府债务、机关运行经费等社会高度关注事项要求公开做出说明，并在第 92 条中规定了违反预算公开规范的法律责任。

将预算公开实践成果总结入法，形成刚性的法律约束，是修改的重要进步，有利于确保人民群众知情权、参与权和监督权，提升财政管理水平，从源头上预防和治理腐败。

而对于预算不够细化问题，新预算法第 32 条、第 37 条、第 46 条等多处做出明确规定，如强调今后各级预算支出要按其功能和经济性质分类编制。按功能分类能明确反映政府职能活动，知道政府支出是用到教育上还是水利上；按经济分类则明确反映政府支出按经济属性究竟是怎么花出去的，知道有多少用于支付工资，多少用于办公用房建设等。两种方式不能偏废，分别编制支出功能分类和经济分类预算有利于更全面理解预算是怎样实现的。

（五）亮点五：严格债务管理防范债务风险

相比原预算法，新预算法为地方政府债务管理套上预算监管的"紧箍咒"。目前地方政府债务风险虽总体可控，但大多数债务未纳入预算管理，脱离中央和同级人大监督，局部存风险隐患。按照疏堵结合、"开前门、堵后门、筑围墙"的改革思路，新预算法第 35 条和第 94 条，从举债主体、用途、规模、方式、监督制约机制和法律责任等多方面做了规定，从法律上解决了地方政府债务怎么借、怎么管、怎么还等问题。

（六）亮点六："勤俭节约"入法违纪铁腕追责

针对现实中的奢侈浪费问题，新预算法对于厉行节约、硬化支出预算约束做出严格规定，如第 12 条确定了统筹兼顾、勤俭节约、量力而行、讲求绩效和收支平衡的原则，第37条规定严控机关运行经费和楼堂馆所等基本建设支出等。

相对于原预算法仅就擅自变更预算、擅自支配库款、隐瞒预算收入这三种情形设置了法律责任，且不够具体明确，新预算法重新梳理了违法违纪情形，加大了责任追究力度，在第92、第93、第94、第95四条里集中详细规定了法律责任。如对政府及有关部门违规举债、挪用重点支出资金，或在预算之外及超预算标准建设楼堂馆所的，对负有直接责任的主管人员和其他直接责任人员给予撤职、开除的处分。此外，如构成犯罪还将依法追究刑事责任等。

二、新预算法的实施对基层财政部门预算管理的影响

（一）学习新预算法，增强预算法治意识

基层财政部门要组织学习新预算法，认真领会新预算法的宗旨和要领。首先要学以致用，把新预算法的各项规定应用到日常预算管理活动中，切实做到理论联系实际。其次，在学习运用好预算法的同时，还要大力做好新预算法的宣传普及工作。再次，要根据基层财政工作特征以及新形势，积极研究及制订相关的应对策略，以推动新预算法的实施。最后，利用学习新预算法的时机，提升财政工作人员综合素质，增强其法治意识。

（二）快速融入新预算法，拓宽渠道推动经济发展

新预算法详细的规定了预算支出的内容，并对地方政府发债设置了诸多限制。而基层财政部门要想让当地政府的基础项目顺利运行，就不得不面临地方政府举债带来的资金紧张压力。而快速融入新预算法，寻找合理的融资渠道无疑是最好的途径之一。首先，要做好新老债务的整理置换工作，统筹安排好各项财政性资金；其次，对于存量债务进项分类整理，并将合法合规的担保债务纳入监控范围；同时，基层财政部门还应有效利用融资新政策，借助市场上的资本力量，推动地方经济发展。

（三）强化基层财政预算监督，提升预算管理水平

把每一分钱都花在地方经济建设的点子上是地方财政部门的基本职责。而新预算法的制定和实施还处在完善阶段，每个地方因为环境和条件等因素的影响，预算管理水平也不尽相同。因此，加强基层财政预算监督，提升预算管理水平迫在眉睫。首先，基层财政部门要在新预算法等相关政策的引导下，结合本地实际情况，制定有关预算审查监督的方案及制度，健全监督机制，实现新预算法的可执行性；其次，按照新预算法的要求，向广大老百姓公开本级预算，让群众监督

并参与到预算管理工作中，公众可以对不合理的资金安排和支出向政府提出质疑。再次，要加强人大对基层财政人员的监督力量，严肃预算审批制度，最后，要拓宽审计监督范围，做到及时发现问题、及时整改，逐步提高审计监督的实效。总之，基层财政管理部门要接受社会的监督，发挥好人民群众监督预算执行的作用，以此提升预算管理水平。

结语

新预算法的实施，是深化财政体制改革的一个重要步骤，对基层财政部门产生了重大影响，尤其是预算管理规定，不但规范了政府的财务行为，同时也对财政部门提出了更高的管理要求。基层财政部门应该认真学习新预算法，及时更新预算管理观念，转变财政工作方式和方法，提高财政资金管理水平和使用效益，发挥好财政资金保障作用，促进社会经济的健康发展。

第三章 财政专项资金管理与实务

第一节 财政专项资金管理综述

所谓专项资金,是指国家或有关部门安排的具有特定用途或专门用途的资金,它是用于完成专项工作或专项工程,需要单独报账核算,专款专用不得挪作他用的资金。专项资金通常有不同的表现形式,如专项基金、专用拨款(专项支出、项目支出、各类专款)、专项借款等。专项资金有三个特点:一是来源于财政或上级单位;二是用于特定事项;三是需要单独核算。据初步统计,2013年除专项借款外,财政预算安排的各类专项资金(包括项目支出)近10万个,涉及资金规模数万亿元。如此庞大规模的资金在分配、管理和运用方面存在的问题越来越突出,并受到社会各界的关注。

广义的财政专项资金是指中央和地方政府年度予以下达和安排的用于社会管理、公共事业发展、社会保障、经济建设以及政策补贴等方面具有指定用途的资金。为进一步明确研究范围,本文将地方政府财政专项资金(以下或简称财政专项资金)定义为性质相近的两大类资金:一是依据国家法律法规、规章制度需要地方政府予以安排并考核的切块专项资金,如教育、文化、农业、科技、计划生育等;二是地方政府根据区域发展规定的、年度预算予以安排的用于经济发展和社会管理等方面具有专门用途的资金。

一、分税制以来财政专项资金的改革探索

1994年分税制改革最重要的贡献在于初步理顺了中央和地方、政府和企业的收入分配关系。20世纪末期,中国推进包括部门预算、国库集中支付、收支两条线、政府采购制度等在内的财政改革。在此期间,政府对财政专项资金改革也进行了一些探索。

(一) 建立财政专项资金管理制度

1995 年颁布的《预算法》以及《预算法实施条例》对财政专项资金的预算编制、执行以法律形式进行了确定，但是较为概略。为了加强中央对地方专项拨款的管理，财政部于 2000 年颁布了《中央对地方专项拨款管理办法》，对专项拨款的申请、审批、分配、使用以及执行和监督等环节做了具体规定。该《办法》确立了财政专项资金主要采取项目管理的形式，资金分配要求做到因素法与基数法相结合，以因素法为主。此外，财政部还出台过一些针对财政专项资金的政策性规章、管理办法，例如《边境地区财政专项资金管理办法》《中央财政促进服务业发展财政专项资金管理办法》《中央财政整顿关闭小煤矿财政专项资金管理办法》等。这些规章制度的确定，有助于规范中央财政专项资金的管理，充分发挥中央财政专项资金在促进经济社会发展、实现政府特定职能等方面发挥重要作用。

除了上述综合性法规外，地方政府也制定了本地省级财政专项资金管理办法。例如，为规范省级财政专项资金管理，提高资金使用效益，江苏省于 2010 年根据《中华人民共和国预算法》《江苏省人大常委会关于加强省级预算审查监督的决定》等法律法规，制定了《江苏省省级财政专项资金管理办法》（以下简称《办法》。该《办法》对省财政厅和省业务主管部门的管理职责，省级财政专项资金的设立、调整和撤销，省级财政专项资金的使用和执行，省级财政专项资金的绩效评价和法律责任等问题做了明确规定，它标志着省级财政专项资金管理制度的正式确定。

(二) 初步整合中央财政专项资金

针对财政专项资金管理中存在的制度性问题，财政部也在实践中探索如何提高财政专项资金的使用效果。

1. 经济建设领域财政专项资金的整合

中央政府对节能减排财政专项资金的整合值得关注。起初，国家对单个领域（如可再生能源应用）和单个城市进行示范，这种示范的好处是便于中央政府能够及时总结经验，但也有明显的缺陷：一是单个城市（项目）示范难以反映节能减排工作的内在规律；二是单个示范不便于地方政府统筹安排资金；三是单个示范也不利于中央和地方形成政策合力。

在以前示范基础上，2011 年 6 月，财政部、国家发展改革委选择在北京市等 8 个城市开展第一批节能减排财政政策城市综合示范工作。《国务院关于加快发展节能环保产业的意见》（国发〔2013〕30 号）指出"稳步扩大节能减排财政政策综合示范范围，结合新型城镇化建设，选择部分城市为平台，整合节能减排和新能源发展相关财政政策,围绕产业低碳化、交通清洁化、建筑绿色化、服务集约化、主要污染物减量化、可再生能源利用规模化等挖掘内需潜力,系统推进节能减排,带动经济转型升级,为跨区域、跨流域节能减排探索积累经验。"

2013年9月,财政部、国家发展改革委又启动了第二批节能减排财政政策城市综合示范的申报工作,申报工作引入了竞争性分配元素。

除节能减排领域外,中央财政也在"粮食及主要农产品补贴和收储、生态环境及国土资源、产业政策及战略性新兴产业、商业流通与市场调控、交通及普遍服务"等五大业务板块探索"宽领域、大平台"工作理念。经济建设领域中央财政专项资金的上述整合,既统筹经济发展大局,又突出经济建设工作重点;既避免中央财政专项资金在地方水土不服的缺陷,又有利于实现特定经济发展目标。

2. 涉农财政专项资金的整合

针对涉农财政专项资金配置效率低下、多头管理、行政成本高等突出问题,经国务院批准,财政部于2013年8月印发《关于黑龙江省"两大平原"现代农业综合配套改革试验区涉农资金整合的意见》,将黑龙江"两大平原"作为涉农资金整合的先行试点。此次涉农资金整合的范围涵盖了中央财政安排的农业生产发展、农业社会发展、扶贫开发三大类共计77项资金以及省级财政安排的相关涉农资金。在整合涉农资金的同时,中央赋予了地方政府更大的自主权,并要求方地方政府承担更多财政支出责任。

(三) 创新地方财政专项资金管理

地方政府对中央财政专项资金管理的诟病十分了解,却无力改变现有体制。不过,地方政府可以从中吸取教训。事实上,一些沿海发达省份在省级财政专项资金管理方面进行了有益尝试。

1. 浙江省专项性一般转移支付

专项性一般转移支付资金是一种具有财力补助性质但又有其特定政策目标和相对确定使用范围的财政专项资金,它融合了一般性转移支付和财政专项资金的优势。与传统财政专项资金相比,浙江省财政专项资金有显著的特点:

(1)完全采用因素法分配资金,省财政以各地业务量、工作绩效、地方财力状况、机构人员等因素,确定权重系数后,将专项性一般转移支付资金直接下达到市、县财政部门。

(2)在资金分配时不定具体项目,但明确使用范围和方向,增加了用款单位自由量裁权。

(3)市县财政无需专门配套。

(4)整合和规范专项转移支付资金,除一次性、突发性以及为中央补助具体项目配套的省级专项转移支付资金外,省级各部门原则上要将本部门现有专项转移支付资金整合成一个专项性一般转移支付项目。

(5) 强化监督检查和追踪问效。通过几年改革实践,浙江省改变了以往单个项目资金量小、资金到位不及时、财政资金供需矛盾加剧的被动局面,加强了专项资金部门之间的协调,促进了基本公共服务均等化和保障政府出台的重大政策贯彻落实的双重目标初步显现。

2. 广东省财政专项资金竞争性分配

广东省于2008年启动了省级财政专项资金竞争性分配改革试点。其基本做法是将绩效理念融入财政专项资金分配、管理的全过程,注重提高财政专项资金分配和使用的绩效。具体措施有:

(1) 在财政专项资金申请和分配阶段,对资金项目进行绩效目标管理,以绩效目标的合理合规和预期效益为依据,公开评价、筛选最优项目分配资金。

(2) 在项目实施阶段,实施绩效监督,以绩效目标为导向对项目的实施进行追踪管理。

(3) 对项目的完成情况或跨年度项目的年度进展实施绩效评价,将评价结果作为改进预算管理的重要依据。

广东省通过财政专项资金竞争性分配改革,一方面增强了省政府的宏观调控能力,集中了财政专项资金办大事、实事;另一方面通过拓展财政专项资金竞争性分配的领域,对市(县)等基层政府形成良好的示范效应——越来越多的市(县)级政府认识到,靠"跑关系"获得项目资金的思路已不合时宜,前期准备和科学论证才是王道。为进一步提高省级财政专项资金管理和使用效果,广东省将完善专家库制度,强化专家的责任意识和风险意识,力求将所有符合条件的财政专项资金纳入竞争性分配范围,并鼓励市、县、乡镇政府跟进改革。

二、我国现行财政专项资金政策和管理方面存在的问题

(一) 专项资金管理政策方面存在的问题

一是专项资金的设置混淆了政府与市场的边界。政府资金安排主要是投向市场失灵的、私人或社会资本不愿意投资的领域,至于竞争性行业和有收益的领域,应该全部交给市场、交给社会。但是,现实情况是许多竞争性领域、可由市场或社会投资的领域都有财政专项资金支持,甚至一些市场回报高的收益项目,也有财政专项资金支持。如国家发改委安排的技术改造项目,工信部安排的中小企业发展项目,商务部安排的流通项目等,这些领域已完全市场化了,可以由企业自己投资,不需要任何补助。政府对竞争性领域的干预,虽然短期可以带来一

定的效果，但长期看扰乱了市场作用的发挥，破坏了市场机制的建设，加剧了经济或产业的波动，造成了一些产业出现严重产能过剩。

二是专项资金门类繁多、支持范围过广、资金安排没有明确的标准或门槛。从部门预算就可以看出，每个部门都有专项资金，少则几个，多则几十个、上百个，有的部门一个司局或者一个处室都有数个或数十个专项资金，专项资金名目繁多，遍布每一个行业。从而导致专项资金安排的项目小型化、分散化，没有发挥应有的效益。

三是专项资金交叉重复安排、多头申报的现象比较普遍。部分专项资金政策目标和扶持方向趋同，部门交叉重复安排项目的现象严重。据国家审计署审计，集成电路设计研发能力专项补助资金、集成电路产业研究与开发专项资金、产业技术研究与开发资金、电子信息产业发展基金、科技重大专项资金、科技成果转化项目补助资金、清洁生产示范项目补助（奖励）资金等7个专项资金政策目标都包含了支持相关产业研究开发、产业化和技术推广等方面的内容，前5项资金都将集成电路行业作为重点扶持行业，政策目标和扶持方向趋同，涉及到发改委、工信部、财政部和科技部等4个部门近10多个司局。还有一些涉农产业化项目，如食品、粮食、农业等企业，能从10多个部门分别获得财政资金补助。由于财政补助无需偿还，且目标难以考核，客观上诱导企业不是根据自身发展需要和资金配套能力，而是看上面哪些方面能给钱来组织项目，巧立名目、拼凑项目，形成了跑项目、争资金的不正之风。

四是对产业的扶持重资金手段、轻政策手段。特别是节能环保领域和新能源领域，每年国家安排的资金数百亿甚至上千亿元，看似红红火火，扶持了一批企业，比如光伏行业就是最典型的例子，完全靠补贴手段，而不运用配额、市场价格手段，导致光伏产能过剩，全世界都消化不了中国的产能。再如节能环保方面，不是从根本上解决资源、能源产品价格偏低、环境标准不高、执法不严等机制性问题，每年安排数百亿元财政补贴上项目，绝大部分没发挥效益，既破坏了市场秩序，也大大的浪费了资金。

五是要求地方配套资金，实际是虚配套现象严重。无论是1998年以来实施的积极财政政策，还是2008年开始的扩大内需政策，以及国家安排的各类专项资金或科技重大专项，都有明文要求地方配套、企业自筹等规定。实际上，各级政府或项目单位为了能够申报项目，都是承诺地方政府配套，但实际执行情况是配套资金到位率很低。2010年，国家审计署对近1981个扩大内需投资项目建设管理和资金使用情况的审计调查，45%的地方配套资金未落实到位。

（二）专项资金分配和项目管理体制方面存在的问题

一是专项资金分配行政化。专项资金分配主要来自于国家各级权力机关，由大大小小不同的机构，或者不同的处长、科长等进行分配，各个项目申请单位都要围着这些行政机构转，投其所好或刻意结交，导致凡是不愿意或不善于结交的单位或相关人员，排挤在专项资金分配圈之外。

二是形式审查重于实质审查。政府部门或专家在评审项目时，往往重视形式审查，如审查项目是否符合国家产业政策、环境政策、技术政策；是否有其他财政专项资金支持，是否有其他资金来源，是否有地方配套。只要项目资料编得好，形式审查就容易过关，专家评分就高，安排资金就优先。对于项目是否多渠道申报，甚至编造假项目在不同部门、不同渠道申报；申报的项目是否真实存在；是否移花接木将甲项目资金用于乙项目；是否开工建设以及建设进度如何；是否财政专项资金已支持但达不到相关技术指标，诸如此类的问题，都没有进行现场勘察或没有进行实质性审查，导致许多项目虚报、多头申报、重复申报、冒领专项资金的情况时有发生。

三是过分依赖专家评审。目前，许多部门为了减轻权力的压力，对于各级申报的项目大多实行专家评审制度，看似提高了资金分配的公平性、公正性和科学性，但实际上存在不少问题：找的专家都是离行政圈最近的专家，成为权力规避风险的替罪羊；专家都是贯彻行政的意图，对专家的评审下指导棋，要求专家按照行政的旨意分配项目和资金；形成了国内的一种怪象，每个部门都设置专家库，今天成为这个部门专家，明天又是另外一个部门的专家，专家满天飞，成天忙于评审项目，从此再无心搞科研了。

四是多头管理、多渠道申报，专项资金补助标准不统一。目前，国家发改委每年安排的4700亿元专项资金，涉及到国民经济各个行业各个领域，与中央各部门如财政、科技、工信、农业等部门安排的专项支出几乎是重复安排的，重复的范围、重复的行业、重复的领域、重复的项目。多头管理、多头申报的直接后果是，缺少整体规划，项目的审批和立项方面各自为政、难以协调，项目小型化、零碎化，工期长期化、资金分散化。

（三）专项资金管理方面存在的问题

一是专项资金预算编制和组织工作缺乏科学性。实行部门预算管理以后，专项资金预算管理都是纳入部门预算管理的框架下进行的，各个部门专项资金预算或项目支出预算编报存在随意性、标准的不统一性、口径的不一致性，对申请的专项资金缺乏细致周密和科学论证。造成部分单位专项资金大量结余，形成资金沉淀；部分单位专项资金供给不足，影响事业发展和政府职能实现。

二是专项资金预算项目的前期基础工作不扎实，深度不够。申报财政专项资金的项目，申报内容简单，没有详细的科研、规划和论证，也没有初步设计、详尽的概算和内容批复，有的只是粗略估计或估算。

三是专项资金管理的过程控制不到位,财务管理职能弱化。财政部门也好,主管部门也好,往往是重视项目的申报和资金的分配,不重视项目资金的跟踪反馈等过程控制,至于事后监督也只是流于形式,往往是问题暴露出来之后,才会抓一抓。项目单位也没有负起切实有效的责任,只是承担会计核算和资金支付,对项目的完工进度和资金需求情况缺乏了解,对项目的决策和管理没有参与,无法做到按计划、按预算、按合同、按进度、按用款申请来加强资金的监管。

四是没有真正实行专款专用原则。所谓专项资金顾名思义就是有着特定或专门用途而安排的资金,应该实行单独核算、专户存储、专户管理。但在实际使用上,一是没有实行单独核算,没有实行专户存储,而是与其他账户资金混用。二是专项资金挪用的现象普遍存在,存在生产吃基建,运行费用挤占项目资金,专用资金用作其他用途,甚至用于发放职工福利和补贴性支出。

五是专项资金监管不力、不到位。根据财政部"行政单位财务规则"和"行政单位会计制度"的规定,项目完工后,专项资金结余应上缴财政或须报财政部门审批后方可留用。但实际情况是:项目单位为了不上缴专项资金结余,采取在项目完工之前突击花钱、突击采购;项目单位将项目资金提前拨付到不需要资金的下属单位,用作其他用途;巧立名目,将项目资金结余用作其他生产性或运营性开支和其他基建支出等。财政部门对专项资金预算下达和资金拨付后,项目单位是如何花的,财务管理和资金使用情况如何,都没有实行有效的监督、控制。资金分配和资金管理脱节,财务监督流于形式。

此外,专项资金在使用中存在不规范的现象非常普遍:预算执行偏慢、资金拨付不及时、层层截留挤占挪用、超预算支出超进度拨付、大额现金支付,有的甚至骗取套取国家资金。

三、地方政府财政专项资金管理的宏观背景分析

研究地方政府财政专项资金管理问题,必须首先将国家财政专项资金设立的政策意图和发展沿革过程进行清晰梳理,分析我国政治经济体制转轨背景下财政专项资金管理方式转变的客观要求。在计划经济体制时期,为克服财力困难和体现政府"集中财力办大事"的政策意图,财政专项资金对加强政权建设、推动经济发展、维护社会稳定发挥了重大作用;在社会主义市场经济构建初期,在分权制管理体制激励下地方政府以经济发展为唯一目标,"市场化政府"或"经济建设型政府"特征明显,中央政府为平衡经济社会和谐发展,从法律法规和制度规章角度明确政府基本公共服务投入的财政专项资金规模,地方政府为提升政绩、考核业绩和强化政府间资源竞争能力,陆续出台刺激经济发展(包括招商引资、税收返还、财政补贴等)的财政专项资金政策,同时也要考虑在国家分配论

指导下政府财政投入控制的传统管理体制影响；在社会主义市场经济正式建立，地方政府由"经济建设型政府"向"公共服务型政府"转型过程中，经济增长已不再是考核地方政府发展的唯一指标，公共财政管理框架和理念已融入政府管理实践，政府公共职能不断强化并增加投入，政府财政控制模式由投入控制向绩效控制转变，人民以公共产品和公共服务的数量和质量需求日益增加，要求分享我国经济社会发展红利的呼声越来越大。

在上述宏观背景下，地方政府财政专项资金需要适应政府管理目标的变化，按照公共财政管理理念要求，从政策依据、管理程序、预算约束、绩效考核、理财能力等不同角度予以反思和分析，提出优化地方政府财政专项资金管理的具体思路和管理模式。

四、地方政府财政专项资金存在问题分析

（一）地方政府财政专项资金安排是否科学合理有待考量

从地方政府财政专项资金研究内容看，其设立的科学合理性有待进一步反思和考量。一是国家法律规章的地方区域适用性问题。以北京市教育经费安排为例，西城区2011年度财政支出260亿元，其中教育支出38.7亿元，学生总数量10.5万人，不分口径生均教育经费达到3.68万元，而延庆县2011年度财政支出60亿元，教育支出7.4亿元，学生总数量4.2万人，不分口径生均教育经费达到1.76万元，两者相比相差1倍。如果推广到全国不同地区，差异必将更为明显。二是法律制度依据不统一，教育经费安排依据《中华人民共和国教育法》和《中国人民共和国义务教育法》，文化经费安排依据《中共中央关于加强社会主义精神文明建设若干重要问题的决议》规定的"中央和地方财政对宣传文化事业的投入，要随着经济的发展逐年增加，增加幅度不低于财政收入的增长幅度。"容易在执行过程中形成重视和执行偏差。三是切块资金具体口径不清晰。以教育经费投入考核为例，地方政府教育经费考核需要测算公共支出占地方区域国内生产总值4%比重、教育经费超过经常性财政收入情况、生均教育经费情况等不同口径，数据严谨性不够。以地方政府根据区域发展规定的、年度预算予以安排的用于经济发展和社会管理的财政专项资金分析，主要是地方政府以政府意见形式确定的用于支持产业发展的财政专项资金，例如科技园区发展专项资金、产业发展专项资金、文化创意产业引导资金、招商引资专项资金等，部分以税收返还或补贴奖励性质的财政专项资金不符合公共财政管理要求，部分项目资金用途存在重复和交叉现象。

（二）地方政府财政专项资金管理制度有待完善

从地方政府财政专项资金研究内容看，其管理制度和程序有待进一步完善。从依据国家法律法规、规章制度需要地方政府予以安排并考核的切块专项资金分析，主要存在以下问题：一是资金使用方向制度规定不清晰。从目前地方政府管理实践情况看，该类财政专项资金并未严格区分人员经费和项目经费，教育、文化、计划生育等财政专项资金均采取统筹使用，包括人员经费、公用经费和事业发展经费。二是部分政策标准有待完善。以文化经费为例，缺少社区和农村文化站所设备配备标准、基层文化活动经费标准、基层文化干部培训标准等，容易导致预算安排与实际需求背离。以地方政府根据区域发展规定的、年度预算予以安排的用于经济发展和社会管理的财政专项资金分析，同样存在资金使用方向粗放、政策标准不统一、管理权限不明确等问题，需要进一步明确和完善管理制度和程序。

（三）地方政府财政专项资金预算约束弱化

从地方政府财政专项资金研究内容看，其预算约束弱化现象相对突出。主要原因包括：一是预算审核管理弱化。从目前地方政府管理实践情况看，财政专项资金预算审核管理主要依靠支出总额控制，只要部门年度预算规模不超过年度经费总规模，各级人大不再予以明细审核，由政府主管部门和财政部门商议确定，预算法制性和严谨性不足。二是预算审核主体不清。

政府预算最终审批权应由各级人大负责，但在财政专项资金实际管理中，政府往往承担起审核责任，特别是地方政府区域发展规定的、年度预算予以安排的用于经济发展和社会管理的财政专项资金，其支出明细需要在预算执行年度陆续确定，地方政府常以政府决议代替人大审核。三是预算调整程序不严谨，由于财政专项资金预算审核责任常由地方政府（甚至是政府部门）承担，预算年度调整程序相对简化，往往在政府部门与财政部门履行公文手续后即可办理，预算法制性和严肃性受到挑战和质疑。

（四）地方政府财政专项资金缺乏绩效考核和政策整合机制

从地方政府财政专项资金研究内容看，其绩效考核和政策整合工作需要进一步强化。从依据国家法律法规、规章制度需要地方政府予以安排并考核的切块专项资金分析，目前通常的做法是采取具体项目的事后绩效评价，由于此类资金公益性特点突出，一般情况下如果项目财务管理方面不存在重大问题，其项目绩效考评结果常是中上以上的成绩，容易产生将绩效评价工作与财政监督或审计监督工作混为一谈；随着社会事业发展，切块专项资金包含内容不断增加，教育经费包括教育依法增长经费、教育费附加经费、土地出让金提取教育基金部分，计划生育经费除按照不低于经常性财政收入增长外，北京市另行增加农村计划生育经费和外来务工人员计划生育经费，不同类别经费无法打通使用，北京市部分区县甚至出现教师工资缺口而教育费附加结余的问题。以地方政府根据区域发展规定的、年度预算予以安排的用于经济发展和社会管理的财政专项资金分析，地方政府支持产业发展的财政专项资金由于市场变化因素复杂而存在效益低下的问题，以北京市为例，支持产业发展资金包括科技园区发展专项资金、产业发展专项资金、文化创意产业引导资金、招商引资专项资金等，由于上述资金掌握在不同分管领导和部门手中，无法形成统一的资金规模优势和统筹优势，政策效果和经济发展关系相关性不明显，政府缺乏多层次、科学合理的财政专项资金政府绩效评价体系和整合机制。

（五）地方政府财政专项资金降低政府理财能力和水平

从地方政府财政专项资金研究内容看，其影响政府理财能力和水平的问题值得引起关注。为适应社会主义市场经济的良性发展和政府职能转变的需要，我国财政管理由国家分配管理模式向公共财政管理模式转变，社会经济发展对于政府理财能力和水平提出更高的要求，政府会计制度由收付实现制向权责发生制变革的呼声和趋势日益明显，财政管理重点逐步由投入控制向绩效控制转变，政府理财重点已由收入管理向资金运营管理转变。在上述财政管理变革背景下，地方政府财政专项资金存在以下问题：一是减弱政府资金统筹能力，财政专项资金将完整的政府预算人为切分成不同部门管理的资金，将政府资金部门化管理，降低政府资金调度和调剂能力，导致政府资金结余和资金短缺情况并存，降低政府理财能力和水平。二是不符合财政绩效控制的管理趋势。由于财政专项资金存在规模确定和利益固化的特点，加之财政专项资金的专用性要求，即便是项目绩效相对低于其他类别项目绩效也无法从根本上予以调整，人为降低政府理财水平和能力。

五、加强地方财政专项资金管理政策建议

（一）进一步明确地方政府财政专项资金安排的政策依据

为规范地方政府财政专项资金管理，明确财政专项资金安排政策依据，需要考虑以下方面工作：一是因地制宜明确地方政府财政专项资金管理政策。前提是根据不同经济社会发展区域的需求，分类分区域制定政策和合乎地方实际的执行标准，发达地区可以适当降低投入标准或投入方式限制，避免资金效益低下和资金浪费，欠发达地区也不会因为支出累加效应而不愿追加投入，最终实现基本公共服务均等化的目标。二是统一法律制度依据。由于目前财政专项资金政策依据

不统一，实际执行过程中各地政府掌握尺度不一，建议以法律形式确定明确政策依据，解决地方政府政策执行偏差问题。三是统一明确考核口径。将财政专项资金具体考核口径统一，同时将投入标准和成效标准相关联并考虑地方实际情况，实现效率和公平并重的管理目标。四是重新审视财政专项资金效益，特别是产业发展专项资金更应通过实际效果分析，确定其存在的科学性和合理性，统筹整合财政专项资金政策依据。

（二）进一步明确财政专项资金管理制度

为规范地方政府财政专项资金管理，加强财政专项资金管理制度建设，需要考虑以下方面工作：一是明确资金使用方向管理制度，将部门运转经费和事业发展经费分开，避免部门运转经费隐形膨胀，打破部门固有利益格局，保证财政切块资金主要用于区域经济社会全面发展；二是明确具体事项管理标准，以基本公共服务均等化为目标，考虑区域经济社会实际发展情况，因地制宜地分类分档建立技术标准、实物标准和业绩标准，将预算管理和实际运行紧密结合；三是制定财政专项资金管理办法，明确财政专项资金的测算方法、资金额度、资金用途、项目申报程序、监管制度、效益评价和惩戒措施等，规范财政专项资金管理；四是明确财政专项资金运作程序，做好财政专项资金项目细化工作，明确项目运作时间安排和工作要求，提高财政专项资金管理的可操作性。

（三）进一步加强地方政府财政专项资金预算约束

为规范地方政府财政专项资金管理，加强财政专项资金预算约束，需要考虑以下方面工作：一是明确预算审核主体责任，确定地方各级人大的审核权限，将财政专项资金预算审核纳入规定程序范围内，履行政府审批和人大审核等程序，确保财政专项资金预算的严肃性和严谨性；二是加强预算调整控制，严格按照预算调整权限完成预算调整审核工作，避免调整程序流于形式，并减少业务部门和财政部门的独立支配权；三是加强项目管理，建立财政专项资金项目库，强化项目可行性研究和科学论证，实施项目轻重缓急排序，确保社会经济重点项目的顺利实施；四是加强财政监督和审计工作，核查预算编制和预算执行情况的一致性，确保财政专项资金专款专用。

（四）进一步加强地方政府财政专项资金绩效考核和政策整合

为规范地方政府财政专项资金管理，加强财政专项资金绩效考核和政策整合，需要考虑以下方面工作：一是建立财政专项资金绩效考评体系，针对不同项目内容（经济性、公益性和社会性等）实施不同评价方法，合理评价财政专项资金使用效益；二是建立绩效考评成果运用机制，根据财政专项资金运行优劣进行奖惩，提高现有资金使用效益；三是逐步推进绩效预算管理工作，将部门总体绩效评价和年度预算相结合，避免项目预算评价的非全面性和非合理性，同时将部门运转经费预算与绩效评价相结合，推动地方政府公共服务质量提升；四是建立财政专项资金政策整合机制，对于资金用途交叉、使用效益不高、设立背景和原因已消失的财政专项资金，由政府部门定期组织专家评审，根据绩效考评结果和专家评审结论，对现有财政专项资金予以增减额度、整合重组或取消等方式调整。

（五）进一步提升地方政府理财能力和水平

为规范地方政府财政专项资金管理，进一步提升地方政府理财能力和水平，需要做好以下方面工作：一是推进基本公共服务均等化工作，逐步淡化财政专项资金的作用，规范政府和市场职能边界，凸显地方政府独立财权，提高政府资金调度和运营能力；二是突破年度预算管理理念，实施财政专项资金中期考核机制，解决不同年份间地方政府财力盈亏问题，推动政府会计制度由收付实现制向权责发生制变革，提高政府理财能力；三是加强绩效控制工作，推动绩效监督和绩效审计，辅之以投资评审、政府采购等手段，提高财政专项资金具体项目的收益—成本比重，降低地方政府资金成本；四是促进公共产品市场化提供，通过民营化、使用者付费、合同外包、委托代理、分散决策、产权交易和变更、内部市场等方式，将公共产品供给者和生产者合理适度区分，提高单位政府资金的产出价值。

第二节 财政专项资金绩效评估

绩效基本涵义的界定是研究绩效管理与评价的逻辑起点。一般认为，绩效是指人类行为实际的效果、目标完成程度，投入与产出的对比关系，又体现行为这一过程。绩效包括应该做什么和怎么做两个方面。无论对绩效如何界定，绩效一定是可理解、可控制、可衡量的。政府绩效也就是政府行政管理活动中所取得的业绩、成就和实际效果，其价值选择是指以一定的价值观念去衡量、评估政府体制的优劣，政府组织和政府行为的效率高低、效果好坏等，政府绩效包括行政绩效和财政绩效，即做多少事，花多少钱，花钱必问效。政府绩效是改造政府、重塑政府的主要动力和基本内容之一。

根据2011年4月财政部颁布的《财政支出绩效评价管理暂行办法》（财预〔2011〕285号），将财政支出绩效评价界定为财政部门和预算部门（单位）根据设定的绩效目标，运用科学、合理的绩效评价指标、评价标准和评价方法，对财政支出的经济性、效率性和效益性进行客观、公正的评价。财政支出绩效评价不仅是对财政支出使用情况进行评价和监督，更主要是以财政支出效果为最终目标，考核政府职能实现程度，即考核政府提供的公共产品和服务的数量与质量，从这个意义上讲，财政支出绩效评价是以财政部门为主体，政府其他职能部门共同配合而形成的管理公共产品和服务的一项制度。

财政项目支出绩效评价是指财政部门对专项支出进行的绩效评价。专项是指具备独立核算，能单独测量支出结果两个条件的专门预算项目。项目预算不仅是指本级政府设定的项目，也包括中央和上级政府以专项转移支付形式设定的项目（马国贤，2012）。我国的项目预算分为公共工程项目、政策性支出项目、资本性投资专项及其他专项。

一、建立财政项目支出绩效评价机制的背景和条件

（一）背景

党的十六大和十六届三中全会提出，要"深化行政管理体制改革"，"建立预算支出绩效评价体系"，十七届二中、五中全会明确提出"推行政府绩效管理和行政问责制""完善政府绩效评估制度"和"提高财政管理绩效"，十八届三中全会强调"必须切实转变政府职能，深化行政体制改革，创新行政管理方式，增强政府公信力和执行力，建设法治政府和服务型政府，推进政府绩效管理"。为了适应社会主义市场经济的发展要求，建设服务型政府，政府公共服务职能进一步转换，公共服务需要政府高绩效运行，而构建服务型政府的内在要求是绩效管理，预算绩效管理是政府绩效管理的重要组成部分，绩效评价又是预算绩效管理的核心内容，推进预算绩效管理，开展全周期绩效评价是建立和完善现代财政制度的突破口和重要切入点。

"十二五"以来，随着我国经济发展进入新常态，财政收入增速下降与财政支出刚性增长的矛盾日益加剧，财政可持续发展面临挑战，对政府管理"钱袋子"的水平提出更高要求。政府"如何花好钱、做好事"是世界各国所面临的难题。如何保证收入的可持续性以及提升财政支出的绩效成为突破当前困境的两大途径，其中财政支出的绩效提升是重中之重，而合理、科学及全面性的财政支出的绩效评价是提升财政绩效的前提条件和基础。

财政支出中基本支出有比较成熟的定员定额标准，支出管理也相对规范，而项目支出由于其灵活性、多样性和独特性，资金使用绩效常常存在很大差异，支出管理难度大，其绩效很难设立统一的标准进行衡量，项目支出成本核算不准确，资金分配不科学，目标与实际成本不匹配，资金的使用绩效缺乏"追踪问效"的管理和监督约束体系，而且从资金申请到项目立项、资金分配等一系列环节中，出现行政不当干预等问题，难以保证专项资金获取较好的使用效益，因此

加大财政项目支出存量资金盘活力度、提高支出预算执行效率、推进财政资金统筹，加强财政项目支出绩效评价成为关注的重点，所以我们选取项目支出作为研究的主要内容，并且将绩效目标的设定、绩效跟踪、绩效评价及结果运用纳入预算编制、执行、监督全过程，开展财政项目支出全周期绩效评价，以提高绩效管理水平，强化项目支出的责任和效率，优化公共资源配置，提高财政资金使用效益和公共服务水平，建设效能政府，具有十分重要的意义。

"十三五"时期，随着信息公开要求逐步提升，各级政府及部门的财政支出绩效评价范围将进一步扩展，财政支出绩效评价管理工作将进一步科学化和精细化。财政项目支出的全周期绩效评价是在结果性事后评价的基础上，针对其缺陷提出，除继承事后评价的优点外，将绩效评价理念及方法贯穿于项目的全周期，对于财政项目预算安排目标，实施中绩效监控及事后的评价有机结合起来，一定程度上弥补事后绩效的缺陷，为推动"事前有目标，事中有监控、事后有评价及评价结果有应用"的全程预算管理起到基础性依托作用。因而本课题的研究对于丰富预算绩效管理和绩效评价的理论，推进预算绩效管理和绩效预算实践发展具有重要的理论意义和指导意义。

（二）前提条件

一是新预算法的颁布。新《预算法》于 2015 年 1 月 1 日开始施行，在新《预算法》中"绩效"一词前后出现六次，在国家法律的战略层面首次提出预算应遵循绩效原则，顶层架构，立足点高，为我国预算体制由传统预算向绩效预算转型奠定了法理基础。

"讲求绩效"的总则基本要求是：在预算编制环节，要参考有关支出绩效评价结果；在预算审查和批准环节，各级人民代表大会有关专门委员会的审查结果报告应当包括提高预算绩效的意见和建议；在预算执行和监督环节，要求各级政府、各部门、各单位应当对预算支出情况开展绩效评价；在决算环节，要重点审查支出政策实施情况和重点支出、重大投资项目资金的使用及绩效情况。还有专项转移支付定期评估和退出、预算公开等方面的都要体现着预算绩效管理。

二是国家相关政策的出台。2011 年 3 月 16 日发布的《国民经济和社会发展第十二个五年规划纲要》对绩效评价和绩效管理做出了最为权威性的阐述。《十二五规划》第 46 章在论及"推行政府绩效管理和行政问责制度"部分，提出"建立科学合理的政府绩效评估指标体系和评估机制，实行内部考核与公众评议、专家评价相结合的方法，发挥绩效评估对推动科学发展的导向和激励作用，提高政府执行力和公信力"。《十二五规划》明确提出将绩效评价作为监督政府的措施之一，第一次将绩效管理与提高政府公信力联系在一起，将其作为行政问责制度的目的。这就从长期规划层面上正式确定了绩效评价与管理在整个政府管理改革中的重要地位。

表3-1 我国财政支出绩效评价中央相关政策文件汇总

发展阶段	相关事件
绩效评价研究阶段（2000—2003年）	2000年，财政部成立财政绩效评价课题组，开始探索我国财政资金绩效考评工作，并着手规划建立"政府财政管理信息系统"。
	2003年，十六届三中全会提出"建立预算绩效考评体系"，财政部一些司局开始制定各行业绩效评价管理办法。
政府财政绩效评价实施阶段（2004年至今）	2004年财政部出台了《财政部关于开展中央政府投资项目预算绩效评价工作的指导意见》，并组织部分中央部门开展预算支出绩效评价试点工作；同年，广东成立了全国首个省级财政支出绩效评价机构。
	2005年财政部为规范和加强中央部门预算绩效考评工作，提高预算资金的使用效率，体现政府公共服务目标，制定了《中央部门预算支出绩效考评管理办法（试行）》。
	2009年，财政部印发了《财政支出绩效评价管理暂行办法》，为全国财政资金绩效考评工作提供了统一的指导性文件。
	2011年4月财政部重新修订了《财政支出绩效评价管理暂行办法》，分别对绩效评价的对象和内容，绩效评价的目标，绩效评价指标、评价标准和方法，绩效评价的组织管理和工作程序，绩效评价报告和绩效评价的结果应用等方面进行了规定。
	2011年7月财政部出台了《关于推进预算绩效管理的指导意见》（财预〔2011〕416号）
	2012年出台了《预算绩效管理工作规划》，并根据这个规划制定了县级财政支出管理绩效综合评价方案和部门支出管理绩效综合评价方案两个配套文件。
	2013年4月财政部印发《预算绩效评价共性指标体系框架》的通知（财预〔2013〕53号）。
	2014年，财政部制定了《地方财政管理绩效综合评价方案》，目的在于通过对地方财政管理绩效的综合评价，进一步推动地方深化财税体制改革，改进预算管理制度，提高财政资金使用效益，探索构建符合我国国情的地方财政管理绩效评价体系。
	2014年9月国务院颁布《国务院关于深化预算管理制度改革的决定》（国发〔2014〕45号）提出，将绩效评价重点由项目支出拓展到部门整体支出和政策、制度、管理等方面，加强绩效评价结果应用，将评价结果作为调整支出结构、完善财政政策和科学安排预算的重要依据。
	2015年5月财政部门制定的《中央部门预算绩效目标管理办法》（财预〔2015〕88号）进一步明确了财政项目支出的绩效目标，为绩效评价工作更好地开展提供坚实的基础。

为积极推进预算绩效管理工作，规范财政支出绩效评价行为，建立科学、合理的绩效评价管理体系，提高财政资金使用效益，为贯彻落实《预算绩效管理工作规划（2012—2015年）》（财预〔2012〕396号）有关要求，逐步建立符合我国国情的预算绩效评价指标体系，不断规范和加强预算绩效评价工作，提高绩效评价的统一性和权威性，全面推进预算绩效管理。

三是中央与地方政府的实践探索。1998年中央提出建立公共财政体制框架后，党的十六届三中全会提出要"建立预算绩效考评体系"，针对这种情况，我国从2001年开始先后在福建、湖北、湖南、河北等地进行了支出绩效评价工作的小规模试点，积累了一些经验，取得一定成效。2003年，财政部出台了《中央级科教文部门项目绩效评价管理办法》《中央级行政经费项目支出绩效评价管理办法（试行）》等文件，并将中央级行政经费支出和科教文卫、经济建设、中央政府投资项目等几个领域的项目支出作为财政支出绩效评价试点，并制定了财政支出绩效评价的实施办法。开启了我国财政绩效评价的工作。在中央的带领和支持下，部分省、市也开始实施财政支出绩效评价改革，财政支出绩效评价逐渐在全国范围内引起广泛重视。2003年广东省率先建立了绩效评价处进行财政支出绩效评价试点；2005年起，全面铺开了省级部门预算单位对财政支出项目资金使用情况进行自我绩效评价的工作和财政部门对重大项目的综合评价工作。

2008年广东省佛山市南海区建立了以绩效预算、支出评价为核心，以标准定制、项目管理、专家考核为辅助的财政绩效评价系统。该系统实现了事前绩效预算和事后支出评价，并最终形成绩效预算评价报告和项目支出评价报告自动流入预算编制系统，作为年度预算批复的重要依据，而项目支出评价报告既反映了项目支出的合理性和有效性，也为下年度的绩效预算工作提供有力的参考，整个过程形成一个闭环。目前，北京、上海、广东等地都正在进行财政绩效评价系统的建设探索，2010年财政绩效评价模式从传统模式，即政府财政部门系统内的上级对下级的财政绩效评价模式开始试点第三方组织的财政绩效评价模式，这一模式最早在广东省实施政府财政支出绩效引入第三方评价改革试点，由政府委托第三方专业评估机构对政府财政资金的使用状况进行客观评估，其评估信息的获取主要由被评估对象提供，或者通过现场评估获得。2011年预算绩效管理成为部际联席会议选择的绩效管理试点，财政部连续出台了《财政支出绩效评价管理暂行办法》修订版（财预〔2011〕285号）和《关于推进预算绩效管理的指导意见》，将财政支出绩效评价置于预算绩效管理的核心，对绩效评价的重视达到前所未有的高度。2012年9月21日，在地方试点的基础上，财政部发布了《预算绩效管理工作规划（2012—2015）》，提出构建"覆盖所有财政性资金，贯穿预算编制、执行、监督全过程"的预算管理体制模式。现阶段在中央和财政部的带领下，我国大多数省市成立了进行绩效评价的专门机构，有些地区虽未成立专业机构也设立了具体的科室以便进行绩效评价工作。各地在借鉴国际先进经验的基础上，根据绩效评价的原理，逐步形成了各具特色的绩效评价方式。财政项目支出绩效评价也取得了更进一步的发展。

二、发达国家开展财政项目支出全周期绩效评价的经验与启示

财政支出绩效评价是西方发达国家提升财政支出管理水平重要手段之一。在长达一个世纪的广泛研究和实践中，许多西方发达国家逐步形成了较为健全的财政支出评价理论框架和较为完善的绩效评价体系。

从收集相关资料和文献上看，西方发达国家关于财政项目支出全周期绩效评价系统性理论并不多见，其绩效评价理论和框架源于传统的绩效评价理论中，全周评价期思想及理念更多散见于绩效预算思想。可见，在西方发达国家财政项目支出的全周期绩效评价发展与绩效预算改革发展实质上是融合在一起共同发展的。

政府绩效预算的发展事实上是新公共管理运动的一项产物。20 世纪 70 年代以来，随着新公共管理运动的兴起，人们逐步形成一系列理念——提高政府的效能、化解公共危机、降低行政成本、落实政府责任及改善政府形象等。正是在这一理念形成过程中，以及在这一理念的指导下，西方各国纷纷开始反思传统预算管理制度并主导了一场全球预算改革浪潮。在这场预算改革浪潮中，财政支出的绩效评价无论从理念、制度框架还是实践应用都得到长足的发展。

新公共管理运动开启于英国，深入发展并达到高潮于美国，并且绩效管理、绩效评价在这两个国家中得以持续稳定发展。澳大利亚引入绩效时，就作为预算基本结构的一部分，也就是说，除澳大利亚之外，没有一个国家从引入绩效就开始实行绩效预算。因此，本课题将这三个国家作为典型展开分析。

（一）美国财政支出绩效管理

美国财政支出绩效管理发展历程

（1）绩效理念形成。美国早期财政支出绩效管理来源于企业管理。20 世纪 30 年代，富兰克林·罗斯福总统推行"新政"，泰罗制科学管理运动在私人企业中兴起。为在政府中引入科学管理和经济准则，1928 年，美国成立了全国市政标准委员会，该机构作为美国财政支出绩效评价的发起者，为政府服务效率评价方法做出了重大的贡献。二战后，美国一直面临随自由主义传统而来的经济和社会危机的挑战，随着市场经济的发育，市场竞争日趋恶化，资本主义垄断不断庞大，社会迫切需要一个强有力的政府来稳定秩序。同时，公众对二战后美国联邦

政府预算赤字扩大和政府债务不断攀升表示担忧，对政府腐败现象和杰克逊政府期间出现的政党分赃表示出强烈的不满，希望对政府行为进行严格的约束。而且，随着20世纪70年代以来新公共管理理念的传播和新公共管理运动的兴起，民主政治的进程不断推进，公众对政府的运作状况日益关注，并希望政府提高透明度，对政府的期望越来越高。尤其在资源相对稀缺、政府支出不断增长的情况下，公众对公共资源的使用情况和取得的绩效给予了前所未有的关注。

（2）绩效预算和计划规划预算。1949年胡弗委员会大力倡导预算改革，提出了计划或绩效预算必须取代现行的预算，政府支出必须按服务、活动与工作方案编列，而非现行的按所购买的东西编列。由于胡佛委员会的推动，美国政府预算于1950年会计年度正式采用计划和绩效预算制度。1950年美国预算局对绩效预算的定义为：绩效预算能显示需要资金的目的和目标，为达成这些目标的计划成本及在每一计划所完成工作的数量数据。

计划规划预算起源于20世纪60年代，它是在绩效预算的基础上，依据政府确定的目标，着重按项目安排和运用定量分析的方法编制的预算。实行计划规划预算的基本步骤是：首先，要求按政府确定的目标划分项目；其次，要确定完成任务所需要的资源并对选定的项目配置资源，在此基础上确定这部分资源的费用，从中选出一种最佳的方案；最后，计划的安排既要考虑过去计划的执行情况，更要考虑现在正在设计的未来计划，要善于把两者有机地结合起来考虑。计划规划预算的特点是：①可以把预算中安排的项目和政府的中长期计划结合起来，做到长计划短安排，有利于政府活动的开展。②由于在选择和安排项目过程中，要依据各项数据资料进行经济分析、评价以及项目间的比较，有利于降低各个项目的费用，提高财政资金的使用效果，为政府提供决策的依据和参考。③许多项目往往是跨年度的，按项目安排预算，可以根据发展变化情况，对计划和预算进行调整。

（3）政府绩效评价。1993年，美国国会通过了《政府绩效与成果法案》（简称GPRA），它是各国政府绩效改革浪潮中具有里程碑意义的代表性立法，是20世纪60年代以来美国议会监督体系第一次根本性转变，标志着议会对行政部门的监督开始转到"绩效"和"结果"上来。同时，该法案的颁布也标志着美国政府的绩效改革步入了成熟阶段，代表了美国政府进一步推动绩效改革，全面实施绩效管理的决心和努力。《政府绩效与成果法案》要求将绩效评价在联邦政府层级制度化，并要求联邦各部门制定战略规划，明确各自的工作目标和对象，制定围绕这些目标和对象的工作措施，以及一套能综合反映部门业绩、便于考评的绩效指标，提高可衡量检验部门工作的绩效标准。该法案还要求政府在年内完成上述工作，并且每年都必须提供年度绩效报告。

2001年布什接任总统后，联邦政府管理改革有了新的推进，但绩效为本的管理原则没有改变。针对克林顿政府改革的经验和局限性，布什政府确定了政府改革的三原则是：以公民为中心，以结果为本，以市场为基础。布什政府提出的2003年的预算新格式，强调绩效与预算的紧密挂钩，力图从资源配置方面推动政府部门绩效的提高。2002年，管理和预算办公室（OMB）引入了项目评价分级工具（PART）作为OMB对联邦项目投入的一项额外要求，并对每个联邦项目产生的结果进行分级。OMB准备在所有的联邦项目中使用评价PART，首先对覆盖联邦预算大约20%的234个联邦项目进行评价和分级，并逐步推广到全部联邦项目。

（4）政府绩效管理与评价的三种模式。美国政府绩效管理与评价模式主要包括效率导向型（20世纪70年代以前）、效果导向型（20世纪70年代以后，90年代以前）和管理导向型（20世纪90年代以后）。效率导向型注重投入与产出比；效果导向型注重公共产品提供和公共服务的质量、效果、公平和顾客满意；管理导向型注重政府管理能力的评价，即政府把投入转化为产出和结果的管理能力；这三种模式涵盖了政府活动的全过程。（见图3-1所示）

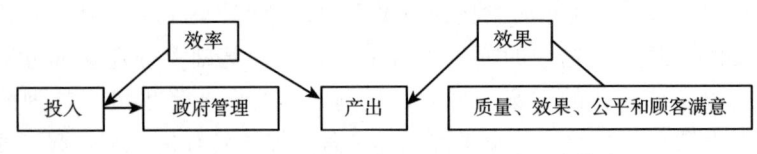

图3-1 美国政府绩效管理与评价的三种模式

（二）美国财政支出绩效管理的组织机构

财政支出绩效管理的组织实施涉及国会会计总署（GAO）、总统预算与管理办公室和政府各部门。

国会会计总署的职责主要是：1. 代表国会对联邦政府各部门进行年度绩效考评；接受国会的委托，对部门、计划、项目、专项工作的绩效进行专题评价；2. 授权联邦各部门内部的评价办公室对本部门进行绩效或计划和项目的评价。

总统预算与管理办公室的职责主要是：协助总统对预算的编制进行指导和监督。预算与管理办公室通过对各政府部门的计划、政策及工作的有效性进行评价，从而确定支出重点，保证预算支出的可行性。联邦政府各部门在新的预算年度（每年10月）开始前的个月（即每年4月中旬）要向预算与管理办公室上报年度计划。结合联邦政府各部门上交的春季绩效评价报告，预算与管理办公室对各部门年度计划进行评价后，决定是否对预算进行调整。

联邦政府各部门负责向国会提交战略规划和年度计划。主要的一些政府部门都专门设立了"计划与评价办公室",在没有设立该办公室的部门都由"政策办公室"负责相关的评价事宜:(1) 每个联邦政府部门都要向国会提交至少年的战略规划(至少每年要调整修订一回),每年要向国会和总统预算与管理办公室提交年度计划。(2) 接受国会会计总署的委托,对本部门的年度工作进行评价。有时候,国会会计总署也会委托第三方进行独立评价。(3) 根据绩效评价的结果,对本部门的政策、计划和工作提出建议,并相应地修订有关政策。

(三) 美国财政支出绩效管理的实施

1. 美国财政支出绩效管理框架及组成

美国财政支出绩效管理的框架主要体现在《政府绩效与结果法》中(见图3-2所示),这项法律体现其对政府绩效评价的目的:(1) 要求联邦政府机构对工作结果承担责任,以改进美国人民对联邦政府的信心。(2) 要从一系列试点项目开始,先设定工作目标,并围绕这些目标进行绩效测量,然后对进程做出公开的报告。(3) 将新的关注焦点集中于结果、服务质量以及顾客满意度等方面,以此来改进联邦政府的工作效益和公共责任。(4) 通过要求联邦管理人员制定实现工作目标的规划,以及提供工作结构和服务质量的信息,来帮助他们改进服务的提供。(5) 通过提供更为客观的有关法定的目标信息、联邦工作及经费使用效果和效率的信息,改进国会的决策。

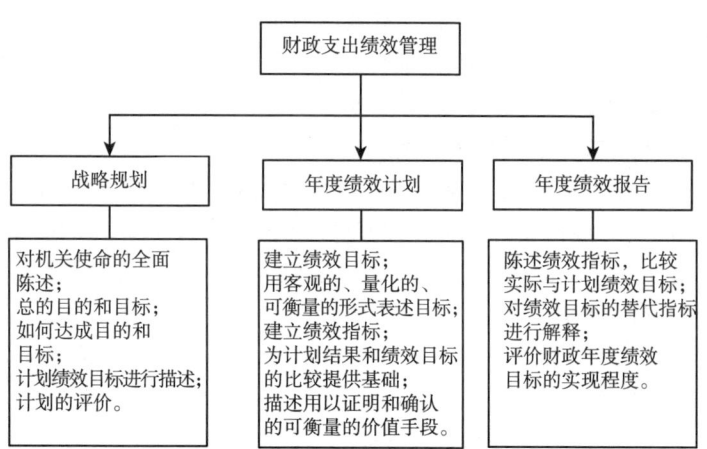

图3-2 美国财政支出管理框架

美国财政支出绩效管理的框架主要由三部分组成:即要求所有联邦机构和部门都要制定一个至少包括未来5年的工作目标战略规划、将战略目标分解成的年度目标执行计划以及对年度计划执行结果进行评价的年度计划执行情况的报告。

（1）战略规划阐明了机构的目的，制定了机构未来年内的议事日程表，是制定年度目标和绩效计划的基础。其主要包括：①对机关使命的全面陈述；②总的目的和目标，包括与结果有关的目的和目标；③描述如何达成目的和目标，包括描述达到目标所需的管理过程、技能和技术、人力、信息、资本和其他资源；④要对绩效目标怎样包括在计划之中进行描述；⑤描述计划的评价。

（2）年度绩效计划是绩效管理的核心部分，是战略规划目标的分解，是围绕战略规划而制定出来的年度计划，主要有联邦管理与预算局局长监督实施。年度绩效计划，一般是在一个财政年的年初产生，其主要包括：①建立绩效目标以界定计划活动实现的绩效水平；②用客观的、量化的、可衡量的形式表述目标；简要描述实现计划目标所要求的运作过程、技能和技术、人力、财力、信息和其他资源；③建立绩效指标，以此衡量或评价每一个与计划活动相关联的产出、服务水平和结果；④为比较实际的计划结果和已确定的绩效目标提供基础；⑤描述用以证明和确认的可衡量的价值手段。

（3）年度绩效报告，是每个机构在一个财政年度后向总统和国会提交一份年度财政绩效报告。绩效报告对该机构实际达到的绩效目标与计划中表述的绩效目标的差异以及如何改进进行说明，主要包括：①陈述绩效计划中确立的绩效指标，同时要将实际达到的绩效目标与计划中的绩效目标相比较；②如果绩效目标要用替代的形式加以说明，这一计划的结果应依据这种特殊要求加以描述，包括绩效是否未能满足最低限度要求的、有效的或成功的计划标准；③评价财政年度绩效目标的实现程度，根据达标的绩效来评价财政年度的绩效计划，解释和描述绩效目标未能实现的原因。

2. 财政支出绩效评价对象和内容

美国财政支出绩效评价包括"部门年度绩效评价"和"专题绩效评价"。"专题绩效评价"一般由会计总署（GAO）应国会或其他部门的要求进行评价。美国财政支出绩效评价的内容非常广泛，主要包括：（1）前端分析，指在实施方案前进行的评价研究；（2）评价性测定，它回答政策制定和执行中的问题，如理想性、合理性和可能性等；（3）过程评价，或称立项决策评价，主要评价项目立项的合理性；（4）经济效益评价，主要是评价项目的获利能力、成本受益情况等；（5）综合影响评价，主要评价项目运营对地区、行业的经济发展，对项目用边自然环境及相关社会环境的影响；（6）持续性和长期评价，即评价项目完成后，是否可对经济和社会产生持续和长期的影响；（7）影响力评价以及方案和问题监控评价等。

3. 完善绩效预算编制

美国一些州在实行绩效预算和绩效评价的过程中，发现各部门实行的绩效评价方法没有针对性。为此，华盛顿州提出了新的预算编制方法——政府目标优先性方法。

政府目标优先性方法的操作过程是：（1）由州长的顾问组提出政府任期内要实现的目标；（2）州长审阅完善后再提交州议会；（3）州议会补充完善后通过；（4）每个目标组成人的专家组，由专家组提出每个目标要达到结果的主要指标；（5）专家组进一步制定出达到目标的战略和措施，解决如何才能实现目标的问题；（6）专家组再提出一份要做的事情的清单，非常细致、清楚、明白；（7）政府提出实现每个目标的预算资金限额；（8）专家组再根据限额对事情清单进行排队，拟出下一步要优先安排的项目；（9）政府将优先目标和绩效评价方法在互联网上公布，让公众也来进行评价；（10）各部门竞争性地获得预算资金和项目。

采用政府目标优先方法的绩效预算，确立了政府的战略性预算资金管理，预算资金安排更注重结果，更能注重结果对公众能够带来多少好处；这一方法鼓励各部门之间的竞争，将各部门的注意力引导到关注公众利益上来，而不是一味地争取资金；政府与公众和立法委员会的立场和利益趋于一致，能够获得公众和立法委员会的理解和支持；更利于政务的公开性，公众更能了解他们交纳的税用到哪里去了，新闻记者也能清楚地告诉大众预算资金用到了哪些方面。

4. 财政支出绩效评价结果应用

美国财政支出绩效管理的重要特点是由国会直接领导和监督，并由国会会计总署负责对联邦政府各部门实施绩效评价，所以其评价的力度很大，评价的效果可以充分运用到提高政府工作效率中。主要表现在：及时发现政府部门在管理中的问题，及时提出解决方案，供国会和政府参考；同时绩效评价的机构与各部门和单位的管理责任紧密地结合起来；另外，将绩效评价的结果和预算结合起来。充分应用绩效评价结果，加强各部门管理责任的落实，进一步加强政府支出管理，提高政府支出的效益和政府的工作效率。

5. 项目分级评价工具 PART

项目分级评价工具即 PART（见图 3-3 所示），其运作基本原理是：通过对某一个（一类）预算项目的目标、设计、规划、管理、成效和责任进行全面评估，以确定某一个（一类）预算项目的有效性及其有效程度。通俗地讲，PART 实际上就是一套标准化的调查问卷，由 4 个部分组成，针对每个项目的绩效和管理情况，设计了大约 30 个问题（问题数量根据项目类型不同而有所区别），对每个问题，都要有简短的回答和有证据支撑的详细解释。同时，PART 的本质在于：它试图通过对政府部门（预算单位）管理的每个预算项目执行结果（绩效）的测评，来衡量该预算单位在管理联邦政府开支项目中应该承担的会计责任。

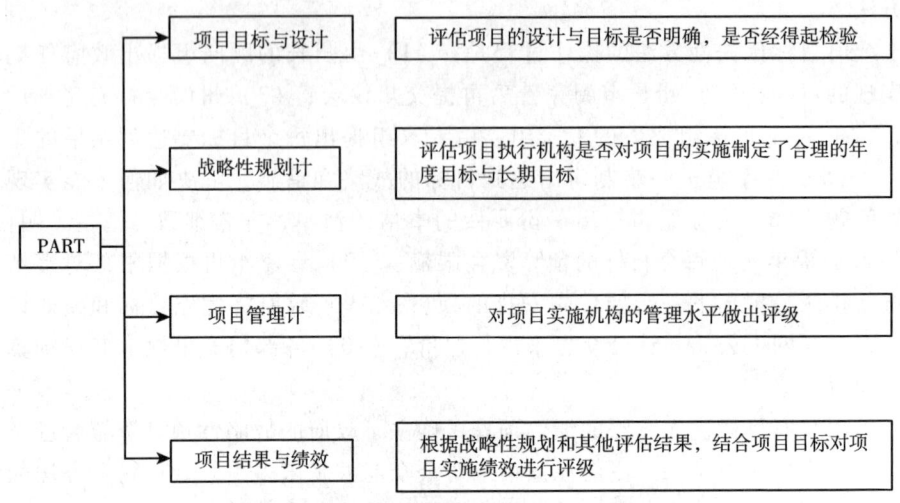

图 3-3　美国项目分级评价工具 PART

为使 PART 所设计的问题与项目之间具有更强的相关性，美国总统管理与预算办公室将联邦政府所有的项目分为 6 类：（1）联邦政府雇员直接参与的项目，如签证；竞争性拨款项目；（2）分类公式拨款项目；（3）监管基础的项目；（4）获取资本与服务的项目；（5）信用支持项目；（6）研发项目。对上述各类项目，PART 设计的大部分问题是相同的。同时，为了充分评估具体某类项目绩效，PART 也会针对该类项目特点设计出若干具有较强针对性的问题。

一般情况下，PART 的 4 个组成部分中，每个部分总分值均为 100 分，且每一部分中的各个问题具有相同的分值。特定情况下，使用者可对各个问题的分值进行调整。评估结束后，根据对 PART 中每个问题的回答情况，各个问题都会有一个得分。在此基础上，计算出 PART 每个组成部分的得分，按照各个部分在评估中所占比重，计算出项目绩效的总分，并以此为依据判断项目绩效情况。这 4 个部分的比重分别为：项目设计/目标占 20%，计划占 10%，管理占 20%，结果/责任占 50%。

根据分数高低，PART 的评估结果分为四个等级，分别为有成效（得分在 85 分以上）、中等有效（得分在 70 至 84 分之间）、尚可（得分在 50 至 69 分之间）、没有成效（得分在 49 分以下）。另外，对未建立适合的绩效指标，或未能提供具体数据的项目，要评为"成效未显示"。

PART 在政府预算编制中发挥了很大作用，它增强了预算政策制定者的绩效责任，改变了联邦管理者思考问题的方式，让联邦管理者将工作重心转移到证明项目效果上来，从而促进了联邦项目管理水平的提高。

（四）英国财政支出绩效管理

1. 英国财政支出绩效管理发展历程

（1）第一阶段：1979—1985 年，侧重于经济和效率。英国是新公共管理运动的发源地之一，从 1979 年撒切尔夫人执政起，依托保守自由主义的思想，借鉴公共选择理论、新制度主义和企业管理的方法，对传统的行政体制进行了一系列以新公共管理为主题的改革运动，财政支出绩效管理也逐渐实现了系统化、规范化和经常化。1979 年撒切尔夫人上台后，任命以雷纳勋爵为首的效率顾问，并在内阁办公厅设立一个效率小组，负责行政改革的调研和推行工作，对中央各部门的运作情况进行全面的调查、研究、审视和评价活动，拟定提高部门组织经济和行政效率水平的具体方案和措施。这就是英国著名的"雷纳评审"。雷纳评审的性质是"以解决问题为导向"的"经验式调查"，发现解决公共行政内部的不经济和浪费现象以及机构的工作内容过时和工作低效率现象。这一评审在英国的行政改革和政府部门绩效评价中具有重要的地位，持续了数年之久。

1982 年，英国财政部颁布了"财务管理新方案"（简称 FMI），财务管理新方案是在改革初期的"效率战略"阶段提出来的，这一阶段的改革侧重点是树立成本意识。提高公共部门的经济和效率水平，从而实现降低公共开支的目标。它虽然是财务管理，但其内容并不仅限于政府部门的财务管理方面，而是涉及公共管理的诸多方面，在管理体制、机构设置、资源分配等方面提出了一些新原则、新观念、新措施，被认为是 20 世纪 80 年代前、中期英国政府部门管理改革的总蓝图。其目的在于使各部门、各层级的负责人都能做到：①明确自己的目标，测定产出、绩效的标准和方法；②了解可利用的资源和自己在充分利用这些资源方面负有的责任；③评价绩效，包括经济、效率、效益三个方面的内容，分别涉及成本和投入、投入和产出、产出和客观效果之间的关系，并从这三个方面确立绩效指标，进行纵向和横向对比，找出差距，挖掘改革潜力。

1983 年，英国卫生和社会保险部第一次提出了较为系统的绩效评价方案，这一方案包括近 140 个绩效指标。1984 年，财政部在关于各部财政管理改革的白皮书中，把组织绩效评价与目标管理、人事管理联系起来，强调它对改善管理和提高效率的重要意义，并指出拟定更多的绩效指标的必要性。同年，英国设立了国家审计办公室，同时启用了大量私人机构来对公共管理进行评价。在强化效率稽核与财务管理的同时，强化政府绩效审计，用量化的、外部的、事后的评价体制取代传统的评价体制，并实行限定总支出的由上而下的预算决策方式。

（2）第二阶段：1986—1998 年，侧重于效益和质量。这一时期财政支出绩效管理的侧重点是公共服务的质量和效益，"效率优先"让位于"质量优先"，其过程也更加规范化和系统化，主要表现在以下几个方面：

①绩效评价应用的广泛性。此前的绩效评价主要是部门自愿并带有试验性质，并没有得到广泛的开展。直到20世纪80年代中期，鉴于绩效评价取得的成效以及评价本身的不断完善，撒切尔政府要求中央各部都建立适当的绩效评价机制，并要求财政部肩负督促和监督责任，因而在政府部门和非政府部门中，绩效评价都得到了广泛的开展。在行政性政府部门中，财政部在1989年的一份报告中认为，在34个中央部门中，已有26个建立了比较满意的绩效评价机制，其余8个部门为绩效评价所做的安排达不到要求，为此，财政部与这些部门共同拟定了改进方案并立即付诸实施。而在非政府部门中，医疗、科学、教育、技术、环境、监狱等各个服务领域也发生了"审计风暴"。

②绩效评价应用的经常性。以往的绩效评价总是采取临时突击的方式，而这时期的评价则是定期进行，贯穿部门行政管理活动的全过程，成为其不可或缺的一个重要组成部分。

③绩效评价规范化。为了使绩效评价更具规范性，英国财政部做出了一系列的努力。例如，对各个部门的绩效评价专业人士进行培训，组织多部门综合评价及提供指导，等等。1989年，财政部发布了《中央政府产出与绩效评价技术指南》，从一定程度上规范了绩效评价过程中使用的术语含义、评价内容的侧重点及评价程序等。

④绩效评价的系统性。1985年以前的撒切尔政府的财政支出绩效评价主要侧重于经济和效率。从1985年开始，各个政府部门则把关注重点转移到其所提供的服务质量以及对社会的影响上来。

1988年，英国启动了"下一步行动方案"，指出要解决政府管理问题，就必须把服务和执行职能从决策部门分离出来，给予服务和执行机构更大的灵活性和自主性，通过与这些机构签订绩效合同使其对服务结果负责。这项运动，减轻了部长和高级文官超负荷的问题，使他们不再陷于日常事务，而是集中精力于政策发展和部门的战略管理，执行机构的设立使部门的下属机构获得了充分的自主权，有利于管理者发挥主动性和创造性，有利于实现资金的价值，提高资金使用效率。总之，这项运动体现了从规则为本到结果为本、从隶属关系到契约关系的转变，其绩效指标从1986年的500项增加到1989年的2300多项。1991年梅杰首相上任后开展的"公民宪章运动"，把政府部门服务的内容、标准和责任公之于众，接受公众的监督；明确将服务绩效置于首位，规定政府提供的公共服务的质量必须与公民所支付的价值相当；并要求公共服务的信息必须公开、透明，给公共服务的接受者提供可选择的机会。政府部门公开履行自己向公众的承诺，包括：服务内容和工作目标承诺，服务标准承诺，服务程序和时限承诺，违诺责任等。1999年，英国首相布莱尔提出建立"现代化政府"，英国政府颁布了《现代化政府白皮书》，提出了建立高质量、高效率的以公共服务享用者（即公众）为中心的公共服务体系。而建成一个现代化政府有用的和有效的工具就是进行政府支出绩效评价。英国政府1997年颁布《支出综合审查》，要求对各部门预算和支出进行全面的审查，并建立起以后连续年的公共支出计划，同时要求各政府部门与财政部签订《公共服务协约》。

（3）第三阶段：1998年后，推进绩效预算。英国的绩效预算是在政府行政主导下循序渐进地推动的，并无立法要求气预算制定的具体过程如下：首先，以部门为主草拟包括绩效目标、评价指标在内的标准《公共服务协议》。财政部等预算管理机构进行指导，并征求其他绩效管理者、技术专家和民众的意见，通过各利益群体的广泛参与保证预算基础的合理性。其次，财政部根据部门的《公共服务协议》分配预算资金，各部门在获得预算资金的同时也与财政部签订各自的《公共服务协议》。资源分配与绩效任务最终由内阁委员会决定，并要求各部门提供有关资金需求、资源投入的预期产出或绩效改进情况的信息。在此基础上，财政部编制政府总的开支计划，并随附各个部门的支出限额以及绩效合同，以白皮书的形式发布并提交议会。议会选择相关的委员在《公共服务协议》基础上召集各部部长和公务人员就某些问题进行质询，以加强监控。在预算执行过程中，财政部、内阁委员会定期对各部门和机构在完成绩效任务过程中存在的风险进行检查和监控。负责公共支出的内阁委员会，每年两次召集各部门负责人汇报该部门当前绩效目标的完成情况、存在风险以及控制风险的计划。财政部每季度收集一次各部门绩效任务的进程信息，定期发布，并向内阁委员会报告。最后，政府各部门每年要向议会提交两份绩效报告，春季年度报告要说明部门绩效任务的最终完成情况，秋季绩效报告一般在每年的12月份提交，对部门绩效目标完成情况做出全面汇报。提交报告有助于监督机构、政府领导和广大公众及时了解各部门完成绩效任务的进展情况。

2. 英国财政支出绩效管理的组织机构

英国政府的财政支出绩效管理工作受公共服务和公共支出内阁委员会（PSX）指导和监督，主要由各政府部门进行财政支出自我评价，同时英国财政部为保证各部门递送决算资料的准确性，并确保公共支出的目标能够达到，每年也会对一些政府部门支出情况进行综合绩效评价。

公共服务和公共支出内阁委员会由首相助理和财长等内阁成员组成，代表内阁对各部门的公共服务协约进行检查和监督并提出建议，同时对政府投入和改革的进度进行检查和监督。一般来说，具体的评价工作由各部门自己组织实施，由部门长官监督执行。在各部门进行自我评价时，也有不同的组织方式，有的部门由内部人员进行评价，另外一些部门以内部人员为主，同时聘请一些专家参与评价，还有一些部门会聘请中介机构进行评价。

3. 英国财政支出管理的实施

（1）英国财政支出绩效管理的实施方式。每年各政府部门都必须与财政部签订《公共服务协约》。该协约由"责任条款、目标条款和目标完成措施"三部分组成。"责任条款"部分规定各政府部门的部长应对协约负责，并负责提交协约。"目标条款"部分规定各部门的相应的财政支出状况下，要完成哪些目标，这些目标往往都是已量化的，可以用指标进行衡量。"目标完成措施"部分规定各政府部门在实践中，计划要采取哪些具体的行动，以完成其确定的目标。每年秋季，各政府部门要向议会提交《秋季绩效评价报告》，分析对比其实际工作结果与《公共服务协约》所确立的目标之间的差距。这个报告要求向议会和公众公布。"秋季报告"主要包括对既定目标完成情况的评价和对以后年度新目标的设定和建议。

（2）财政支出绩效管理的对象和内容。英国政府财政支出绩效管理包括确定政府部门的绩效目标、对政府部门的评价、对基层单位的评价、对地方政府的评价和对项目的评价，其中许多方面都有交叉。比如，对各政府部门的整体评价是建立在对单个基层单位评价的基础上，同时也带动了各基层单位的评价。不管是政府部门的评价、单位评价，还是地方政府评价都包含着若干对项目的评价。

评价的具体内容包括：①对支出项目立项决策的效果评价，主要是评价立项时是否采取了科学的方法，是否具有准确的信息资料和可靠的立项依据，是否具有经济上的合理性和技术上的先进性；②对支出项目技术方案的效果评价，主要是对投资项目设计方案、项目实施方案的效果进行评价；③对支出项目的经济性和有效性评价，主要是对项目本身的财务效益状况进行评价；④对支出项目社会影响的效果评价，主要是对项目在社会经济、发展等方面有形、无形效益和结果的评价，重点是对一个地区社会、经济、环境等宏观方面产生的作用和影响进行评价。

（3）英国财政支出绩效管理结果应用。英国财政支出绩效管理的结果得到了很充分的应用。首先，绩效评价的结果成为调整政府长期经济目标和计划的依据，各政府部门都要根据每年的"秋季报告"对其三年滚动计划进行相应调整；其次，绩效评价的结果也成为财政部对各政府部门制定以后年度预算的依据；最后，绩效评价的结果也作为国会和内阁对各政府部门行政责任制落实的重要依据，它促进了政府责任制的落实和加强，提高了政府工作效率。由于绩效评价报告必须提交国会并向公众公开，因而在客观上促进了政府部门更好地为公众服务，同时接受国会和公众的监督。目前，绩效评价制度已经成为英国政府公共管理的重要的、不可分割的组成部分。

(五）澳大利亚财政支出绩效管理

1. 澳大利亚财政支出绩效管理发展历程

第二次世界大战后，澳大利亚政府在社会经济生活中的作用日益明显，政府所承担的经济责任范围大大扩展，政府开支迅猛增长，财政支出占国内生产总值的比重直线上升，联邦和一些州政府受到高额赤字和债务的严重困扰。为摆脱这种状况，提高公共预算的效率和财政资金使用的透明度，澳大利亚联邦政府于1983年发表了《改革澳大利亚公共服务白皮书》，开始公共管理改革，旨在建立高效、节约的政府。1987年，澳大利亚政府要求各级政府准备其进行部门支出绩效评价的计划。一年以后，扩展到对每个政府部门，建议准备评价计划，对执行中的项目作3年滚动评价计划提交财政部，然后要求每3—5年对每一个政府项目进行评价，并将评价报告公开出版。

20世纪90年代初，政府财政支出绩效管理的重点转移到项目的有效性（即结果）及绩效评价结果与预算之间的联系。通过在部门的年度报告中揭示事先确定的目标议会拨款的依据）及事后的实际执行情况，政府支出效率进一步提高，各政府部门的责任感也大大增强。1997年，财政部重组，成立财政与管理部。财政与管理部在年度预算报告中引入目标和产出计划，并运用到1997/1998年度、1998/1999年度和1999/2000年度（每年7月至次年6月）。各部门的部长在其向财政与管理部上报《部长预算陈述》中，要详细叙述其部门的目标和产出情况。1998年、1999年、2000年，澳大利亚政府相继出版了《辨析目标和产出》、《澳大利亚政府以权责发生制为基础（与现金发生制相对）的目标和产出框架指南》与《目标和产出框架》，都是用来指导各政府部门使用目标和产出理论编制年度预算报告及其年度绩效评价报告的，可见，澳大利亚政府已经形成了以目标和产出框架理论为基础的财政支出绩效管理体系。

2. 澳大利亚财政支出绩效管理的组织机构

澳大利亚的财政支出绩效管理主要是由财政与管理部组织领导，各政府部门计划实施的。财政与管理部的职能主要是：（1）负责制定、发布、更新"绩效改善实践原则"，用以指导各部门管理其绩效信息、绩效测评、评价和绩效报告，这些绩效结果及评价均应反映在提交议会的年度报告中和部门预算报告中。（2）根据各部门的绩效评价结果，把其运用到预算安排中。各联邦政府在绩效评价中的职责主要是负责各部门的绩效评价工作，具体由各部门的首席执行官推动本部门的评价活动。因各部门的大小和机构设置不一致，有的部门设置单独的机构，多数联邦政府部门设立"研究与评价局"或在"政策与战略局"下设"评价处"，如"教育与培训青年事务部"和"家庭与社区服务部"下设有"研究与评价局"。有些部门则将评价与审计结合起来成立"评价与审计办公室"。各联邦部门负责编制本部门的评价与研究计划，制定有关评价的框架，并将计划付诸实施，每年要将评价报告上报国会和财政与管理部，并向公众公布。

3. 澳大利亚财政支出绩效管理的实施

（1）澳大利亚财政支出绩效管理框架。澳大利亚的财政支出绩效评价框架主要体现在年制定的《目标与产出框架》的法律文件中，其主要评价框架包括：

一是制定部门事业发展目标。澳大利亚财政支出绩效管理的重要一步是制定政府各部门的事业发展目标。该目标是编制部门预算和年度绩效计划的重要依据，由政府内阁、财政部和政府各部门共同制定。内容主要包括：确定部门的职责和最终发展目标，评价完成目标任务所需的各种资源和技术，考虑可能影响目标实现的各种不确定性因素等等。

二是编制年度绩效计划，设计绩效评价指标。政府各部门根据事业发展目标来编制年度绩效计划。年度绩效计划与部门预算是紧密相连的，内容主要包括：部门本年度可具体量化的绩效目标；完成目标任务所需的资源、策略、方式和过程等；绩效目标与部门事业发展目标的关系；机构内部管理目标（人力培训等）；影响目标完成的各种潜在因素；绩效评价的时间和形式安排等等。由于财政支出目的的特殊性以及效益取得受到多重因素的影响，因此，直接评价财政支出效益比较困难。为了解决这个问题，澳大利亚设计了一套绩效评价指标，用来衡量政府部门的绩效。主要包括两个方面的内容：①部门事业发展目标绩效指标，主要用来评价部门事业发展目标有效性的指标。②部门产出绩效指标，主要用来反映政府部门向社会提供的公共产品（服务）的数量、价格和质量。产出指标由联邦专款、绩效指标（主要用以说明部门基本文出的使用情况）两部分组成。

三是编制绩效预算。①编制阶段。分为确定政府想要实现的结果、为结果配置资源、为结果制定绩效目标、考察绩效目标实现情况五个阶段。②编制程序。首先，由财政部和国库部依据以前年度预算收支状况和公众对政府提供公共产品的需求，拟定下一年度预算的总体框架；各部门在总体框架下，根据部门工作职责和目标，编制下一年度部门支出预算及绩效目标的预算提案；其次，支出审议委员会（政府正副总理、财政部和国库部部长等人组成）审议预算提案，各部门针对审议结果修改预算提案，并在月份的第二个星期将修改案提交议会；再次，议会召开会议，审议各部门的预算修改案，将通过的预算法案公之于众；最后，财政部、国库部将批准的绩效预算分送各部门执行。③编制内容和方法。澳大利亚政府部门采用权责发生制，对公共产出的全部成本进行核算与控制，使投入与产出结果进行合理配比，产生内在联系。编制内容主要包括部门运行成本和项目成本两部分。

四是编制年度财政支出绩效评价报告。在一个财政年度结束后，政府各部门都要编写并提交本部门的年度财政支出绩效评价报告，以提供绩效评价的基本信息。内容主要包括：本年度计划绩效指标与实际执行情况的比较，与以往年度绩效指标实现情况的比较，对未实现的绩效目标的说明及补救措施，对年度绩效计划的评价，对不可行的绩效目标的调整建议，说明报告中提供的绩效信息的质量，其他需要说明的问题。

五是开展绩效评价，评价财政支出的使用效益。澳大利亚议会和财政部负责政府各部门支出绩效的评价工作。一般先由财政部对各部门提交的绩效评价报告进行审核，再报议会审议通过。评价的内容主要是：绩效目标的完成情况，绩效目标的完成与所使用的资源是否匹配，各项支出的合理性，绩效信息的可信度以及评价方法的科学性等等。评价结果会反馈给各部门，并将作为下一财政年度战略目标和预算安排的参考。

（2）澳大利财政支出绩效管理的实施方式。每年，各联邦政府部门的部长在其向财政与管理部上报的《部长预算陈述》中必须详细地叙述其部门的目标和产出情况，包括部门战略，预计要达到的目标及达到目标应该获得的相应的各种"产出"，需要使用的资源情况和实现目标的责任制度等。一般情况下，各部门的评价工作主要由各部门内部机构和人员进行，同时吸收一些外部的专家参与评价，通常会有一个专家组。有时也会委托第三方进行评价。同时，每年各政府部门要提交《年度报告》，包括绩效的报告和管理与相关责任的确定，绩效报告部分要对实际情况与《部长预算陈述》进行对比分析，年度报告必须向国会和公众公布。

（3）澳大利亚财政支出绩效管理的对象和内容。澳大利亚的财政支出绩效管理对象是多层次的，主要包括对各政府部门、各单位及项目的绩效目标管理与绩效评价。内容主要包括：①目标的确定是否实际、可行；②绩效指标的确定是否能真实、客观地衡量和反映目标；③实施结果（即产出）与目标的对比；④具体项目的投入产出比较。

4. 澳大利亚财政支出绩效管理结果的应用

澳大利亚财政支出绩效管理以"目标与产出框架"为其理论基础，使政府更好地将其设立的为公众服务的目标与其最终产出成果联系起来。这项绩效管理制度建立了一种以结果为基础和导向的管理责任制，在实际应用中大大提高了政府的工作效率。同时，通过将预算与各部门要实现的目标紧密地结合起来，加强了预算管理，减少了政府支出，提高了资金使用效果，提高了资金使用效率。

（六）西方主要发达国家财政支出绩效管理的特点

1. 财政支出绩效管理的法律和制度条件具备

20世纪90年代开始，西方各国财政支出绩效管理首要特征是进行立法。在法治比较成熟和完善的西方发达国家，有高层次、高级别的法律施行，较好地解决了财政支出绩效管理的顶层设计问题，又为绩效理念的宣传、程序方法的完善、绩效评价的推进、绩效预算的改进起到了重要的促进作用。

2. 推行目标结果导向的绩效管理模式

美国政府一向坚持目标结果导向。《政府绩效与成果法案》明确提出议会对行政部门的监督转到"绩效"和"结果"上来，并要求联邦各部门制定战略规划，明确各自的工作目标和对象，围绕这些目标进行绩效测量，然后对进程做出公开的报告，将新的关注焦点集中于结果、服务质量以及顾客满意度等方面，以此来改进联邦政府的工作效益和公共责任。英国财政部每年与各政府部门签订《公共服务协约》，强调部门责任，设定绩效目标，制定完成绩效目标和主要措施。澳大利亚各联邦政府部门的部长在其向财政与管理部上报的《部长预算陈述》中必须详细地叙述其部门的目标和产出情况，包括部门战略，预计要达到的目标及达到目标应该获得的相应的各种"产出"，需要使用的资源情况和实现目标的责任制度等。

3. 建立了较完善的绩效评价体系

经过多年的发展，西方发达国家财政支出绩效评价体系初步建立，绩效评价在财政支出绩效管理乃至财政管理中发挥越来越重要的作用，具体表现在：（1）绩效评价的范围逐步扩展。绩效评价与政府审计分离后，从提供审计式的"鉴证和报告"的事后审查，转变到事前确定目标，事中和事后评价的评价制度，发现管理中存在的问题，找出原因，提出政策建议，从而提高财政支出使用效益和政府工作效率。（2）不断完善绩效评价指标体系。西方发达国家在进行绩效评价时经常遇到"绩效定义的问题"和"建立合适的绩效指标方面的困难"，这种情况下，往往由政府牵头，联合政府部门开发和设计绩效评价指标，指标由宏观层面向微观层面逐步完善。（3）绩效评价方法和程序走向科学。一般来说，绩效评价主要包括四方面的内容；目标考评，对政府部门绩效目标制定的合理性、明确性等进行考评；财务考评，对政府部门预算支出的合理性、管理的规范性进行考评；结果与影响考评，对政府部门活动和预算项目的完成结果及其持续影响力进行考评；资源配置考评，即对公共资源分配合理性、有效性进行考评。在评价程序上，首先是编制绩效战略规划和年度绩效计划，建立预算需求和绩效目标之间的联系，其次，在一个财政年度结束后，各部门完成并提出本部门年度绩效报告。（4）有效应用绩效评价结果。国会或则政部组织对各部门绩效计划的执行情况、完成结果以及提交的年度绩效报告进行考评，并将绩效考评的结果反馈给被考评的部门，绩效考评的结果用于部门的战略目标、年度绩效计划的调整。

4. 财政支出绩效管理与预算管理有效衔接配合

从绩效评价和预算分配之间的关系来看，在很多西方发达国家，随着财政支出绩效管理的发展，提供了大量基础数据和评价数据，从而有利于公共管理者用一系列方法强化对组织的资金管理，促进了低成本、高效率的服务驱动机制的建立，这些方法包括：战略管理、更大范围的战略管理过程、质量改进计划和流程再造过程、标杆管理，以及预算过程改革，许多国家都实行了有战略特点的多年期预算。

5. 财政支出绩效管理接受监督并对外公开

美国财政支出绩效管理由国会直接领导和监督，并由国会会计总署负责对联邦政府各部门实施绩效评价，及时发现政府部门在管理中的问题，及时提出解决方案，供国会和政府参考，绩效评价对外公开，接受公众监督。英国财政部每季度收集一次各部门绩效任务的进程信息，定期发布，并向内阁委员会报告。政府各部门每年要向议会提交两份绩效报告，各部门财政支出绩效管理情况接受国会、政府和广大公众的检查和监督。澳大利亚政府各部门每年要将评价报告上报国会和财政与管理部，并向公众公布，绩效评价报告公开出版。财政支出绩效管理信息及时可靠地披露和广大公众的参与，进一步强化了政府预算约束，提高了公共财政资源的配置效率和使用效益，并最终增强了政府部门的公共受托责任和财政透明度，提高了政府的执政能力，推动了政府的效能建设。

第三节 构建财政项目支出绩效评价机制的基本框架

财政项目支出全周期绩效评价机制是一个由项目绩效目标设定、绩效运行跟踪监控、绩效评价实施管理、绩效评价结果反馈和应用有机组成的综合系统。推进财政项目支出全周期绩效评价机制的建立和完善，要将绩效理念融入预算管理全过程，使之与预算编制、预算执行、预算监督一起成为预算管理的有机组成部分，逐步建立"预算编制有目标、预算执行有监控、预算完成有评价、评价结果有反馈、反馈结果有应用"的财政项目支出全周期绩效评价机制。基于此，本文按照财政项目支出的绩效预算目标设定、绩效跟踪监控、绩效评价、绩效评价结果反馈及应用四个阶段来构建内蒙古财政项目支出全周期绩效评价机制（见图3-4）。

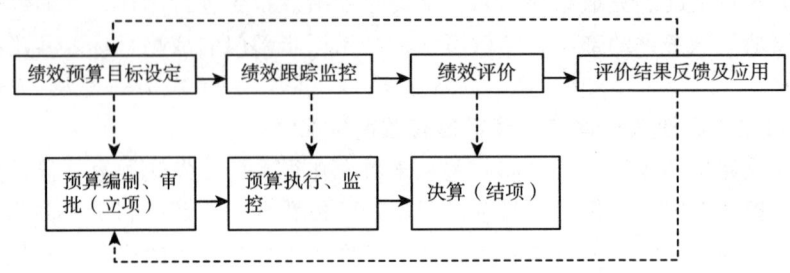

图 3-4　财政项目支出全周期绩效评价机制框架

财政项目支出全周期绩效评价阶段性主要是针对两类项目的设定，预算年度当年完成的项目和跨年度实施的项目，两者都应以项目周期的阶段性来划定全周期绩效评价的四个环节。当年完成的项目，当年实施项目支出全周期绩效评价全过程；跨年度实施的项目，财政项目支出全周期绩效评价（从项目的绩效目标设定到评价结果反馈及应用）在阶段性评价上也是跨年度的，即跨年度项目的年度绩效评价也属于绩效跟踪监控的范围。

一、财政项目支出绩效预算框架

绩效预算是以结果为导向、以成本为衡量标准、以业绩考核为核心的一种预算管理体制，它强调预算资源的配置与绩效挂钩，由绩、效、预算三个要素组成，"绩"是指财政支出想要达到的目标，"效"是指用具体的评估指标评估目标完成情况和取得的成绩，"预算"是指为了实现目标对拨付资金的安排、计划和测算。项目支出绩效预算是一种以绩效目标为导向的预算，它以政府公共部门目标实现程度为依据，进行项目预算编制和控制的一种预算管理模式。

（一）财政项目支出绩效预算编审程序

就本文而言，绩效预算侧重于在绩效目标设定下的预算编制，实现预算编制有目标。即政府首先制定有关的项目计划，再依据政府职能和施政计划制定计划实施方案，并在项目成本效益分析的基础上确定实施方案所需费用来编制项目支出预算的一种方法。

项目支出绩效预算实施的步骤即项目支出绩效目标预算编制过程，一般情况下也要遵循"两上两下"的预算编审程序，完整的项目支出绩效预算编审流程通常包括如下四个阶段：前期准备、部门申报、财政部门审核、批复应用（见图 3-5）。

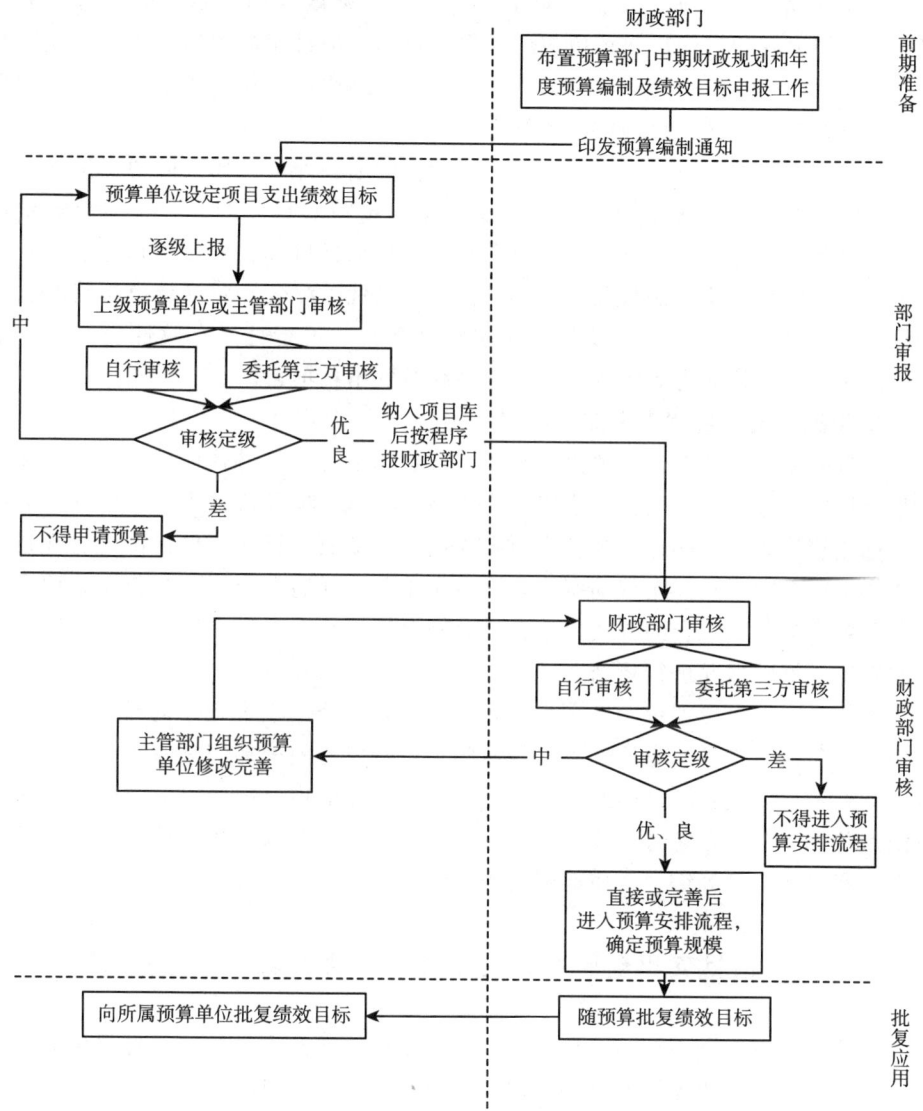

图 3-5 预算部门项目支出绩效预算流程图

(二) 财政项目支出绩效预算中需解决的重点问题

1. 财政支出"项目库"建设和项目遴选

预算单位和部门以及财政部门应把项目全部纳入项目库管理,做实项目库,充实项目储备,列入预算安排的项目必须从项目库中选取。入库项目必须有充分的立项依据、明确的实施期限、合理的预算需求和绩效目标等。纳入项目库的项目实行全周期滚动管理，建立预算部门项目库与财政部门项目库的信息交流机制，进一步完善项目库进入评审机制和退出机制。项目库管理的侧重点由项目的申报向项目库的维护转变，项目分类从粗略向精细逐步完善，传统的项目滚动管理方式升级为开放式、全周期滚动管理。

预算单位和部门应平时做好财政支出项目的绩效评审工作，以便择优选择项目。要求绩效目标必须全覆盖，凡未按要求编报绩效目标的，一律不予安排预算。预算单位和部门支出科室和评审中心分别从项目目标、项目计划、项目管理三个方面，围绕该项目的重要性、必要性、计划性、绩效性对项目申报情况进行审核，形成自评结果。预算单位要对项目必要性、可行性、有效性进行研究论证，按照项目绩效优劣等级排序，选定高绩效的申报项目。

2. 财政支出项目"专家库"建设

项目专家库是绩效目标评价的具体实施者的集合，是财政项目绩效评价体系的重要组成部分。建立项目专家库是为了规范项目立项和考评工作，使项目的绩效目标能够量化、具体化，为各类财政支出项目绩效预算和评价提供人员和技术支持。项目专家库同样实行动态管理，专家由预算部门负责组织征集，采用个人报名和单位推荐相结合的方式申报，经审查合格后纳入项目专家库，专家库随时根据新增或解聘情况进行更新。

遴选专家是立项评价的一个重要环节，也是一个比较难操作的环节。财政项目不可避免地存在不同专业、不同领域的项目。就是同一部门分管领域间的差别也会导致项目千差万别。因此，要求专家对每一类的项目都给出专业的意见是比较困难的，因此，在遴选专家时要考虑到项目的专业要求，尽量使所选专家的知识水平和专业背景等综合素质能覆盖到更多的项目。

二、财政项目支出全周期绩效评价中基础问题——绩效目标

财政项目支出全周期绩效评价机制的首要环节就是项目绩效目标设定，以及与项目目标相匹配的预算资金的核定。该项工作主要在财政项目支出绩效预算阶段来完成，在一定的预算资金拨付下，财政项目支出绩效目标以绩效标准为依据来设定，由绩效指标的量化来体现。项目支出绩效目标的设定是财政项目支出绩效预算、绩效跟踪监控和绩效评价的根本依据，财政项目支出绩效目标和绩效指标贯穿于绩效预算、绩效跟踪监控、绩效评价、绩效评价结果应用全过程。由此可见，绩效预算中的项目支出绩效目标的设定是全周期绩效评价的基础和起点。

（一）绩效目标的设定和绩效指标的选择

绩效目标是指财政预算资金计划在一定期限内达到的产出和效果，是建设项

目库、编制项目绩效预算、实施绩效监控、开展绩效评价等的重要基础和依据。财政项目支出绩效目标是指依据部门职责和事业发展要求，设立并通过预算安排的项目支出在一定期限内预期达到的产出和效果。

1. 项目支出绩效目标的设定

项目支出绩效目标设定是指预算单位按照项目支出绩效目标管理的要求，编制项目支出绩效目标并向财政部门或政府报送绩效目标的过程。按照"谁申请资金，谁设定目标"的原则，项目支出绩效目标由预算单位设定。

项目支出绩效目标，在该项目纳入项目库之前编制，并按要求随同项目库提交财政部门。项目绩效目标要能清晰反映项目预算资金的预期产出和效果，并以相应的绩效指标予以细化、量化描述。主要包括：（一）预期产出，是指预算资金在一定期限内预期提供的公共产品和服务情况；（二）预期效果，是指上述项目产出可能对经济、社会、环境等带来的影响情况，以及项目受益人对该项产出和影响的满意程度等。

（1）项目支出绩效目标设定的依据。

①国家相关法律、法规和规章制度，国民经济和社会发展规划；

②部门职能、中长期发展规划、年度工作计划或项目规划；

③政府部门中期财政规划；

④财政部门中期和年度预算管理要求；

⑤相关历史数据、行业标准、计划标准等。

（2）设定绩效目标的要求。

①指向明确。绩效目标要符合国民经济和社会发展规划、部门职能及事业发展规划等要求，并与相应的预算支出内容、范围、方向、效果等紧密相关。

②细化量化。绩效目标应当从数量、质量、成本、时效以及经济效益、社会效益、生态效益、可持续影响、满意度等方面进行细化，尽量进行定量表述。不能以量化形式表述的，可采用定性表述，但应具有可衡量性。

③合理可行。设定绩效目标时要经过调查研究和科学论证，符合客观实际，能够在一定期限内如期实现。

④相应匹配。绩效目标要与计划期内的任务数或计划数相对应，与预算确定的投资额或资金量相匹配。

（3）项目支出绩效目标的设定方法。

①对项目的功能进行梳理，包括资金性质、预期投入、支出范围、实施内容、工作任务、受益对象等，明确项目的功能特性。

②依据项目的功能特性，预计项目实施在一定时期内所要达到的总体产出和效果，确定项目所要实现的总体目标，并以定量和定性相结合的方式进行表述。

③对项目支出总体目标进行细化分解，从中概括、提炼出最能反映总体目标

预期实现程度的关键性指标,并将其确定为相应的绩效指标。尤其对跨年度项目要求细化分解目标,进一步明确项目各阶段性目标、年度目标以及总目标。

④通过收集相关基准数据,确定绩效标准,并结合项目预期进展、预计投入等情况,确定绩效指标的具体数值。

(4) 项目支出绩效目标设定程序。

①预算单位设定绩效目标。申请项目预算资金的基层单位按照要求设定绩效目标,随同本单位预算提交上级单位;根据上级单位审核意见,对项目绩效目标进行修改完善,按程序逐级上报。

②预算部门设定绩效目标。预算单位按要求设定本级项目支出绩效目标,审核、汇总所属单位项目绩效目标,提交财政部门;根据财政部门审核意见对项目绩效目标进行修改完善,按程序提交财政部门。

2. 项目支出预算绩效指标的选择

项目预算绩效指标是反映项目预算绩效目标状况,衡量目标实现程度,揭示预算管理和使用中存在问题的可量化考核工具,一般用客观的、可以量化的形式来表述,确实不能以客观和量化的形式表述的,可选择其他形式,但必须能够独立验证项目的最后绩效是否与绩效目标相吻合。项目支出预算绩效指标体系由描述和反映项目预算绩效的一系列绩效指标,以及表征指标之间关联关系的指标权重等构成。

项目支出绩效指标是项目支出绩效目标的细化和量化描述,主要包括项目支产出指标、项目效益指标和满意度指标等。项目支出绩效产出指标是对预期产出的描述,包括数量指标、质量指标、时效指标、成本指标等;项目支出项目效益指标是对预期效果的描述,包括经济效益指标、社会效益指标、生态效益指标、可持续影响指标等;满意度指标是反映项目受益人的认可程度的指标。

3. 绩效标准的设定

绩效标准指的是在各个指标上分别应该达到什么样的水平,解决的是要求被评价项目做得怎样、完成多少的问题,也就是在各个指标上所应达到的具体的绩效要求。项目支出绩效标准的设定是指与预算资金相匹配绩效目标的设定,它既是设定绩效目标时所依据或参考的标准,也是在项目支出绩效跟踪和评价的主要参考标准。主要包括:(1) 历史标准,是指同类指标的历史数据等;(2) 行业标准,是指国家公布的行业指标数据等;(3) 计划标准,是指预先制定的目标、计划、预算、定额等数据。

(二) 财政项目支出绩效指标体系

如上文所述,绩效指标是衡量绩效目标实现程度的考核工具,通过将绩效业绩指标化,获取具有针对性的业绩值,为开展绩效预算提供根本依据,也为后来的绩效跟踪和绩效评价工作提供基础。

由于财政项目支出具有内容的复杂性、对象的层次性、效益的多样性，因此建立一套通用性强的评价指标体系是不可能也是不可行的。但是为便于同一行业、同一类支出之间进行相互比较和分析，需要对财政项目支出进行科学分类归项。根据项目行业的特征值，通过科学分类建立分层次的财政项目支出绩效评价指标体系，是财政项目支出绩效评价的关键所在。

1. 财政项目支出绩效指标的分类

（1）共性指标和个性指标。共性指标是适用于所有评价对象的指标，主要包括决策管理、投入管理、财务管理、项目实施及社会效益、经济效益等（见表3-2）按照预算法规、规章制度及财政支出管理办法等相关政策的要求设定。

个性指标是适用于不同预算部门或项目的业绩指标，主要包括经济效益指标、社会效益指标、环境效益指标及可持续影响指标等。个性指标可以针对预算部门或项目特点设定。

（2）定量指标和定性指标。定量指标是可以准确地以数量定义、精确衡量并能设定绩效目标的考核指标。定量指标的评价标准值是衡量该项指标是否符合项目基本要求的评价基准。

定性指标是指无法直接通过数据分析评价对象与评价内容，需对评价对象及评价内容进行客观描述来反映评价结果的指标。

2. 项目支出绩效指标体系

财政项目支出绩效要求从多个方面进行系统的评价考核，需要设计出一系列指标，这些相关指标的集合，即财政支出绩效评价指标体系。绩效指标体系既是绩效预算中的绩效指标体系，亦是绩效评价环节的绩效指标体系，绩效指标体系中的一系列评价指标，它们是相互关联的，构成了一种多级递阶层次结构（见图3-6）。多级递阶层次结构是多目标系统决策与评价的先进结构模型，能将一个系统的多目标的层次及影响因素之间的相互关联关系清晰地展现，并能合理分析出不同要素对隶属层级以及总目标的重要性程度（权重）。评价中既能进行分层评价，又能进行综合评价。根据财政支出绩效评价的系统性和评价要求，指标体系构建采用多级递阶层次结构体现了科学性。

（1）财政项目支出绩效指标体系的设计依据。评价指标设计应遵循相关性、重要性、可比性、系统性、经济性原则。在此原则下设计形成的评价指标（体系），要求具有完整性、协调性和比例性的特征。完整性是指各种指标形成重点突出，兼顾一般，相互联系，互为补充的指标体系。根据不同的评价对象，可以先行设计出适用于某种行业或种类的共性指标框架，再针对评价对象特点设计具体个性指标（见图3-6）。

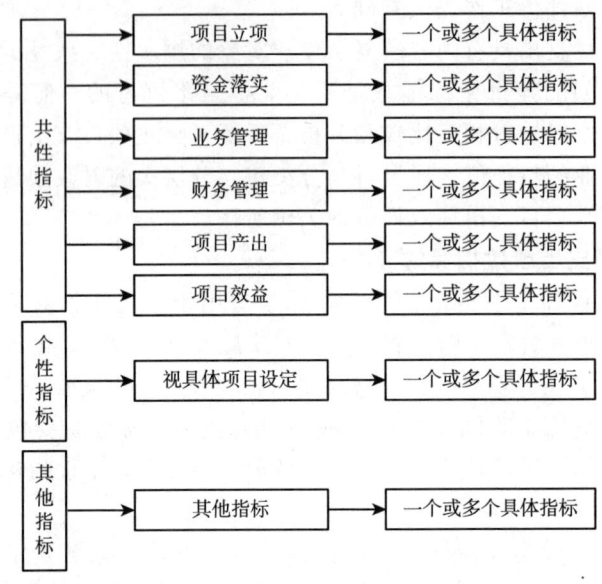

图3-6 "共性指标——个性指标"绩效评价指标体系

(2) 财政项目支出绩效指标体系的设计。指标体系包括共性指标(一级指标)个性指标(二级指标和三级指标),赋予各分级指标分值与权重,并根据评价项目需要对个性指标的权重与分值进行调整。限于项目类型差异,不可能有一套绩效指标体系适于所有的项目,需要有针对性地对各类型项目支出绩效指标体系进行设计。

①对于一级指标的设计,建议现阶段财政项目绩效评价、绩效维度可按财政部上述两个文件来确定,一般来说,财预〔2011〕285号文件的三个维度比较适合初次投资或一次性的财政支出项目的评价,财预〔2013〕53号文件中的四个维度比较适合连续投资和政策性财政支出项目的评价。

②二级指标亦称基本指标,是对一级指标评价基本面向的具体化,可以理解为每个绩效维度评价的内容,财政部绩效评价共性框架中二级指标列示的即是不同绩效维度如何进行评价内容的具体指向。设计时,应根据评价对象及项目的特点,明确评价关键问题,尽量做到不重不漏。在此基础上进行合理的调整,亦可直接采用。

③三级指标亦称指标要素,是二级指标评价内容的具体表现,大多数需要根据评价对象所属领域和项目特点进行个性化设计,往往需要评价人员自主确定。另一方面,三级指标是综合评价定量结论产生的来源,需要有指标评分结果。因此设计要求有指标解释和说明,即指标值如何产生,具体来说,对客观性指标要有直接量化的计量方式,对主观性指标要有数量化方法的说

明，如表 3-2 所示，明确三级指标的具体指标和评价标准，使项目绩效评价结果有据可依。

表 3-2　　　　　　　　　　项目支出绩效评价指标体系

一级指标	分值	二级指标	分值	三级指标	分值	具体指标	评价标准
项目决策	22	目标	6	目标内容	6	设立了项目绩效目标；绩效目标科学性；目标明确；目标细化；目标量化	设有目标（1分）；目标科学（2分）；目标明确（1分）；目标细化（1分）；目标量化（1分）
		决策过程	8	决策依据	4	有关法律法规的明确规定；某一经济社会发展规划；某部门年度工作计划；某一实际问题和需求	符合法律法规（1分）；符合经济社会发展规划（1分）；部门年度工作计划（1分）；针对某一实际问题和需求（1分）
				决策程序	4	项目符合申报条件；申报、批复程序符合相关管理办法；项目调整履行了相应手续	符合申报条件（2分）项目申报；批复程序符合管理办法（1分）；项目调整履行了相应手续（1分）
		资金分配	8	分配办法	3	根据需要制定相关资金管理办法；管理办法中有明确资金分配办法；资金分配因素全面、合理	有相应的资金管理办法（1分）；办法健全、规范（1分）；因素全面合理（1分）
				分配结果	5	资金分配符合相关管理办法；分配结果公平合理	符合分配办法（2分）；分配公平合理（3分）
项目管理	25	资金到位	5	到位率	3	实际到位/计划到位×100%	根据项目资金的实际到位率计算得分
				到位时效	2	资金及时到位；若未及时到位，是否影响项目进度	到位及时（2分）；不及时但未影响项目进度（1分）
		资金管理	10	资金使用	7	支出依据合规，无虚列项目支出情况；无截留挤占挪用情况；无超标准开支情况；无超预算情况	虚列套取扣4—7分；依据不合规扣2分；截留、挤占、挪用扣3—6分；超标准开支扣2—5分；超预算扣2—5分
				财务管理	3	资金管理、费用支出等制度健全；制度执行严格；会计核算规范	财务制度健全（1分）；严格执行制度（1分）；会计核算规范（1分）

续表

一级指标	分值	二级指标	分值	三级指标	分值	具体指标	评价标准
项目管理	25	组织实施	10	组织机构	1	机构健全、分工明确	机构健全、分工明确（1分）
				项目实施	3	项目按计划开工；按计划进度开展；按计划完工	按计划开工（1分）；计划开展（1分）；计划完工（1分）
				管理制度	6	项目管理制度健全；严格执行相关管理制度	管理制度健全（2分）；制度执行严格（4分）
项目绩效	53	项目产出	13	产出数量	3	根据该项目实际，标识具体明确的产出数量	对照绩效目标，按实际产出数量率计算得分（3分）
				产出质量	4	根据该项目实际，标识具体明确的产出质量	对照绩效目标，按实际产出质量率计算得分（4分）
				产出时效	3	根据该项目实际，标识具体明确的产出时效	对照绩效目标，按实际产出时效率计算得分（3分）
				产出成本	3	根据该项目实际，标识具体明确的产出成本	对照绩效目标，按实际产出成本率计算得分（3分）
		项目效果	40	经济效益	8	根据项目实际，标识所产生的直接或间接的经济效益	对照绩效目标，按经济效益实现程度计算得分（8分）
				社会效益	8	根据项目实际，标识所产生的社会效益	对照绩效目标，按社会效益实现程度计算得分（8分）
				环境效益	8	根据项目实际，标识对环境所产生的积极或消极影响	对照绩效目标，按对环境所产生的实际影响程度计算得分（8分）
				可持续影响	8	项目产出能持续运用；项目运行所依赖的政策制度能持续执行	项目产出能持续运用（4分）；所依赖的政策制度能持续执行（4分）
				服务对象满意度	8	项目预期服务对象对项目实施的满意程度	按收集到的项目服务对象的满意率计算得分（8分）
总计	100分						

三、绩效跟踪监控

财政项目支出绩效跟踪监控是全周期绩效评价的重要环节，是预算绩效管理得以顺利运行的基本保障机制。它是财政部门和预算部门依据设定的项目支出预算阶段性绩效目标（阶段性、预算年度绩效目标）对绩效运行及目标预期实现程度开展的控制和管理活动，是项目支出预算绩效目标编制完成后的主要任务，体现在项目支出预算执行过程中。通过对项目支出预算执行的绩效跟踪监控可以对财政项目支出行为过程和项目预期结果进行及时的制约和反馈，从而不断完善项目管理，进一步落实支出责任，加快预算执行进度，更好地实现项目支出绩效目标。内蒙古自治区应积极借鉴国内省份的实践，在原有对预算执行财政监控的基础上，建立有效地财政项目支出绩效跟踪监控制度，以评价财政项目支出绩效目标阶段性实现程度。

（一）项目支出预算绩效跟踪监控范围和方式

1. 项目支出预算绩效跟踪监控范围

对已立项纳入财政年度预算的财政项目支出跟踪督办，看是否按当期设定的绩效目标（时间、数量、质量、资金管理等）实施，及时督办要按设计要求完成，对无法实施或不能按要求完成的支出项目，要及时提出调整项目预算的报告，报人大审批后，予以调整预算，使预算执行得到进一步优化。项目支出预算绩效运行跟踪监控范围分为两部分：一是项目执行情况，主要包括项目是否按照既定的决策内容、绩效目标和管理制度执行，是否在规定的时间内完成了项目阶段性目标，是否达到预期的社会效益、经济效益等；二是预算资金管理情况，主要包括财政资金的拨付和使用等内容是否按计划目标进行，财务管理、会计制度是否按规定执行等。

原则上，纳入项目支出预算绩效管理的所有资金都属于绩效跟踪监控的范围，主要是监控绩效目标的实现程度及进度，分析预测发展趋势，预判目标预期情况，做出是否完成的判断。具体包括以下五方面的内容：

一是绩效目标预期完成情况。包括计划提供的公共产品和服务的预期完成程度及趋势，计划带来效果的预期实现程度及趋势，社会公众满意率预期实现程度及趋势，达到计划产出所需要的财力、物力、人力等资源的完成情况等，主要是立足于绩效趋势判断的角度进行监控。

二是项目实施情况。包括具体工作任务实际开展情况及趋势，项目实施计划的实际进度情况及趋势，实施计划的调整情况等，主要是从项目实施角度进行监控。

三是资金管理情况。包括资金用款计划的时效性，专项资金支付方式，拨付效率，资金安全性等，主要关注预算执行情况的监控。

四是涉及项目管理的情况。包括执行政府采购、项目公示、工程招投标和监理、项目验收等情况，财务管理和会计核算情况，相关资产管理情况等，主要是从制度管理角度进行监控。

五是保障措施情况。包括相关支出或项目的实施管理办法,有关操作规范及参与人员等,主要是监控相关保障措施的配套与实施情况。

2. 项目支出绩效跟踪监控的实施方式

由于预算绩效管理的实施主体是各级财政部门和预算部门,因此,项目支出绩效跟踪监控的实施主体也应是各级财政部门和预算部门。按照监控主体不同,一般可将项目支出绩效跟踪监控分为预算部门自行监控和财政部门重点监控两种方式。

(1) 预算部门自行监控。由预算部门按照预算绩效管理的相关规定,对照预算中设定的项目支出绩效目标,对本部门及所属预算单位的支出及项目的执行过程进行跟踪,监控绩效目标实现程度和预算执行情况。在此过程中,预算部门要健全项目支出预算执行管理制度,提高支出的及时性、均衡性和有效性,做好绩效基础上的预算执行分析;加强对预算资金管理及项目实施情况的监督,做好预算执行基础上的绩效信息收集和分析。并及时将绩效目标的完成情况、项目实施进程和预算进度,定期或不定期报送财政部门,并如实填制预算绩效运行跟踪监控管理表(见附表1),报送财政部门。围绕设定的绩效目标进行检查,当实际绩效与绩效目标发生偏离时,要及时采取措施进行防范或予以纠正,必要时应向财政部门报告,做好绩效信息分析基础上的监督和控制。

(2) 财政部门重点监控。在预算部门自行监控的基础上,财政部门根据批复的部门预算及绩效目标,结合国库管理等预算管理要求,对部门项目预算执行进度及绩效目标实现程度进行有针对性的重点监控管理。在此过程中,财政部门可通过设定关键节点报告制度、进行实地调查核查,以及完善绩效运行信息采集、汇总分析系统,对预算部门支出及有关项目进行重点抽查,确认绩效目标进展及预期实现情况,并查找资金使用管理以及项目执行过程中的薄弱环节,以发现问题和风险,督促预算部门完善措施和改进管理,防止预算绩效运行偏离原定目标,以确保实现既定绩效目标。

在进行项目支出绩效跟踪监控时,需要明确以下几点要求:

①合理可行。项目支出绩效跟踪监控不同于绩效评价下有明确的方法和固定的手段,它涉及内容广泛,与预算执行又存在一定交叉,主要目的是防患于未然,寻求对问题的解决和潜在风险的控制,着重于修正目标而非评价目标。在具体监控开展上,需要财政部门、预算部门以及具体项目实施单位的充分沟通和共同努力。为此,要科学设计绩效跟踪监控分析框架,建立有效的信息收集系统,完善绩效跟踪监控管理制度,注重可操作性,以保证绩效跟踪监控得到切实实施。

②突出重点。项目支出绩效跟踪监控要突出重点,找准部门业务活动的切入点和项目实施的关键点,明确影响绩效运行的关键环节,围绕绩效目标的实现过程开展分析检查,重点判定绩效目标的实现过程、实现程度及实现趋势。

③适时适度。项目支出绩效跟踪监控要适时进行,以对绩效运行情况进行掌

控。同时，要注意把握绩效运行节点及时间点的控制，设计适当的报告及信息反馈时间间隔，过于紧密，会加重具体实施单位的负担；过于疏松，则不能及时发现风险和问题，弱化监督控制功能，使绩效跟踪监控失去应有的管理价值。

④及时纠偏。在项目支出绩效跟踪监控中，发现外部条件发生变化或绩效运行情况未与绩效目标相一致时，要认真分析问题原因，寻找相应的对策，加强执行管理，完善绩效措施，做到及时纠正和调整，保证绩效目标如期实现；对于情况严重的或明显不适宜完成的绩效目标，要做出预算调整，暂缓或取消相关项目的执行。

（二）项目支出绩效跟踪监控的一般流程

项目支出绩效跟踪监控流程及绩效跟踪监控的实施程序，结合财政部门重点监控和预算部门自行监控方式的做法，一般地，其流程可分为"布置计划—跟踪监控—报送信息—审核反馈—重点抽查"几个步骤。具体如下：

1. 布置计划

在项目支出绩效目标随着部门预算批复后，财政部门应结合财政支出和具体项目实施情况，选取部分或全部目标进行绩效跟踪监控，明确对绩效跟踪监控工作进行布置，提出绩效跟踪监控的实施要求，包括监控的主要内容、方式、工作要求、流程设计、反馈格式、时间节点等。

2. 跟踪监控

预算部门根据财政部门关于绩效跟踪监控的实施要求，以部门为主进行自行监控，分析财政支出及绩效目标的保障性制度、措施建立和执行情况，以及其合规性、适用性和有效性，完善有关绩效跟踪监控管理的基础。同时，要按照绩效运行环节的关键点，汇总搜集相关绩效运行信息，跟踪监督绩效目标进展及相关内容，对项目进行财务、技术、效益以及总体完成情况进行综合评价，并针对项目支出绩效管理中存在的问题提出改善建议，以确保绩效目标得到有效执行。

3. 报送信息

预算部门在开展绩效跟踪监控过程中，要全面反映财政项目支出和项目计划的完成情况、与目标的偏差情况，分析原因，预计目标实现的可能性，继而在绩效运行信息分析的基础上，形成绩效运行情况分析报告，定期上报财政部门，从而使财政部门及时掌握有关绩效运行及绩效目标实现情况，为重点监控奠定基础。项目支出绩效运行监控报告的主要内容应当包括几个方面：关键点的项目支出绩效运行数据信息，对相关数据的核实和分析情况，围绕项目支出绩效目标的绩效运行和预算执行情况，对预期产出和预期绩效实现程度的判断，根据项目支出绩效运行情况已采取的改进措施，进一步完善和改进项目支出预算执行的建议等。

4. 审核反馈

对预算部门报送的绩效运行信息及监控资料，财政部门要加强审核，特别是对于跨部门的项目支出或各部门同类性质的支出，要综合各部门报来的绩效运行数据，进行横向比较和分析，从总体上研判绩效目标进展趋势，并从中发现影响绩效目标的问题及因素，明确改进措施和方向，及时反馈预算部门，实现对绩效运行的动态纠正和调整。

5. 重点抽查

根据各预算部门跟踪监控情况和反馈的管理信息，结合审核中发现的苗头性、倾向性问题，财政部门在预算部门开展自行监控的过程中，有重点地选取部分部门进行抽查，以确保预算部门报送监控情况的真实性与准确性，提高绩效跟踪监控的质量，防范问题与风险。同时，通过重点抽查也可发现预算部门未注意到的共性问题，督促预算部门及早采取措施，提高管理水平。这一过程基本上以财政部门为主进行重点监控。

6. 监控结果的应用

绩效运行情况报告所提供的管理信息，不仅能及时纠正偏差，调整及资金拨付，促进绩效目标的实现，还帮助部门改进绩效管理工作，以更有效的方式实现绩效目标。财政部门和预算部门要依据批复的预算绩效目标，对照绩效运行跟踪监控结果，根据项目的绩效完成情况及进度拨款。对绩效运行监控结果低于预期目标或者无绩效的项目，预算部门（或项目承担单位）应当提出预算调整申请，财政部门应当暂停已安排资金的拨款或支付，同时按规定程序取消或调减项目预算，收回相应未执行的预算资金。

四、财政项目支出绩效评价

财政项目支出绩效评价是各级财政部门和预算部门根据定的绩效目标，运用科学、合理的绩效评价指标、评价标准和评价方法，对纳入部门预算管理的支出项目绩效目标设定情况、资金投入和使用情况、为实现绩效目标制定的制度采取的措施、绩效目标的实现程度及效果进行的客观、公正地评价。

（一）财政项目支出绩效评价主体

财政支出项目资金通常具有投资大、周期长、政策性强以及影响面广等特点，资金使用往往涉及管理、经济、技术、社会、生态环境以及可持续发展等多项内容，要准确、经济、高效地推行财政支出项目绩效评价工作确定评价主体是关键。何谓评价主体简单说就是"谁来评价"。在财政部下发的财政支出项目绩效评价管理暂行办法》（财预〔2011〕285号）文提出"各级财政部门和各预算部门单位是绩效评价的主体。我国大部分省份财政支出项目绩效评价主要由政府部门组织，通过聘用、联合等方式吸收一些专家、学者或中介机构专业人员协助进行某一具体项目的评价，或采取委托的方式将某些项目的评价工作交由中介机构完成。由此我们认为财政支出项目绩效评价主体存在多维性的特点，归结起来主要包括各级财政部门、业务主管部门、预算部门以及第三方组织。

1. 财政部门绩效评价

制度和相应的技术规范，组织、指导业务主管部门、预算部门、下级财政部门的绩效评价工作是绩效评价工作的主要组织者和管理者。

2. 主管部门绩效评价

部门主管内容不同分类的各个业务管理处室如农业处、企业处、人事教育处等。其主要负责选定评价项目并配合评价小组做好对财政资金使用绩效的评价工作，督促预算部门落实财政部门提出的改进预算支出管理意见。

3. 预算部门级单位绩效评价

预算部门级单位按照评价计划对本单位的项目开展绩效评价。由预算部门成立评价工作小组，对财政专项资金投入和使用、项目实施管理、绩效目标完成等情况进行自我衡量和评价提交业务主管部门绩效自评报告及相关佐证材料。业务主管部门对提交的绩效自评材料进行汇总分析形成自评得分和问题分析。

4. 第三方绩效评价

是与政府无隶属关系和利益关系的机构包括专家、中介机构、学校、科研团体等实体组织具有专业机构、专业团队、专业理论、专业工具的优势，能有效整合各种社会资源有利于评价活动向着高效、低成本的方向发展实现评价工作自身绩效的最大化。

财政支出项目绩效评价工作是一项集财政预算管理、会计管理、项目管理和相关专业管理于一体的专业性技术性工作其工作内容是目前任何一个业务部门都不能完全独自承担的，因此各个评价主体之间不是单独、孤立地开展绩效评价工作而是在财政部门的组织和管理下相互支持、相互协作，共同完成对财政支出项目的绩效评价工作。

（二）财政项目支出绩效评价的程序

财政项目支出绩效评价的程序主要包括前期准备、组织管理与实施、分析评价、撰写绩效评价报告四个阶段。（见图3-7）

1. 前期准备

（1）确定绩效评价对象。依据财政部门工作重点和经济社会发展需求，重点评价对象确定为一定金额以上、与本部门职能密切相关、具有明显社会影响和经济影响的项目。

（2）下达绩效评价通知。财政部门和各预算单位主管部门在绩效评价正式实施前，下达绩效评价通知书，确定评价目的、内容、任务、依据、工作人员、评价时间及要求等方面的情况。

（3）组织绩效评价前期材料。通过查阅相关文件，现场勘察和与相关人员进行咨询和问卷调查的形式，获得第一手可靠的资料。按照财政支出项目绩效评价管理要求，组织相关专家对项目的立项过程、建设过程、管理机构、经费到位、资金使用等情况的进行了检查。检查的内容及结果，为项目的绩效评价工作提供了较为充分和重要的依据。

2. 组织管理与实施

财政部门负责制定绩效评价规章制度，指导、检查各部门（单位）的绩效评价工作，并根据需要对部门（单位）支出绩效实施评价和再评价。部门（单位）负责组织实施本部门（单位）的绩效评价工作。根据需要，绩效评价可聘请专家或中介机构进行，如图3-7所示。

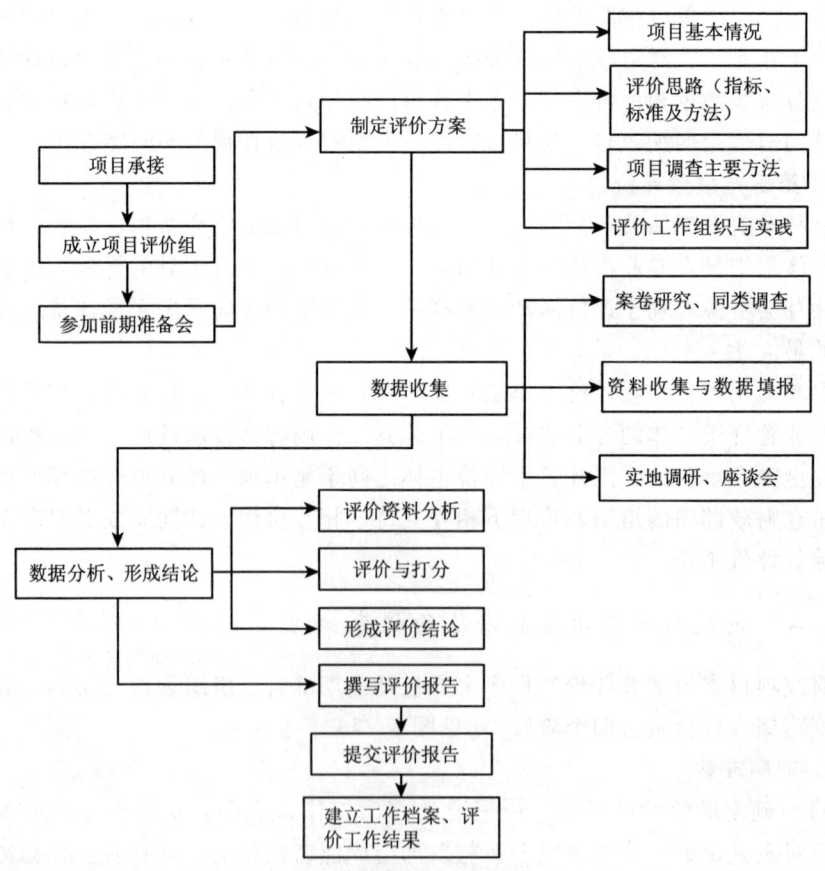

图3-7 财政项目支出绩效评价的程序

绩效评价实施阶段包括：

（1）审核相关资料。对被评价单位提交的相关资料的格式和内容进行审核。

（2）拟定评价方案。根据绩效评价对象具体情况拟定绩效评价方案。

（3）实施绩效评价。对绩效目标的完成情况进行评价，根据绩效评价对象的特点可采取现场评价、非现场评价以及现场评价和非现场评价相结合的方式进行评价。成立绩效评价小组，合理分工，并定期进行交流讨论。

3. 分析评价

通过前期准备和有效的组织实施，利用综合评价方法对项目进行了充分的分析，得到可靠真实的评价结果、相应的经验总结和建议。

4. 撰写绩效评价报告

（1）撰写报告。评价工作组根据被评价预算单位的绩效报告及相关资料，对其绩效目标的实现程度进行绩效考核，撰写绩效评价报告。

（2）提交报告。绩效评价报告应在规定的时间内提交评价组织机构。预算部门要在规定时间内将绩效评价报告提交财政部门。

（3）及时总结。预算部门应撰写绩效自评报告，连同绩效评价报告一并上报财政部门。

（4）妥善保管工作底稿和评价报告等有关资料，建立绩效评价档案。

（三）财政项目支出绩效评价的重点

财政项目支出绩效评价的主要内容包括项目决策、项目管理以及项目绩效三方面，其又细化为 8 个二级指标以及 21 个三级指标，此三级指标即为财政项目支出绩效评价的具体内容。各指标权重的大小取决于该指标内容的重要程度，也反映出在财政项目支出绩效评价的重点所在。

1. 绩效目标设定是否科学

设定绩效目标不仅是进行预算绩效管理的前提，也是绩效评价工作的关键要素、对比实际绩效的标准。绩效目标设定是否科学、恰当，对项目后期工作和得出绩效评价结论有重要影响。项目单位在设定绩效目标时会出现设定目标过低或过高两种倾向。因此，在评价项目绩效目标时，应要求绩效目标既要有定性描述和定量指标，还要符合当地经济社会发展要求，与项目资金规模相互匹配。

2. 项目组织管理、内部控制是否规范

项目管理是行政事业单位内部控制的重要组成部分，主要包括申报立项、项目筛选、招标、组织实施等内容。在进行项目绩效评价时，应关注项目组织实施方式的科学性、管理制度的健全性和制度执行的有效性。

3. 资金来源和支出结构是否合理

项目资金来源既有国家财政、地方财政单独拨款，也有国家财政、地方财政和单位自筹等相结合的方式。进行项目绩效评价时要重点关注资金的落实情况、到位时间等，从而判断是否存在虚假配套骗取财政资金的问题。此外，在评价项目绩效时，还要关注资金的流向。项目资金特点就是专款专用，不能以项目的名义列支公用经费等。项目绩效评价时应分析项目资金支出结构，与项目直接相关的支出比例是否较大。

4. 目标的实现程度和结果是否有效

确定目标的实现程度就是将实际完成结果与评价标准相比较，确定完成程度。评价标准主要采用计划标准，但如果计划标准不科学、不合理，评价结论就很难服众。为提高评价的公正性，在评价中可考虑采用历史标准、行业先进标准等。此外，还需要注意项目带来的隐性效益。

（四）财政项目支出绩效评价方法及应用

财政项目支出绩效评价方法关系到最终结果的准确合理性，在实际操作过程中，要根据不同的评估目标和要求选取不同的方法，根据国内外实践的经验和理论界的研究，可以归纳为以下几种：

1. 成本效益比较法

指对比某个项目的支出和效益，然后与评价绩效目标进行比较得出它们的实现程度的方法。该方法要求项目的成本和经济效益都可以用货币计量，适用于公共工程项目。不能应用于无法用货币精确计量的项目，比如以社会效益和可持续效益为主的项目。

2. 综合指数分析法

综合指数法是由评价人员凭借自己的学识和经验，根据评价对象在某一方面的具体表现，采用主观分析判断的方法确定评价指标达到的等级，再根据相应的等级参数和指标权数计算得分的方法。该方法主要是用于对定性指标进行计分评价。指先收集数据并计算出相关的经济效益指标，然后再按照各自所占百分比计算出综合经济效益指数，该方法目前被我国各部门普遍采用，虽然数据收集较难，操作难度略大，但能较全面的评价财政项目支出的绩效。

3. 最低成本法

最低成本法也称为最低费用选择法，是指对效益确定却不易计量的多个同类对象的实施成本进行比较，评价绩效目标实现程度。该方法不衡量财政支出的效益，只计算项目的成本，并以最低费用作为评优的标准。最低成本法适用于那些成本易于计算而效益不易于计量的支出项目，如社会保障支出项目。

4. 因素分析法

因素分析法是通过罗列对财政支出、效益有影响的因素，综合分析绩效目标实现、实施效果的内外影响因素，继而评价绩效目标实现程度。并对这些内外因素进行全面具体的分析，得出投入与产出的比值，从而进行评价的一种方法。因素分析法是上述成本—效益分析法与综合指数分析法的一种的延伸方法，它的本质也是利用投入与产出的比值来进行评估。这个方法重点在于找准项目评价的关键因素，分析这些关键因素是否满足评估项目的既定目标，然后汇总关键因素的评价结果，便可以得到项目绩效评价结论。

5. 目标评价法

该方法是通过分析对比既定财政目标和当前财政支出活动所产生的实际经济社会效益，考虑研究影响目标完成情况的各个因素，从而进行财政支出绩效评价的一种方法。目标评价法对长期项目评价、单位部门评价适用，对结构效益和规模效益等方面的评价也适用。该方法是目前我国政府部门常用的一种主要评价方法。

6. 历史动态分析法

这种方法是通过对不同时期的某一类财政项目支出效果的历史数据进行分析比较，得出该项目过去的效益波动及变化情况，进而进行财政支出绩效评价。将某一类支出或项目的历史数据重新提取出来，分析该项目历史上收益率的波动情况，预测其未来的发展趋势，同时可以得到同一因素在不同时期的影响力，从而得出造成其差异的原因。该方法有助于评价主体了解客体的发展趋势以及影响客体发展的各个因素在不同时期的作用程度和作用机理，对分析评价客体不同时期效益差异成因、提出项目改进方案起到了重要的作用。这种评价方法主要用于对项目、单位和部门支出的绩效评价。

7. 模糊综合评价法

这是一种基于模糊数学的综合评标方法。该综合评价法根据模糊数学的隶属度理论把定性评价转化为定量评价，即用模糊数学对受到多种因素制约的事物或对象做出一个总体的评价。它具有结果清晰，系统性强的特点，能较好地解决模糊的、难以量化的问题，适合各种非确定性问题的解决。

8. 主成分分析法

主成分分析的原理是设法将原来变量重新组合成一组新的相互无关的几个综合变量，同时根据实际需要从中可以取出几个较少的总和变量尽可能多地反映原来变量的信息的统计方法叫作主成分分析或称主分量分析，也是数学上处理降维的一种方法此方法适于多目标的项目绩效评价，要求有较高的数学和计量基础，在实践中具有较难的可操作性。

9. 公众评判法

公众评判法也被称作问卷调查法，是指对于一些无法直接用指标计量其效益的支出项目，可以设计与之相适应的调查问卷，向公众进行财政支出项目实施效益情况的调查，分析公众满意度等指标，以评判其绩效成果。这种方法的民主性、公开性及可操作性强，适用于财政投资的公共设施和公共服务效果的绩效评价，具有民主性、公开性的特点，针对那些不能够用经济指标直接测算的财政支出，但由于该方法的操作范围有限且存在一定的不确定性，所以一般将其归为绩效评价方法中的一种补充方法。

10. 专家评议法

由于某些支出项目无法用数字进行准确计量，只能通过定性认知，此时可以聘请行业内专家，并设计一系列相关问题，对他们进行问卷调查，从而评估项目的效益，这种方法根据参与评价方式的不同，又可以分为专家单独评价法和专家集中评价法。专家单独评价法就是邀请若干个专家对评价内容单一的财政项目支出进行分开评价，然后将他们的评价内容汇总成最终结果。专家集中评价法就是邀请有关专家对涉及多个专业领域的财政支出项目进行集中评价，确保评价结果公平公正。专家单独评价法适用于内容单一的评价项目，而专家集中评价法则对内容复杂的项目更为适用。专家评议法突出利用了第二方的技术优势，应用领域较为广泛。但是这种方法的使用也具有一点的局限性，它对专家工作的独立性和工作时间要求较高，往往受到限制，当然由于专家评价自身的主观因素，结果会存在一定的误差。

上述财政支出绩效评价方法有其各自不同的前提条件和适用范围（见表3-3），因此，在进行财政项目支出各阶段绩效评价时，要懂得灵活运用，不应该太过于形式主义，应该根据实际情况挑选适用的方法，必要时候可以多种方法同时选择。

表3-3　　　　　　　　　财政支出绩效评价方法的适用性

评价方法	适用范围
成本效益比较法	适用于成本和收益都可以用货币精确计量的公共工程项目。
综合指数分析法	用于对定性指标进行计分评价，适用于部门预算和项目的全面绩效评价。
最低成本法	适用于那些成本易于计算而效益不易于计量的支出项目。
因素分析法	适用于成本和产出都可以用货币精确计量的项目。
目标评价法	适用于长期项目评价、单位部门评价。
历史动态分析法	适用于长期项目评价、单位部门评价。
模糊综合评价法	适用于成本和产出都可以用货币精确计量的项目。
主成分分析法	适于多目标的项目绩效评价。
公众评判法	适用于无法直接用指标计量其效益的公共设施和公共服务支出项目的绩效评价。
专家评议法	适用于那些成本易于计算而效益不易于计量的支出项目。

以上评价方法都是基础的评价方法，在现实中除成本效益分析法、最低成本

法、公众评判法和专家评议法可直接用来评价以外，其他方法基本用于评价指标体系的确定，用以构建基于平衡记分卡（多目标管理办法）的财政性项目支出绩效评价指标体系，对财政支出项目进行绩效评价，如表3-4、表3-5所示。

表3-4　　　　　　　　　　平衡计分卡的基本内容

基本内容	适用范围
角度	观察组织和分析战略的视点或镜头，每个角度都包含战略目标、绩效指标、目标值、行动方案和任务几部分。
绩效目标	每一个战略目标都包括一个或多个绩效指标。
绩效指标	衡量战略目标实现结果的定量或定性的尺度，是绩效目标的具体化。
目标值（绩效标准）	对期望达到的绩效目标的具体定量要求。
行动方案	由一系列相关的任务或行动组成，目的是达到每个指标的期望目标值。
任务	执行战略行动方案过程中的特定行为。

表3-5　　　　　　　　　　政府中的平衡计分卡

角度	目标
政府职责使命	为政府部门绩效管理提供战略框架，转换政府管理的理念、树立服务行政的观念。
公众服务维度	转换政府管理的理念、树立服务行政的观念。
政府成本与业绩维度	将成本核算导入政府部门绩效管理，可改革和完善政府部门会计预算制度。
政府管理内部流程维度	改进和完善政府部门内部管理。
政府学习与发展维度	重塑政府组织的文化，对构建学习型政府起引导和推动作用。

五、财政项目支出绩效评价结果反馈及应用

绩效评价结果反馈及应用既是开展绩效评价工作的基本前提，又是加强财政支出管理，增强资金绩效理念，合理配置公共资源，优化财政支出结构，强化资金管理水平，提高资金使用效益的重要手段。各级财政部门和预算部门要将绩效评价结果反馈项目管理部门或实施单位。探索和建立一套与部门预算相结合、多渠道应用评价结果的有效机制，提高绩效意识和财政资金使用效益。财政部门和项目主管部门构建"讲绩效、重绩效、用绩效"的工作机制，通过绩效评价结果推动财政管理精细化、科学化、严格化。项目管理部门或实施单位要根据评价结果，完善制度，改进管理，强化责任，进一步提高管理水平。绩效评价结果要与预算安排相挂钩，将绩效评价结果作为今后年度预算安排的依据，优化资源配

置，降低支出成本；绩效评价结果要向同级人民政府报告，为政府决策提供参考；评价结果要作为绩效管理问责的重要依据，奖优罚劣，建立激励约束机制；绩效评价结果要依法向社会公开，接受社会监督。

站在财政项目支出全周期绩效评价的视角，从系统性意义上来看，绩效评价和绩效评价结果反馈及应用贯穿于项目全周期绩效评价的整个过程，包括事前的项目审核及项目选择，事中的绩效跟踪及跟踪绩效报告应用，事后的绩效评价及结果应用。在项目绩效评价结果反馈及应用上，项目申报论证阶段的绩效前评价的结果是项目立项决策的主要依据；项目执行阶段可以通过项目绩效跟踪结果来有效加强资金监控，以及时调控资金运作进度；在项目结束后的绩效评价结果能全面反思整个项目运作中的问题与经验，以便吸取教训，总结经验，进一步提高财政项目支出绩效管理能力和水平。

（一）财政项目支出绩效评价结果

绩效评价结果是对绩效评价对象进行阶段性绩效评价后，所形成的全面反映实际绩效情况的内容、事项、结论等，是绩效评价所结的"果"。财政部门根据相关规定，组织对本级预算部门申报的预算绩效目标评审、预算执行过程的绩效运行跟踪监控、预算执行完成或阶段性工作完成的绩效评价及部门支出管理绩效综合评价报告中所反映的内容、事项及结论。

1. 绩效评价结果的主要形式

除了上文提及的项目绩效目标评审结果和绩效跟踪结果（绩效跟踪运行报告）外，财政项目支出绩效评价工作需要提交为实施单位形成的绩效报告和为财政部门或主管部门形成的绩效评价报告两类评价结果。

（1）绩效报告。绩效报告为项目实施单位形成的绩效评价结果，即自评报告。在财政部门实施绩效评价前，财政资金的具体使用单位应先对项目的绩效情况进行总结并形成绩效报告，并对报告涉及基础资料的真实性、合法性、完整性负责。自我评价对于树立财政资金使用的绩效意识、促进项目单位高效地利用有限的资金具有重要意义。具体包括项目概况、项目资金使用及管理情况、项目组织实施情况、项目绩效情况、项目评价工作情况、其他需要说明的问题等内容。

（2）绩效评价报告。绩效评价报告为财政部门或主管部门形成的绩效评价结果。绩效评价报告的具体格式由财政部门统一制定。一是基本概况。包括实施单位基本情况介绍、项目背景及意义、项目立项及预决算情况等内容。二是组织实施。包括绩效评价的组织实施和评价方法情况。三是评价依据及原则。列出实施项目绩效评价所参考和依据的相关制度办法，提出绩效评价工作所坚持的原则。四是评价结果。包括绩效评价指标体系、评价标准、得分情况、绩效目标的实现程度等内容。五是问题及建议。总结项目绩效评价的过程中发现的项目实施存在的问题,并提出改进工作的意见及建议。若绩效评价结果与单位绩效报告存在一定的分歧,或绩效评价结果发现的问题在单位绩效报告中未予反映,要在此部分中予以说明。六是其他需要说明的问题。

(3)绩效报告与绩效评价报告的关系。绩效报告、绩效评价报告都是绩效评价结果的反映,但其实施主体和报告重点有着明显区别。绩效报告主要由预算单位或实施单位撰写,并应当对绩效报告涉及基础资料的真实性、合法性、完整性负责,侧重于对绩效目标实现程度和绩效完成情况的对比分析,带有总结性质;绩效评价报告主要由财政部门在对绩效报告进行审核的基础上开展相应的绩效评价,或是直接对重点项目、重点领域进行绩效评价基础上形成的评价报告,侧重于对绩效情况的评价以及对问题原因的分析,以及对下级部门或单位绩效评价工作的审核验证和提出改进意见建议,类似查验考核。

2. 绩效评价结果的衡量方式

绩效评价结果的衡量主要采取评分和评级相结合的方式,具体分值和等级可根据不同评价内容设定,相应采取不同的方式。

(1)绩效评价结果评分。采用绩效评价结果评分的方式,一般需要根据评价标准,利用赋值功效系数法将评价指标进行无量纲化转换,消除其量纲影响,来设定不同评价指标的权重;然后依据实际绩效评价情况,按照确定的评价指标和权重分值,汇总各项绩效评价得分获得的分数,从而来反映绩效评价结果的情况。在这种方式下,结果相对客观公正,能够消除人为因素影响,但对指标和权重设计要求较高,通常采用百分制,大多适用于能够进行定量评价的支出或项目。

(2)绩效评价结果评级。在无法或难以对绩效评价结果采用定量分值进行评价衡量的情况下,需要对绩效评价结果按性质进行分级,确定相应的评价级次,一般采用"优、良、中、差",或"有效、基本有效、无效"等级次。在这种方式下,结果比较直观清晰,但也具有一定的主观性,需要有较高的专业判断能力,大多适用于能够进行定性评价的支出或项目。

(二)财政项目支出绩效结果反馈机制

绩效评价的组织、实施主体在完成绩效评价工作并形成评价结果后,要及时向被评价单位反馈。绩效评价结果应以规范的内容和格式进行反馈,在反馈的意见中,除了要对绩效评价工作的开展情况和绩效评价报告内容进行简要说明外,还要明确提出落实绩效评价结果及将整改落实情况报告上级主管部门的具体要求。

1. 评价结果反馈与整改机制

评价结果反馈与整改是绩效评价工作的重要内容和组成部分。年度预算执行结束后，在组织项目单位进行绩效自评的基础上，委托中介机构进行复评，出具项目绩效评价报告，并通过评价结果分析，查找资金使用和管理中的薄弱环节和问题，对主管部门和项目单位提出进一步改进和加强预算管理，调整和优化以后年度预算支出的方向和结构，提高预算支出绩效的意见和建议。评价组织机构要在评价工作结束后 1 个月内，以正式文件或反馈书的形式，将评价项目绩效情况、存在的问题及相关建议反馈给被评价单位，并督促其落实整改，以增强绩效评价工作的约束力。被评价单位要针对项目实施中存在的问题和建议进行认真整改，并按照整改报告书的要求，在收到反馈文件或反馈书之日起 2 个月内将落实整改情况反馈评价组织机构。

2. 评价信息报告制度

（1）内部共享。财政部门要将年度安排的项目支出和评价报告（项目绩效情况），实行内部共享机制，即年度安排的项目支出是确定评价项目（对象）的主要依据，而评价报告（项目绩效情况）又是安排以后年度部门预算的重要依据。因此，实行内部共享是促进评价结果应用的基本前提，也是合理安排项目支出，优化财政支出结构，提高资金使用效率的有效保障。

（2）报告制度。财政部门要将年度评价的重点项目绩效、存在的问题等有关情况，以及绩效评价工作的开展情况向同级人民政府报告，也可向同级人大报告。

（3）通报制度。为督促各部门和项目单位如期完成绩效自评工作，对部门和项目单位绩效自评完成进度、完成质量以及组织开展等情况，可在一定范围内予以通报，促使其自觉地、保质保量地完成项目的绩效自评工作。

（4）公开制度。对社会关注度高、影响力大的民生项目支出绩效情况，在上报同级人民政府批准后，可通过新闻媒介等形式向社会公开，接受社会公众的监督。

（三）财政项目支出绩效评价结果应用

绩效评价结果应用是在各阶段绩效评价结果的反馈环节完成后展开的，由财政部门、预算部门和被评价单位等通过多种方式，将反馈的评价结果转化为提高预算资金绩效目的及行为的一系列活动的总称，表现为一种客观结果与主观努力相结合的改进方式。绩效评价结果的应用是绩效评价环节的延伸，它既是预算绩效管理前一过程的结果，又是预算绩效管理后一环节的基础与依据。绩效评价结果应用是财政部门、预算部门将绩效管理结果作为财政支出预算安排、资金拨付和衡量各预算部门工作成效、资金管理水平的主要依据。从财政支出绩效评价研究与实践看，财政支出绩效评价结果的运用主要有体现在预算制定、过程跟踪、对政府部门和官员的问责、公共部门内部管理等方面。

1. 项目绩效目标评审环节的结果应用

项目申报论证阶段的绩效评审的结果是项目立项决策的主要依据，而评审的标准主要依据往年同类项目的绩效评价信息。对预算单位而言，内部评审预期低绩效或无绩效的项目，不得申报。对财政部门来说，不按要求编报绩效目标的项目视为无绩效，评审预期低绩效或无绩效的申报项目，不予安排财政资金。

2. 项目预算环节的结果应用

强化评价结果在部门预算安排中的应用。财政部门要依据评价结果，对被评价项目的绩效情况、完成程度和存在的问题与建议加以综合分析，建立评价结果在部门预算安排中的激励与约束机制，逐步发挥绩效评价工作的应有作用。对于跨年度项目，绩效跟踪评价结果为下一年度安排预算资金提供重要参考依据，以便做出项目预算的调整。将预算申报时的评价结果与预算执行中、预算支出后的评价结果进行对比分析，帮助预算单位提升财政资金的使用绩效，逐渐完善预算编制，将其与执行和管理结合起来。

（1）绩效评价结果为"优"【90—100分】的项目，在安排下年度同类项目预算时给予优先考虑；对延续性项目，在安排后续预算时予以优先保障。

（2）绩效评价结果为"良"【80—89分】的项目，预算部门（或项目承担单位）对披露问题整改符合要求的，在安排下年度同类项目预算时可予以优先考虑；对延续性项目，在安排后续预算时可予以优先保障。对不按要求进行整改或整改不符合要求的，取消下年度同类项目预算的安排；对延续性项目，暂停安排后续预算。

（3）绩效评价结果为"中"【60—79分】的项目，预算部门（或项目承担单位）对披露问题整改符合要求的，在安排下年度同类项目预算时相应调减项目预算；对延续性项目，必须制定具体项目实施保障措施，并对预期绩效目标进行严格论证后予以安排。对不按要求整改或整改不符合要求的，取消下年度同类项目预算的安排；对延续性项目，暂停安排后续预算。

（4）绩效评价结果为"差"【0—60分】的项目，预算部门要及时按照财政部门要求进行整改，整改期间暂停预算资金的拨付，暂停安排下年度同类项目预算。对不按要求进行整改或整改不到位的，取消该项目预算拨款，并按相关规定进行处理。

对于完成结果评价的项目，在安排该部门新增项目资金时，应从紧考虑，并加强项目前期论证和综合分析，以确保项目资金使用的安全有效。对个人、企业及其他社会单位取得财政资金，绩效评价为"中"或"差"的，列入财政部门和预算部门黑名单，三年内不得申请或安排财政资金的支持。

3. 项目绩效跟踪环节的结果应用

绩效运行跟踪监控结果的应用。绩效运行跟踪监控结果作为预算安排、调整及资金拨付的重要依据。财政部门和预算部门要依据批复的预算绩效目标，对照绩效运行跟踪监控结果，根据项目的绩效完成情况及进度拨款。对绩效运行监控结果低于预期目标或者无绩效的项目，预算部门或项目承担单位应当提出预算调整申请，财政部门应当暂停已安排资金的拨款或支付，同时按规定程序取消或调减项目预算，收回相应未执行的预算资金。

4. 项目结项环节的结果应用

项目结束后的绩效评价结果可以规范指引层次的准则项目，可操作性和指导性。对项目支出目标和方案的制定、指标体系的优化、数据的收集与分析等，为评价人员提供解决实际操作问题的思路、方法和标准，全面反思整个项目运作中的问题与经验，以便吸取教训，总结经验，日后能提高对财政支出项目的管理能力和水平。

5. 预算管理视角下的结果应用

将绩效评价结果嵌入到项目预算管理中，做到绩效评价结果与项目预算管理相互促进。根据绩效评价结果反映出来的问题，要进一步分析原因，制订完善措施，明确改进方向，健全相关管理制度，使之促进项目预算管理水平的有效提高。

预算单位主要是通过绩效评价结果反映预算单位财政资金使用效率，分析诊断单位内部管理问题，用于完善部门预算，改进管理制度，降低支出成本，提高公共产品和服务水平，提升资金使用效益，强调的是支出责任层面的应用。

财政部门主要是以绩效评价结果来判断财政资金配置的合理性，准确把握财政政策效应，用于改进政府项目预算决策，优化项目支出结构，控制财政风险，提高资源配置效率和财政管理水平，强调的是分配责任层面的应用。

6. 社会监督视角下结果应用

项目绩效评价结果应按规定向人大报告、向社会公开，增强绩效评价结果的透明度，加强社会监督。社会公众作为纳税人，是政府财政资金的所有者和委托人，财政部门和具体资金使用部门是受托人，负有依法理财、科学理财的责任，绩效评价结果实质上是受托人理财情况的报告，强调的是监督责任层面的应用。财政项目支出绩效评价结果适时公布和准确应用，增加财政预算透明度的同时增强各预算单位绩效管理意识，使公众了解财政资金的流动和项目实施情况及效果，也无形中产生一种威慑力从而督促项目的实施，使项目管理得到进一步的强化，完善地方财政支出绩效目标管理。

7. 绩效问责视角下的结果应用

要将绩效评价结果纳入到政府行政问责体系中，建立完善约谈机制、诫勉机制，并形成绩效评价结果与预算问责一体联结。把绩效评价结果与部门履行岗位职责及部门发展目标结合，绩效问责与落实整改相结合。按照"谁用款、谁负责"的原则,针对未能实现预期专项资金项目绩效目标的情况进行绩效问责,从而督促部门和单位落实整改,完善管理制度,加强财务管理,规范支出行为,真正将支出责任落到实处,提高资金使用效益。对绩效显著的项目给予鼓励,对绩效良好的项目优先安排。对评价发现的一般性问题,责令限期整改。整改不到位或不进行整改的,视情暂缓或停止拨款、调整投资计划、收回或减少结算资金。对实际绩效严重偏离绩效目标或造成重大损失的,严肃追究相关责任人员责任。将绩效评价结果与单位、单位领导和相关责任人的工作考核、业绩评价直接挂钩,让绩效评价结果成为单位评优、个人职务晋升考核的重要指标之一,强化绩效评价的威慑力。绩效评价中发现的财政违法行为,依据《会计法》《预算法》《财政违法行政处罚处分条例》(国务院令第427号)等有关法律法规的规定对其予以处理,并建议相关部门追究有关当事人的责任,对于情节严重,构成犯罪的,应依法将其移送司法机关处置。

第四章 行政事业单位内部控制

第一节 内部控制概述

我国行政事业单位内部控制本身起步晚、起点低,在内部控制的制度制定、制度实施、制度执行、制度考核、制度反馈、制度优化的整个过程中我们可借鉴的资源并不太多,大有"摸着石头过河,走一步看一步"的味道,不断尝试、不断改进、不断优化。行政事业单位内部控制要么借鉴国外的,如美国联邦政府内部控制,虽然国外政府部门的内部控制要早于中国,但是毕竟国外的国情和中国的国情不大一样,在不同的政府内做相同的内部控制收效可能会大相径庭;要么借鉴国内企业的内部控制,虽然企业的内部控制要早于行政事业单位,可行政事业单位和企业在经济活动的处理方式上有很多的相异之处,在不同的行业内做相同的内部控制收效也不会太好。所以,行政事业单位要想做好内部控制必须首先对行政事业单位的单位特性、行政事业单位的内部控制的目标以及行政事业单位的内部控制原则做出深入的分析、了解和掌握,以便在后面内部控制的实施过程中少走弯路。

一、行政事业单位

由于国情和历史背景的原因,我国行政事业单位的范围界定在一定程度上模糊不清,在不同的讨论背景下,行政事业单位的指代对象有所不同。因此,在研究我国行政事业单位内部控制问题之前,有必要对行政事业单位的范围进行界定。

对社会法人组织的分类,根据不同标准有不同的划分方式。按照社会学的理论,根据性质不同可以把社会法人组织划分为三个部门:政治部门、企业部门和非营利部门。这三个部门既紧密联系又相互独立。政治部门包括权力机关、行政机关和司法机关;企业部门包括公司制企业和非公司制企业;非营利部门包括各种社会团体、行业协会、慈善机构、社会服务机构等。

行指执行，政指政治或国家某一部门主管的业务，顾名思义，行政单位指行使国家权力的单位。德鲁克的组织理论中，行政组织有广义和狭义之分。广义的行政组织是指各种为达到共同目的而负有执行性管理职能的组织系统。狭义的行政组织是指国家的行政机关，即根据宪法和法律组建的、体现统治阶级的意志、行使行政权力、执行行政职能、推行政务、管理国家公共事务的机关体系，是国家权力的执行机关。因此，行政单位的范围界定与政治部门直接对应。我国行政单位也有广义和狭义之分，广义的包括行政单位、司法部门（检察院、法院）和立法部门（人大）、政协和党务工作部门等；狭义的行政单位就是行政单位，即政府及下辖的职能部门。为了简化研究对象，本文讨论的行政单位为狭义的概念，即单指行政单位。

事业单位的设立反映了我国的特殊国情，其范围界定也相对复杂一些。按照《事业单位登记管理暂行条例》的规定："事业单位是指国家为了社会公益目的，由国家机关举办或者其他组织利用国家财政创办的从事教育、科技、文化、卫生等活动的社会服务组织"。由于在设立之初对事业单位的职能定位就不甚明确，导致了部分政事不分、事企不分的问题。按照《关于事业单位分类试点的意见》，现有事业单位根据所承担的不同社会功能，可以划分为三个大类：行政职能类、公益服务类和生产经营类。三类不同职能的事业单位，改革的方向也有所不同，行政职能类事业单位，将逐步转为行政机构；公益服务类事业单位，将按照事业单位分类改革的原则，继续保留事业单位序列；生产经营类事业单位，将逐步转为企业。因此，按照上述社会法人组织的分类原则，行政职能类事业单位应属于政治部门，生产经营类事业单位应属于企业部门，公益服务类事业单位应属于非营利部门。具体情况见图 4-1。

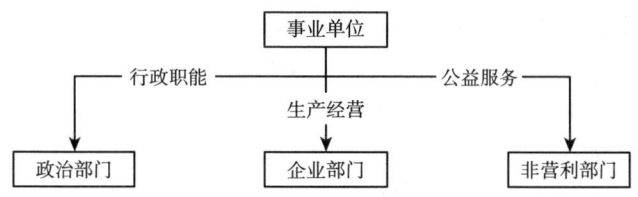

图 4-1 事业单位分类改革示意图

综上所述，本书所讨论的行政事业单位是指政治部门社会法人组织中的行政单位和带有政治部门、非营利部门社会法人组织性质的事业单位。

二、内部控制

"控制"在《现代汉语词典》中被解释为"掌握住不使任意活动或超出范

围"。按罗伯特西蒙斯在《控制》一书中对控制体系的论述，一个完整的控制体系需要包括以下四个系统：

1. 信念系统，即核心价值观，利用该系统鼓励和指导探寻新的机会；
2. 边界系统，即要规避的风险，利用该系统为探寻机会的行为确立界限；
3. 诊断控制系统，即关键绩效变量，利用该系统推动、监控和奖励某一特定目标所取得的绩效；
4. 交互式控制系统，即战略不确定因素，利用该系统激发组织不断进取并促进新创意、新战略的诞生。

COSO[①] 1992年《内部控制——整体框架》中将内部控制定义为："由企业董事会、经理阶层和其他员工实施的，为营运的效率效果、财务报告的可靠性、相关法令的遵循性等目标的达成而提供合理保证的过程。"由此，我们可以理解内部控制为是了实现预设的战略目标，在组织结构和业务流程设置等方面，通过采取控制措施，将经济活动的风险控制在合理范围内，并且通过对目标实现程度的绩效考评，对战略目标进行调整与完善。

COSO 2004年虽然把文件名称改成了风险管理，但是对内部控制的定义没有进行大的修订。我国企业和行政事业单位内部控制相关法规文件，都是借鉴的这一定义。

三、行政事业单位内部控制

2006年，审计署《行政事业单位内部控制研究》课题组这样定义行政事业单位内部控制："行政事业单位内部控制是内部控制要素与过程的统一。从静态上讲，内部控制是指行政事业单位为履行职能、实现总体目标而建立的保障系统，该系统由内部控制环境、风险评估、控制活动、信息与沟通和监督等要素组成，并体现为与行政、管理、财务与会计系统融为一体的组织管理结构、政策、程序和措施；从动态上说，内部控制是行政事业单位为履行职能、实现总体目标而应对风险的自我约束和规范的过程。"

2011年财政部会计司发布的《行政事业单位内部控制规范》（征求意见稿）

---

① COSO是美国反虚假财务报告委员会下属的发起人委员会（The Committee of Sponsoring Organizations of the Treadway Commission）的英文缩写。1985年，由美国注册会计师协会、美国会计协会、财务经理人协会、内部审计师协会、管理会计师协会联合创建了反虚假财务报告委员会，旨在探讨财务报告中的舞弊产生的原因，并寻找解决之道。两年后，基于该委员会的建议，其赞助机构成立COSO委员会，专门研究内部控制问题。1992年9月，COSO委员会发布《内部控制整合框架》，简称COSO报告，1994年进行了增补。

中对行政事业单位内部控制进行了比较权威的描述："内部控制，是指单位为实现控制目标，通过制定一系列制度、实施相关措施和程序，对经济活动的风险进行防范和管控的动态过程。"在《行政事业单位内部控制规范》（征求意见稿）中，内部控制与不相容岗位分离控制、内部授权审批控制、业务流程控制、资产保护控制、会计系统控制、信息技术控制一起，共同组成了行政事业单位内部控制控制措施。

党的十八届四中全会通过的《中共中央关于全面推进依法治国若干重大问题的决定》明确提出："对财政资金分配使用、国有资产监管、政府投资、政府采购、公共资源转让、公共工程建设等权力集中的部门和岗位实行分事行权、分岗设权、分级授权，定期轮岗，强化内部流程控制，防止权力滥用"，为行政事业单位加强内部控制建设指明了方向。

为全面推进行政事业单位加强内部控制建设，财政部连续下发《财政部关于全面推进行政事业单位内部控制建设的指导意见》（财会〔2015〕24号）和《行政事业单位内部控制报告管理制度（试行）》（财会〔2017〕1号）等政策文件，大力推进全国各级各类行政事业单位内部控制建立，掌握其实施情况，进一步开展行政事业单位内部控制报告编报工作。

将内部控制作为实现内部控制整体目标的一项措施来理解未尝不可，单位应加强预算的编制、执行、分析、调整、决算编报、绩效评价等环节的管理，强化对经济活动的预算约束，实现对经济活动风险控制。但是，预算管理作为行政事业单位内部管理的一项核心内容，既与资产管理、采购管理、债务管理、建设项目管理、经济合同管理等其他管理内容有着紧密的联系，又是一个相对独立的组成部分。本文倾向于将内部控制作为一个独立的控制系统进行研究，因此就行政事业单位内部控制而言，它有独立的信念系统、边界系统、诊断控制系统和交互式控制系统，有独立的控制目标、控制风险、控制措施和绩效评价等。

四、行政事业单位内部控制理论基础

（一）国家治理理论与行政事业单位内部控制

1. 国家治理是行政事业单位内部控制建设的依据

治理理论是政治分析框架，是服务型政府模式的体现。而国家治理体系，在我国则体现为党领导人民管理国家的制度体系，包括经济、政治、文化、社会、生态文明和党的建设等各领域的体制、机制和法律法规安排。政治文明是我国发展的趋势，国家治理优化已经逐步提到历史日程。国家治理要求行政、决策、司法、预算、监督等领域实现突破性发展，是市场经济、民主政治、先进文化、和

谐社会和生态文明的制度保障。因此，国家治理是现代社会发展的内在要求。

2. 国家体系整体视角的行政事业单位内部控制建设

国家治理要求行政事业单位以内部控制为抓手，推动服务型政府和民主社会的进程。如果把我国管理体系当作一个整体，那么各个政府部门和事业单位之间建立起来相互制约的管理体系，就是内部控制思想的体现。例如，我国已经建立起来纪检监察，以及国家审计体系，都是国家治理现代化的重要保障。虽然我国建设有中国特色国家治理，不需要照搬西方三权分立的体系，但是建立起监督管理体系仍然是必要的。

3. 行政事业单位内部管理视角的内部控制建设

在每一个行政事业单位内部，以最低的行政成本履行自身职能，或者以既定成本为社会提供更加高效的服务，提升行政事业单位的绩效管理水平，都需要内部控制体系的建设与实施。行政事业单位内部控制中所讲的"控制"，其实是来自于西方，其含义是中性的，是加强管理的意思。行政事业单位内部控制建设不是为了把什么都控制住，不让干这，也不让干那，也不是仅仅局限在反腐倡廉，反腐倡廉仅仅是行政事业单位内部控制最基本的要求。行政事业单位内部控制建设的首要目标是实现部门战略目标这个目标与委托代理理论也相关，是人民委托的职能，还要提高行政事业单位的管理效率，提高财务报告编报质量，以及国有资产安全完整等。

（二）委托代理理论与行政事业单位内部控制

1. 委托代理理论基本含义

委托代理是指委托方根据双方达成的契约，委托受托方实施或不实施一定行为，同时授予受托人一定的决策权利，委托方则根据受托方履行契约的数量和质量向其支付报酬。全体人民不可能直接管理国家，需要委托部分人来履行这个职能。行政事业单位（特别是行政部门），是接受党领导下的各级人民代表大会委托履行管理职责的部门，拥有一定权限内的决策权力。各行政事业单位是否按照人民的意志来履行职责？派人民代表进驻每个单位进行监督？这样做的成本是非常高昂的，也是不现实的。

2. 委托代理理论对推进行政事业单位内部控制的影响

以司法部门的反贪污腐败行动打击各类违法手段是事后算账，有些损失已经形成，无法挽回，只有防患于未然才是正道。以法律法规的形式形成外部压力，要求每个行政事业单位建立起有效的内部控制体系，并监督其实施，能够降低监督成本，从源头上降低行政事业单位中个别腐败分子伤害人民利益的可能。长期以来，我国行政事业单位内部管理缺乏制度管理意识，长官意志当道，扯皮现象突出，通过建立内部控制体系，表面上看是增加了各种审批和流程，实质上减少了各种扯皮，工作效率可能提高的更多。行政事业单位实施内部控制受到抵制，其原因绝对不是因为降低了效率，而是消除了很多人谋取私立的自由裁量权，这些丧失寻租机会的人就会抵制行政事业单位内部控制体系的推行和实施。

（三）非对称信息理论与行政事业单位内部控制

1. 非对称信息理论基本含义

非对称信息是指在经济和管理活动中，某些参与者比另外一些参与者拥有更多的信息，拥有更多信息的参与者可以凭借信息的优势获得利益。信息的非对称可能是由于参与者获得信息的渠道不同，而不同的信息来源渠道所花费的时间不同，某些参与者可能较早取得所需信息，而其他参与者却在之后获得信息，从而造成不同的参与者在同一时点上对信息的占有情况不同，获得信息不完整的参与者决策的依据不充分，遭受损失的概率较大；另外，参与者之间获取信息的能力不同，特别是在信息披露制度不完善的场合，部分参与者可能掌握比其他参与者更多的内幕信息。

2. 非对称信息理论对行政事业单位内部控制建设的影响

非对称信息理论与委托代理理论关系非常密切，委托代理使得非对称信息问题更加突出。行政事业单位的各级管理者，相对于社会公众，掌握更多的信息。既然行政事业单位是接受人民委托来履行职能，这些信息应当及时传达给人民。因此，通过建立内部控制体系，提高行政事业单位相关信息的质量，保障人民的监督权就成为可能。比如，最近推行的"三公经费"公开，预算费用公开等举措，都需要内部控制体系作为支撑。因为，没有内部控制体系的支撑，"三公经费"和预算费用就可能以无效的形式使用，其信息可能被扭曲。

（四）"结构—行为—绩效"理论与行政事业单位内部控制

1. "结构—行为—绩效"理论的基本原理

结构—行为—绩效，原理是由美国哈佛大学产业经济学家贝恩、谢勒等人于20世纪30年代建立的。"结构—行为—绩效"分析范式的基本原理是，当前市场结构决定组织行为，而组织行为又决定其绩效表现。虽然说"结构—行为—绩效"理论产生于产业经济学，但对行政事业单位内部控制体系建设仍然有借鉴意义。

2. "结构—行为—绩效"理论对行政事业单位内部控制建设的影响

我国实行的是党领导下的人民代表大会制度，不同于西方国家的三权分立。但是，我国行政事业单位部门的组织结构，同样会影响组织内工作人员的行为，这些工作人员的行为会导致不同的绩效，因此我们在借鉴西方国家政府部门内部控制建设经验的时候要考虑我国国家管理体制方面的特色对工作人员行为的影响,这样才能保证工作人员行为符合履行职能的要求。因此,从国家整体层面,调整部委之的分工(如前些年国资委的成立等)有助于行政管理绩效水平的提高。同样,在行政事业单位内部,改善内部各部门之间的职责分工,有利于改善工作人员的行为,最终提升为社会提供服务的绩效。在这些方面,行政事业单位内部控制都能发挥一定作用。

(五) 自我防御机制理论与行政事业单位内部控制

1. 自我防御机制理论的基本原理

自我防御机制是指,当人们受到外界的人或者是环境的威胁而引起强烈的焦虑和罪恶感时,焦虑将无意识地激活一系列的防御机制,以某种歪曲现实的方式来保护自我,缓和或消除不安和痛苦。一般而言,防御机制是通过自我美化(价值提高)而保护自己及防护自己免于受伤害,公司则通过自我美化内部控制制度的设计和执行水平达到掩盖其风险水平的目的。

2. 自我防御机制理论对行政事业单位内部控制建设的影响

自我防御机制是普遍存在的,只要不是圣人都或多或少有自我防御的成分存在。因此,如果没有外部力量的推动,行政事业单位本身很难有建设内部控制体系的积极性,需要相关部委或者高层从外部施加压力。即便财政部发布行政事业单位内部控制相关文件的征求意见稿,是否能够顺畅实施还是未知数,因为很多行政事业单位可能会走过场。

3. 自我防御机制理论对行政事业单位内部控制缺陷披露的影响

自我防御机制的存在,使得行政事业单位不愿意披露内部控制存在的缺陷,更不要说披露重大缺陷以及缺陷的性质。没有内部缺陷的强制披露机制,以及违反披露制度的惩罚措施,各单位最习惯做的事情就是"捂",管理的持续优化就无从谈起。因此,国家应当在制定行政事业单位内部控制制度的时候,学习企业的做法,制定可以执行的缺陷认定标准,以及缺陷报告和披露的要求,以及披露的渠道等,这些都能形成行政事业单位加强内部控制建设的强大压力和动力。

五、行政事业单位内部控制的原则和方法

中央财政部印发的《行政事业单位内部控制规范》,要求各行政事业单位于2014年1月1日正式开始执行,该规范为行政事业单位的内部控制指明方向、路线和方法,让行政事业单位在内部控制的探索与研究方面有法可依、有理可查。

(一) 行政事业单位内部控制的原则

行政事业单位在内部控制的制定上因各自的实际情况不同而略有差异,但无

论怎么变化，行政事业单位的内部控制应遵循以下四项原则。

首先，内部控制应具有全面性。行政事业单位的内部控制是对整个单位的经济活动的风险进行预防和管控，而不是某一部门、某一岗位或某一个人。所以内部控制应站在单位整体层面上，必须具有高度的全面性。内部控制的全面性原则包括两个方面：全程控制，即内部控制要覆盖单位经济活动的决策、执行和监督的全过程；全员控制，即本单位的所有干部职工无论职位高低都应严格遵守内部控制制度。

其次，内部控制应具有重要性。重要性原则包括两个方面：（1）重要的经济活动。一个单位的经济活动分为很多种很多项，如果每一项经济活动无论是否重要都要求走内部控制的程序，则会大大降低单位的办事效率，从而影响政府部门的公信力；（2）重大的风险，风险有大小和类别之分，在对风险的预防与管控应考虑"成本与效益"原则。

再次，内部控制应具有制衡性。内部牵制本是内部控制的起源和前身，一个人做一件事可能犯错误，但多个人做同一件事犯错的概率则会大大降低，而且这几个人应构成一个闭合，环环相扣、互相监督。

最后，内部控制应具有适应性。适应性是内部控制的根本。就如一双鞋质量再好、款式再新颖、颜色再艳丽，但尺码不合适，则不能认同是双好鞋。同样，内部控制是为本单位的管理服务，一套内控控制体系设计的再完美，但与本单位的实际情况不适应，则仍然不能算为好的内部控制。

（二）行政事业单位内部控制的方法

行政事业单位内部控制的方法多种多样，本单位应根据自己的实际情况选用不同的方法。常见或运用较多的方法为以下几种。

方法1：不相容岗位相分离。这个在财务上最常见，一个单位无论规模大小、人数多少在财务岗位设置上必须配备两名财务人员，出纳和会计。出纳负责管理资金、会计负责管理账务，如果混岗或由一个人全权担任，由此造成的后果难以想象。

方法2：内部授权审批控制。行政事业单位为了减少干部职工在工作中的推诿，应定岗定职定责，俗称"三定"。只有这样，各部门各岗位的各工作人员明确权限范围，小事在权限范围内办，大事集体决策，既保证了办事效率也防控了渎职风险。授权审批的决策权、业务经办的执行权、审核监督机构的监督权，这三权应严格分离并相互制约、相互激励、相互引导。

方法3：归口管理。利用财务管理中的"集权与分权相结合"原则，主要领导、分管领导、科室负责人、办事员按照权限分工、分层管理，对照责权利，对经济活动施行统筹管理和细化管理。这样则可以大大提高工作效率和效果，更好更出色地履行好各自的职责。

方法4：预算控制。行政事业单位要想在内部控制上有所建树，必须得在预算上下功夫。预算控制是对经济活动的预先安排和打算，预算对内部控制的成功实施起着至关重要的左右。预算支出要严格遵照程序，如图4-2所示。

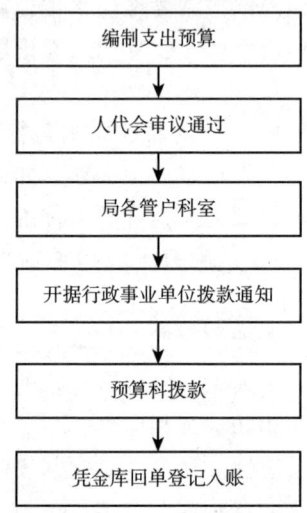

图4-2　预算支出拨款示意图

方法5：会计控制。内部控制分为内部管理控制和内部会计控制，内部会计控制早于内部管理控制，一般用到财务方面。科学设岗、科学用人、科学做事，对会计流程中的原始凭证、记账凭证、会计账簿、会计报表的每一个流程都进行分项预防和适时管控。

方法6：信息公开。每个人都有私欲，或大或小，假如把这些私欲置于阳光下，让圈子中的每一个人都能看到，私欲数量必定会锐减。信息公开，让每个人都成为监督的主体，每个信息都成为被监督的客体，信息公开才有公平可言，才能对徇私舞弊风险真正起作用。

方法7：社会监督。中介机构作为无关利益第三方，让其参与行政事业单位内部控制的监督过程。借鉴上市公司的做法，只有经过注册会计师审计的报表才有效。当内部控制逐渐完善后，主要是注册会计师审计，其次才是政府审计。

（三）行政事业单位内部控制的特点

行政事业单位相比与企业更需要内部控制，且人和物都要被控制。虽然在很大程度上借鉴于企业内部控制的经验，但由于行政事业单位在性质、管理理念和管理模式上与企业不完全相同，因此在内部控制上行政事业单位具有自身的特点。

1. 运营目标是为了提高公共服务的效率和效果

企业目标理论可以分为利润最大化、股东财富最大化，企业价值最大化、相关者利益最大化，企业一般以企业价值最大化为其运营目标。但是对于行政事业单位来说，运营目标却与企业大不一样。企业用的是自有资金和自有资源，亏与赚都是自行承担。但行政事业单位使用的是公共资金和公共资源，这些资金和资源都是来自于纳税资金，遵循"取之于民、用之于民"的原则，即行政事业单位向广大社会公众提供服务应是非营利性的。

行政事业单位的公职人员行使的实质上是一种代理权，代理社会公众掌管国有资金和资源。企业追求的是经济效益，而行政事业单位追求的是服务效益，两者目标截然不同。在如今这个飞速发展与进步的社会，公众的文化层次和认识层面在整体上有个很大的提升，在理念上很容易接受新产品，高科技产品也层出不穷，公众在生活上、工作上、学习上变得更快捷、更经济、更高效。俗话说"白猫黑猫抓到老鼠就是好猫"，公众允许行政事业单位在处理政府事务方法和途径的多样化，但无论怎样都得符合公众的要求，达到预期所设定的服务效果。为了更好地服务于公众，行政事业单位内部控制更多地关注公共服务的效率和效果。

2. 内部权限受法律约束

对于一个企业来说，如何治理和如何管理本企业，只需企业投资人一致同意即可，不需要报其他单位或部门批示，在内部处理权限上面有很大的自主性。但是对于行政事业单位来说就很不一样，行政事业单位的内部权限在行使过程中受多种法律的约束和控制。

在行政事业单位公职人员任免上就不能由本单位一方说了算，顶多只有建议权，最终还得组织部门和人事部门根据上报的情况和调查的情况来定夺，严格按照《国家公职人员管理办法》任免条例执行。

行政事业单位编制单位预算和部门预算，不是想怎么编就能怎么编，必须得严格遵守《预算法》，按照预算法的条条框框去规制各项预算内容。预算是对单位的收入和支出事先规划，实质上就是一种典型的内部控制。

行政事业单位采购设备或物品等，也不能说按照单位资金量和个人喜好去购买。比如说单位要给某领导配备一辆车，首先应考虑该领导的级别，再根据级别去定车价、车排量等，所购车辆必须严格控制在标准以下，不得超规格配置，否则以违纪论处。确定好购买物品的型号、规格后，必须得走政府采购流程，且必须在政府采购授权店购买。从审批到购置等一系列过程全都得遵循《政府采购法》，在法律允许的范围内办理。

3. 将风险设定在可承诺范围内

无论是企业还是行政事业单位，只要在运营，就会存在风险，只是风险的大小问题。根据对风险的偏好不同，可以将风险应对方式分为接受风险、规避风险、转移风险和拒绝风险。风险是实际收益率与预期收益率之间的偏差，偏差越大风险越大，偏差越小风险越小。根据"高风险，高收益"原则，单位所从事的所有经济活动实质上都是在风险与收益上权衡，力求将风险控制在可承受的范围内并创造更大的收益。

由于企业掌控的是自有资金，在评定风险等级时，也会有更高的自主性，在处理经济活动时也会更大胆更开放；但是对于行政事业单位来说，因受到履职要求和处理权限等方面的限定，在开展行政服务时更谨慎，谨慎固然是好，但是由于机会不等人，当某一机会出现时，由于得向上级部门或领导层层请示汇报，等到批示下来后机会早已被别人占有，造成错失良机的悔恨。比如说社保基金，偿付能力不足已成事实，但是政府部门不可能放之任之，应想方设法将现有社保基金盘活，让社保基金通过投资动起来。只要投资就会有风险，利率由纯利率、通货膨胀补偿率和风险收益率三部分构成，但只要社保基金的投资利率足以弥补通货补偿率，即投资风险低于通货膨胀风险，则认定该项投资即具有经济可行性。

第二节　新行政事业单位内部控制规范解读与操作指南

一、我国行政事业单位内部控制的现状

国家审计署 13 个中央部委出具的问卷调查显示，在所调查的中央部委中，近对交易和重要事项的处理没有设置效率督促、效果考评程序；有没有建立风险评估机制，且只有不到建立了单项业务或重大投资风险评估机制；有没有建立决策支持系统；没有设置日常内部控制监督程序，近一半没有设置内部控制定期检查程序；除个别单位外，多数单位内部审计机构没有独立于财务部门的内部监督机构，不能直接向单位最高管理层汇报工作，而是成为会计稽核或财务监督的替代品。这些数字表明：行政事业单位内部控制的现状不容乐观，存在着业务管理控制、决策控制、内部控制监督、内部审计机构等设置不合理、内部审计机构独立性不强等问题。

（一）内部控制环境有待改善

行政事业单位内部控制环境包括组织架构、人力资源政策和内控意识。其中组织架构是行政事业单位明确内部机构设置、职责权限、人员编制、工作程序及相关要求的制度安排，具体包括决策机构、执行机构和监督机构以及这三者之间的权责分配。内部控制环境是行政事业单位建立和实施内部控制的基础，决定了

内部控制的基调。但目前我国行政事业单位的内部控制环境不尽如人意，主要表现在以下几点。

1. 内部控制制度不健全，导致无章可循，违章难究

就内部控制标准而言，随着中国市场经济发展、政府职能转变以及公共财政框架建立，中国行政事业单位内部控制标准体系已具雏形。但是，还没有明确的、专门的行政事业单位内部控制制度。随着预算支出管理改革的深化，部分政府部门内部控制标准之间还有待协调，部分标准也有待完善。具体而言，部门预算改革、财政国库管理制度改革、"收支两条线"管理改革、政府采购制度改革，以及金财工程、"金税工程"和"金关工程"等的建设，特别是财政国库管理制度的改革，引发了相关法律、法规、规章和文件之间的不协调。例如，现行预算法、国家金库条例、税收征管法就与改革后的财政国库管理制度不相适应。为适应财政国库管理制度改革和预算外资金收入收缴管理改革，政府曾出台一些过渡性措施，但应修订的法律法规现在还没有修订，应制定的配套措施也还没有制定，行为规则不受约束，导致出现诸多问题。例如，未建立定期或不定期抽查制度，出现延期上缴收入、挪用公款问题；财产清查没有形成制度，清查期限、清查程序不明确；未按规定用途使用资金，经常在专项资金与正常经费之间相互挤占和挪用；内部审计机构的设置及相关工作的开展没有形成制度化，部分单位应该设置内审机构没有设置，应该配备专职或兼职内审人员没有配备。同时，由于没有相配套的法律、执行准则的约束，这些问题也得不到有效的解决。

2. 内部控制意识相对薄弱

多数行政事业单位的管理层对内部会计控制制度的重要性认识不到位重事业发展、轻内部管理，甚至缺乏对内部控制知识的基本了解。有的单位没有内部控制制度，认为行政事业单位不具有生产功能，没有成本核算，内控制度是财务部门的事，有财政审计部门、财务中心把关，与自己毫无关系，忽视了其控制监督职能。有的单位负责人简单地将部门内部控制等同于内部控制，认为有了部门预算就有了内部控制体系。还有的单位虽然制定了内部控制制度，但只是写出来应付有关部门检查的，内部控制制度只是"挂在墙上说在嘴上"，没有认真贯彻执行，基本上没有发挥其应有的作用。另外，财务人员没有明确的岗位责任约束，不参与对单位重要事项的决策和实施，控制意识不强，使得内部控制与业务控制脱节，起不到财务控制和监督的作用。

3. 组织构架设置不合理，权责不清，"一支笔"、"一把手"现象严重

机构设置上财会部门在经费支出、工程项目等内部管理流程中只充当"付款人"、"钱袋子"的角色，无权参与单位的重要决策以及业务管理活动，对单位重要决策的过程和结果并不了解，没有发挥财会工作应有的辅助决策和监督控制功能，组织构架设置不合理。

由于行政事业单位编制有限，人员紧张，有些单位建立内部会计控制制度时，没有把控制执行具体到人员和各业务环节，岗位安排不合理，存在"一人多岗"、不相容岗位互兼等现象。决策人员、记账人员、保管人员和审计人员没有很好地分离制约，甚至个别单位的会计、出纳、资产管理等由一人担任，造成固定资产、现金等管理混乱，责任不清。

行政事业单位由于性质的特殊性，"一支笔""一把手"的管理制度长期存在，存在着授权审批的权限不明确，审批的流程不规范的问题，制约着内部控制建设的发展。即使制定了较为完善的内控制度，由于一把手不重视或不遵守，制度也是一纸空字，得不到很好的执行，形同虚设。例如，不同的额度审批需要一定的界限，单位的主管领导和分管领导审批的权限是不一样的，有的需要集体审批。而有的行政事业单位越权审批或者一把手审批的随意性经常存在，导致滥用职权和贪污腐败现象发生。

4. 激励机制匮乏，内部控制流于形式

行政事业单位员工制度内工资水平低，分配形式单一，直接影响到其工作的积极性与主动性；基本工资占工资性收入的比重日益下降，平均主义在制度内沉淀，激励作用逐渐减小；工资外收入差距较大，工资外收入项目繁多，分配不透明。值得一提的是，在多数行政单位中，绩效考指标单一、执行手段不科学等原因造成激励机制不能完全发挥作用，甚至造成政府机关人员政绩观的扭曲。有些工作认真的同志，严格按照内部控制制度的规定开展工作，工作做得有条不紊，优秀地完成其工作任务。但是在评审优秀或先进的时候却因为缺少"人情"而得不到来访者的认可或"太优秀而受到同行的排挤，结果与先进和优秀失之交臂，评审受人际关系等其他非业绩因素影响而使得部分工作人员在任职期间不再认真履行规章制度，不再严肃对待其职责，严重挤压了一些人员的工作积极性，同时也造成了控制活动中的懒散和怠慢、内控制度的不执行或乱执行，使得内部控制制度难以落到实处，最终流于形式。

（二）风险意识不强，风险评估缺失，风险控制薄弱

近年来，国际金融危机频发，危机的影响向公共领域逐步延伸，各国政府财务风险不断加大，债务危机频繁发生，尤其是近期的欧债危机，更是给我国的行政事业单位敲响了警钟：政府部门也并非绝对安全毫无风险的，迫切需要通过完善行政事业单位内部控制制度，建立财务风险的预警机制。然而大多行政事业单位认为自身很少从事生产经营活动，其工作职能是社会管理和公益服务而不是为了营利，无所谓生产经营风险。忽略了在履行社会管理和公益服务职能的过程中还要面临各种社会和政治风险，因此很少对其进行风险研究和风险分析，风险识别能力弱，忽略了风险评估和风险防范。首先，忽视滥用职权、行政腐败的风

险,每年因此而落马的高官不计其数。在我国当前法律法规尚不完善、公共权力缺乏有效制约的情况下,滥用职权甚至行政腐败现象非常严重。其次,忽略了资金使用效率低下和效果不佳的风险。行政事业单位作为社会公共部门,是公共产品的唯一供应方,导致了政府部门提供的公共产品没有竞争对手,资金的使用效率和效果无法得到有效保证。最后,忽略了资源配置不合理的风险。当前,行政手段配置资源的领域和比重较大,公共工程建设、土地使用权立项等稀缺资源的配置权,基本都掌握在相关政府部门手里。为了争夺稀缺资源,各种行贿弄权手段应运而生,最终影响资源的合理配置。

由于对各项风险没有充分的认识,只重视单位规模的扩大、业务范围的扩展和基本建设的投入,忽视风险控制,没有建立相应的风险控制机制,缺乏通过风险预警、风险识别、风险评估、风险分析、风险报告等环节对财务进行全面防范和控制,给单位和国家造成巨大隐患甚至损失。

(三) 内部控制活动薄弱,资产管理混乱,缺乏有效控制

随着部门预算改革的推进,行政事业单位内部控制得到一定加强,但控制活动仍比较薄弱。首先,预算编制较粗糙、方法落后。预算编制方法还停留在传统阶段,一般根据财政下达数、上年收支实绩、预算单位自身的特点和业务进行核定,每年财政拨款是以上年收支为基础制定的,没有考虑零基预算。没有考虑过去的支出是否合理、金额是否适当,大部分都还没有细化审核到具体项目,预算支出达不到逐笔进行核定的要求。

其次,制定的预算计划性、科学性不强,追加调整较频繁,资金使用随意性大,削弱了预算的约束控制力。由于行政事业单位的特殊性,对于部分领导"一支笔"签批的超标准的费用,会计人员只能报销,会计内部监督与控制有名无实。

最后,行政事业单位还存在着一定程度的重内部控制制度建设、轻内部控制执行的倾向,预算执行不力。主要原因在于:一方面,目前行政事业单位对于招待费等经费支出普遍缺乏严格的控制标准。即使制定了内部经费开支标准,多数单位也不严格按照预算执行,仍较多采用实报实销制,只要有经手人、证明人、审核人签字,财务就予以报销。专项经费被挤占、挪用现象也较普遍,致使专项资金未能发挥其应有的资金效益。另一方面,由于内部控制制度的严谨性和细密性,很多部门人员在执行过程中显露出一定的抵触情绪,使得部分决策和管理过程未完全按照制度规定去做,不执行或者执行效果差现象普遍,造成有章不循、有制度不依的内控弱化局面。具体表现在:账务处理控制执行上,会计凭证复核、审核不严;账证、账实核对不严;错记科目,少计收入,多计支出;漏记资产,资产不入账,应缴财政性收入挂账等。财政支出控制执行上,有令不行、执

行缺位。例如，专项支出标准和范围的审核、检查执行不严。私自改变资金用途，转移资金，列支行政管理费、人员工资，超标准支出，多安排项目预算，挤占挪用资金等。此外，基本建设资金支出也存在不执行报批程序，支出标准和范围的审核、检查执行不严等问题。财政收入的收费、上缴环节控制执行上，不经批准自行收费，不按规定标准收费；行政性收费、非税收入不上缴财政，或将预算内收入转为预算外收入，预算外收入不纳入财政专户管理等。财政收支结余使用环节控制执行上，专项经费结余不纳入预算管理，按规定应上缴的经费结余没有上缴，转移账外结余等。

资产管理混乱，闲置浪费和流失严重，缺乏有效控制。首先，实行政府集中采购制度以后，行政事业单位的固定资产购置得到了有效控制，但使用管理仍缺乏相关的内部控制，资产管理意识淡薄，"重购置、轻管理"，"重资金、轻实物"现象普遍。一是资产不及时入账，存在账外资产。例如，捐赠的固定资产，已竣工的基建项目不入固定资产账，未经批准变卖固定资产取得的收入不入账，长期将固定资产借给其他单位使用等。二是资产管理缺失，资产流失现象严重。资产保管方面：低值易耗品和固定资产划分不清，不按规定建立定期财产盘点制度，账实不符；很多低值易耗品等存货处于无人保管状态，有的单位没有建立健全的资产管理制度，内部职责不清，资产使用、移交手续不全致使有的固定资产账上有但实际上已经不存在了，而实际使用着的某些固定资产却尚未作价入账，给不法之徒可乘之机。处置、出借方面：未办理相应手续自行处置资产、转移处置资产收入的现象时有发生；出借物资逾期不收回，违规购置并转移固定资产，违规开设银行账户，对外投资损失、出借款项不及时收回，不按规定清理有关账户等，给国有资产造成了很大的流失。三是现行的《总预算会计制度》《事业单位会计制度》《行政单位会计制度》都没有规定对固定资产提取折旧，资产内部控制薄弱的现象在行政事业单位尤为突出。

其次，现金收入没有及时存入银行，常常有坐支、挪用和出借现象；现金收入不及时入账；没有做到定期、不定期的盘点；没有做到日清月结。在工作中，有很多人把暂不入账的收入用来购买股票或公款私存，获取私利，有的甚至因此实施经济犯罪，成为阶下囚。

最后，票据管理不够严格到位。有些行政事业单位票据的购置、领用、核销未按规定建立相应台账，对票据使用情况未建立定期或不定期抽查制度，导致一些部门延期上缴相应收入甚至出现挪用公款问题；对使用后票据未能及时办理交验、核销，容易导致收入不入账、私设小金库等问题。

（四）信息滞后，沟通不畅，信息沟通系统缺失

在我国政府部门目前的内部控制体系中，虽然有信息交流，但是不重视信息

沟通是内部控制建设的一大通病。信息沟通系统缺失而使得部门之间、上下级之间交流不够而不能在第一时间解决存在的细小问题，结果酿成严重后果。比如有些部门存在资金挪用现象，部门负责人对此没有危机意识，那么上级领导在没有下属报告的情况下很可能就不知晓，不能及时纠正错误，最终导致国家资产流失。

部分行政事业单位实行会计集中核算后，由会计核算中心对行政事业单位集中办理会计核算和监督业务，会计核算的每一个环节都是一个控制过程，要求各个环节之间相互交流。由于会计主体单位与核算部门信息沟通不够，极易形成账物分离的资产管理现状，造成核算中心管账不管物、预算单位管物不管账、账物不符的问题比较突出，致使单位的内部控制无法产生真实、及时、有用的信息。

（五）内部控制监督考核机制不到位

部门内部控制的监督有内部监督和外部监督两种方式。但是不论是内部监督还是外部监督都存在着一些问题。

1. 内部审计监督体系不完备。主要表现在：

（1）内部监督机构设置不合理。近年来，部分行政事业单位的领导认为，财务部门实施了预算外资金和罚没收入的收支两条线管理，资金实施了国库集中支付，物品购买实施了政府采购，每年又有行政财务收支审计、领导干部任中审计、任职期满和离任审计等，行政事业单位就不需要安排内部审计了。有些领导将内部审计等同于纪检监督，对内部审计的认识发生了错位。由此，内部审计机构的设置并不理想。

（2）内部审计缺乏独立性，检查监督流于形式。承担内部监督职责的是部门内部审计机构。我国内部审计机构起源于行政命令，在这种审计体制下，内部审计机构往往是在其他同级部门的领导如财务总监或人力资源主管等领导下运行，地位不独立、职能不超脱，导致内部审计在执行业务过程中畏首畏尾，避免碰触到某些高层的利益而遭到打击，结果业务执行得不彻底，效果差，难以高级管理人员的决策失误造成的损失进行有效的监督，得出的审计报告缺乏权威性。例如有些单位基本上都没有配备相应的审计人员，而是和财务人员两块牌子一班人马；有些单位财务本身隶属于办公室，而审计也同样附属于办公室；有些单位内部审计人员主要是由纪检部门的人员兼职，这些人缺乏一定的审计专业知识和技巧不能胜任内部审计工作。有的单位虽然也进行了内部审计，但对被审计单位存在的问题无权处理，只能向领导汇报、建议，按照领导的意见决定审计结果。这些都严重影响了内部审计工作质量，也削弱了内部审计工作的力度。

2. 外部监督不力

行政事业岗位缺少全面有效的外部监督在一定程度上使内部控制制度体系不

完善。财政、审计等在内的政府监督机构和社会中介结构，工作中各行其是，未能形成综合监督的合力；财政、审计部门大多偏重对单位财政资金的运用是否合法合规进行监督，较少对被审计单位是否建立有效的内部控制制度，以及有效执行加以实质性检查和评价指导。

二、新行政事业单位内部控制规范解读与操作指南

（一）行政事业单位内部控制与企业内部控制规范的区别与联系

1. 行政事业单位内部控制与企业内部控制的联系

内部控制指的是组织为了实现既定的经营目标，保证组织资产的完整性以及会计信息的真实性，在组织内部所采取的一系列自我调整、自我约束的机制和措施。行政事业单位与企业的内部控制相比，其内部控制的内涵、所遵守的基本原则以及向应采取的具体内部控制措施是相同的。行政事业单位与企业单位在完善内部控制过程中都需要保证不同岗位的制约平衡，都需要保证岗位的权责对等，都需要规范和完善规章制度建设等。

2. 行政事业单位内部控制与企业内部控制的区别

行政事业单位在我国是一种比较特殊的组织，行政事业单位的存在不是为了自身经济效益最大化，而是为了实现整体经济发展效益的最大化。因此，我国行政事业单位内部控制与企业内部控制也存在着一定的区别，具体表现在以下两个方面：第一，强化内部控制建设的目的不同。行政事业单位强化内部控制建设的目的是更好的服务于整体社会经济的发展，而企业单位完善内部控制的目的实现股东利益最大化；第二，内部控制的侧重点不同。我国行政事业单位大多由国家财政拨付运转所需资金，内部控制的侧重点在于保证相应资金的专款专用和资金的安全性，而企业则更注重资金的使用效益。

（二）《行政事业单位内部控制规范（试行）》制定目的及其主要内容

随着我国市场经济的持续发展，我国行政事业单位所面临的外部环境也越来越复杂，行政事业单位在市场经济发展中的作用也日益凸显，在这样的大背景之下，我国政府制定了《行政事业单位内部控制规范（试行）》，并规定于2014年1月1日起在所有的行政事业单位施行。下面具体解读其制定的目的及其主要内容，为我国行政事业单位推行新的内部控制规范提供参考和借鉴。

1. 《行政事业单位内部控制规范（试行）》制定的目的经过多年的发展，我国行政事业单位内部控制体制日趋完善，为我国行政事业单位整体的发展做出重

要贡献。但需要指出的是，受长期行政管理体制的制约和影响，我国部分行政事业单位内部控制仍存在着一些问题，单位资产浪费和流失严重，部分行政职权不能得到有效监督，大量的"小金库"存在于基层行政事业单位，部分行政事业单位占用、挪用专项资金现象严重。这一切都严重地破坏了我国行政事业单位内部控制的规范性和完整性。因此，我国中央政府在总结我国行政事业单位内部控制建设经验的基础之上，综合考虑当前我国市场经济发展的现状，制定了最新的《行政事业单位内部控制规范（试行）》，其最终目的是规范我国行政事业单位内部控制制度建设，保证我国行政事业单位内部控制的完整性，促进我国市场经济积极稳定发展。

2.《行政事业单位内部控制规范（试行）》的主要内容《行政事业单位内部控制规范（试行）》总共包括六章65条，前五章是对行政事业单位内部控制的具体要求，第六章规定了其具体施行的时间。

第一章为总则，一共包括六条。主要介绍了《行政事业单位内部控制规范（试行）》制定的目的和依据，并对内部控制做出明确定义，指出行政事业单位内部控制应遵循全面性、重要性、制衡性以及适应性原则，规定单位负责人对本单位内部控制的建立健全和有效实施负责，最后还明确指出行政事业单位组织实施内部控制具体工作应该包括梳理单位各类经济活动的业务流程，明确业务环节，系统分析经济活动风险，确定风险点，选择风险应对策略几个方面。第一章是整体《行政事业单位内部控制规范（试行）》总领部分，对该规范进行了总体系统性的规定和解释。

第二章为风险评估和控制方法，一共五条。其中第八条规定我国行政事业单位必须建立定期风险评估机制，并要求行政事业单位至少每年进行一次经济活动风险评估。第九条规定了行政事业单位领导必须为风险评估小组组长。第十条具体对单位层面的风险评估应注意的事项做出具体要求，包括内部控制工作的组织情况、内部控制机制建设情况、内部管理制度的完善情况、内部控制关键岗位工作人员的管理情况以及财务信息的编报情况。第十一条规定了单位进行经济活动业务层面的风险评估应注意的事项，主要包括预算管理、收支管理、政府采购管理、资产管理、在建项目管理、合同管理六个方面。第十二条规定了行政事业单位内部控制的一般方法，主要有不相容岗位相互分离、内部授权审批控制、归口管理、预算控制、财产保护控制、会计控制、单据控制以及信息内部公开八个方面。第二章对我国行政事业单位风险评估和控制做出了具体的要求，为我国行政事业单位在当前市场经济发展形势下完善风险评估和防控做出了很好的规范与引导。

第三章为单位层面内部控制，一共六条。第十三条规定了行政事业单位必须设立内部控制责任部门，并规定其他业务部门在内部控制之中应发挥的作用。第十四条规定单位经济活动的决策、执行和监督应当相互分离，并对行政事业单位议事决策机制以及重大经济事项的内部决策作出具体要求。第十五条对我国行政事业单位关键岗位的内部控制做出具体要求，并指出内部控制的关键岗位包括预算业务管理、收支业务管理、政府采购业务管理、资产管理、建设项目管理、合同管理以及内部监督等岗位。第十六条对关键岗位工作人员的业务能力以及职业道德素质做出了要求。第十七条要求我国行政事业单位必须依据《中华人民共和国会计法》的具体要求建立机构，合理合法的开展相关财务会计业务。第十八条强调了现代科学技术特别是信息技术的应用对我国行政事业单位内部控制的重要作用及其必要性。第三章从行政事业单位管理的宏观角度具体阐述了财政部对我国行政事业单位内部控制建设的要求，我国行政事业单位在新形势下完善内部控制建设，必须按照本章内容的要求来具体设置组织内部结构和具体岗位，并对具体岗位的权责以及任职资格做出明确的规定。

第四章为业务层面内部控制，一共六节四十一条。第一节对行政事业单位预算业务控制做出了具体要求。其中第十九条对单位整体的预算管理制度做出具体要求；第二十条对预算的编制做出了具体要求，并要求行政事业单位建立良好的内部沟通机制，准确把握相关政策，提高预算编制的科学精确性；第二十一条对已审批预算在单位内部的具体指标分解以及审批下达做出要求；第二十二条行政事业单位建立起有效的预算执行分析机制，定期对预算执行情况进行通报和商议，提高预算的执行效率。第二十三条要求行政事业单位必须建立起与预算相互反映、相互促进的决算机制。第二十四条则对我国行政事业单位预算绩效考核机制做出了明确要求。第二节对收支业务做出了具体要求。第二十五条对收入内部管理制度做出具体要求，并要求收款与会计核算相互分离。第二十六条要求收入核算必须进行归口管理，并明确责任主体，落实催收责任制；第二十七条对非政府收入的部分做出了要求；第二十八条则要求行政事业单位健全票据管理制度；第二十九条对指出内部管理制度以及指出相关业务岗位的设置做出要求；第三十条要求行政事业单位依据支付类型明确内部审批、审核、支付、核算和归档等支出各关键岗位的职责权限，并对国库集中支付做出明确的要求。第三十一条对行政事业单位债务内部管理制度做出具体要求。第三节主要对政府采购业务的控制做出要求。其中第三十二条要求行政事业单位必须健全政府采购管理制度；第三十二条对政府采购的岗位设置以及职责权限划分做出具体要求；第三十四条对政府采购的预算及其业务管理提出具体要求；第三十五条要求行政事业单位对政府采购实行归口管理，并保证政府采购各岗位的协调和制约平衡。第三十六至第三十九条分别对政府采购的验收、投诉答复、业务记录以及采购项目的保密工作做出具体要求。第四节对资产控制做具体要求。其中第四十条要求行政事业单位建立完善的资产管理制度；第四十一条要求行政事业单位实行货币资金管理责任制，保证现金业务办理的不相容岗位相分离，并对具体业务办理事项进行了严格的要求；第四十二条至第四十五条分别对银行账户管理、货币资金稽查、实物和无形资产管理以及对外投资管理做出具体要求。第五节为建设项目控制。其中第四十六条规定行政事业单位必须健全在建项目内部管理制度。第四十七至第五十三条分别对在建项目的议事决策机制、审核机制、招标工作、计划资金使用情况、档案管理、资金使用限额以及在建工程的竣工结算等做出具体明确要求。第六节为合同控制。其中第五十四条要求行政事业单位健全合同内部管理制度，对合同进行归口管理。第五十五条至第五十九条分别就合同的订立、合同执行的监控、合同执行过程中的财务业务处理、合同的登记管理以及合同的纠纷管理做出具体的规定和要求。

第五章为评价与监督，共五条。第六十条要求行政事业单位建立健全内部监督制度。第六十一至六十四条分别就行政事业单位内部审计、内部监督检查的方法、内部控制的自我评价报告以及上级财政部门对下级行政事业单位内部控制的监督和检查做出具体的要求。

第三节 内部控制实操及案例

一、内部控制实施过程

(一) 行政事业单位内部控制的实施阶段

我国行政事业单位数量庞大、级次较多，类型多样。从管理级次看，可以划分为主管单位、二级单位和基层单位，不同级别的单位所面临的内部控制环境有很大差异。因此，我国行政事业单位内部控制建设不能一蹴而就，内部控制的实施策略和实施阶段设计也就显得尤为重要。

我国行政事业单位内部控制的实施推广可划分为三个阶段，即试点阶段、在中央单位实施阶段以及从中央向地方层层推广的普及阶段。

1. 试点阶段

为了探索行政事业单位内部控制建设规律，确定行政事业单位内部控制中的主要环节，发现行政事业单位内部控制中的难点问题，有必要在行政事业单位内部控制标准体系发布之前和之后进行选择性地试点，试点时间一般为两个预算年度。首先，试点单位的选择要具有典型性和足够的影响力。在试点单位行业选择方面，可以重点选择资金量大、民众关注度高、内部管理复杂，特别是大部委改革的行政单位（如人力资源和社会保障、国土资源和房屋管理、交通运输等有代表性的行业，选择大型公益类事业单位，如规模较大、基础较好的公立医院、高等院校，并选择少量基层区县所属行政事业单位进行试点。在区域选择方面，以经济较为发达、民众民主意识较强的地区为主，以欠发达地区为辅，在我国特大城市、省会城市和计划单列市中选取试点单位。其次，对于试点单位的内部控制建设，不但要借鉴企业内部控制要素和全面风险管理框架，更要结合行政事业单位的具体情况进行创新。最后，对于试点单位内部控制建设要及时跟踪并定期检查评价，及时总结经验，发现问题，推动试点单位不断完善内部控制制度，为内部控制规范不断完善细化和逐步推广提供现实依据。

在试点阶段，一方面要对试点案例进行及时总结，宣称推广成功经验，以实际效果带动更多单位参与行政事业单位内部控制建设；另一方面要加强培训并提出明确要求，同级财政部门应指定专门的机构负责组织对行政事业单位内部控制建设规范和具体实施情况进行培训指定和检查评价。

2. 中央所属单位实施阶段

中央所属行政事业单位一般相对具有较好的内部控制环境和内部控制基础，实施标准化的内部控制的难度相对较小。可以选择基础条件较好的中央单位，从中央本级开始进行内部控制制度建设，逐步推广至其所属下级单位，给地方的行政事业单位带来好的示范效应。中央所属单位实施阶段要注意的主要问题包括：第一，要注重内部控制标准的制定，各单位应根据本单位具体情况并结合已有的内部控制基础，制定具体的内部控制措施；第二，要注意示范效应，中央单位实施内部控制的结果将直接影响内部控制建设在地方单位的推广应用，所以中央单位要构建全方位、标准化的内部控制制度供地方参考；第三，要注意总结内部控制构建模式和构建思路，不同性质、不同级次的行政事业单位在内部控制构建模式和构建思路上会有明显差异，及时总结归纳，可以为内部控制在地方推广应用提供经验。

3. 地方行政事业单位普及阶段

一般而言，地方政府所属的行政事业单位的内部控制基础相对薄弱，实施标准化内部控制的难度相对较大，所以需要更多的时间和更多的经验指导来实现有效的内部控制制度。地方行政事业单位普及内部控制要注意的问题主要有如下几个方面：一是内部控制在地方推广要逐步展开，尤其是许多小型的基层行政事业单位内部控制建设成本和运行成本会比较高，缺乏经验和案例指导也会使这些单位进行更长时间的探索才能走上正轨，应该为这些单位提供通用易行的内部控制建设方案；二是内部控制应该体现本单位特色，由于地方行政事业单位与中央行政事业单位相比较更有自身的特殊背景和地方特色，相应的内部控制具体措施也应该有更强的针对性和个性化；三是要妥善解决地方行政事业单位内部控制建设中的矛盾问题和难点问题。比如内部控制是以岗位分工和授权为基础，但地方行政事业单位会受制于人员编制和定员定额等制度,给内部控制的有效实施带来现实困难。

(二) 行政事业单位内部控制的自主实施

行政事业单位内部控制是一项系统的、复杂的工程,行政事业单位主动、积极地实施是关键。行政事业单位在自主实施内部控制建设过程中,要注意内部控制是一个系统工程,在实施过程中要有计划、有步骤地构建稳定的内部控制系统,达到实用有效的目的。

1. 明确行政事业单位内部控制建设的法律责任主体

美国萨班斯法案的第302条被认为是对上市公司最有实质影响的条款其中要求首席执行官和首席财务官在财务报告上签字,承诺财务报告的真实性和公允性。同时,还要求首席执行官和首席财务官对外提供经审核的内部控制评价报告并签字。借鉴萨班斯法案和我国企业执行内部控制规范的实践经验,结合行政事业单位的实际情况,我国在行政事业单位内部控制立法时应要求单位行政负责人和财务负责人对行政事业单位财务报告的真实性、合法合规性负责,并履行必要的承诺手续,同时,行政事业单位的行政负责人应当对该单位内部控制构建和实施决策承担主要责任。

2. 制定合理的内部控制建设规划

虽然在COSO框架中任务内部控制是一个过程,但这并不妨碍将内部控制界定为一个系统工程。内部控制同样,也具有整体性、层次性和动态性的特点,是由控制点、控制线、控制面和控制体所组成的系统。基于系统观的视角,行政事业单位应合理的系统建设规划,才能达到既定目的。主要内容包括:

(1) 任何一个系统都有目标,行政事业单位内部控制系统也应该有明确的目标。在内部控制实施过程中,坚持既定目标,可以保证行政事业单位内部控制实施的有效性。

(2) 注重内部控制的完整性和层次性,设计完整的内部控制系统规划和实施路径规划。从控制手段来看,行政事业单位内部控制系统包括组织控制系统、制度控制系统和信息控制系统等。所以,行政事业单位为了达到内部控制实施目标,应从管理路径、技术路径以及制度路径等全方位的维度来落实内部控制。

(3) 行政事业单位内部控制规划要有一定的弹性。内部控制系统具有动态性的特点,甚至具有滞后性的特征。所以,行政事业单位内部控制规划要具有弹性,在实施过程中根据内部控制环境的变化及相关反馈信息及时调整或修正。

3. 遵循适当的内部控制建设程序

行政事业单位内部控制建设应采用科学合理的程序,以此来保证内部控制实施的效率和效果的双重目标。

行政事业单位内部控制建设首先从内部控制制度的构建入手，根据本单位实际情况制定内部控制相关制度，明确内部控制实施的标准及具体的实施方法。如果行政事业单位属于主管单位，还要指导下属单位构建于本单位制度协调一致的内部控制制度。制度先行是行政事业单位内部控制具体实施的第一步，接下来，行政事业单位就要进行整体内部控制建设，即从内部控制的核心要素入手，构建单位内部控制的整体框架，为后续的内部控制具体措施的落实奠定组织基础。第三个步骤就是要构建单位标准的业务流程内部控制。行政事业单位在全面分析本单位主要业务流程各环节风险点的基础上，制定详细的业务流程内部控制措施并形成标准的流程图，并通过信息化得以稳固。

二、内部控制外部监督

行政事业单位内部控制外部监督包括事前监督、事中监督和事后监督三个核心环节。事前监督是指对行政事业单位内部控制计划落实和控制制度构建的监督，这一阶段的监督内容主要是政策规则和制度构建的指引。事中监督室对行政事业单位内部控制执行活动过程的跟踪管理和监控，这一阶段的主要监督内容是监控行政事业单位内部控制活动的执行动态。事后监督是对行政事业单位内部控制活动的结果和控制效果进行评价、管理的活动。

（一）财政部门在行政事业单位内部控制外部监督中的作用

财政部是行政事业单位内部控制规范的主要制定者和发布者，各级财政部门是行政事业单位预算的直接管理者。在行政事业单位内部控制外部监督体系中，财政部门的监督作用贯穿了外部监督过程的始终，尤其是事前监督和事后监督环节扮演者极为重要的角色。

财政部门应加强对行政事业单位预算编制、预算执行和决算编制等内部控制活动和控制效果进行监督。在预算编制阶段，要严格监督行政事业单位按照法定程序、按照定员定额标准、按照财政部门下达的预算指标数以及采用科学的方法做好预算编制内部控制。在预算执行阶段，要强化预算管理，严格按预算安排和使用各项支出，增强预算约束力。财政部门要充分利用政府采购、集中支付、账户管理等制度，在预算批复、审核、资金拨付等环节上，严格按预算安排各项支出，不让预算单位有无预算、超预算支出的资金余额；监督各预算单位对人员经费支出标准和范围的控制，加强对公用经费的管理，特别是对业务招待费的控制，要强化遵守财经纪律的意识和增强法制观念，进一步提高遵纪守法的意识和遵守财经纪律的自觉性；对项目支出，要区分项目类型，严格控制费用性项目经政事业单位会受制于人员编制和定员定额等制度，给内部控制的有效实施带来现实困难。

（二）行政事业单位内部控制的自主实施

行政事业单位内部控制是一项系统的、复杂的工程，行政事业单位主动、积极地实施是关键。行政事业单位在自主实施内部控制建设过程中，要注意内部控制是一个系统工程，在实施过程中要有计划、有步骤地构建稳定的内部控制系统，达到实用有效的目的。

1. 明确行政事业单位内部控制建设的法律责任主体

美国萨班斯法案的第 302 条被认为是对上市公司最有实质影响的条款其中要求首席执行官和首席财务官在财务报告上签字，承诺财务报告的真实性和公允性。同时，还要求首席执行官和首席财务官对外提供经审核的内部控制评价报告并签字。借鉴萨班斯法案和我国企业执行内部控制规范的实践经验，结合行政事业单位的实际情况，我国在行政事业单位内部控制立法时应要求单位行政负责人和财务负责人对行政事业单位财务报告的真实性、合法合规性负责，并履行必要的承诺手续，同时，行政事业单位的行政负责人应当对该单位内部控制构建和实施决策承担主要责任。

2. 制定合理的内部控制建设规划

虽然在 COSO 框架中任务内部控制是一个过程，但这并不妨碍将内部控制界定为一个系统工程。内部控制同样，也具有整体性、层次性和动态性的特点，是由控制点、控制线、控制面和控制体所组成的系统。基于系统观的视角，行政事业单位应合理的系统建设规划，才能达到既定目的。主要内容包括：

（1）任何一个系统都有目标，行政事业单位内部控制系统也应该有明确的目标。在内部控制实施过程中，坚持既定目标，可以保证行政事业单位内部控制实施的有效性。

（2）注重内部控制的完整性和层次性，设计完整的内部控制系统规划和实施路径规划。从控制手段来看，行政事业单位内部控制系统包括组织控制系统、制度控制系统和信息控制系统等。所以，行政事业单位为了达到内部控制实施目标，应从管理路径、技术路径以及制度路径等全方位的维度来落实内部控制。

（3）行政事业单位内部控制规划要有一定的弹性。内部控制系统具有动态性的特点，甚至具有滞后性的特征。所以，行政事业单位内部控制规划要具有弹性，在实施过程中根据内部控制环境的变化及相关反馈信息及时调整或修正。

3. 遵循适当的内部控制建设程序

行政事业单位内部控制建设应采用科学合理的程序，以此来保证内部控制实施的效率和效果的双重目标。

行政事业单位内部控制建设首先从内部控制制度的构建入手，根据本单位实际情况制定内部控制相关制度，明确内部控制实施的标准及具体的实施方法。如果行政事业单位属于主管单位，还要指导下属单位构建于本单位制度协调一致的内部控制制度。制度先行是行政事业单位内部控制具体实施的第一步，接下来，行政事业单位就要进行整体内部控制建设，即从内部控制的核心要素入手，构建单位内部控制的整体框架，为后续的内部控制具体措施的落实奠定组织基础。第三个步骤就是要构建单位标准的业务流程内部控制。行政事业单位在全面分析本单位主要业务流程各环节风险点的基础上，制定详细的业务流程内部控制措施并形成标准的流程图，并通过信息化得以稳固。

二、内部控制外部监督

行政事业单位内部控制外部监督包括事前监督、事中监督和事后监督三个核心环节。事前监督是指对行政事业单位内部控制计划落实和控制制度构建的监督，这一阶段的监督内容主要是政策规则和制度构建的指引。事中监督室对行政事业单位内部控制执行活动过程的跟踪管理和监控，这一阶段的主要监督内容是监控行政事业单位内部控制活动的执行动态。事后监督是对行政事业单位内部控制活动的结果和控制效果进行评价、管理的活动。

（一）财政部门在行政事业单位内部控制外部监督中的作用

财政部是行政事业单位内部控制规范的主要制定者和发布者，各级财政部门是行政事业单位预算的直接管理者。在行政事业单位内部控制外部监督体系中，财政部门的监督作用贯穿了外部监督过程的始终，尤其是事前监督和事后监督环节扮演者极为重要的角色。

财政部门应加强对行政事业单位预算编制、预算执行和决算编制等内部控制活动和控制效果进行监督。在预算编制阶段，要严格监督行政事业单位按照法定程序、按照定员定额标准、按照财政部门下达的预算指标数以及采用科学的方法做好预算编制内部控制。在预算执行阶段，要强化预算管理，严格按预算安排和使用各项支出，增强预算约束力。财政部门要充分利用政府采购、集中支付、账户管理等制度，在预算批复、审核、资金拨付等环节上，严格按预算安排各项支出，不让预算单位有无预算、超预算支出的资金余额；监督各预算单位对人员经费支出标准和范围的控制，加强对公用经费的管理，特别是对业务招待费的控制，要强化遵守财经纪律的意识和增强法制观念，进一步提高遵纪守法的意识和遵守财经纪律的自觉性；对项目支出，要区分项目类型，严格控制费用性项目经费的编制，避免财政资金在使用过程中的损失和浪费，同时，还要健全项目资金管理责任制，硬化预算约束，特别是切实加强专项资金的管理。另外，财政部门组织对所有行政事业单位的住房公积金情况应进行定期全面清查，要统一集体依据，统一计提比例。

财政部门预算管理机构和财政监督机构都要加强对行政事业单位内部控制的外部监督，建立完善与部门和预算单位沟通顺畅的工作机制，形成管理合力。要进一步明确财政监督机构与预算管理机构的监督职责，严格落实职责分工。财政监督机构负责拟订财政监督制度，牵头拟定并组织实施年度监督计划，并对预算管理机构履行日常监督职责进行再监督。财政监督机构与预算管理机构要加强工作协调，建立高效顺畅的工作协调机制和信息共享制度，形成相互协调、紧密衔接的综合监管机制。财政监督机构要参与涉及财政监督的财税政策及管理办法的拟订，及时向预算管理机构反馈财政管理和政策执行中存在的问题及有关监督检查情况。预算管理机构要向财政监督机构抄送文件，开放必要的数据端口，支持配合财政监督机构开展专项监督检查、落实处理处罚决定；根据财政监督机构的意见，完善政策，加强管理，将其作为预算安排的参考依据，并及时反馈成果利用情况。要将近年来有益经验和成功做法上升为财政监督法规制度，切实将财政监督贯穿于财政中心工作大局之中，贯穿于财政管理体制、机制建设和改革总体设计之中，贯穿于财政管理运行全过程之中，推动建立健全监督机制。

作为行政事业单位内部控制规范的主要制定者和发布者，财政部有权力督促和监督行政事业单位内部控制整体框架的构建和制度落实工作。财政部门可以利用行政事业单位的内部层级，督促主管单位监督下属单位内部控制制度的落实和执行。

为了推动行政事业单位内部控制质量水平的提高，财政部门可以定期对行政事业单位内部控制制度进行抽查，在每年年末对行政事业单位内部控制执行情况进行评价并提出具体的改进措施。行政事业单位内部控制效果的评价标准应良好，具体可以采用打分的方法，将行政事业单位内部控制制度分成不同的模块和具体项目，结合每一个项目设计打分标准，最终根据各项目的分数及各项目、各模块的总分确定评价结果和各单位的排序评比。

（二）审计部门在行政事业单位内部控制外部监督中的作用

审计部门对行政事业单位内部控制的外部监督，是指外部审计机构依据有关财政收支、财务收支的法律、法规和国家其他有关规定对行政事业单位内部控制执行情况进行审计评价，在法定职权范围内做出审计决定的机制。外部审计是相对内部审计而言的，是对政府部门及其他公共机构财务报告的真实性、公允性、运用公共资源的经济性、效益性、效果性，以及提供公共服务的质量进行审计，是内部审计的重要互补。外部审计是加强政府部门监管、提高政府部门公信力的重要手段。

按照审计主体的不同外部审计可以分为政府审计和社会审计。政府审计的审计主体是国家各级审计机关，社会审计的主体是各类社会审计机构，主要是具有审计资质的会计师事务所。根据我国的国情，结合我国政府部门的特点，应当建立以政府审计为主、社会审计为辅的外部审计机制。

根据《审计法》的规定，政府审计的内容主要包括：政府部门的财政收支、预算的执行情况和决算以及预算外资金的管理和使用情况。我国政府审计是依据宪法和审计法确定的，具有较高的法律地位和广泛的审计监督范围，因此，外部审计机制需以政府审计为主。但是，由于政府审计资源非常有限而审计任务却非常繁重，同时社会审计在某些专业领域具有明显的优势，因此，外部审计机制又必须依托社会审计，形成政府审计和社会审计的优势互补。

另外，政府审计部门对外部审计负有监督的职责，包括监督政府审计部门的工作和社会审计部门的工作。总而言之，政府审计部门对外部审计承担最终的责任，作为政府审计的补充，社会审计需要接受政府审计的聘任或者委托，才能对行政事业单位进行审计。为了提高行政事业单位内部控制执行的效率和效果，政府审计可以讲内部控制等相关领域的审计交由社会审计负责，以充分发挥社会审计在该领域的专长。

（三）纪检监察部门在行政事业单位内部控制外部监督中的作用

纪检监察部门对行政事业单位内部控制的外部监督主要体现在事中监督和事后监督两个环节，尤其在内部控制问题处理方面具有重要作用。从 1993 年起，纪委和监察部门合署办公，发挥了监督机构的协同效应，但二者在监督内容方面依然有差别。纪委的监督内容主要是针对行政事业单位的党风和党纪，尤其是单位内部可能存在的滥用职权、贪污腐败等违法乱纪甚至是犯罪行为，这些问题显然也是行政事业单位内部控制严重失控时可能会发生的问题。

纪委对行政事业单位党风和党纪的监督实质上也就是对内部控制执行情况的监督。监察部门主要对行政事业单位的行政行为、日常业务行为和工作人员行为进行监督。

虽然纪委和监察部门的监督内容和监督职责有所不同，但二者的监督方式有相通之处。从大的方面看，二者的监督方式主要分为日常监督和专项监督两种形式。就日常监督而言，纪检监察部门可以要求行政事业单位定期汇报预算管理工作，尤其是提供内部控制执行情况和执行结果的书面报告。专项监督则主要是针对具体问题进行监督和调查，既可以根据纪检监察部门在日常监督中发现的问题展开，也可以依据单位和公众个人的举报信息进行调查。所以，纪委和监察部门对行政事业单位内部控制的监督还要充分采用社会监督的方式,发动社会公众积极参与。进一步讲,采用社会监督方式实质上是有利于推动社会公众、媒体等对行政事业单位内部控制发挥外部监督的作用,是行政事业单位内部控制外部监督更加外部化,提高外部监督的广泛性,形成促进行政事业单位强化内部控制的良好外部监督环境。

(四) 外部监督信息披露及结果处理制度

信息披露机制的实质是通过将社会关心的重要信息置于社会公众的监督之下,从而提高信息的真实性和可靠性。正如布兰代斯一百多年前所说的:"阳光是最好的消毒剂,灯光是最好的警察"。信息披露机制,是提高政务信息和相关信息透明度,加强政府部门监管和社会舆论监督,改善政府部门社会形象,促进行政事业单位改进内部控制的重要手段。信息披露机制是政府部门建立和实施内部控制的重要机制,可以有效地提高行政事业单位内部控制效率和效果。

行政事业单位内部控制外部监督信息披露的内容主要包括两部分:第一部分是政府信息公开条例规定的内容,第二部分是政府信息公开条例没有明确规定的重要内容。具体来说,第一部分主要包括行政法规、规章和规范性文件以及财政预算、决算报告等;第二部分按照性质又可以划分为两类,第一类是与内部控制直接相关的信息,包括政府部门会计报告和内部控制自我评价报告等,第二类是中央政府强制要求披露的其他信息,如"三公"经费的预算决算数据。这里需要注意的是,第一部分和第二部分的第二类内容虽然和内部控制不直接相关,但是对推动和完善政府部门内部控制的建立与实施至关重要,因此,也应属于信息披露的重要内容。

财政部门实施监督过程中,发现监督对象制定或者执行的规定与国家相关规定以及内部控制规范相抵触的,可以根据职权予以纠正或者建议相关权力部门予以纠正。外部监督部门可以依法对财政违法行为做出处理处罚,对不属于本部门职权范围的事项,应当按照规定程序移送有关机关处理。对于在外部监督中发现的财政违法行为做出的处理、处罚决定及其执行情况,除涉及国家秘密、商业秘密、个人隐私外,财政部门可以公开。行政事业单位内部控制外部监督部门应加强沟通和协作,有关机关已经做出的调查、检查、审计结论能够满足本部门履行职责需要的,应当加以利用。

与内部控制监督结果处理直接相关的审计形式有经济责任审计,即分清经济责任人任职期间在本部门、本单位经济活动中应当负有的责任,为组织人事部门和纪检监察机关和其他有关部门考核使用干部或者兑现其他相关协议等提供参考依据。经济责任审计的对象可以被界定为行政事业单位内部控制实施的责任主体代表,审计结果可以部分反映行政事业单位在内部控制责任主体界定、经济活动分级授权建设及具体经济活动流程控制等的执行结果。因此，可以将审计结果和监督结果合并处理，将审计结果视为监督结果，发挥外部监督的合力，促进行政事业单位明确内部控制的实施主体及其职责，更好地推动行政事业单位内部控制的建设和实施。

三、行政事业单位内部控制自我评价

行政事业单位内部控制自我评价是指由行政事业单位管理者负责人组织实施的，对单位内部控制的有效性进行评价，形成评价结论，用于改进财务管理工作的过程。内部控制自我评价，是优化自我监督机制的一项重要制度安排，是内部控制系统的有机组成部分，与内部控制的设计、实施构成了一个动态的有机循环。只有对内部控制的设计和运行情况进行自我评价，才能发现内部控制的高风险点和薄弱环节，有针对性的修补管控过程的漏洞，从而实现内部控制系统的不断完善，实现内部控制的理想目标。

（一）内部控制自我评价组织

明确行政事业单位内部控制自我评价的组织形式是自我评价工作能够有序、高效开展的前提。行政事业单位内部控制自我评价组织形式的关键问题是明确评价工作的具体实施主体和各有关方面在内部控制自我评价过程中的职责安排，处理好行政事业单位内部控制自我评价和内部监督的关系，使行政事业单位各部门能够权责分明，协调配合。

1. 内部控制自我评价的实施主体

行政事业单位应定期由相对独立的人员对内部控制的有效性进行评价。内部控制自我评价工作的实施主体一般为行政事业单位内部审计机构或专门的内部控制自我评价机构。对于单独设有专门内部控制机构的行政事业单位，可由内部控制机构来负责内部控制自我评价的具体组织实施工作，但为了保证评价工作的独立性，负责内部控制设计与评价的部门应适当分离。行政事业单位也可以委托专业的中介机构实施内部控制自我评价但中介机构受托为行政事业单位实施内部控制自我评价是一种非保证服务，内部控制自我评价报告的责任仍然由行政事业单位自身承担。

行政事业单位可以根据《行政事业单位内部控制规范》（征求意见稿）的要求和单位的实际情况、经济活动的规模、复杂程度及管理模式等特点，决定是否单独设置专门的内部控制自我评价机构。内部控制自我评价机构必须具备一定的设置条件：一是具备独立性，即能够独立地行使对内部控制系统建立与运行过程及结果进行监督的权力；二是具备与监督和评价内部控制系统职能相适应的专业胜任能力和职业道德素质；三是与行政事业单位内部其他职能机构就监督与评价内部控制系统方面能够保持协调一致，在工作中相互配合、相互制约，在效率效果上满足行政事业单位对内部控制系统进行监督与评价所提出的有关要求；四是能够得到行政事业单位领导班子等单位各级工作人员的支持，有足够的权威性来保证内部控制自我评价工作的顺利开展。

2. 相关部门在内部控制自我评价中的职责

对相关部门在内部控制自我评价中的职责划分应以分工制衡、协调工作、提高效率为宗旨。不同的行政事业单位组织形式，在内部控制自我评价工作的分工上可以有所差异。但无论行政事业单位采取何种组织形式，单位领导班子、内审部门、内部纪检部门和专门的内部控制自我评价机构在内部控制自我评价中的职能作用不会发生本质的变化。

（1）行政事业单位领导与内部审计部门。行政事业单位领导对内部控制自我评价程度最终责任，对内部控制自我评价报告的真实性负责。单位领导可以通过内部审计部门来承担对内部控制自我评价的组织、领导、监督职责。单位领导和内部审计部门应听取内部控制自我评价报告，审定内部控制存在的重要缺陷及整改意见，对内部控制部门在督促整改中遇到的困难积极协调、排除障碍。

（2）工作人员。行政事业单位领导班子组织实施内部控制自我评价工作，一方面授权内部控制自我评价机构组织实施，另一方面需要各级单位工作人员积极支持和配合内部控制自我评价工作的开展，为其创造良好的环境和条件。各级单位工作人员应结合日常掌握的业务情况，为内部控制自我评价方案提出关键控制点及应重点关注的业务或事项，配合完成内部控制自我评价方案和内部控制自我评价报告，对于内部控制自我评价中发现的问题及缺陷，按照具体整改意见积极采取有效措施予以整改。各部门及下属单位负责组织本部门的内部控制自查、测试盒评价工作，对发现的设计和执行缺陷提出整改方案及具体整改计划，积极整改，并报送内部控制机构复核，配合内部控制评价工作。

（3）行政事业单位附属单位。行政事业单位各附属单位也要逐级落实内部控制自我评价责任建立日常监控机制，开展内部控制自查、测试和定期检查评价，发现问题并认定内部控制缺陷，拟定整改方案和计划，报本级负责人审定后督促整改。行政事业单位各部门及下属单位在制定本单位内部控制评价指标时需与上级单位相应控制指标保持一致，并及时与上级单位母行沟通、反馈。

（4）内部控制自我评价机构。对于省级及以上单位和制度成熟、条件允许的单位应成立内部控制自我评价机构，由单位领导班子统一负责授权、内部控制专家及群众代表组成，独立于内部控制设计机构，对单位内部控制（包括内部控制）设计及运行的有效性进行定期评价，并负责出具内部控制自我评价报告，向单位领导班子反映评价结果，并最终报至上级财政部门。内部控制自我评价机构根据行政事业单位领导班子授权承担内部控制自我评价的具体组织实施任务，通过复核、汇总、分析内部监督资料，结合单位领导班子要求，拟订合理评价工作方案并认真组织实施；对于评价过程中发现的重大问题，应及时与负责人、内审部门及单位各级工作人员沟通，并认定内部控制缺陷，拟订整改方案，编写内部控制自我评价报告，及时向负责人与内审部门报告；督促各职能部门、所属行政事业单位对内部控制评价反映的问题进行整改，根据评价和整改情况拟订内部控制考核方案。

（5）内部纪律监察部门。行政事业单位内部纪律监察部门要按照相关法律法规对内部控制自我评价报告进行审核，对单位领导班子建立与实施内部控制情况进行监督。内部纪律监察部门侧重于对行政事业单位内部党员同志工作过程中易出现错误导致腐败等违法、违规问题的监督检查，是站在内部控制较高层面的监督工作，针对行政事业单位内部控制中的关键控制点的关键岗位实施监督，直接反映出单位领导对于内部控制建设及实施的态度与决心。行政事业单位纪律监察部门应对每次监督检查工作过程及结果进行书面记录，评价单位主要管理者工作情况，并提出相应问题的改进意见，在指定时间内对相关问题的解决进行督察。

（二）内部控制自我评价内容

内部控制自我评价的内容应该包括三个方面：

1. 内部控制系统设计的有效性。评价内部控制设计有效性是指评估为实现控制目标、使内部控制要素达到目标状态所必需的内部控制制度是否都存在并且设计恰当，从而判断其中是否存在设计缺陷、是否缺少为实现控制目标所必需的控制。

2. 内部控制运行的有效性。评价设计的内部控制制度是否按照规定程序都得到了正确执行，是否存在设计完好的控制制度未按设计意图运行，或执行者没有获得必要授权或缺乏胜任能力的情况。

3. 内部控制系统设计及运行的经济性。经济性评价是指内部控制在合理保证的前提下是否能做到简便易行、降低运行成本，从而在控制风险的前提下满足成本效益原则的情况。

行政事业单位内部控制自我评价是对内部控制有效性发表意见。所谓内部控制有效性，是指行政事业单位建立与实施内部控制对实现控制目标提供合理保证的程度。由于受内部控制固有局限（如评价人员的职业判断、成本效益原则等）的影响，内部控制自我评价只能为内部控制目标的实现提供合理保证，而不能提供绝对保证。

内部控制设计的有效性是指为实现控制目标所必需的内部控制制度、程序都存在并且设计恰当,能够为控制目标的实现提供合理保证。内部控制执行的有效性是指在内部控制制度设计有效的前提下,内部控制能够按照设计的内部控制程序准确的执行,从而为内部控制目标的实现提供合理保证。可见,无论是内部控制设计,还是内部控制执行,要判断其是否有效,关键在于是否对控制目标的实现提供合理保证。而对控制目标实现与否的判断离不开对控制要素的分析,因此,内部控制评价,即判断内部控制设计与执行的有效性,也应紧紧围绕内部环境、风险评估、控制活动、信息与沟通、内部监督五要素进行。

内部控制自我评价还应结合内部控制各业务流程对于主要风险点的阐述以及本单位的内部控制制度,确定具体评价指标和评价标准,对内部控制设计和运行情况进行全面评价。其中,评价指标是对内部控制要素的进一步细化,评价指标可以有多个层次,大体可分为核心评价指标和具体评价指标两大类。行政事业单位可根据其实际情况进行细分,而评价标准是判断评价指标是否达到控制有效性的临界点。

（1）内部环境评价。行政事业单位内部环境评价包括管理结构、机构设置及权责分配、内部审计、人力资源政策、文化建设等方面。其中,管理结构评价应致力于评价管理者对内部控制的重视程度、领导者针对风险的态度及控制风险的方法,为改善公共服务质量、实现预算和其他财务目标服务;机构设置评价应着手于组织机构的整体运作性,权责分配评价应从权责划分、相互牵制、信息流动路径等方面进行;内部审计评价应当重点从内部监督制度设置合理性、有效性、内部审计人员的能力考核、对于常规审计及专项审计的持续性及关键性等方面进行;人力资源评价应当重点从行政事业单位人力资源引进结构合理性、关键岗位资格及能力考核、激励约束机制等方面进行;行政事业单位文化评价应从建设和评估两方面进行,具体从价值观念、精神面貌、道德风尚、团体意识、单位形象及规章制度等方面着手,促进诚信、道德价值观的提升,为内部控制的完善夯实人文基础。

（2）风险评估评价。行政事业单位风险评估评价包括对日常经济活动管理过程中的目标设定、风险识别、风险分析、应对策略等进行认定和评价。风险的监督和评价过程,包括监督和评价识别风险的充分性,以及针对这些风险所采取措施的恰当性。

（3）控制活动评价。行政事业单位控制活动的评价是指对行政事业单位各类业务的控制措施与流程的设计有效性和运行有效性进行认定和评价。具体控制活动有效性的评估,与控制是否适当设计以防止或发现重大错报是相关的。

（4）信息与沟通评价。行政事业单位信息与沟通评价是指对信息收集、处理和传递的及时性、反舞弊机制的健全性、财务报告的真实性、信息系统的安全性,以及利用信息系统实施行政事业单位内部控制的有效性进行认定和评价。行政事业单位应具有广泛收集各种信息，加工处理信息，迅速传播信息，功能完善的信息系统，相关制度和保证体系。建立上下级之间、不同部门不同岗位之间、各种管理服务活动之间良好的沟通环境和条件，保证内部控制功能发挥的信息与沟通的需求。信息交流的基本要素包括：单位内部财务制度、业务及财务处理流程、计算机信息系统及其他信息交换形式。

（5）内部监督评价。行政事业单位内部监督评价包括对行政事业单位领导班子对于内部监督的基调、监督的有效性及内部控制缺陷认定的科学、客观、合理进行认定和评价，重点关注内部审计部门和内部纪律监察部门等是否在内部控制设计和运行中有效发挥作用。

对内部监督制度的评价分为两个方面分别是持续性监督检查评价和专项监督检查评价。具体评价内容确定后，行政事业单位内部控制自我评价工作应形成工作底稿，详细记录行政事业单位执行评价工作的内容，包括评价要素、评价指标、评价和测试的方法、主要风险点、采取的控制措施、有关证据资料以及认定结果等。工作底稿可以通过一系列评价表格加以实现，通过对每个要素核心指标的分别分解、评价，最终汇总出评价结果。

四、内部控制自我评价方法

内部控制自我评价方法的选择应当借鉴西方国家的经验，并不断从我国实践中挖掘和总结。从国外的内部控制评价实践看，引导会议法、问卷调查法、管理结果分析法等均产生了较好的效果。

（一）个别访谈法

个别访谈法主要用于了解行政业单位内部控制的现状，在行政事业单位层面评价及业务层面评价的了解阶段经常使用。访谈前应根据内部控制自我评价需求形成访谈提纲，撰写访谈纪要，记录访谈的内容。为了保证访谈结果的真实性，应访谈不同的人员以获得更可靠的证据。个别访谈法应首先从单位领导班子开始，逐步将范围扩大到各级领导及单位其他员工，有助于了解单位内部控制思想的建设程度、确定单位内部控制可靠性程度，对整体评价内部控制环境有显著效果。

（二）调查问卷法

调查问卷法主要用于行政事业单位层面评价，如对内部控制整体有效性、控制环境的评价。调查问卷应尽量扩大对象范围，包括行政事业单位各个层级员工，应注意事先保密性，题目尽量简单易答（如答案只需为"是"、"否"、

"有"、"没有"）等等，比如你认为你的自身价值是否能够在行政事业单位发展中得到充分实现？你对行政事业单位的核心价值观是否认同？调查问卷法多用于评价行政事业单位内部控制要素的定性因素。在调查问卷的设计中应注意关键问题的提问方式、答案的清晰程度，并对应各给定答案赋值，最终便于定性分析其相关要素。

（三）穿行测试法

穿行测试法是指在行政事业单位内部控制流程中任意选取一笔业务作为样本，追踪该交易从最初起源直到最终在财务报表或其他内部管理报告中反映出来的过程，即该流程从起点到终点的全过程，以此了解控制措施设计的有效性，并识别出关键控制点。该方法对于评价工程项目的费用结算情况、合同保管情况、预算控制情况、资产管理及债务管理情况等均有显著的效率及效果。业务流程和财务报表分析的结合使用，在重要账户的识别及相关风险的评价中具有非常重要的意义。在应用业务流程时，辅以传统会计循环的分析效果更佳。与财务报表账户相联系的流程，如预算编制对应未支用拨款及财政账户的余额，人力资源管理对应员工福利、工资和其他补贴、养老金或退休金账户，采购对应财政账户余额、固定资产及合同费用等。与财务报表账户及交易相关的会计循环包括票据、现金收入、采购、现金支出、薪酬等。

（四）抽样法

抽样法分为随机抽样和其他抽样。随机抽样是指按随机原则从样本库中抽取一定数量的样本；其他抽样是指人工任意选取或按某一特定标准从样本库中抽取一定数量的样本。使用抽样法时首先要确定样本库的完整性，即样本库应包含符合控制测试的所有样本；其次要确定所抽取样本的充分性，即样本的数量应当能检验所测试的控制点的有效性；最后要确定所抽取样本的适当性，即获取的证据应当与所测试控制点的设计和运行相关，并能可靠地反映控制的实际运行情况。该方法较多被应用于对于收支流程和费用报销授权、签字的审批过程的评价，对于印章和票据管理、债务管理流程及职责、人员培训情况、合同管理等方面同样适用。推荐在评价关键岗位业务人员和部门负责人的轮岗制度、关键岗位人员离岗或工作交接是否存在责任不清和相关资料丢失等情况时使用抽样法。

（五）实地查验法

实地查验法主要针对业务层面控制，它通过使用统一的测试工作表，与实际的业务、财务单证进行核对的方法进行控制测试。如实地盘点某种存货。实地查验法的结果有多种体现方式，如对某一业务流程的控制评价，可以通过评估现有记录的充分性来评价控制程度；也可以通过以流程图的方式描绘出常规业务的处理流程直观发现流程中可能出现的错误，并应予实施控制程度的作业点；或者以叙述式记录（如信息处理步骤）反映相关控制情况。

（六）比较分析法

比较分析法是指通过数据分析，识别评价关注点的方法。数据分析可以是与历史数据、标准数据或先进行政事业单位数据等进行比较。比如对于行政事业单位的预算控制进行评价时，最好采用零基预算和细化预算法，找出预算超支的项目并重点审查。比较分析法较为直观地反映方式是矩阵表格，将需分析的控制点、历史数据标准数据、现行数据、控制描述等编制成矩阵表格，高效地显示数据变化的程度及原因，迅速找出单位应重点控制的环节。

（七）专题讨论法

专题讨论法主要是集合有关专业人员就行政事业单位内部控制执行情况或控制问题进行分析，既可以是控制评价的手段，也是形成缺陷整改方案的途径。对于同时涉及财务、业务、信息技术等方面的控制缺陷，往往需要由内部控制管理部门组织召开专题讨论会议，综合内部各机构、各方面的意见，研究确定缺陷整改方案。

在实际评价工作中，以上这些方法可以配合使用。此外之外，还可以使用观察、检查、重新执行等方法，也可以利用信息系统开发检查方法，或利用实际工作和检查测试经验。对于行政事业单位通过系统采用自动控制、预防控制的，应在方法上注意与人工控制、发现性控制的区别。

五、内部控制自我评价结果应用

行政事业单位内部控制自我评价的结果要以书面报告的形式作为最终体现。内部控制评价的结果应当对执行内部控制成效显著的内部机构和人员提出表彰建议，对违反内部控制的内部机构和人员提出处理意见；对发现的内部控制设计缺陷，应当分析其产生的原因，提出改进方案。

行政事业单位应当根据年度内部控制自我评价结果，结合内部控制自我评价工作底稿和内部控制缺陷汇总表等资料，按照规定的程序和要求，及时编制内部控制自我评价报告。

行政事业单位编制的内部控制自我评价报告应当报经上级主管部门、单位领导班子、内部审计部门和纪律监察部门批准后报送至同级财政部门。行政事业单位应以每年预算截止日作为年度内部控制自我评价报告的基准日，于基准日后一定时间内报出内部控制自我评价报告，应同时将内部审计报告对外报出。对于自内部控制自我评价报告基准日至内部控制自我评价报告报出日之间发生的影响内部控制有效性的因素，内部控制自我评价部门应予以关注，并根据其性质和影响程度对评价结论进行相应调整。行政事业单位内部控制自我评价报告应按规定报送有关监管部门。这些强制性披露的规定迫切要求单位领导班子转变以往对内部控制自我评价和披露的认识，真正地认识到内部控制对行政事业单位提高经管水平和风险防范能力的作用，将内部控制自我评价作为发现管控漏洞和提高经管水平的关键步骤，是对单位内部控制的再控制，使内部控制信息披露成为主动接受外界监督的有效手段。

行政事业单位内部控制自我评价对外报告的使用者包括上级主管部门、有关监管部门、其他利益相关者、中介机构和研究机构等。对内报告的使用者主要是行政事业单位领导班子、内部审计部门和纪律监察部门等。

六、案例 – F 单位

（一）单位基本情况

F 单位为区属行政单位，掌管着全区的财政资金，主要负责财政资金的缴存和拨付。

单位工作职能：1. 增强全区财力的调控。在努力完成各项本职工作任务的同时，当组织需要时于第一时间参与紧急预案的制定，对财政的发展、规划和分配订立制度，合理运用财政和税收等经济杠杆。2. 合理分配，严格按照一级政府一级财政和财权与事权相统一的原则，进一步完善区对乡镇街的分税分级财政管理体制，积极发挥财政机关和财政所的作用，将国家和国企的利益分配制度化，完善财政预算和财政职能，加强预算的约束力度。3. 拓宽财源，加强效益型财源建设，提升支付能力，加强国有资源管理，巩固支柱财源，发展非国有经济，壮大群体财源。突出区、乡（镇、街）财源建设，发展梯级财源。积极扶持社会公共事业的发展，培植替代财源，建立结构布局合理而充满活力的财政体系。4. 强化国有资产管理，创建行之有效的管理理念、管理模式和管理制度，杜绝国有资产浪费，努力完成国有资产阶梯增长目标。5. 加强预算外资金管理，实行综合财政预算。6. 加强财政监督，严肃财经纪律，加强对全区会计人员的培训、管理和指导，充分发挥会计人员在维护社会主义市场秩序，规范财务管理，提高经济效益方面的作用，加强财政预算资金的管理和监督。

F 单位机构设置：F 单位局机关共设有 23 个科室，分别为：核算收付中心、会计科、投资评审中心、监督科、政府采购中心、信息中心、基层科、行政资产科、农业科、国有资产、管理科、工会、社保科、行政科、教科文科、法规科、办公室、财科所、人事监察科、经建科、企业科、综合科、国库科、预算科，另外还有 7 个二级单位。其中业务科室所有 23 个，主要负责全区上下财政收支，综合科室有 7 个，主要对人、钱、物提供后勤保障。全局上下共有 30 个科室所，干部职工多达 200 多人，如果没有一个切实可行的内部控制制度，其管理难度难以想象。从科室所的名称上能找出有点内部控制味道的科室为监督科、信息中心和人事监察科。监督科职能正好符合 COSO 五要素中的内部监督，虽然最初的出发点是正确的，但由于长久以来内控意识的淡薄，监督科早已形同虚设；信息中心职能本能符合 COSO 五要素中的信息与沟通，但慢慢地只成为表面上的信息中心，仅仅只对全局大小消息在一楼显示屏上公布和对全局网络进行维护，早已蜕去了内控的灵魂；人事监察科主要是处理人事任免、考核、提拔、退休等事宜，类似于企业中的人力资源部，虽然可以在人这个环节上进行内部控制，但只靠在这一部门的单一因素上下功夫，收效甚微、杯水车薪。从机构设置来看，F 单位加强内部控制势在必行。

F 单位领导班子设置：F 单位领导班子共有 11 人，设有局长、书记、副局长、纪检组长、副书记、调研员、副调研员等领导职务。其中纪检组长在设置初衷上应该是符合内部控制的目标，负责纪检和监察工作。在局领导班子的正确领导下，F 单位荣获"全省学习型党组织建设标兵单位"称号，领导班子严格遵守"集体领导、民主集中、个别酝酿、会议决定"的精神，坚持执行《党组议事制度》和《局长办公会制度》，在预算审定、重大开支、重大项目建设、人事安排等重大问题上，坚持走群众路线，广泛征求意见提高决策的科学性和透明度。这样一个健全的领导班子为开展内部控制铺下了良好基石。

F 单位工作状况：F 单位上下在区委、区政府的正确领导下，以加快转变紧急发展方式为主线，积极应对经济发展速度放缓、结构性减税政策持续实施等影响，解放思想，迎难而上，共克时艰，充分发挥财政职能，切实推进财政改革创新，不断提高财政精细化管理水平，努力增收节支，财政收入顺利完成工作目标，财政支出方面确保了社会稳定和正常运转，有效地促进了地方经济建设和各项社会事业的健康发展。F 单位整体工作状况还算不错，但如果能在现有的情况下做好内部控制，也许成绩会更出色。

（二）F 单位内部控制现状

行政事业单位内部控制，对于这一概念只知道其对单位的管理有帮助，但真正系统去实施的单位少之又少。虽然中央早于 2014 年已颁布《行政事业单位内部控制规范》，但这一规范仅仅只是提出了原则性指导，究竟怎么做、如何做，在行政事业单位内还未形成统一的共识，有些可以借鉴于企业的内部控制，但有些必须得结合行政事业单位自身的特殊性。

要想做好行政事业单位内部控制，首先必须得对这类单位进行了解，深入剖析，才能发现问题的根源，才能有的放矢。2015年中旬，"六项专项整治"专班成立，专班成立本来是为了进一步贯彻落实中央八项规定精神、省委六条意见和市十一项禁令，通过这次专班的检查实则上也是变相发现行政事业单位内部控制所存在的问题。"六项专项整治"的内容包括以下六个方面：机关内部食堂和培训中心违规公款消费问题专项整治、违规发放津补贴或福利问题专项整治、财务票据突出问题专项整治、党员干部带彩娱乐问题专项整治、违规配置使用办公用房问题专项整治。

"六项专项整治"的范围：全区各级党的机关、人大机关、行政机关、政协机关、审判机关、检察机关、工会、共青团、妇联等人民团体、参照公务员管理的事业单位，全额拨款、差额拨款和自收自支的事业单位。F单位牵头承担了全区票据检查工作，一方面大量抽调人员，全力以赴完成区委区政府交办的工作，另一方面，围绕"六项专项整治"F单位自我革命、从严治理，分别就过年过节无明目支出、无明目津补贴进行个人清退；就财务票据中涉及到的报销手续不完善、报销凭证不规范、报销内容不合理的问题，逐一细分、责任到人。F单位在此次专项整治活动中既是出派人力最多的单位，也是被检查最严格的单位。通过这次专项整治活动可以清晰地看出F单位内部控制所存在的问题。

1. 票据管理不到位

F单位为行政单位，开出的票据为由省财政厅统一监制的行政事业单位往来收据。此收据为一式四联，分别依次为收据联、记账联、核查联、存根联。收据联交付给付款方，存根联由收款方做账用，然后剩下的存根联和稽查联基本成为摆设，累积在那无人问津，默默地等上它达到缴销的年份。

此收据要求应在相应的地方填写相应的内容：日期、付款方名称、项目、数量、金额大小写、收款单位盖章、开票人，一项不落才为完整的、合格的收据。（1）有的时候对方要求不填日期，解释说日期可能提前也可能推迟，免得到时候又得重开太麻烦了，经不起几句"好言相劝"，想想自己也没有做错原则上的事，于是就开具了一张没有日期的收据。（2）也有的时候对方要求不填付款方名称，解释说最终真正付款方还未定夺，免得到时候开错了还得重来，浪费收据浪费资源，确定好后我们再把付款方名称写上去也是一样的，想想早写晚写也是一个道理，于是就开具了一张没有付款方名称的收据。（3）更有甚者，托人找关系找熟人，要求给出空白收据。（4）在六项专项整治的票据检查中我们还发现部分涂改大小写的现象，太过随意。（5）也有只在收据联上填写相关内容，其他三联均为空白或其他三联与收据联金额不等的现象。（6）开具收据时原则上要求将各项内容填写完整，而且理应具体，不能太具概括性，比如有的直接在项目那栏上填"项目费",这样填和不填没有区别。(7)收据都是连号的,在开具收据时应顺号使用,不得跳页开票,跳页开票不便于票据的管理与跟踪。(8)印鉴保管和票据的领用、登记、保存、核销都应安排专人专管,严格遵守不相容职务原则。由于相关人员在票据管理上的工作疏忽,给单位带来了很大的风险隐患,如果不加以控制任其发展,则会给单位带来莫大的损失。

2. 经费开支无控制

F单位在费用列支上有一定规定:费用列支在100元内,须由经办人、证明人、科长签字方可于财务室报销;费用列支在101~300元内,须由经办人、证明人、科长、分管局长签字方可于财务室报销;费用列支在300元以上,须由经办人、证明人、科长、分管局长、局长签字方可于财务室报销。

F单位报销流程如图4-3所示,这表面上来看权限划分得很清晰,实则上这里面有很大漏洞。比如说某科室某某在外购物费用开支400元,按照F单位报销制度理应由经办人、证明人、科长、分管局长、局长这四人全都签字认可后方能报销,但是某某可以在购物时要求卖方开具4张100元发票,由于4张发票均为100元,属于报销制度里的第一档次,只需由经办人、证明人、科长,原本是一项大金额的开支,通过这样发票的肢解便绕开了分管局长和局长的审批。假如这样的事情只偶尔发生一次也无所谓,但是这种管理上的漏洞被不怀好意的人盯上后就会大肆复制,最终让单位、让国家蒙受损失。

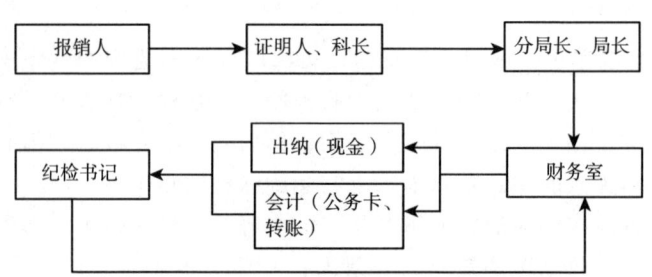

图4-3 报销流程图

作为财务室费用报销人员,是否给予报销一般只看相关领导签字是否齐全和相关报销凭证是否完整,很少过多去关注报销的项目是否合理、报销开支是否超标。招待、培训、出差、购置等都应在标准范围内开支,让标准成为真正的行为准绳,而不是形同虚设。报销时应认真检查发票真假、支出事由:(1)如果是报销会议、培训或出差,则应重点检查发票真假、查会议内容和签到名册或培训通知看是否虚列会议或套取会议费、查是否向参会人员收取费用、查费用中是否有21个禁止的地方开具的培训费(会议费发票),或高档酒店、会所、度假村开具的会议费培训费发票、费用中是否有与会议无关的开支(如:烟、酒、纪念品、门票等）内容、费用标准是否超支、费用是否用公务卡结算。（2）如果是报销的购买办公用品、副食品或礼品礼金等购置费，则应重点检查发票真假、是否以办公用品、副食品或礼品礼金名义购预付卡送礼或发福利、发票内容是否合规、用途是否注明、金额是否合理、签字人手续是否齐全、是否存在用白条等非正规财务票据、小额多张套现的行为。（3）如果是报销车辆维修费，则应重点检查维修费票据是否为政府采购定点维修厂发票、维修清单的内容与金额是否合理、是否与发票金额一致。（4）如果是报销其他费用，则应重点检查是否用不相干的发票或假发票或未加盖公章的发票报销、以白条的方式报销所谓"看望病人""专家评审费"等。

3. 固定资产轻管理

资产管理不到位会造成预算失真、内控实效。F单位内设政府采购中心这一科室，理应说是"近水楼台先得月"。实则上在采购5万以上的超大资产等才需走政府采购这一途径，科室内需购买的大小办公设备（如电脑、打印机、照相机等）都应低于5万元，亦即科室自行购买，拟购买产品的品牌、型号、价格、供应商等等都可以随意选择。在行政事业单位内关于固定资产众所周知都是"重购买、轻管理"。

因为在财务上对固定资产的界定不是很清晰，以前还在金额上加以界定大于1000元的物品即认定为固定资产，现在连界定的金额都取消了，究竟是认定为固定资产还是低值易耗品在很大程度上取决于财务人员的职业判断，正因为这不像数学上"1+1=2"如此严格，所以有的时候明明是购置的一台打印机，却没有纳入固定资产管理，没有登记记入固定资产账簿，而仅仅是当作一般的办公用品列支。还有，固定资产只要登记后很少按其使用寿命或其他原因进行核销，从而导致在册的固定资产与在用的固定资产很难盘点一致。

F单位去年年底时做了一次固定资产清查，由财务室根据其固定资产账簿明细账上登记的使用科室，下发给相应科室自行盘点和检查，从明细表上可以看出在册的固定资产大多都是10年前所购买的抑或更早年，还有一些照相机等早已因淘汰或损坏无法使用，也还有些在册的固定资产根本找不到实物，而科室目前在用的固定资产却很少登记在册。从这点可以看出，F单位在固定资产管理这方面做得不是很够，实施可行的内控制度势在必行。

4. 岗位设置不合理

F单位共有30个科室所，共有干部职工200多人。对于一个区属处级单位来说也算是个不小的单位。30个科室所说明F单位业务繁重，200多人说明F单位人员众多。

F单位的业务科室基本上与市局单位对应，比如说市局单位设有预算处、国库处、企业处、经建处等，F单位属区级单位就相应设有预算科、国库科、企业科、经建科等,这些业务科室的设置都无可厚非,关键在于其他综合科室的设置值得商榷。比如说财务室内设于办公室这个科室下,财务室根本不是一个独立的科室,权限都受限于办公室。

如果说业务是一个单位的命脉,财务则可以说是这个单位的血液。F单位将过多的精力放在业务上,认为财务可重可轻、可大可小。在F单位来说财务仅仅处理的是费用列支、工资发放等简单事宜。既然财务可以重如一个单位的血液,则应完全放大财务的效应。内部控制分为内部会计控制和内部管理控制,从这个分类中即可清晰地看到财务在内部控制中所应占有的分量,财务做得好则内部控制已迈出了很大一步,财务做得不好则内部控制已失去了半壁江山。做好内部控制,F单位不仅应将财务室单列出来,还应加大加强财务室的人员配备。

F单位目前财务室就两人,一个出纳和一个会计,这对一般的小型单位算是够用了,出纳负责处理费用列支和工资发放,会计负责处理已由出纳处理后的单据进行整理、归纳、做账、装订。但是对于一个拥有30个科室所、200多人的干部职工的F单位,要想做好内部控制,必须得从内部会计控制着手,首先应对财务室这一岗位进行重新设置。岗位间应起到相互牵制和监督的作用。

(三)F单位内部控制的分析

F单位最近几年在党建、业务等工作上一直做得还不错,这样的成绩是不是就蒙蔽了双眼,认为这就是一个好单位的楷模。俗话说"没有最好,只有更好",即使在取得一定成绩的同时仍然不能骄傲,想尽办法做得更好、更上一层楼。

F单位在业务上做得好,但在内部控制上存在一些问题,如果我们能对其问题进行深入剖析,究其原因并加以优化,则可以获得事半功倍的效果。

1. 内部控制意识不强

由于F单位的工作人员多为国家公务员、参公人员和事业在编人员,习惯了一切听党指挥,主观能动性比较差,开拓创新能力不够。工作重点基本都放在党建或经济工作上,单纯认为内部控制是财务的事,与自己关系不大。要做好内部控制很关键的一个因素就是全员参与、领导重视。内部控制就如一堵防洪大堤,平时工作正常进行没有特殊情况时觉得可有可无,可一旦单位内部出现腐败等违法违规现象时,严格的内部控制制度就能抵挡"白蚁"的啃噬。

内部控制理念不仅要牢牢树立于领导班子心中,还要让每一个干部职工重视内部控制。要想设计一套有针对性、可行性的内部控制制度,首先必须让全体成员意识到内部控制的重要性。只有意识增强后,内部控制制度在单位中才能顺水行舟,才能达到预先设定的效果。(1)可以通过领导讲话的方式向全体干部职工进行知识普及,从领导权威的角度加强全员内部控制意识。(2)也可以聘请内控控制的专家来单位为全体干部职工授课，从他们专业的角度加强全员内部控制意识。（3）也可以在单位公共区域宣传内部控制的构架与效果，从理论的角度加强全员内部控制意识。（4）也可以在单位显示屏分时段播放内部控制做得好与坏的正反实例，从实际的角度加强全员内部控制意识。通过这四种方式的反复推进，内部控制意识必定能深深植入每一个干部职工脑海中，只有达到这种效果后，后面内部控制的具体实施过程才能如鱼得水、顺利完成。

2. 内部控制制度不健全

F 单位在内部控制上存在或这或那的问题，究其原因就在于制度不健全。用制度管人，自古以来就是一句很实用的话。领导说得再多、专家讲得再精、宣传做得再好，说来说去都是脑海里的事、耳边飘的话，要真正实施起来还必须得上升到制度的高度。比如说大的工程项目，从开始到竣工都是一个人负责，则很难保证项目的透明度。再比如说在很多单位都实际存在的一个现象——购置物品，因为人员配置不够，从购买到保存到使用都由一个人办理，缺少内部牵制，完全无内部监督和制约，容易滋生腐败的环境。对于涉及关键事件的项目必须制度化、规范化、流程化。

内部控制制度不仅包括组织层面，还要包括业务层面，让单位的各方面尽量处于内部控制的氛围和环境中，只有这样腐败才不会趁机而入，苍蝇不叮无缝的蛋。让制度指导为啥做、怎么做，用制度说话、用制度管人。内部控制制度不能就制度谈制度，不能太空太泛太大，必须结合本单位的实际情况，制定一套切实可行、行之有效的制度。（1）内部控制制度必须遵循《中华人民共和国会计法》《中华人民共和国预算法》《中华人民共和国政府采购法》《行政单位财务规则》《行政单位会计制度》《行政事业单位内部控制规范》等一系列法律、法规、规范或准则。（2）一个好的内部控制制度必须具有全面性、适用性、牵制性和可行性，贯彻实行内部控制后一定能够提高行政效率。（3）良好的内部控制制度必须能够有效地规避风险。（4）在内部控制制度的保教护航下一定能够保护好国有资产不流失。当制度健全后，做好内部控制不再是难事，各项工作只需按部就班，按制度指引的方向推进，顺风顺水。

3. 预算控制太随意

预算控制是内部控制的起点，要想做好内部控制，需要有合理的预算，并允许在预算内小范围的调整。追加预算时应严格参照图 4-4 的流程。

F 单位要求每个科室在每个月 20 号前提交下个月费用列支预算，如未报预算的科室则不能开支，除非报局长办公会特批，程序复杂得多；虽然本月开支要求有上月预算，但往往情况不太符，有的有预算的未开支，有的无预算的要开支，从而导致科室所在上报次月预算时要么不报、要么随意报，说是不定因素众多，无法调控。

编制的预算应具有可行性，首先是要求预算必须科学和合理，不要凭空想象、随意认为、拍脑袋定数字。如此随意的预算控制和没有预算并无区别，仅仅是流于形势走过场。预算的编制可以分为零基预算和增量预算，零基预算是以零为基础并不考虑在此之前的情况，这种方法较为科学。增量预算则是在现有水平上进行适当增减，认为之前的已有的都是正确的。无论是零基预算还是增量预算都是为了让费用开支控制在一个合理的水平，并可以对其进行实时掌控，在现实生活中运用较多的则是零基预算，因为它更科学更合理更令人信服。行政事业单位应建立以"预算管理为主线"的内部控制框架体系。预算控制的作用体现于以下三个方面：（1）由于预算的编制时刻围绕着控制活动进行，预算控制为经济活动提供了参照标准。（2）根据预算的完成程度，为考核提供了现实依据。（3）预算不是独立的，而是需要各部门通力协做才能完成，加强了各部门的共同使命感。

正因为预算控制具有这三个作用，说明预算控制的重要性和必要性，在预算控制时不要太随意，而应该所在制定预算尽可能精准，涵盖一些可以预见的因素或事件，只有这样用谨慎的态度来编制预算，预算控制才落到实处，才能产生预期的效果。预算控制要在预算的上报、审批、下达、执行、考核、分析、反馈这些环节上下功夫，不断改进，确保预算控制的可执行性和准确性。

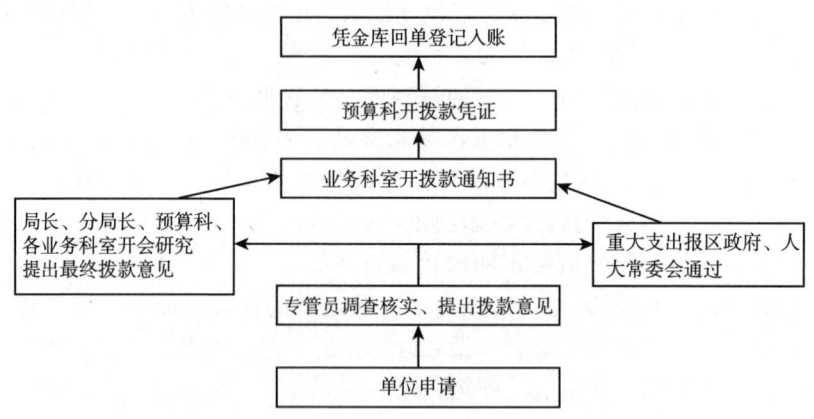

图 4-4 追加预算支出拨款程序图

4. 监督与考核流于形式

F 单位在机构上设有监督科，顾名思义应该是对整个 F 单位的各项活动进行内部监督与管控，力争降低单位风险，及早发现问题或防患于未来。在行政事业单位中一直有种"重业务、轻管理"，认为只要认真完成各项经济业务指标就OK，内部控制等管理问题是些很虚幻的、难以量化的事情，做得好与做得不好影响都不是很大。于是就大踏步、放开手只干业务，如果在这一过程中没有任何监督提醒，则很容易把持不住，出现些风险苗头。监督科在 F 单位属于综合部门，对于"重业务、轻管理"的行政事业单位来说不算重要科室，说话的分量自然不高，对本单位相关经济活动进行监督也不过是纸上谈兵罢了。监督分为两种，一种是内部监督，如内设监督科；另一种是外部监督，如审计部门或纪委等。由于 F 单位是一个高风险的重要单位，各级审计部门每年都会定时与不定时对其经济业务进行审计，但由于都是相互熟悉的单位，碍于情面或是出于信任，总是草草了之、匆匆收场。无论是从内部监督的角度，还是外部监督的高度，监督层面往往都只流于形式走走过场而已。

F 单位重视干部职工个人的考核、领导班长及其班子成员的考核，但很少重视内部控制的考核。即使有内部控制相关的制度，但不对其进行考核，如何证明其制度的适用性、可行性和科学性？只有在不断考核中，内部控制才能逐渐完善，才能提高该制度与本单位的匹配度。

监督和考核是内部控制不可或缺的环节，只有在监督和考核中，内部控制才能实现预期所拟定的目标，才能真正发现内部控制的优点和缺点，才能知道哪些地方需要继续发扬光大，才能知道哪些地方需要加以改进。在多次的摸索过程中，让内部控制与 F 单位完美契合。由此可见，监督与考核一定要认真执行，要做到出成绩、出效果，不容轻视、不容马虎，更不容走形式。

（四）F 单位内部控制案例

1. 案例回顾

原 L 科长曾多年任职于 F 单位的经建科，经建科主要负责全区的经济建设所需财政资金的拨付，由于 F 单位所在区的管辖范围内存在大量的城中村改造，所涉及的资金都是以亿为单位，金额极其巨大。由于原 L 科长是 H 村人，H 村原村长以老乡之名义曾多次私下找到原 L 科长，时不时打点一些礼金以疏通关系，希望在 H 村的城中村的改造过程中放开绿灯，让原本不符合政策补贴全部变为伪符合，骗取财政资金高达 200 多万元，严重损害国家利益。由于此事影响恶劣，原 L 科长最终被开除党籍、开除公职、并判有期徒刑 10 年，没收个人非法所得。

原 L 科长从二十多岁参加工作起到四十多岁东窗事发时这二十多年来一直都工作于 F 单位，二十多年的工作经验让他对 F 单位资金从来源到审批到去向这一流程了如指掌，这原本应是他胜任工作的筹码，可就因他看到 F 单位内部控制的漏洞，为了私利想方设法去钻制度的空子，最终葬送自己的大好前程。

行政事业单位内部控制不仅是在危险时刻保护国家财产和资金的安全，同时也是对国家公职人员的保护。如果 F 单位早已实施严格、高效的内部控制，则财政资金就不会遭受 200 多万元的损失风险，原 L 科长也不会发展为阶下囚。

2. 案例内部控制定性分析

回顾该案例,不难发现F单位在内部控制上存在多处缺陷,如图4-5所示。俗话说"苍蝇不叮无缝的蛋",原L科长的反面教材恰恰反映了F单位加强内部控制的必要性。只有深入剖析原L科长犯罪的根源,才能合理应对风险,优化内部控制,让F单位在正常轨道上又好又快地发展。

(1)未遵循回避原则。行政事业单位在人事上对回避原则有明文规定,比如父母亲不能和子女在同一单位同一重要岗位工作,丈夫和妻子不能在同一单位同一重要岗位工作,因为其关系的特殊性导致在工作的处理上会有失偏颇,这样一来就破坏了岗位设置上的制衡性。既然人事上的回避原则很重要,本案例中也应遵循特殊关系的回避原则。原L科长是H村人,又是经建科科长,在H村的城中村改造过程中因其为利益当事人理应回避,或至少特派一名公职人员全程监督。这样严重违背了内部控制的制衡性,将风险发酵或放大,最终酿成了恶果。

(2)长期任同一职位。本案例中原L科长在事发前任经建科科长多年,这为其最后的违法乱纪的行为埋下了伏笔。长期任同一职位,积累了一定的工作经验和一定的工作人脉,这两者其实是两把双刃剑,经验和人脉运用得好必将大展宏图,经验和人脉入进偏门则将为贪污腐败一路亮灯;长期任同一职位,会很清楚知道整个经济活动的关键点之所在,对于"有心之人"则会趁机而入。与其给人选择错误的机会,不如直接将风险扼杀,不给风险预留滋生壮大的机会。内部控制实质就是杜绝风险、减少风险、掌控风险。

(3)无中间机构参与。在H村的城中村改造过程中,H村按照拆迁面积乘以补偿的单位金额计算出应补偿的总金额,然后直接上报给F单位经建科,经建科按照相关标准经核定后报有关部门审核后再拨付补偿金。中间过程越少,办事效率越高,但是在高效率的同时也隐患着高风险。特别当涉及金额巨大的改造工程,引进无关第三方等中间机构则会大大降低风险。合理的内部控制不仅是提高效率,更重要的是要提高效果。

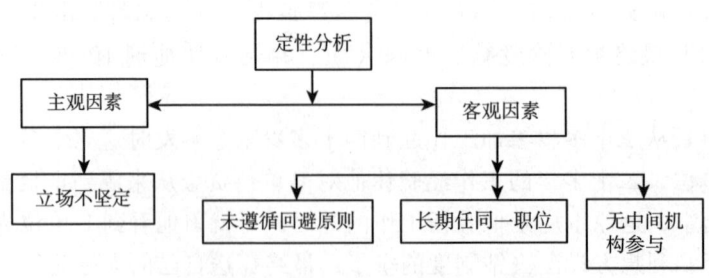

图4-5 案例内部控制定性分析图

(4)立场不坚定。在此次事件中虽然外界因素起到了不少推波助澜的作用,但原 L 科长自身立场不坚定起到了致命的主观因素。无论外界环境如何变化,只要拥有一颗正直之心、不贪之心、不负众望之心,一样可以尽心履职履责。在同样的客观条件下,为什么有的人能"出淤泥而不染"?为什么有的人成为了"国家的蛀虫"?内部控制有对人的控制,也有对物的控制,但相比之下对人的控制更为关键。

3. 案例内部控制基于分析的应对

在对本案例的定性分析的基础上,分别对四种原因赋予权数,权数的大小依据其重要性排序。在 F 单位内部做了个简单的调查,调查结果如表 4-1 所示。

表 4-1　　　　　　　　　　案例内部控制定量分析图

因素	权数
立场不坚定	40%
未遵循回避原则	30%
无中间机构参与	20%
长期任同一职位	10%

(1)加强思想教育。从表 4-1 中可以清晰地看到,"立场不坚定"的因素占到 40%,调查结果符合常理。在所有事件所有因素中,人的因素是最为关键。要想从根本上解决问题,首先必须先过"人"这一关,只有人的思想正直了,才能具备与诱惑等风险相抗衡的主观条件。在行政事业单位内经常开展思想政治理论学习很有必要,同时还应多在公开场合播放各种反面教材,有则改之无则加勉,时时处处警示教育。

(2)相互制约。从表 4-1 的调查结果可以看到,"未遵循回避原则"和"无中间机构参与"合占 50% 的比例,比重较大。这两个因素都因缺少制衡机制所造成。公职人员在处理公共事务时一般是按程序办理,但程序并非囊括了所有方面,在某些时候中往往会加入情感因素或职业判断等模糊概念,一旦在办理过程中注入个人情感,则很难把持住原则的天平,最终导致离公平公正的轨道越行越远,造成恶果的发生。一旦有了相互制约,则会大大降低个人情感的比例,因为你的情感不等同于他人的情感。相互制约很好地诠释了内部控制的重要性和必要性。

(3)定期轮岗。表 4-1 显示,"长期任同一职位"这一因素占据 10% 的比例。公职人员长期服务于同一岗位,不仅会造成工作的怠慢,而且也会给腐败等风险潜入的机会。定期轮岗一方面可以大大提高工作热情和激情,更主要的是可以起到相互监督的作用。在工作中免不了要翻看或查阅以前的处理事项,原本只是打算简单查看处理原因或借鉴一下先前的处理经验,但在这一回放过程中有的时候会牵扯出一些不合法、不合规的事情。如果单位明文规定中有"定期轮岗",则会大大提高公职人员对法律法规的敬畏心、对内部控制的执行度。

(五) F 单位内部控制的优化对策

为了更好地履行好受托责任观,力尽全力保护好国有资产的完整与安全,进一步提高行政管理水平,行政事业单位必须结合本单位的特性和本单位的实际情况对本单位的相关活动建立内部控制。内部控制做得好,可以大大提高行政事业单位的行政效率,在更短的时间里做出更出色的工作,努力让群众满意,这在很大程度上符合中央提出的效率性政府。

早在 2014 年中央颁布《行政事业单位内部控制规范》,规范中明确指出单位内部控制的目的是为了防范和管控经济活动的风险。经济活动中有什么风险?为什么要对风险进行防范和管控?以及如何对风险进行防范和管控?要做好内部控制首先必须能清楚地回答出这三个问题,只有对内部控制的目的了然于心,才能有的放矢,才能少走弯路不迷失方向。古人云"知己知彼,百战不殆",对待内部控制亦是如此。如何才能做好内部控制?如何才能让内部控制的效果发挥极致?首先必须得对内部控制有个全面的了解,从内部控制的五要素出发如图 4-6 所示,各个击破,最终实现内部控制的目标。

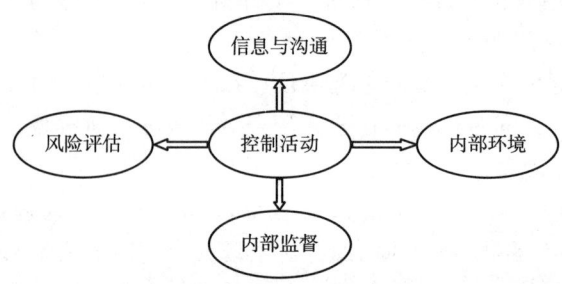

图 4-6　内部控制五要素

1. 优化内部环境

内部环境是行政事业单位实施内部控制的基础。"近朱者赤近墨者黑",这句古话很好地诠释了环境的重要性和环境的影响力,环境就如一个大染缸。F 单位要想做好内部控制,首先必须优化内部环境,让时时处处都透着内部控制的味道和氛围,环境干净了,再去做内部控制将会起到事倍功半的效果。

(1) 领导带头重视。对于行政事业单位来说,无论各级大小领导理应都是由全体干部职工选举出来的,领导应该是全体干部职工的楷模,由于对领导的崇拜与敬服,全体干部职工在不知不觉中都或多或少有点效仿领导的做法,领导做什么或怎么做,全体干部职工都在潜移默化地学习着或模仿着。所以,要想做好内部控制，首先必须发挥领导的作用，让领导重视起来，只有领导带头主动参与到内部控制的各个环节和相关经济活动中，最大限度地发挥领导的影响力，全体干部职工就会慢慢地主动参与到内部控制中来。如果连一个单位的领导都不认同或不看好内部控制，再好的制度、再好的宣传都会石沉大海，在实施的过程中也不那么顺畅，至少在领导审批上不会一路绿灯。

作为一个明智的领导一定会知道风险的危害，管控的好就会将风险的苗头扼杀在摇篮中，对风险不敏感或无力掌控局面，则风险就如绝了堤的洪水，瞬间将大堤摧毁。单位领导就如单位的风向标，必须高度认识到内部控制的重要性、综合性和有效性，不要认为内部控制只是财务部门或内部审计监督部门的事，同时也要极其重视外部审计机关对本单位提出的审计意见或建议，并成立专班研讨审计部门提出的问题，力保责任到人、落实到位。

由于 F 单位干部职工数量众多，靠少数人的力量难以做好内部控制以达到预期的效果，F 单位必须试行层级管控、层级督促、层级落实。首先是要求 F 单位的主管领导（局长和书记）高度重视和参与；其次是各个分管领导（副局长和副书记）按各自所分管的科室所进行二级领导；再次是各个科（室）所长根据本科室所的具体工作将内部控制工作全面细化；最后落实到各个科室所的科员，亦即在本单位中的具体工作实施的人员，他们是最了解和最熟悉本单位经济活动的细枝末叶，他们也是最能发现内部控制需要做什么和如何做。

F 单位领导应强化党风廉政建设和内部控制建设，将学习贯彻"两条例、一准则"将其作为落实好内部控制的重要抓手，将其纳入党组中心组学习的重要篇目，纳入干部培训计划、纳入领导干部讲课的内容，广泛学习宣传；从领导个人职责履行上严格执行内部控制，致力于权力监管，大力释放权力清单的公信力，积极实施新一轮的行政权力清理调整工作。将权利事项于第一时间进行网上公示。确定明确的权力边界、责任与义务，置 F 单位权利于全社会监督之下；从领导个人行动落实上，严格遵守民主集中制、严格遵守干部廉洁自律各项规定、严格执行大事报告制度、严格遵守内部控制制度。F 单位如果在内部控制上能做到领导重视、全员参与、层层把关、层层负责，这向内部控制的成功已经迈出了很大一步。

（2）合理安排组织架构。组织架构就如同房子的框架，必须得设计合理和建造坚固，一旦发现从中出现了任何问题，一定要尽早尽快进行修护。内部控制工作贯穿于整个组织架构中，架构中的任一部门都要严格遵守和执行内部控制制度。建立合理的组织架构能够让单位在经济活动的处理流程上更明晰、工作内容上更明确，工作中少推诿。一个科学的组织架构可以给每个业务单元搭建一个沟通和交流的平台，能够让全体工作人员切手感受到自己是本单位的一个不可或缺的小分子，自己工作的疏忽可能导致单位出现大的披露。

合理的组织架构是解决分工明确、待遇公平的基本前提，只有合理的组织架构才能清晰地划分各个部门的责权利，只有这样才能减少不和谐的牢骚，才能让每个干部职工都怀着一颗平常心做事，才能让每个干部职工各司其职、各负其责。比如说F单位的国资科要给下属某某企业拨付一笔资金，首先必须由某某企业写份请款报告，报告中需要涵盖请款事由、请款金额、请款时间等重要事项，并由请款单位经办员向主管领导和分管领导汇报，经主管领导和分管领导审核无异议并签字后将报告交至国资科的具体经办人员，同时请款单位经办人员还应开具收据或发票给国资科；然后由国资科经办人员填写请款通知单（一式两份）、资金支付申请书（一式三份）、资金用款计划表（一式三份），经办人、科室负责人、分管领导和主管领导需在通知单（一式两份）、申请书和计划表上签字，且请款单位经办人需在申请书上签字并加盖请款单位的公章（一式三份均加盖公章）；再由国资科经办人将申请书、计划表拿至办公室加盖F单位公章（一式三份均加盖公章）；再由国资科经办人在电脑上操作国库集中支付系统，填写指标和计划的相关资料和信息，然后将加盖公章的资金用款计划表的前两联（白联和红联）、一份请款通知单和领导签批的报告原件一并交至国库科相关人员审核，经审核无误后再在支付系统上通过国资科下达的计划申请。再由国资科经办人在国库集中支付系统上填写支付申请代编，然后再将签好字和盖好公章的三份资金支付申请书交至收付中心，由收付中心审核拨付后再在申请书上签字并将第三联（蓝联）返回给国资科，最后国资科凭请款单位开具的收据或发票、请款报告复印件（原件已交至国库科）、资金用款计划表（蓝联）和资金支付申请书（蓝联）做账，作为该笔资金拨付的理由和依据。从上述资金拨付的过程中可以清晰地看出从F单位的主管领导、分管领导至国资科至办公室至国库科至收付中心的任何一个环节中的任何一个人都很重要，都具有不可替代性。这五个环节中的签字、盖章、审核一环扣一环，基本符合内部控制的原理，但如果在这些环节中加入内控部门或内部监督部门，则能将该项经济活动的风险系数降至更低。对F单位的组织架构再次优化，就会在很大程度上消除内部控制隐患，让不法分子无机可乘，让国有资产保值增值。

（3）加强干部队伍建设。人是一切经济活动中最关键的因素，如果用错了人，则会对单位造成致命的损失。同时人也是内部控制活动中的具体实施者，人在内部控制中起着举足轻重的作用。众所周知行政事业单位的用人机制不像企业那样灵活和随意，进人、用人、提拔、任免都不只是本单位自己说了算，在用人机制上对组织部门和人事部门有很大的依赖性。如何最大限度地发挥全体干部职工的主观能动性？

F单位经过多次调研、多次研讨，在全省范围内做第一个"敢吃螃蟹的人"。2015年，全省事业单位职员制改革试点工作在F单位着手实施。围绕改革，F单位积极探索加强事业单位的去行政化,实现事业单位人员管理创新的改革思路。所有竞聘干部先后经历了笔试、面试、测评等三个环节,全面完成了改革试点任务。全面完成了F单位事业单位人员管理由"身份管理"向"岗位管理"的转变,探索实现了事业单位岗位管理"以责定岗、分岗定标;人尽其才、岗适其人"的目标;全面摸索了试点工作运行期"新老交替、平稳过渡;试点先行、逐步铺开"的思路。省、市人社部门对F单位职员制改革工作给予高度评价。通过这次职员制改革的大胆尝试,F单位收获了上级部门对此举的肯定,同时也增强了全体干部职工的工作激情。行政事业单位由于多年来形成的不良风气"不作为、慢作为、怕作为",就如"温水煮青蛙",慢慢地耗磨着干事热情。当人带着怠慢情绪干工作时,就很难在工作上有所成就,就很难出色地完成各级领导安排的任务。

F单位为了做好内部控制,必须深化干部队伍建设。在新常态下,反腐斗争不断深入、追责问责逐步常态化,部分干部不作为、慢作为、怕作为,等待观望的情绪有抬头倾向,F单位应有的放矢加大干部培养锻炼使用力度,有针对性地将优秀干部放到"业务第一线、危难险重工作第一线、默默无闻综合协调第一线"培养锻炼,健全跟踪管理、培养帮带、考评考核等机制;加大从严管理干部力度,有的放矢延长考察线、扩大考察面,做到向服务对象延伸、向量化任务延伸,强化考核结果运用,采取竞争性交流、政策性交流等方式,有计划地实行干部轮岗,激发干部队伍干事创新活力。这支队伍不仅要有干事的激情,最关键的还要有端正的态度。只要有支"敢做事、能成事"的正直干部队伍,内部控制问题将不再是难事。

2. 重视风险评估

行政事业单位要想实现内部控制目标,必须准确识别、合理分析、认真确定风险及其对策。风险评估是内部控制的主要组成部分,为什么要对一个单位进行内部控制?因为每个单位都存在或大或小的风险。如果没有风险,单位也就不必大费周折、浪费人财物去做内部控制。要想做好内部控制,首先必须对风险进行评估。F单位要想发挥内部控制的功效,应对其所处的主要风险进行深入分析。

(1) 重视财务不公开的风险。对于行政事业单位的内部控制最关键的就是预防腐败,而财务公开则是预防腐败的根本方法。行政事业单位掌控的公共资源与公共资金本来就属于全国人民大众的,理所当然应将其财务信息公示于众,接受广大人民群众的监督,让民风政风不走偏路和歪路,努力打造"阳光财政"。

平时听到或看到关于行政事业单位最多的财务公开的是"三公"经费,即公务接待、公务车辆和公务出国,这是腐败现象的起源地,也是最容易出现内部控制问题的部分,稍有不慎就会给不法分子趁机而入,让国家蒙受损失。假如行政事业单位的财务不公开,则公众很难会对政府有良好影响,很难能让公众对政府满意，让政府失去公信力；假如行政事业单位的财务不公开，袖套里做事很容易滋生腐败，对内部控制的实施产生致命伤害，让公职人员走上不归路；假如行政事业单位的财务不公开，暗箱操作会提高行政成本，造成铺张浪费，加重国家财政支出负担，让用到科、教、文、卫等民生资金减少，不利于社会和谐发展；假如行政事业单位的财务不公开，公众可能会猜想财政资金的支出去向，猜疑不利于官民一条心，公职人员的受托履行度则会大打折扣。既然财务不公开对行政事业单位有如此大的危害，因此行政事业单位必须高度重视财务不公开的风险，想尽一切可以想到的方法和渠道拓宽财务公开的覆盖面，时时刻刻接受社会公众的全方位监督，力争做到财政阳光化。

　　F单位的全体干部职工要充分认识到财务不公开是有碍于本单位的健康发展，要想真正做好内部控制，必须要在思想上达成一致共识。只有目标统一了，行为才有可能统一。F单位首先应在本单位内部进行财务公开，加强内部监督，加强内部沟通与协调，以提高行政服务效能，才能最终实现内部控制的目标。由于行政事业单位财务公开实行不久，在同行业中没有很多经验可以借鉴，但仍然可以参考上市公司的财务信息披露（如资产负债表、利润表、所有者权益变动表及报表附注等），并结合F单位自身的特征，对F单位业务层面的预算活动、收支活动、采购活动、资产管理活动、工程项目活动、合同管理活动这六大经济活动的财务信息进行公开。F单位财务信息公开的渠道可以通过一楼大厅LED液晶显示屏、可以通过宣传栏、也可以通过F单位官网，力求加大财务公开的透明度，让财务公开工作长期、有效地持续进行下去。

　　（2）重视服务效率低下的风险。以前总会听到公众一句话"某某单位的办事效率真是低"，这句话不仅表示了公众的不满情绪，还表示了公众对公职人员的不信任。行政事业单位服务效率低下主要表现在单位间的互相推诿、部门间的程序繁杂，人员间的拖沓。这些表现最终可以追责于行政事业单位内部控制的不完善。如在单位的内部控制中对岗位进行科学设置，明确各部门和各人员的职责所在，并将工作完成度等硬性指标与考核直接挂钩，单位和个人的办事效率则会大大提升。在如今开放的社会，公众各方面的法制能力和文化素养有很大的提升，忽悠和拖延的方法在公众这里早已行不通。

　　F单位某某科室曾有一笔对某改制企业原厂长的生活补助款，由于原厂长吴爹爹年事已高且患有老年痴呆，相关事宜均由其婆婆全权代理。按照以前惯例每年年初大概一二月份会将该笔生活补助款全年24000元一次性转入吴爹爹工商银行个人账户名下，但在2014年全区票据检查专项整治活动中指出此处有异议，异议有两处：第一，该笔款项到底该不该给？吴爹爹在国有企业改制中曾领取了补偿款150多万元，既然已一次性领取了大额补偿款，后续还有必要发放生活补助款吗？第二，该笔款项到底该由谁给？如果吴爹爹在生活上真是有困难，理应向社保单位申请,而不是F单位。所以在2015年初未按惯例办理,在此期间该婆婆曾多次打电话询问办理的进程,科室经办人员将婆婆的诉求多次向科室负责人反映过,科室负责人也向上级负责人反映过,但一直未收到任何有关该事情如何处理的有关回复,由于处理权限的问题吴爹爹生活补助款一直未拨付。直到2015年春节后上班第一天,F单位收到市政府发出的问责单,问责点在于服务效率低下,并要求在三日内回复具体原因。通过这个例子可以清晰地看到服务效率低下的风险,F单位早在对拨付给吴爹爹的生活补助款有异议的时候就应该组织相关人员及时办理,并于第一时间向当事人进行反馈,而不是一拖再拖,耗尽了当事人的耐性,让F单位蒙受失去公信力的损失。因此只有高度地重视服务效率低下的风险,并努力去规避风险,才能提高F单位内部控制水平。

(3)重视贪污舞弊的风险。贪污舞弊一直以来就是行政事业单位的蛀虫,要想做好行政事业单位的内部控制,让其又好又快地发展,必须严格杜绝贪污舞弊。自从习总书记上任后,要求各级行政事业单位必须严格遵守"八项规定",严格查处贪污舞弊的行为,成立巡视组将大老虎和小苍蝇一起抓,还公众一个循规守纪的政府,还公众一片干净靓丽的蓝天。贪污舞弊让国家蒙受损失、让个人蒙羞的反例不计其数,应该警钟长鸣高度重视贪污舞弊的风险。

F单位党风廉政建设工作应重点围绕加强廉政风险点防控、加强八项规定落实情况的自查等工作展开。从思想上大力澄清"唯收入论"、"反腐倡廉软指标"、"内部控制软指标"等一些片面认识,针对反腐倡廉始终保持高压态势。坚决纠正"只看发展指标不抓贪污舞弊"。把内部控制与业务工作"交叉捆绑",同部署、同检查、同落实。

F单位应加大作风纪律整顿力度,加大明察暗访、惩戒问责和点名道姓通报力度,不给贪污舞弊留机会,不给贪污舞弊行为留情面。贪污舞弊已成为行政事业单位一大顽疾,对内部控制中的各项经济活动的正常进行产生着极大的威胁。贪污舞弊严重侵蚀着行政事业单位的利益,加大了行政事业单位的管理风险,如何最大程度的预防和控制贪污舞弊给行政事业单位带来的风险,是做好内部控制的首要前提和关键。贪污舞弊在很大程度上反映了该单位内部控制的漏洞,内部控制的漏洞越大则贪污舞弊的可能性越大,内部控制做得越好则贪污舞弊的可能性就越小。内部控制和贪污舞弊具有如此强烈的连锁反应,可以形象地将薄弱的内部控制比喻为贪污舞弊的滋生温床,只有高度地重视贪污舞弊的风险,才能防患于未然,为做好内部控制做好铺垫。

3. 开展控制活动

行政事业单位控制活动实质上就是控制风险的整个过程,一切皆为完成既定的内部控制目标,控制活动是内部控制五因素中最关键的因素。行政事业单位要根据不同的风险确定不同的对策,并根据不同的策略采取不同的行动,此行动即为控制活动。

（1）控制活动要与风险相匹配。行政事业单位的控制活动是内部控制的具体实施步骤和过程，控制活动不是天马行空，不是凭想象做事，而是依据所评估的风险，根据风险的种类、大小、性质等不同而实施不同的控制活动，控制活动的出发点和终结点都是内控风险，控制活动所做的一切都是围绕内控风险，否则耗费大量人力、物力、财力所实施的控制活动将毫无意义。例如F单位会计科主要负责会计从业资格等管理、会计人员继续教育、会计人员管理、会计执法管理等。其中会计从业资格等管理中包含会计从业资格证的报名、考试、发证、年审、变更等事宜，会计专业技术中级和高级的报名、审核等事宜。会计从业资格证和初级会计师报名条件比较低，对学历、工作年限的要求也不高，所以在对报考者的报名条件审核也不存在很大的漏洞风险。但是，在中级会计师的报名审核环节的风险就完全不是一个等级。报考中级会计师要求报考人员必须持具有一定条件，如学历标准和工作年限。因为中级会计师在单位的认可度比较高，往往与工资或职位直接挂钩，在一般规模型企业有个中级会计师的证件就可以任职会计主管，在行政事业单位中级会计师就可以享受副科的工资待遇。所以，只要有会计证的会计人员，不管是否符合中级会计师的报名条件，都想尽办法往这方面去靠。因此就有很多不符合中级会计师报名条件就花钱找代办机构，代办机构再拖关系或花钱找F单位会计科，这无意将该科室置于行舞弊的风险之中。对于具体的控制活动，要以具体的风险为根本出发点，F单位会计科要严格遵守上级考办精神，为会计考试把好审核关，杜绝一切关系户，让所有考生处于公平竞争，为社会上各企业或各行政事业单位筛选出合适的会计人才。只有考虑到实际风险的控制活动才在内部控制中具有实施意义，没有针对性的控制活动仅仅是喊口号、做样子，要将控制活动落到实处。因此，行政事业单位内部控制要有成效，控制活动必须要与风险相匹配。

（2）控制活动要考虑成本与效益。行政事业单位的经济活动有多种，风险也有多种，但并不是每种活动每种风险都要一一对应一种控制活动。要想控制活动有效率、有效果，坚决不能"眉毛胡子一把抓"，而要考虑其要性。重要性分两个方面：一是涉及金额重大。对一个单位来说，涉及到资金问题的经济活动数不胜数，但并不是所有的资金问题都需列入控制活动，而应考虑到资金的金额是否重大，金额重大的列入控制活动，金额不重大的则可不必浪费人力和物力，大费周折却又收获甚小，与其这样还不如把精力用在更有价值的控制活动上；二是涉及性质重大。一种经济活动如果严重违法违规，给单位造成的影响极其恶劣，则无论其涉及的金额多少，一律将其列入控制活动。如全区现在正在大力参与的"六项专项整治"中的党员干部带彩娱乐问题专项整治，行政事业单位干部带彩娱乐虽然都是用私人的钱相约好友玩一玩，表面上看起来似乎对单位利益不造成任何影响,不需要加以管制,但实质上这种行为能够在思想上对干部加以腐蚀,久而久之会造成个人作风上的不检点、工作上的怠慢和散漫,于公于私都有极其严重的负面影响。控制活动考虑重要性,即考虑成本与效益原则。一项经济活动收到的成效一定要大于投入的成本,才具有经济可行性,否则该项经济活动不具有操作意义。行政事业单位虽然不是以创造经济收益为经营目的,但也应在保证服务效率和效果的前提下尽己所能去降低行政服务成本,力求以低成本创造高收益。控制活动是行政事业单位内部控制的关键环节,更应考虑到期望收益与控制活动成本之间的平衡。

(3) 控制活动要全方位、无遗漏。行政事业单位要将控制活动的政策和程序横贯于各层级和各部门,让控制活动在所有层级和所有部门中都得以应用和生效。若是只有个别或部分层次和部门执行控制活动,则内部控制的有效性无法得到保证,做好内部控制也仅仅是句空话和套话。控制活动要从上到下,从组织层面到业务层面全方位覆盖,让单位的每个干部职工都领会控制活动的精神和要领之所在。只有控制活动充斥于各层级和各部门中,才能将内部控制中的风险一一掌控并加以消除,让单位有个良好的内控氛围。行政事业单位如果能在控制活动上做到全覆盖,则可以大大降低单位的非增值成本如监督成本、审核成本等,将有限的资源运用到更有价值的高效增值作业上,只有这样才能更好地提升行政事业单位的服务价值。

4. 完善信息与沟通

行政事业单位良好的信息沟通给内部控制提供及其重要的保证。如今的社会是一个高度信息化的社会,广播、电视和网络等工具让人足不出户了解世界,信息与沟通对内部控制产生很大的影响。行政事业单位通过信息与沟通处理与内部控制相关的信息,并保证信息的准确性、及时性和完整性,保证在单位内部与内部间、单位内部与外部间的信息在沟通方面的有效性。

(1) 提高信息与沟通的意识。行政事业单位各部门各岗位的工作人员在经济活动的处理过程中由于文化水平、认识高度和理解能力等对信息的了解和掌握程度具有或多或少的差异性,从而造成信息的不对称。同样的经济活动,由于信息的不对称,每个人该经济活动的处理方式就会不一样,处理结果理所当然更不一样。这些不对称的信息在很大程度影响行政事业单位的管理水平和管理目标,同时也影响着内部控制的有效性,所以消除信息的不对称对于内部控制的成功实施具有极其重要性。如何消除信息的不对称?沟通!通过沟通,可以相互交换与分享信息,对信息进行探讨和剖析,努力达成"同样的信息同样的处理结果",只有这样才能在展开内部控制时方向相同、步调一致,完成内部控制的预期目标。因此,信息与沟通在内部控制中具有举足轻重的作用。在对信息与沟通的认识上应要求本单位的全体干部职工达成一致共识,首先主要领导和分管领导应起模范带头作用,率先士卒、以身说法;其次应由本单位的相关部门或成立专班负责在全体干部职工中宣传或普及信息与沟通的重要性,让单位的每一个干部职工都从心理上认同信息与沟通的必要性,有先在心理上真正信服和接受才有能可能在行动上实施;最后对个别在思想上顽固或意识上不愿转变的干部职工进行特殊的教导和个性化培训,以身边活生生的正反实例向部分顽固分子讲述信息与沟通的重要性、信息与沟通对内部控制的影响,及信息与沟通对单位整体目标的影响。通过"首先、其次、最后"这三步在心理和行动上的指引和梳理,大大提高全体干部职工对信息与沟通的意识,让他们在意识上高度一致地明白:信息与沟通做得好就会对内部控制工作起推动作用,信息与沟通做得不好就会对内部控制工作起拖滞作用,两者相辅相成、两者息息相关。做好信息与沟通为行政事业单位内部控制的成功执行与实施埋下良好的伏笔。

(2) 拓宽信息与沟通的渠道。当行政事业单位的全体干部职工在意识上已对信息与沟通达成了高度的一致,更好地做好内部控制,应在控制活动中尽量发挥信息与沟通的效果,首先应想尽办法拓宽信息与沟通的渠道。行政事业单位在创新性方面不如企业做得好,不光包括工作模式改进等方面,还包括信息与沟通的渠道的拓宽方面。鼓励全体干部职工积极发挥人的主观能动性,通过学习和借鉴国内外的、行业间的、单位内的信息与沟通的方式。信息与沟通的渠道有最原始的面对面的方式,通过会谈等直接交流模式完成信息与沟通;还有电话方式,通过声音的传递完成信息与沟通;还有笔墨书信等文字表达的方式,通过文字的传递完成信息与沟通;通过宣传栏的方式,通过板报的形式完成信息与沟通;还有 EMAIL 的方式,通过网络的时效性完成信息与沟通;还有视频的方式,通过网络的准真实性完成信息与沟通。以上都是运用得比较多和比较常见的处理信息与沟通的方式,这些处理方式在处理效果上无可厚非,但在处理效率上则可以适时改进。现如今随着社会的飞速发展,高科技技术和高科技产品不断推陈出新,以前的"小米加步枪"早已不能顺应时代的发展和变迁。为了更好地做好内部控制工作,顺应潮流乃是形势所趋,可以广泛将网络工具"QQ、微博、微信"等网络产品引入经济活动中、引入内部控制中、引入信息与沟通中,努力让信息与沟通变得更快捷和高效。只有信息与沟通的渠道多了,信息的不对称性才能及时地消除,有效的沟通才能在第一时间将信息公开化、透明化。高速发展的社会要求单位在处理经济活动时必须快和准,拓宽信息与沟通的渠道则很有必要。只有信息与沟通的渠道拓宽了,内部控制的开展才能更便捷。

(3) 重视信息与沟通的反馈。既然信息与沟通在内部控制中如此重要,行政事业单位应高度重视信息与沟通反馈出来的问题,全方位地分析问题,并以此为切入点改进内部控制的方式和方法,让内部控制的方案更好地与本单位的经济活动相融合,从而实现内部控制的优化。信息与沟通只是个过程,反馈才是结果,过程表现的如何的精彩如何的天花乱坠,但终究不是所要的根本,过程重要,但结果更重要,所以应高度重视信息与沟通的反馈。信息与沟通往往只是表象,要有透过现象看到本质的慧眼。没有反馈,信息与沟通就如走过场,到此一游;没有反馈,信息与沟通永远没有交集;没有反馈,信息与沟通推动不了内部控制。F单位会计科主要负责全区会计证网上注册登记及后续教育报名管理工作、负责会计从业资格证考试报名和制证、负责全国会计专业技术资格考试报名审核和注册、负责会计人员调入调出等会计人员信息表格、并对全区开展代理记账业务和会计从业人员进行治理整顿,促进全区会计队伍建设。面对的服务对象有很大一部分为在校大学生,学生的言行一般很直接,有什么说什么,不像其他科室面对的官场对象藏着掖着。为了于第一时间掌握信息与沟通的反馈,会计科工作人员考虑到学生的特殊性,在办公处最显眼地方设置意见簿,鼓励学生多提宝贵意见,并定期派专人对意见簿上提出的问题一一进行解答,如涉及到复杂问题、重大问题或重要问题的还会进行持续跟踪。从提出问题到解决问题的过程,实则就是信息的收集、整理、沟通和反馈的过程。反馈工作做得如何直接反映了内部控制工作的效率和效果。

5. 加强内部监督

行政事业单位的公职人员作为内部人,社会公众作为外部人,由于信息的不对称,监督显得尤其重要。内部监督是单位对自身内部控制执行情况的监督和检查。内部监督环节分为事前监督、事中监督、事后监督。事前监督主要是预防风险,事中监督主要是掌控风险,事后监督主要是反馈风险。行政事业单位内部控制要求将风险全过程监督,力求无一遗漏,只有这样才能确保内部控制的效果。任何一个制度的设计、制定和实施都少不了内部监督,行政事业单位的内部控制同样如此。内部监督就如同一面镜子,监视着所有重要的经济活动,只有这样各项经济活动才有可能按照合理合法合规的方式健康地运行下去。

(1)加强内部审计。内部审计部门是单位内设部门,审计结果一般不对外报送,仅供内部管理使用,特别是行政事业单位的内部审计部门,要么没有设,有的单位即使设了也只是对本单位的内部审计仅仅走过场,对于他们来说都是些抬头不见低头见的同事,没有必要因为审计出来的问题而伤了他们之间的和气,从而造成了官官相卫、相互包庇。

行政事业单位内部审计最常见的是对单位财务方面进行审计。首先,应该审核取得的凭证是否合法、真实和完整。这是财务的起源和根本,如果连这三项最基本的凭证要求都不能达到,则不具备讨论后续问题的条件。其中应注意报销金额与报销明细是否相符;其次,应审核该项经济活动的列支金额是否在应控制范围内,超标说明节约意识不够,有公款滥用之嫌;最后,应审核相关层级的人员签字是否齐全,特别是领导签字。

行政事业单位内部审计还包括对经济活动的项目审批。F 单位在 2014 年成立评审中心，主要负责全区投资项目的评审工作。在评审中心成立以前，一般项目的审批过程基本都是由立项单位会同 F 单位相关户管科室报分管领导和主管领导审核和批示；而在评审中心成立后，一般项目的审批过程基本都是由立项单位先将相关资料交至评审中心初审，再将相关资料交至相关户管科室再审，然后将相关资料交至分管领导三审，最后将相关资料交至主管领导终审。其中如果涉及政府采购的，在将相关资料交至分管领导审核前还应将相关资料交至采购中心审核。一个项目要在 F 单位要经历四到五次的审核，只有层层过关后，才能有最终的领导批示。评审中心有很强的内部审计味道，评审中心的成立在一定程度上说明了 F 单位子在内部审计上的加强，但是内部审计是一个需要全面的、细致的工作的配合，仅靠一个或两个科室的努力是难以达到内部控制的目标，各个科室应通力合作。

（2）加强内部纪检。近几年来，政府主张从纪委抽调专业人员于行政事业单位任纪检人员，主要目的是为了降低行政事业单位的行政风险，特别是贪污舞弊的风险。比如说 F 多单位的纪检书记就是由区政府从区纪委中委派而来，专门负责对 F 单位中违法乱纪之事进行预防、监督和检查。内部纪检从法制和法治的角度去开展内部控制的内部监督，处理标准可能会稍许严格些、、处理力度也可能会大一些。内部纪检与内部审计有所不同，第一是内部纪检比内部审计更专业，因为是从纪委抽调的专业纪检人员；第二是内部纪检比内部审计更客观，因为内部纪检人员源自外单位，和本单位人员交叉性稍微低一点；第三是内部纪检比内部审计更有法可查，内部审计某些少见的问题上需要利用自己的职业判断进行模糊处理，而内部纪检基本上都是有法可依，是什么就是什么。

正因为内部纪检具有这三个优点，所以在行政事业单位应加强内部纪检部门的重要性，如果某些单位没有设置类似性质的部门，则应由主管领导牵头成立内部纪检专班，将内部纪检工作常态化，并定期或不定期对本单位内的经济活动进行大检查，要求检查无遗漏、无死角，确保检查的广度、力度和效果，及时防范和掌控风险，为本单位的内部控制工作做好监督，保证本单位内部控制工作顺利进行。由于内部纪检在要求上更严格，更能够激发公职人员对法律的敬畏心。特别是习总书记反腐决心和反腐力度大大地提高了公职人员的法律意识。内部纪检就如紧箍咒一样死死扣在公职人员头上，让公职人员时时刻刻都要依法办事、以身作则，从思想上到行动上都严格遵守内部控制的各项规定，内部纪检为内部控制筑起一道结实的防线。通过内部纪检达到这种效果，内部控制实施过程中的问题将会一一迎难而解。

第五章　政府会计改革综述

第一节　政府会计体系的演进、解构与整合

一、引言及主要议题

"物有本末，事有终始，知所先后，则近道矣"（《大学》）。所谓体系，泛指一定范围内或同类事物按照一定的秩序和相互联系组合而成的、具有特定功能的有机整体，是由若干子系统组成的大系统。我国政府会计体系从单一的预算会计改革探索以来，政府会计领域的专家学者见仁见智，展开了富有成果的研究，提出并研究政府会计体系的组成及结构，主要有：

1."二元结构"之一，政府会计体系是由财务会计和预算会计组成的；2."二元结构"之二，政府会计分化为财务会计和管理会计，预算会计是管理会计的分支；3."三元结构"，政府会计体系包括财务会计、预算会计和成本会计；4."四元结构"，将政府财务会计、成本会计、预算会计和基金会计融为一体。这些观点、见解和主张为后续研究提供了富有价值的参考、借鉴和启示。

目前，我国政府会计仍处于全面改革之中，建设政府会计体系是这一轮政府会计改革的重要目标。政府会计体系的建设，仍然蕴含着内在闭环性和外在开放性的一系列研究议题，诸如：1.政府会计体系的演进存在哪些规律性特征？2.政府会计体系具有什么样的内在逻辑关系？3.政府会计体系如何实现整合集成升级为信息化系统？

二、政府会计体系的演进

这里仅从制度变迁的视角，考察我国政府会计体系的演进轨迹，探寻揭示某些规律性特征。

（一）政府会计体系的演进轨迹

新中国成立之初，1950年10月召开第一次全国预算会计金库会议，吸取学者、专家的意见和建议，讨论通过《暂行总预算会计制度草案》和《暂行单位预算会计制度草案》，成为预算会计的基本规范，分别适用于各级财政机关和各级各类事业行政单位，初步建成预算会计模式。主要内容有：（1）确立预算会计体系，包括总预算会计和单位预算会计；（2）明确预算会计年度为公立年度；（3）统一预算会计科目，分为岁入、岁出、资产、负债和资产负债五大类；（4）统一规定预算会计报表格式；（5）规定确认基础为收付实现制；（6）尝试收付记账法与借贷记账法的融合等。

调整时期，1965年召开全国预算会计工作会议，提出整顿和健全预算会计工作制度，稳定预算会计队伍，推进预算会计变革。主要变化是：（1）由财政部统一制定"四本制度"，包括适用于各级财政部门的总预算会计制度，适用于业务繁重的单位会计制度，适用于业务简单的单位会计制度和适用于单位的财务收支处理办法；（2）取消借贷记账法，实行收付记账法；（3）修改会计科目，分为资金来源、资金运用和资金结存三大类；（4）会计平衡等式由"资产＝负债"改为"资金来源－资金运用＝资金结存"。

改革开放后，1983年和1988年，先后两次修订总预算会计制度，主要内容有：（1）明确总预算会计的两项基本职责，即会计核算和会计监督；（2）规定各级财政在同一级国库开立"预算内"和"预算外"两个存款账户；（3）确定乡（镇）财政总会计制度的制定权限；（4）明确规定总预算会计组织及人员配备等。1988年财政部召开全国预算会计工作会议，全面修订、制定单位会计制度，主要特点是：（1）体现《会计法》精神，充实依法理财的内容；（2）明确事业行政会计的职责；（3）制定各类事业行政单位通用的会计制度和专项基金的处理规范；（4）增补事业行政单位抵支收入和成本费用、专用基金等。

经过三年多有目标、有规划、有组织的研究设计，借鉴国际会计惯例，财政部制定《财政总预算会计制度》《事业单位会计准则（试行）》《事业单位会计制度》，于1998年实施新的预算会计模式，基本内容有：（1）重新构建预算会计体系，新的预算会计体系由财政总预算会计、行政单位会计、事业单位会计、国库会计和税收征解会计等构成；（2）重新设计预算会计要素，新的会计要素包括资产、负债、净资产、收入、支出；（3）统一采用国际通用的借贷记账法；（4）改进会计确认基础，分别实行收付实现制和权责发生制；（5）统一事业单位的会计科目设置；（6）事业单位实行"准则＋制度"的会计规范模式等。

（二）政府会计体系演进的规律性

通过考察政府会计历史演进的轨迹，可以揭示某些规律性的特征，主要有：

第一，在政府会计体系演进过程中，预算会计形成独特的专门闭环系统，长期一枝独秀，居于主导地位。这主要是由政府财政管理和预算体制所决定的。

第二，预算会计以财政收支为指向，以收付实现制为确认基础，是预算管理不可或缺的环节。因此，通常认为预算会计是反映预算执行情况的专业会计。

第三，基金会计植根于政府会计，始终存在于政府会计体系之中，这是预算管理的必然要求，在我国尚未研究形成基金会计的系统模式。

第四，会计主体发生分化，由单一的预算会计主体分化为政府总预算会计主体与（行政事业）单位会计主体，显露单位预算会计与财务会计"双系统"的端倪。

第五，适应绩效管理的要求，引入财务会计要素（资产、负债、净资产等）和权责发生制，设计财务会计报表（如资产负债表），融入政府会计体系，财务会计尚未形成独立系统；成本会计初露端倪。

20世纪90年代的政府会计改革，特别借鉴了FASB有关非营利组织的财务会计准则，主要是会计要素和报表结构，适应了当时事业单位（非营利组织）会计改革的需要；未借鉴GASB的基金会计模式，这可能比较适应政府会计的改革需求。

三、政府会计体系的解构

所谓解构，即体系结构的分解、分析。本文对政府会计体系做初步的机理层面解构，试图揭示其内在的逻辑关系。

（一）预算会计与财务会计的解构

预算会计和财务会计组合构成政府会计体系的基本结构，属于政府会计的基本功能体系。作为政府会计体系的组成部分，预算会计和财务会计彼此之间必然存在着内在的逻辑关系。

1. 预算会计和财务会计两者自成系统，具有不同功能，两者统一于政府会计的基本功能体系。
2. 预算会计主体和财务会计主体具有同一性，两者统一于政府会计主体。
3. 预算会计报表和财务会计报表存在相互钩稽关系。
4. 与预算会计报表和财务会计报表相联系，预算会计科目和财务会计科目存在协调配合关系。

（二）基金会计的解构

前文述及，基金会计植根于政府会计，内嵌于或内化于政府会计体系，成为政府会计的重要基础单元，我国有基金的规制，但尚未形成基金会计模式。基金会计与预算会计和财务会计具有内在关系。

1. 基金会计以基金为核心，以基金规制为依据，专门设计相应的会计科目系统和会计报表结构。

2. 基金会计内嵌于或内化于预算会计，两者紧密融合，在一定意义上，预算会计成为"基金预算会计"。

3. 基金会计内嵌于或内化于财务会计，两者紧密融合，在一定意义上，财务会计成为"基金财务会计+非基金财务会计"。

（三）成本会计的解构

成本会计也是政府会计的特定基础。传统的成本会计基本属于财务会计，现代的成本会计既是财务会计的基础又是管理会计的基础。传统的成本会计主要用于计量产品、服务、项目的成本，作为相应资产的成本，成为资产负债表中资产要素的初始计量；随着资产的转移、消耗、磨损，成本会计计量又成为收入费用表中费用要素的计量依据。由此，成本会计以成本为计量基础，提供资产到费用的转化信息，成为财务会计上资产负债表和收入费用表的桥梁。现代的成本会计既是财务会计的基础又是管理会计的基础。对此，本书存而不论。

（四）政府会计体系的内在逻辑归纳

1. 预算会计和财务会计既自成体系，扮演各自角色，发挥各自功能；又组合构成政府会计的基本功能体系结构，配合发挥政府会计的基本功能。

2. 基金会计是政府会计内在的重要基础，但不是全部基础。基金会计不能覆盖政府会计的全部。基金会计内嵌于或内化于政府会计，与财务会计、预算会计和成本会计具有内在的基础性的逻辑关系。

3. 传统的成本会计基本属于财务会计，成为连接资产负债表和收入费用表的桥梁。

四、政府会计体系的整合

所谓整合指相邻甚至相距很远的学科之间交叉、渗透、融合而形成边缘性、综合性学科。在科学领域，整合已成为科学发展的大趋势。

（一）会计主体的分化整合

会计主体是会计实务与规范的基本依托，也是学术研究的重要依据。通常所称的记账主体、核算主体是否具有现代学术涵义需加以甄别、矫正，本文不作赘述。

一般所称的会计主体基本是指企业财务会计主体，不能涵盖政府会计主体。目前，关于政府会计主体的提法至少有预算会计主体、财务会计主体、成本会计主体、基金会计主体、管理会计主体、行政单位会计主体、事业单位会计主体、总预算会计主体、基本政府会计主体、组成单位会计主体、记录主体、报告主体、合并报表主体等，呈现出纷繁复杂的景象，有必要对上列会计主体进行整合。

笔者认为，政府会计体系属于复合型体系，政府会计主体具有多重性和多层性的复合型特征。具体认识是：1. 预算会计主体、财务会计主体等体现政府会计主体的多重性特征。2. 基本（一级）政府会计主体属于最基本的、顶层的政府会计主体，包含记录主体、报告主体和合并报表主体；下一层级为组成单位会计主体，即行政单位会计主体。在现行体制下，事业单位成为组成单位的一部分。3. 基金会计主体、成本会计主体等，基于专用基金和成本对象等事项，属于内部会计主体。

（二）行政单位的定位

行政单位或政府机关属于政府的组成部分。相应的，行政单位会计属于基本（一级，整体）政府会计的组成单元。实际上，行政单位会计基本上是会计记录和内部报表主体。行政单位是否属于单独的对外报告主体，是一个需要提出和探讨的议题。可以设想一个行政单位有一座或几座办公楼，配置相应的办公设备，给予一定的行政办公经费预算，如此除了必需的会计记录和内部报表外，是否有必要编制一整套会计报表，对外报告？为此，需要以新的维度，应用矩阵网络技术方法，对行政单位会计进行鉴别梳理，在政府会计体系中对行政单位会计予以科学的定位整合。

（三）事业单位的分化整合

为数众多的事业单位是客观存在的，也是以往的延续，而且一直是政府会计的特别组成部分。理论上，事业单位属于公立非营利组织，而非政府机关。譬如，有的"事业单位"，如××监督管理委员会（官方英译为 commission 而非 committee，可见一斑），挂名或归类为事业单位，实质属于政府机关。近年来，实行事业单位分类改革和行业协会脱钩改革，展现了事业单位的分化态势。新

《民法总则》关于营利法人、非营利法人和特别法人（如政府机关）的分类，为事业单位会计整合乃至整个会计体系的整合提供了一个新视角。可否设想，未来我国整个会计体系可能整合为营利组织会计（企业会计）、非营利组织会计（含民间与公立非营利组织会计）和政府会计，呈现"三足鼎立"的会计大格局。

（四）基金会计模式的确立整合

迄今，关于基金会计模式的研究还不多见。笔者认为，基金会计是植根于政府会计的一种会计模式。在政府会计体系中，基金会计是一种必然安排和客观存在。在政府会计体系建设整合中，需要确立基金会计模式，具体分析基金会计目标、基金会计主体和基金会计报告，以及基金设立依据和基金运行规制，认识基金会计在政府会计大系统的整合关系。已有学者指出，在政府会计体系中，财务会计、成本会计、预算会计和基金会计是紧密联系并融为一体的。

为此，需要研究基金会计在政府会计体系中的基础性地位，确立基金会计模式，识别基金会计的"内嵌方式"（基金会计既内嵌于或内化于预算会计，又内嵌于或内化于财务会计和成本会计），鉴别基金会计与非基金会计的不同特征，实行基金会计与财务会计、预算会计和成本会计多元系统的一体化整合建设。

（五）管理会计的体系整合

有学者对预算会计与管理会计的关系进行了有益探索，提出在新公共管理背景下，传统的政府会计必将分化为对外报告的政府财务会计和对内报告的政府管理会计。政府管理会计有利于加强政府财务管理，政府预算会计是其一个重要分支。

财政部于2016年发布的《管理会计基本指引》基于实务应用立场，对管理会计进行了系统的整合，对管理会计研究也具有指引价值。该指引明确：（1）管理会计的目标是推动实现战略规划；（2）管理会计主体可以是内部中心；（3）管理会计报告客观存在不定期报告；（4）管理会计可以根据特定需要设定报告期间。由此可见，管理会计自成一体，与预算会计和财务会计客观上存在重大实质性差别，如何对管理会计以及内部控制体系进行整合，实现与整个政府会计体系的对接并融为一体，这有待信息化系统的一体化整合建设。

（六）政府会计信息化系统的整合建设

政府会计信息化系统是开放性系统。在"互联网+"和大数据时代背景下，实现信息化系统的一体化整合，制定切实可行的建设规划和实施方案，沿着创新、变革、融合的道路，拥抱会计大格局，迎接美好的"大会计时代"。

为此，需要政府会计信息化系统的整合升级。该整合升级基于政府治理理念，以会计信息系统和管理系统融合的思维，在预算会计、财务会计和成本会计系统整合的基础上，结合财务管理、资产管理、预算管理、内部控制体系，改进政府会计技术，以事项作为信息的基础单元，这已成为极富研究价值的重大课题。

五、总结及研究建议

（一）总结

现将本书的主要发现、观点和主张归纳如下：

1. 在政府会计体系演进过程中，预算会计形成独特的专门闭环系统。
2. 预算会计和财务会计的组合，构成政府会计体系的基本结构，属于政府会计的基本功能体系。
3. 政府会计体系属于复合型体系，政府会计主体具有多重性和多层性复合型特征。
4. 基金会计植根于或内嵌于或内化于政府会计，始终存在于政府会计体系之中。在我国尚未研究形成基金会计的系统模式。
5. 传统的成本会计基本属于财务会计，成为连接资产负债表和收入费用表的桥梁。
6. 行政单位会计基本上是会计记录和内部报表主体。
7. 未来我国整个会计体系可能整合为营利组织会计、非营利组织会计和政府会计，呈现"三足鼎立"的会计大格局。
8. 管理会计已自成一体，与预算会计和财务会计客观上存在重大实质性差别。管理会计以及内部控制体系如何整合，实现与预算会计和财务会计的对接、融合，这有待信息化系统的一体化整合建设。

（二）研究建议

本书的研究系初步探索，相关议题具有可挖掘的深度和广度，建议中青年学者考虑：

1. 研究政府会计体系演进的背景依据，认识政府会计变化的规律性，知往鉴来。
2. 研究政府会计体系的结构，认识政府会计体系的内在逻辑机理，构建科学、系统的政府会计体系结构。
3. 研究政府会计主体的多重性和多层性复合型特征，搭建政府会计的主体结构，充实政府会计主体理论。

4. 研究基金会计实务与理论，创立中国式基金会计模式，丰富政府会计基础理论，这可能成为一项重要的研究课题。

5. 研究管理会计、内部控制与政府会计体系的整合，探寻开放性信息化系统的逻辑结构和技术路径，这属于富有前瞻价值的重大研究课题。

第二节 我国政府会计改革现状分析

随着市场经济体制改革推进，社会公众对公共财政制度改革方面的呼吁与日俱增，民众对公共事务的关注程度有了很大提升，大家逐步将目光转向政府绩效管理，现有的行政事业单位会计制度已越来越无法满足现实社会发展的迫切要求。因此，国家必须及时做出调整与革新，构建并完善更具中国特色、与时俱进的政府会计准则制度。

一、政府会计改革的背景

（一）权责发生制财务报告的编报要求

1. 党的十八届三中全会通过《中共中央关于全面深化改革若干重大问题的决定》（2013）中指出，"建立权责发生制的政府综合财务报告制度，建立规范合理的中央和地方政府债务管理及风险预警机制"。此决定明确提出了权责发生制的政府综合财务报告，标志着中央重视政府债务管理的开始。

2. 2014年8月通过的新《预算法》中，第97条"各级政府财政部门应当按年度编制以权责发生制为基础的政府综合财务报告，报告政府整体财务状况、运行情况和财政中长期可持续性，报本级人民代表大会常务委员会备案"。新《预算法》再次强调政府要建立以权责发生制为基础的政府综合财务报告制度，要求同时反映政府的绩效管理情况。

3. 2014年12月12日，国务院以国发〔2014〕63号发布了《关于批转财政部权责发生制政府综合财务报告制度改革方案的通知》。《改革方案》要求加快建立政府会计准则体系，并同时指出，权责发生制政府综合财务报告制度改革是基于政府会计规则的重大改革，其前提和基础任务是建立健全政府会计核算体系。

4. 为了加快建立健全政府会计核算标准体系，经反复研究和论证，决定以统一现行各类行政事业单位会计标准、夯实部门和单位编制权责发生制财务报告和全面反映运行成本并同时反映预算执行情况的核算基础为目标，2017年10月24日，财政部印发了《政府会计制度——行政事业单位会计科目和报表》（财会

〔2017〕25号），制定适用于各级各类行政事业单位的统一的会计制度。该制度全面贯彻落实党的十八届三中全会精神和《改革方案》的重要成果，是服务全面深化财税体制改革的重要举措，对于提高政府会计信息质量、提升行政事业单位财务和预算管理水平、全面实施绩效管理、建立现代财政制度具有重要的政策支撑作用，在我国政府会计发展进程中具有划时代的重要意义。

（二）行政事业单位会计核算的现实要求

我国长期以来采用的政府会计核算标准体系基本上形成于1998年前后，主要涵盖财政总预算会计、行政单位会计与事业单位会计。

由于该政府会计标准体系一般采用收付实现制，主要以提供反映预算收支执行情况的决算报告为目的，无法准确、完整反映政府资产负债"家底"，以及政府的运行成本等情况。同时，现行政府会计领域多项制度并存，体系繁杂、内容交叉、核算口径不一，造成不同部门、单位的会计信息可比性不高，同样业务行政和事业单位的会计标准不同，会计政策不同，导致政府财务报告信息质量较低。因此，在新的形势下，必须对现行政府会计标准体系进行改革。

二、政府会计体系建设及改革进程

（一）政府会计体系框架

我国的政府会计标准体系由政府会计基本准则、具体准则及其应用指南和政府会计制度组成。基本准则主要对政府会计目标、会计主体、会计信息质量要求、会计核算基础，以及会计要素定义、确认和计量原则、列报要求等做出规定。

具体准则主要规定政府发生的经济业务或事项的会计处理原则，具体规定经济业务或事项引起的会计要素变动的确认、计量和报告。应用指南主要对具体准则的实际应用做出操作性规定。

政府会计制度主要规定政府会计科目及其使用说明、会计报表格式及其编制说明等，便于会计人员进行日常核算。

（二）目前政府会计改革进程

1. 基本准则：2015年10月23日，楼继伟部长签署财政部第78号令，公布《政府会计准则——基本准则》，自2017年1月1日起施行。

2. 具体准则：为了适应权责发生制政府综合财务报告制度改革需要，规范政府存货、投资、固定资产和无形资产的会计核算，提高会计信息质量，根据《政府会计准则——基本准则》，遵循由易到难、要素为先的原则，财政部确定了首批具体准则项目，于 2016 年 7 月 6 日印发《政府会计准则第 1 号——存货》、《政府会计准则第 2 号——投资》、《政府会计准则第 3 号——固定资产》、《政府会计准则第 4 号——无形资产》四项具体准则，自 2017 年 1 月 1 日起实施。随后于 2017 年 4 月 17 日印发《政府会计准则第 5 号——公共基础设施》，2017 年 7 月 28 日印发《政府会计准则第 6 号——政府储备物资》，后两项具体准则自 2018 年 1 月 1 日起实施。

3. 应用指南：2017 年 2 月 21 日财政部印发首个具体准则应用指南《〈政府会计准则第 3 号——固定资产〉应用指南》，要求与《政府会计准则第 3 号——固定资产》同步实施。

4. 政府会计制度：2016 年 8 月 1 日财政部发布《政府会计制度——行政事业单位会计科目和会计报表（征求意见稿）》，2017 年 10 月 24 日，财政部印发了《政府会计制度——行政事业单位会计科目和报表》（财会〔2017〕25 号，以下简称《制度》），自 2019 年 1 月 1 日起施行。执行本制度的单位，不再执行《行政单位会计制度》《事业单位会计准则》《事业单位会计制度》《医院会计制度》《高等学校会计制度》《科学事业单位会计制度》《国有建设单位会计制度》等制度。

三、政府会计改革的主要内容

（一）"双体系、双基础、双报告"会计模式

1. "双体系"的理解

双体系即政府会计由预算会计和财务会计构成，具体到实务操作中，即针对一笔经济业务同时采用预算会计和财务会计核算。预算会计与目前行政事业单位会计相似，但仅保留了预算收入和预算支出两个会计要素，把资产和负债归到了财务会计范畴里，而财务会计核算要素里增加了收入和费用，更接近于企业会计核算方式。"双体系"的核算方式，强化了政府财务会计功能，是一种财务会计和预算会计适度分离又相互衔接的核算模式。

2. "双基础"的理解

"双基础"即政府会计核算中的预算会计以收付实现制为基础核算（国务院另有规定的除外），财务会计以权责发生制为基础核算。在同一会计信息核算系统里，同时设置预算会计和财务会计核算科目，当一项经济业务发生时，分别按照各自核算基础进行平行记账，即按照预算会计核算方式编制会计分录，同时按照财务会计核算方式编制会计分录，两个分录也可以合并在同一张记账凭证下。平行记账不同于现行的双分录模式，以收入业务为例说明，如表 5-1 所示。

表 5-1　　　　　　　　　政府会计核算中的平行记账

经济事项	是否确认收入	是否确认预算收入
财政拨款	√	√
应收账款	√	×
预收款项	×	√
债务豁免	√	×
非货币性资产捐赠	√	×
应交财政款	×	×
受托代理款项	×	×
借入债务资金	×	√

说明：（1）财政拨款举例：财政授权支付方式下，根据代理银行转来的财政授权支付额度到账通知书记账财务会计记账分录应为：

借：零余额账户用款额度
　　贷：财政拨款收入

预算会计记账分录应为：

借：资金结存——零余额账户用款额度
　　贷：财政拨款预算收入

（2）应收账款举例：单位发生应收账款

财务会计记账分录应为：

借：应收账款
　　贷：事业收入/经营收入
　　　　应交增值税——销项税额

预算会计因无发生资金变动，不做会计处理，无会计分录。

（3）预收账款举例：单位从付款方预收款项时财务会计记账分录应为：

借：银行存款
　　贷：预收账款

确认收入时

预算会计记账分录应为：

借：资金结存——货币资金
　　贷：事业预算收入

财务会计记账分录应为：

借：预收账款
　　贷：事业收入/经营收入

预算会计因无发生资金变动，不做会计处理，无会计分录。

从以上业务处理看出,在"双基础"核算模式下,同一项经济业务有的仅在财务会计下记录,有的仅在预算会计下记录,有的两个模式下同时记录。因此政府会计制度下的会计记录,将会需要较多的会计人员职业判断,政府会计从业人员需要正确理解平行记账的含义。

3. "双报告"的理解

"双报告"即政府会计主体期末应当编制决算报告和财务报告。两者之间的区别和联系见表 5-2。对于有些专家和学者针对《政府会计制度——行政事业单位会计科目和会计报表(征求意见稿)》财务报表部分提出的意见和建议,如现金流量表的使用价值,是否应该保留?如资产负债表无法平衡等问题,相信财政部在征求意见后,会对前期的意见稿进行认真修改和完善,从而使政府会计制度更好的指导实务操作。

(二)"3+5"会计要素

"3"指的是政府预算会计要素,主要包括预算收入、预算支出和预算结余。预算收入类似于目前的财政拨款收入,主要反映政府给予的预算收入;预算支出类似于目前的行政事业支出,主要反映政府的所有支出;预算结余即为预算收入与预算支出的差,反映期末政府预算的结余数,直观的体现预算执行情况。"5"指的是政府财务会计要素,主要包括资产、负债、净资产、收入和费用。各会计要素的核算与企业类似,全面引入权责发生制核算方法。此处需要指出的是,财政部目前已出台的 6 项具体准则均为财务会计要素。

表 5-2　　　　　　　政府决算报告与政府财务报告比较

	政府决算报告	政府财务报告
编制的主体相同	政府各部门、财政部门	政府各部门、财政部门
反映的对象不同	一级政府年度预算收支执行情况的结果	一级政府整体财务状况、运行情况和财政中长期可持续性
编制的基础不同	收付实现制	权责发生制
数据的来源不同	以预算会计核算生成的数据为准	以财务会计核算生成的数据为准
编制的方法不同	汇总	合并
报告包含的内容	决算报表和其他应当在决算报告中反映的相关信息和资料,由财政部规定	政府综合财务报告 / 政府部门财务报告 财务报表(会计报表和附注)和其他应当在财务报告中披露的相关信息和资料。会计报表至少应当包括资产负债表、收入费用表和现金流量表
报送的要求不同	本级人民代表大会常务委员会审查和批准	本级人民代表大会常务委员会备案

四、政府会计改革带来的影响

（一）积极推动作用

1. 政府会计改革，为建立国家统一的政府会计标准体系奠定了基础。有利于规范各级政府、各部门、各单位的会计核算，提高政府会计信息的可靠性、全面性、相关性、可比性、及时性和可理解性。

2. 政府会计改革，完善了原有的预算功能，整合了现行政府预算会计制度体系，与新《预算法》、部门预算等政策和口径基本一致。

3. 政府会计改革提高了资产配置合理性，科学地反映政府运行成本。改革前，除医院等个别行业事业单位会计制度规定计提折旧摊销，大多数行业制度中未明确折旧摊销问题。不计折旧，资产配置与资产运行维护费用之间的钩稽关系也就难以确立。改革后，这种局面将被彻底打破。

4. 政府会计改革，调整和优化了会计报表项目、格式，极大地增加了社会公众透明度。

（二）面临的困难

1. 财务工作难度加大

实施新制度后，新的会计核算和报表理论体系具有一定的深度和难度，从核算到报表均有两套，这对行政事业单位财务人员专业性提出较高要求。随着行政事业单位的财务会计更加"企业化"，行政事业单位会计人员业务素质面临极大挑战，行政事业单位要强化对财务管理人员的培训，促进财务人员综合素质的共同提高。广大会计人员要以时不我待的精神，加强对政府会计准则制度的学习，深入研究此项制度理论完成新旧制度的数据衔接，推进制度全面落地实施。

2. 新旧制度衔接的账务问题多

新制度在行政事业单位的落地落实已经迫在眉睫，各单位必须结合实际业务，研究解决具体问题和一些难点问题，如行政事业单位新旧制度如何顺利衔接和过渡、哪些部门配合协调执行新制度、清产核资如何正确开展、如何对资产按规定进行分类、并正确计提折旧与摊销。具体账务衔接思路如下：一是根据原账编制 2018 年 12 月 31 日科目余额表及原账部分科目余额明细表；二是按照新制度设立 2019 年 1 月 1 日的新账；三是按规定登记新账财务会计科目余额和预算结余科目余额；四是按规定登记及调整后的新账各科目余额、编制新账科目余额表；五是根据新账各科目期初余额，编制 2019 年 1 月 1 日资产负债表，填列有关预算会计报表年初数。

3. 固定资产管理面临重大挑战

长期以来，我国国有资产管理一直较为薄弱，大部分单位无专职资产管理员，资产配置环节易出现重复配置和超标配置问题，资产使用环节易出现资产流失、长期闲置和低效运转情况，资产处置环节也存在非法处置和处置不及时等情况。政府会计对固定资产管理提出了新的要求，通过计提折旧摊销，合理归集、反映单位的资产运行维护费用，资产管理和计量方式出现巨大变化。这就要求有能力的单位配备专职资产管理员，并认真学习固定资产具体准则以及指南，确保国有资产不流失、不浪费。

五、后续政府会计体系建设

按照《改革方案》要求，财政部在发布《基本准则》和 6 项政府会计具体准则以及 1 项应用指南基础上，加快推进政府会计准则制度制定进程，积极稳妥推进政府会计准则制度实施，于 2017 年 10 月，财政部发布了《政府会计制度——行政事业单位会计科目和报表》（下称"新政府会计制度"）。后续财政部还将陆续出台各项具体准则和应用指南，研究制定并适时出台新旧会计制度衔接规定和有关特殊行业执行政府会计准则制度的补充规定。条件成熟时，还要推行政府成本会计，规定政府运行成本归集和分摊方法。财政部力争在 2018—2020 年基本建成具有中国特色的政府会计准则体系。

第三节　新政府会计制度体现十大亮点

2017 年 10 月，财政部发布《政府会计制度——行政事业单位会计科目和报表》（下称"新政府会计制度"），要求各级各类行政单位和事业单位于 2019 年 1 月 1 日起贯彻执行，并鼓励行政事业单位提前执行。

一、统一会计核算方法

自 2012 年 12 月《事业单位会计制度》发布实施以来，财政部陆续推出《医院会计制度》《基层医疗卫生机构会计制度》《高等学校会计制度》《中小学校会计制度》等 9 项具体事业单位会计制度。这些会计制度对发展和适应社会主义市场经济及事业单位的业务开展，规范各级各类事业单位的会计核算，提高会计信息质量，促进事业单位加强财务管理等具有重要意义。

但是在当前，上述《事业单位会计制度》以及诸多具体事业单位会计标准已经不能适应我国财政改革的需要，不能适应权责发生制政府综合财务报告制度改革的需要。为此，我国财政部门统一事业单位会计核算方法，规范行政事业单位会计核算，逐步建立科学严谨、规范统一的全国和地方资产负债核算制度，适时推出新政府会计制度，为编制国家资产负债表提供基础数据打下基础。

有鉴于此，在发布实施新政府会计制度的同时，财政部门要求执行本制度的单位，不再执行《行政单位会计制度》《事业单位会计准则》《事业单位会计制度》或者诸多具体事业单位会计制度。

二、重塑单位会计要素

为完善各级行政部门及各级各类事业单位会计核算，统一其会计核算方法，新政府会计制度重新规范了单位会计要素，确定单位会计要素包括财务会计要素和预算会计要素。财务会计要素包括资产、负债、净资产、收入和费用；预算会计要素包括预算收入、预算支出和预算结余。

其中，在新政府会计制度的财务会计要素中，"费用"要素取代了"支出"要素，且首次提出预算会计要素包括预算收入、预算支出和预算结余，要求各级行政单位、各级各类事业单位在业务活动核算过程中，核算预算收入、预算支出和预算结余的执行情况。这就要求事业单位在业务活动中取得业务收入或其他收入的同时，应考虑补偿尺度因素，考虑日常活动发生的导致经济利益的流入以及资产的保值增值。

三、实行会计信息化管理

单位会计核算应遵循相关性原则，即单位应遵循新政府会计制度规定，设置明细科目，并满足权责发生制政府部门财务报告和政府综合财务报告编制的其他需要。新政府会计制度完善了报表体系，要求行政单位或事业单位不仅编制财务会计报表，而且要编制预算会计报表。新政府会计制度从会计信息化角度，规定单位财务报表的编制主要以权责发生制为基础，以单位财务会计核算生成的数据为准；预算会计报表的编制主要以收付实现制为基础，以单位预算会计核算生成的数据为准。

其中，单位的财务报表由会计报表及其附注构成。会计报表一般包括资产负债表、收入费用表和净资产变动表。新政府会计制度特别指出，单位可根据实际情况自行选择编制现金流量表；预算会计报表至少包括预算收入支出表、预算结转结余变动表和财政拨款预算收入支出表。除了资产负债表和收入费用表可以按月编制外，单位财务报表和预算会计报表至少要根据新制度按年度编制真实、完整的年度报表。

新政府会计制度要求行政单位和事业单位均要编制资产负债表、收入费用表和净资产变动表。其中，资产负债表采用账户式结构，反映单位一定时点的财务状况；收入费用表采用单步式结构，反映单位一定时期的业务活动成果；净资产变动表则采用棋盘式结构，反映单位一定时期净资产变化情况。

四、指明"双分录"归属

新政府会计制度规定，行政事业单位对收支业务采用"双分录"会计核算方法。

所谓"双分录"，就是指对行政事业单位发生的资产、负债等经济业务采用权责发生制为基础的会计核算，对收入、支出等经济业务采用收付实现制为基础的会计核算。

如果一笔业务同时存在收入、支出和非货币资产或负债变化的，则采用"双分录"分别进行收入、支出和非货币资产或负债等的核算。新政府会计制度特别规定，不论行政单位，还是事业单位，其会计核算都应当具备财务会计与预算会计双重功能，实现财务会计与预算会计适度分离并相互衔接，全面、清晰反映单位财务信息和预算执行信息。

新政府会计制度规范了"双分录"具体会计处理方法，要求纳入部门预算管理的现金收支业务，在采用财务会计核算的同时应当进行预算会计核算；对于其他业务，仅需进行财务会计核算。单位财务会计核算实行权责发生制；单位预算会计核算实行收付实现制，国务院另有规定的，依照其规定。

为使行政单位和事业单位会计人员熟练掌握"双分录"会计核算方法，新政府会计制度清楚划分了"双分录"归属核算基础，并在附录"主要业务和事项账务处理举例"中首次采用表格的形式，同时划分出某项具体业务或事项的财务会计处理方法和预算会计处理方法，扩大了"双分录"核算范围。

"双分录"扩大了核算范围，有效地解决了会计核算基础"一山不容二虎"的问题，在会计核算中起到了顾此及彼、穿针引线的作用。同时，新政府会计制度中的"双分录"账务处理方法将会计各个要素始终贯穿在一起，达到了既反映行政单位财务状况，又反映预算执行情况的目的。

五、详细核算跨期摊配费用

如前所述，新政府会计制度要求对经济业务或事项在采用财务会计核算的同时进行预算会计核算。行政事业单位以权责发生制为基础进行会计核算，设置相应会计科目,详细核算跨期摊配费用。具体表现在3个方面。

一是新政府会计制度设置了《企业会计准则》和《小企业会计准则》废弃了的"待摊费用"和"预提费用"会计科目,用来核算行政单位或是事业单位已经支付,但应当由本期和以后各期分别负担的分摊期在1年以内(含1年)的各项费用,如预付航空保险费、预付租金等,又或者是预先提取的已经发生但尚未支付的费用,如预提租金费用等,以便确定单位费用的归属期间,确保会计核算信息质量。

二是新政府会计制度设置"长期待摊费用"会计科目,用以核算单位已经支出,但应由本期和以后各期负担的分摊期限在1年以上(不含1年)的各项费用,如以经营租赁方式租入的固定资产发生的改良支出等。"长期待摊费用"会计科目的设置,同样有利于单位按照权责发生制确定费用的归属期间,尤其是本年度与非本年度的费用归属期间,确保单位在持续经营、会计分期核算基本前提条件下,保证会计核算信息质量。

三是新政府会计制度设置了"预计负债"会计科目,从谨慎原则出发核算单位或有事项产生的现时义务,核算单位对因或有事项所产生的现时义务而确认的负债,如对未决诉讼等确认的负债。但同时,新制度也方便单位在权责发生制会计核算基础上,按照权责发生制确认费用,降低资产的入账价值,准确核算业务活动成本费用。

六、准确反映债权价值

新政府会计制度引入"坏账准备"概念,遵循谨慎原则,准确反映行政单位或事业单位的财务状况。为此,新政府会计制度相应设置了"坏账准备"科目,用以核算单位应收账款的价值。新政府会计制度增设"坏账准备"账户具有重要意义。

事业单位可通过设置"坏账准备"账户,核算其对收回后不需上缴财政的应收账款和其他应收款提取的坏账准备金额。也就是说,对于事业单位因业务活动产生的应收账款和其他应收款,债权收回后不需上缴财政的,都要按一定方法计提坏账准备。

同时,事业单位坏账准备应按照有关规定计提。事业单位的应收账款和其他应收款计提坏账准备的方法包括应收款项余额百分比法、账龄分析法、个别认定法等。事业单位计提坏账准备只能采用上述方法之一,而且坏账准备的计提方法一经确定,不得随意变更。

另外,事业单位应采用备抵法核算坏账。也就是说,事业单位在发生坏账时,不再直接冲销坏账增加支出项目,而是先冲销"坏账准备"账户,年末再调整"坏账准备"账户和"其他费用"账户,即借记"其他费用"账户,贷记"坏账准备"账户,或者借记"坏账准备"账户,贷记"其他费用"账户。

七、细化资产项目

新政府会计制度按照单位长期资产不同的管理需要和用途,进行总分类核算。比如,针对行政或事业单位常用的办公设备、房屋建筑物等,设置"固定资产"会计科目加以核算;针对行政或事业单位常用的公共基础设施,设置"公共基础设施"加以核算;针对行政或事业单位也有的保障性住房,设置"保障性住房"会计科目加以核算。

同时,新政府会计制度还在分类核算基础上,根据需要计提折旧或摊销。为此,新政府会计制度相应设置了"固定资产"与"固定资产累计折旧"、"无形资产"与"无形资产累计摊销"、"公共基础设施"与"公共基础设施累计折旧(摊销)"、"保障性住房"与"保障性住房累计折旧"等长期资产及其调整科目,一方面反映长期资产的初始规模,另一方面反映资产的账面价值,从而提升会计信息质量。

八、优化会计科目

新政府会计制度优化了不少会计科目,例如"业务活动费用""单位管理费用""经营费用""资产处置费用""上缴上级费用""对附属单位补助费用""所得税费用"和"其他费用"等。

当然,新政府会计制度不仅优化了费用类科目,还优化了一些净资产类会计科目。行政单位或事业单位虽然不追求利润最大化,但因为政府公共支出坚持"量入为出、略有结余"的财政原则,因而相应设置诸如"累计盈余""权益法调整""本期盈余""本年盈余分配""无偿调拨净资产""以前年度盈余调整"等会计科目,使之更能够准确反映会计科目的内涵。

九、取消基建会计

目前,按照现行事业单位会计制度规定,事业单位对于本单位基本建设投资除遵循相关会计制度规定进行会计核算外,还应当按照国家有关基建会计制度进行基本建设投资核算。在核算时,事业单位应单独建账、单独核算,期末将基建账相关数据并入单位"大账"。

新政府会计制度依据《基本建设财务规则》和有关预算管理规定,在充分吸收《国有建设单位会计制度》合理内容的基础上取消了基建会计专门核算要求，而是把基本建设项目作为单位业务活动统一到事业单位核算项目上。

也就是说，事业单位的基本建设投资按照新制度规定统一核算方法，极大地简化了基本建设业务的会计核算，有利于提高单位会计信息的完整性。

十、增设"资金结存"科目

政府行政单位或事业单位为便于资金预算管理，特别设置"资金结存"科目。"资金结存"核算单位纳入部门预算管理的资金流入、流出、调整和滚存等变动情况。该科目还下设"零余额账户用款额度""货币资金""财政应返还额度"这3个明细科目。

也就是说，新政府会计制度将行政事业单位纳入预算管理的资金流量统一作为一个"资金结存"会计科目核算。

在财政授权支付方式下，单位根据代理银行转来的财政授权支付额度到账通知书，按照通知书中的授权支付额度。原来的会计处理是，借记"零余额账户用款额度"科目，贷记"财政拨款预算收入"科目，而现在改为，借记："资金结存——零余额账户用款额度"科目，贷记"财政拨款预算收入"科目。

再比如，国库集中支付以外的其他支付方式下，发生相关支出时，按照实际支付的金额，原来会计处理为，借记"事业支出""经营支出"等科目，贷记"银行存款"或"库存现金"会计科目，而现在改为，借记"事业支出""经营支出"等科目，贷记"资金结存——货币资金"科目。

下篇

实验指导

下篇

皇帝難父

第一章　管理平台基础设置

一、功能概述

工作管理平台是新中大 Gsoft 产品的统一门户平台，提供了集中权限管理、集中用户管理、统一登录、智能审批预警等功能。

1. 单点登录

用户可以将该平台作为日常操作的主界面，通过该平台登录后，可以更方便地进入其他子系统，不需多次验证口令、切换账套。

2. 软件模块智能下载更新

通过工作管理平台，用户可以实现在任何地点智能下载所需模块，如果服务器处有新版本软件更新，平台也将在第一时间自动进行相应的匹配更新，无须用户干预，真正实现免安装免维护。

3. 统一用户管理、统一数据维护

工作管理平台提供对系统基础数据的统一定义、修改，用户可以根据需要进入维护，保证基础数据的统一性和维护的简便性。

工作管理平台还提供了跨账套进行集中权限维护的功能。

4. 用户个性平台

用户可以根据自身的需要，对平台界面中的功能、项目、图片等内容进行调整设置，同时系统也提供了外部程序的挂接功能，用户可以将常用的应用放入平台中，形成自身特有的日常管理平台。

二、实验目的和要求

通过操作，熟悉工作管理平台界面及功能，要求熟悉如何登录系统，掌握对用户定义和权限的分配，以及掌握如何建立核算单位账套。

三、教学建议

管理平台基础设置是学习和使用公共财政管理系统的基础。

建议本章节讲课 1 课时，上机操作练习 1 课时。

实验一　核算账套建立

　　软件安装完成后，首先要进行操作的模块是"核算单位管理"，在此，您可以建立"账套"、修改账套中的年度信息、修改年度中的模块信息等。

　　核算单位即"账套"，相类似于电子账簿。建立一个核算单位，就是启用一本新的电子账簿。对于小型数据库如 Sybase SQL Anywhere 等，在每个会计年度进行年结时都会自动在 USERxx 下生成一个目录，如 2011、2012 等；对于大中型数据库，则是在指定的设备或数据库管理系统中建立一个数据库，如 USER012011、USER2012 等。每一个年度年结后，新年度的数据自动生成。账务处理进入下一年的账本。

　　新中大软件可为多个独立核算的单位进行财务核算，即"多账套处理"。核算单位管理就是专门为了实现、方便核算单位管理这一功能而专门制作的。通过本模块，每个核算单位可以选出已经安装在您计算机中的其他功能模块，如账务、报表、工资等；任何一个核算单位要使用任何一个功能模块，都必须先在此进行注册，因为软件需要在此建立一些电子账簿所必需的基本内容，如所属行业、初始科目、财务主管等信息。

一、实验准备

　　已经安装新中大公共财政管理软件 GSOFT—12.1 版本，基本了解一般财政部门财政核算和管理要求。确定一般财政部门财政适用的应用方案。

二、实验目的及要求

　　通过软件的操作让学生了解行政事业单位账套的建立、账套数据的备份、恢复软件操作过程，同时也是为后期模块实验做准备。

三、实验内容

- ◆ 建立核算单位账套
- ◆ 制定集中备份方案
- ◆ 集中恢复软件操作

四、实验平台

新中大公共财政管理教学软件

五、实验资料

六、建账信息

账套号：<0+三位流水号>；账套名称：<学号+姓名+账套号>练习账套；
行业：总预算；
单位负责人：学生姓名；财务主管：老师姓名；
建账日期：2012.01.01
选择使用模块（全选）：
财政业务数据中心、预算编制系统、指标管理系统、拨款管理系统、国库集中支付系统、工资统发管理系统、政府采购管理系统、资产管理系统、账务处理系统、报表中心、非税收入管理系统（银行版）、非税收入管理系统（单位版）、非税收入管理系统（财政版）、项目管理系统。

七、备份方案

针对本账套数据做个整体备份方案，包含该账套使用的所有模块。

八、集中恢复

针对本账套数据做个原始基础数据恢复，包含该账套使用的国有模块。

九、实验指导

十、登录平台及进入核算单位模块

单击桌面快捷方式 ![icon] "新中大公共财政管理软件 Gsoft"，登录新中大公共财政管理软件，出现如图 1-1-1 界面。

图 1-1-1

在用户编码对应栏选择或输入：0000（系统管理员），然后在密码对应栏输入密码：123456（初始密码），然后点"确定"，出现如图 1-1-2 界面。

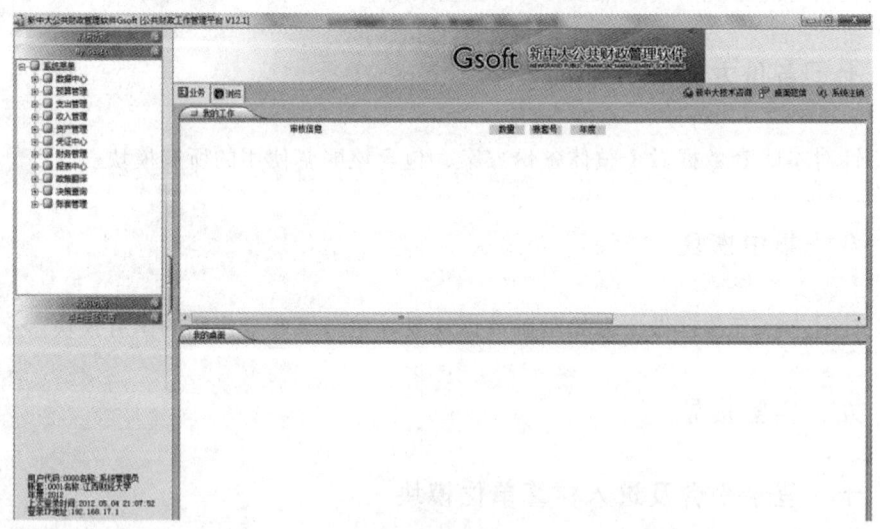

图 1-1-2

在图 1-1-2 左边界面"My Gsoft｜账套管理｜账套管理"，进入到如图 1-1-3"账套管理"界面。

第一章 管理平台基础设置

图 1-1-3

十一、建立核算单位账套

在图 1-1-3 界面，单击"账套功能 | 新建账套"，弹出如图 1-1-4 窗口。

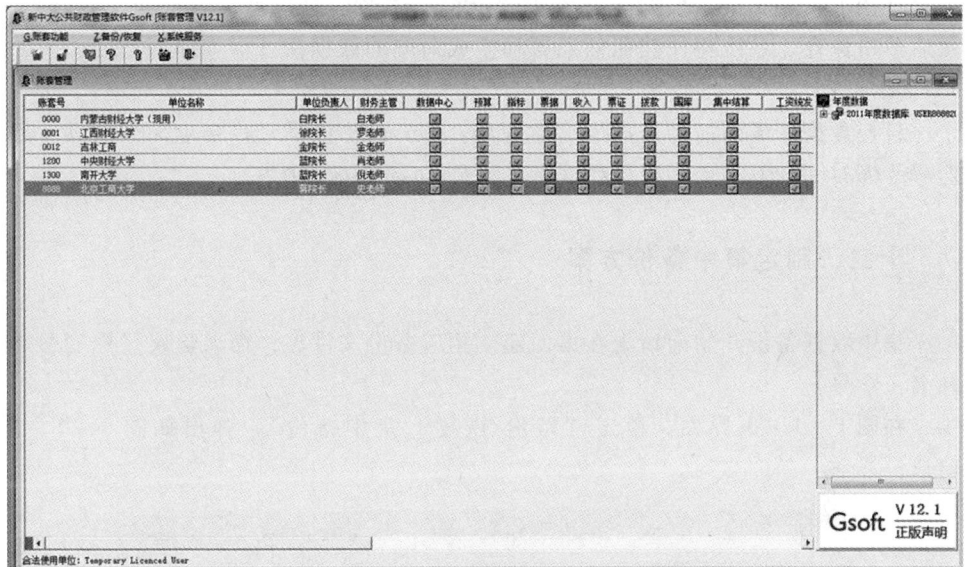

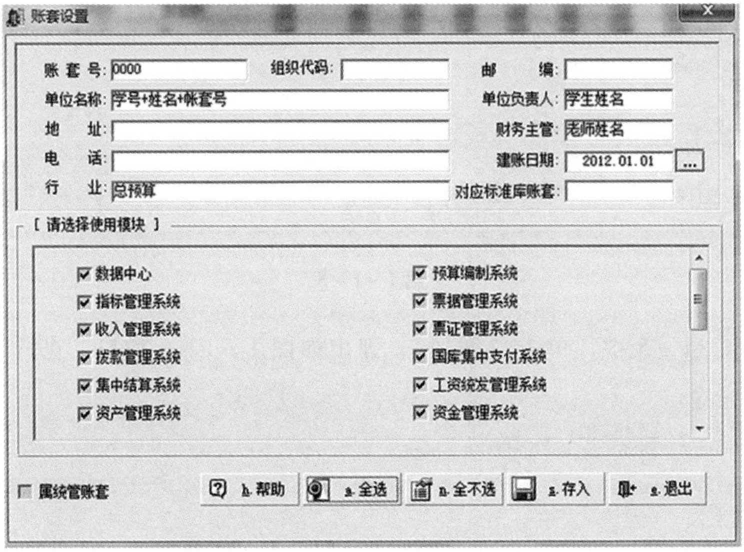

图 1-1-4 账套设置

在图1-1-4中,根据前一节实验资料—建账信息内容,分别输入或选择,然后单击保存,系统将按建账信息自动生成对应的数据库。

🛈注意:

后台数据库端生成的数据库名称规则:user < 账套号 > < 年度 >,例如,账套号为0031 的2012 年度后台数据库名称是:user 00312012

十二、制定集中备份方案

集中数据备份开始前请先在桌面建立相应备份文件夹,命名建议(账套号+姓名+学号)。

在图1-1-3界面,单击"备份/恢复丨集中备份",弹出如图1-1-5窗口。

图1-1-5

在图1-1-5中,单击"增加",弹出如图1-1-6窗口,进入"新增方案"界面。

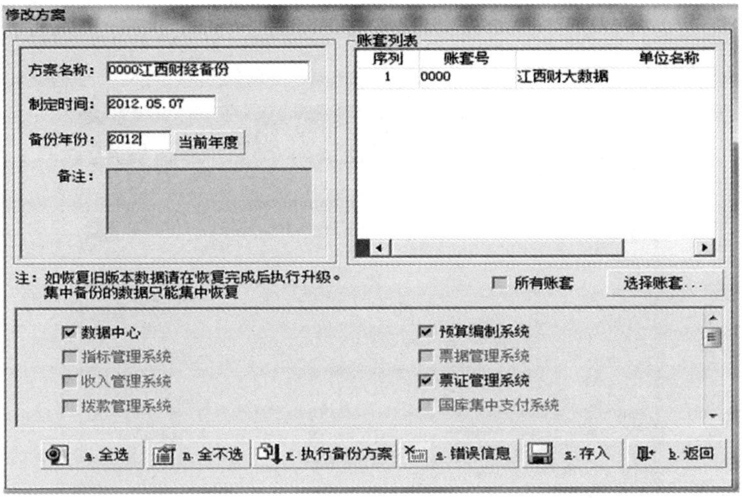

第一章 管理平台基础设置

图 1-1-6

在方案名称对应框内,输入方案名称(建议输入"账套号+姓名+学号",方便学生辨认自己备份账套),备份年份输入 2012,把所有账套前的 ☑ 给去掉,然后单击"选择账套",弹出图 1-1-7,从"未选入"窗口中选择需要备份账套,然后单击" > "将备份账套选入"已选入"窗口,并单击"确认"。

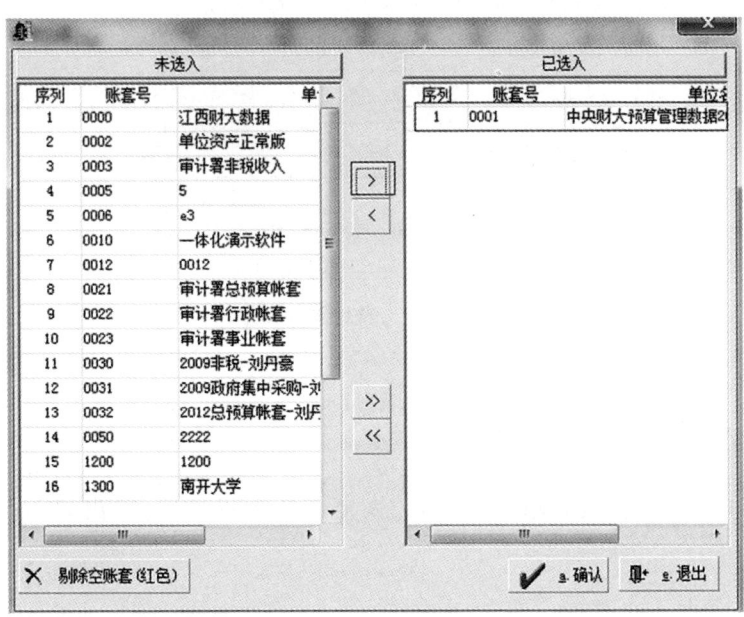

图 1-1-7 备份账套选择

选择完毕后，单击"执行备份方案"按钮，系统弹出图1-1-8，单击"继续"。

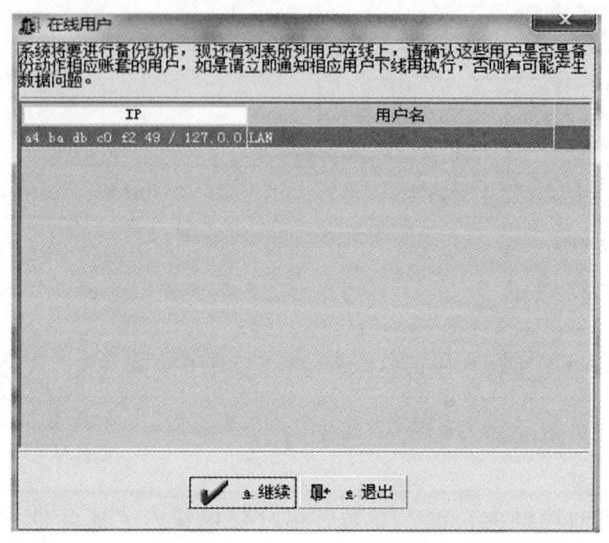

图1-1-8 在线用户

在弹出的备份路径窗口图1-1-9，单击"浏览"选择备份前新建文件夹，然后单击"确认"，直至系统弹出提示窗口"备份完成"。

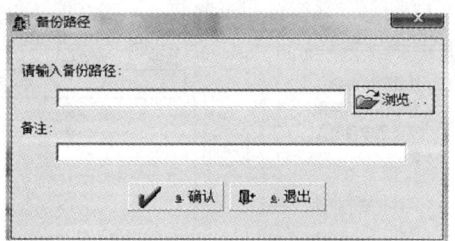

图1-1-9 备份路径窗口

十三、集中恢复软件操作

在图1-1-3界面，单击"备份/恢复 | 集中恢复"，弹出如图1-1-10窗口。

第一章 管理平台基础设置

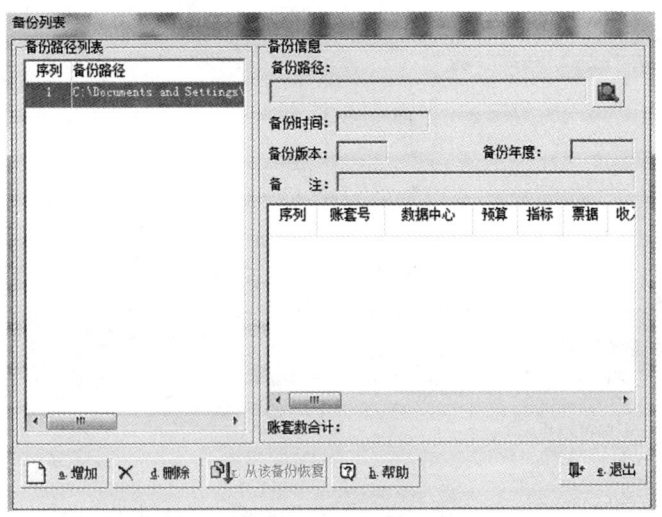

图 1-1-10 备份列表

在图 1-1-10 中，单击"增加"，选中新增序列，弹出"备份路径为空！"的错误提示，单击"确定"并单击"🔍"按钮选择备份路径，选择完路径此时从该备份中恢复按钮将可以使用，单击"执行备份方案"按钮，如图 1-1-11 所示。

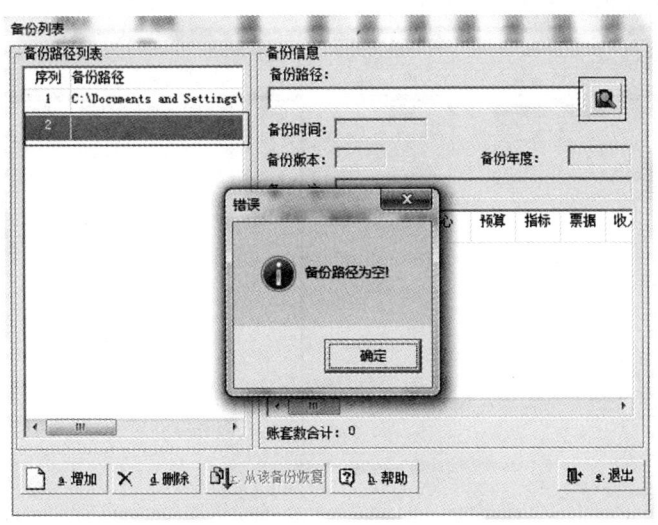

图 1-1-11

在弹出的新窗口图 1-1-12 中分别选择备份账套和对应目标账套，单击"选择"。

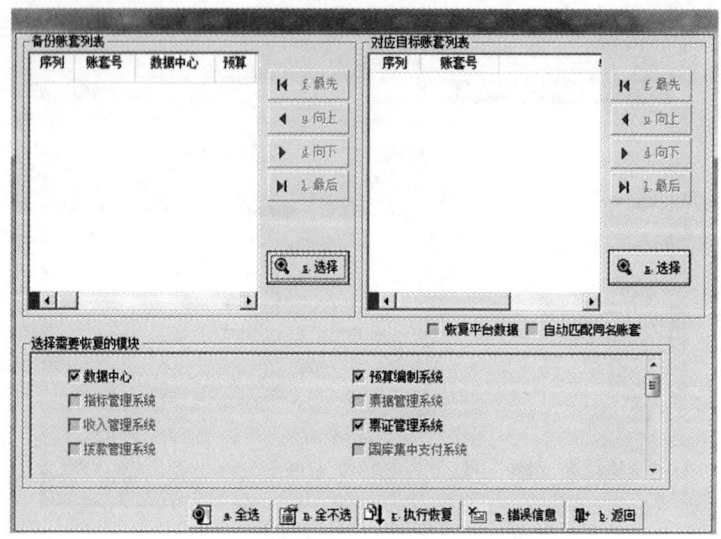

图 1-1-12

在弹出的图 1-1-13，在未选入窗口中选中备份账套，单击" > "将备份账套推送至已选入窗口，单击"确认"保存结果。对应目标账套列表操作相同，注意将需要恢复的账套选中才可。

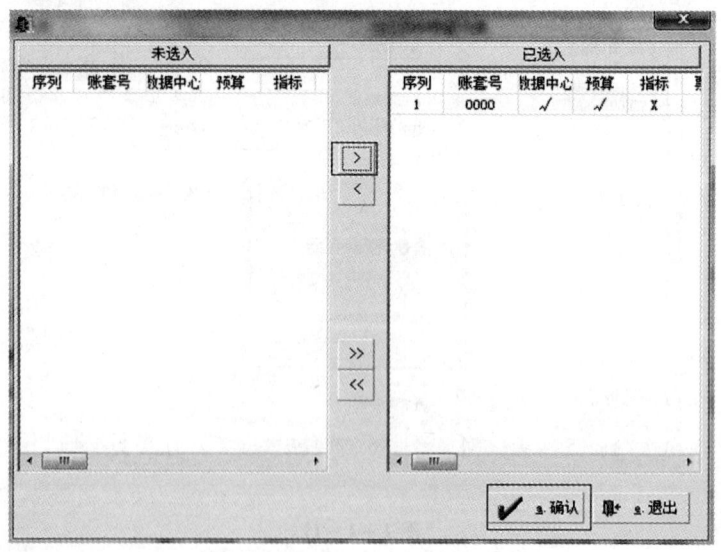

图 1-1-13（一）

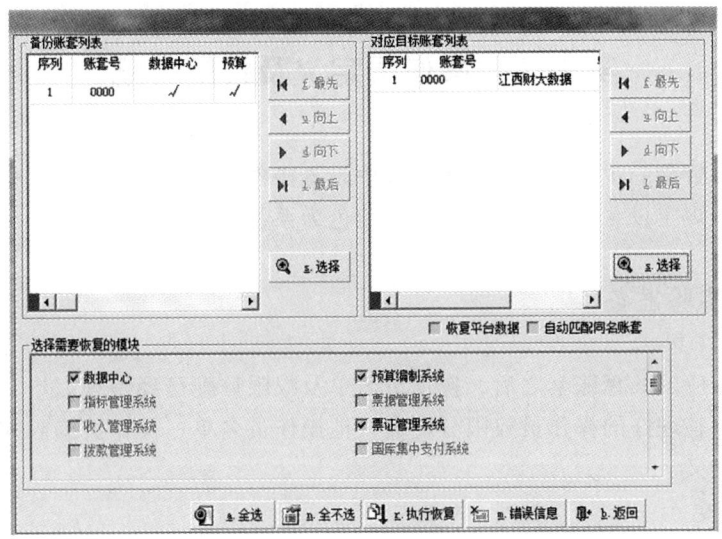

图 1-1-13（二）

在选择完备份账套和对应目标账套后,单击"执行恢复"按钮,在弹出的新窗口图 1-1-14,单击"继续"按钮。直至"恢复完成!",注意中间过程不可终止。

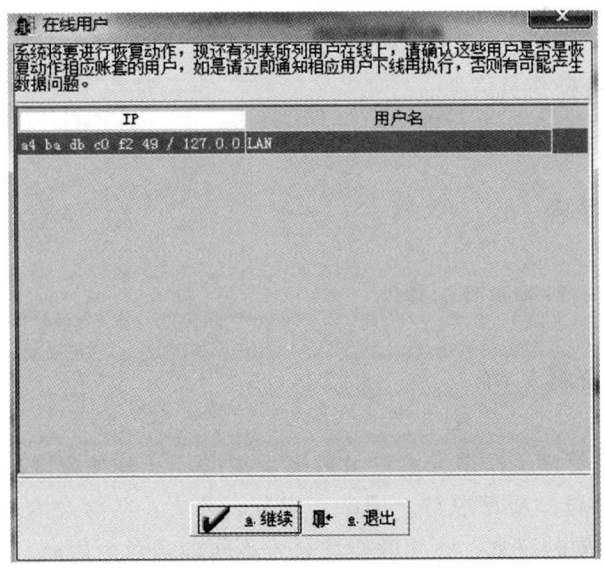

图 1-1-14　在线用户列表

实验二 操作员定义及权限分配

操作员管理的主要功能是在本系统中设置操作人员,并对每个操作人员的操作权限进行规定设置。执行权限管理的角色为系统管理员。

一、实验准备

建立相应的核算账套之后,操作员名单及权限分配已经整理完毕,下一步就要求把按照整理好的操作员权限分配表,把操作员名单、操作员编码和相关权限在系统内定义。

二、实验目的及要求

通过新中大公共财政管理教学软件的具体操作,熟悉操作员信息在软件中的展现形式及权限的分配方式。

三、实验内容

- ◆ 定义系统操作员信息
- ◆ 定义操作员角色及权限分配

四、实验平台

新中大公共财政管理教学软件

五、实验资料

注意:财政管理工作是分多种角色来承担的。从整体财政的角度来看,财政角色分为财政局、预算单位、国库、银行、人大。从财政内部来看,财政业务角色又按照不同的科室、不同的职位分为不同的角色。因此,为了方便教学,我们将财政业务角色进行简化,划分为领导角色和业务办理角色,如表1-2-1所示。

表 1-2-1　　　　　　　　操作员名单及权限表

操作员编码	操作员姓名	模块权限
CGY001	张采购	采购、报表
GKK001	王主管	指标、拨款、国库、采购、报表、资产
GKK002	任经办	指标、拨款、国库、采购、报表、资产
GKK003	陈文员	资产、报表
GKK004	何文员	指标、拨款、国库、采购、报表、资产
GZTF01	李会计	工资统发
YSK001	张主管	预算、报表
YSK003	李经办	预算、报表
YSK004	赵申报	预算、报表
PZY001	陈经办	非税、报表
PZY002	刘主管	非税、报表
FSGAJ1	公安执收	非税、报表

六、实验指导

1. 操作员录入

在平台界面单击"系统功能｜操作员管理"菜单，系统进入操作员列表窗口，如下图 1-2-1 所示。

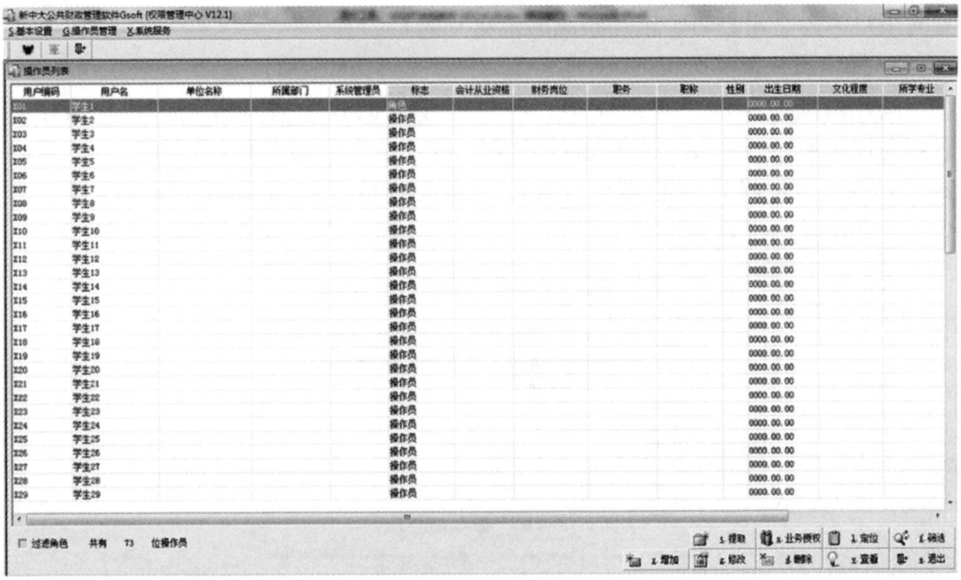

图 1-2-1

在图1-2-1窗口，单击"增加"按钮出现如下图1-2-2窗口。

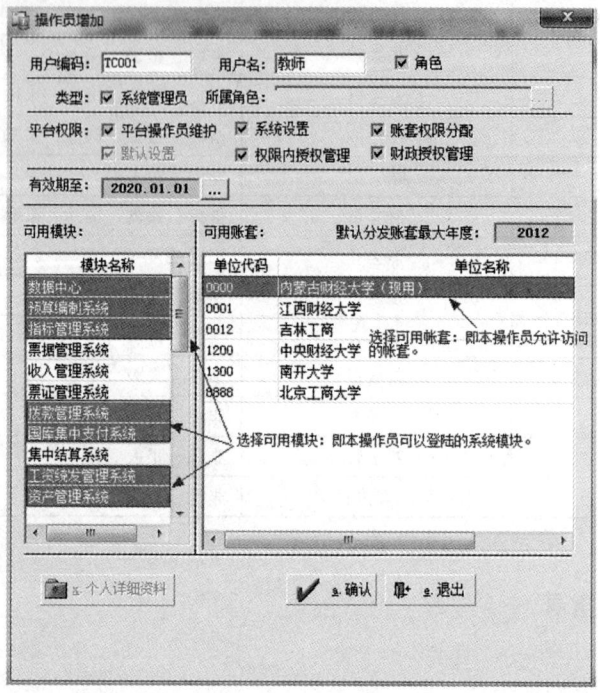

图1-2-2

在图1-2-2窗口，按照前面实验资料所述的操作员名单及权限表，输入相应的用户编码、用户名，选择相应的模块和账套。

2. 操作员权限的分配

操作系统的操作员登记完毕，就对操作员的权限进行分配工作，操作如下：在图1-2-1中单击相应的操作员，然后单击"业务授权"按钮，然后在图1-2-3中选择相应的账套，单击"确认"进行具体账套具体模块赋权界面，如图1-2-4所示。

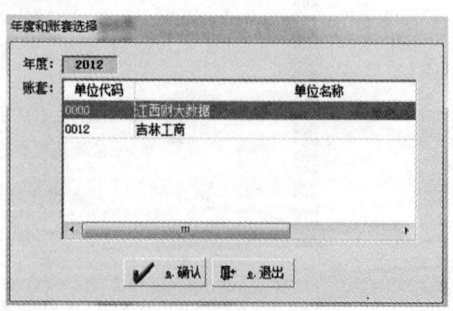

图1-2-3

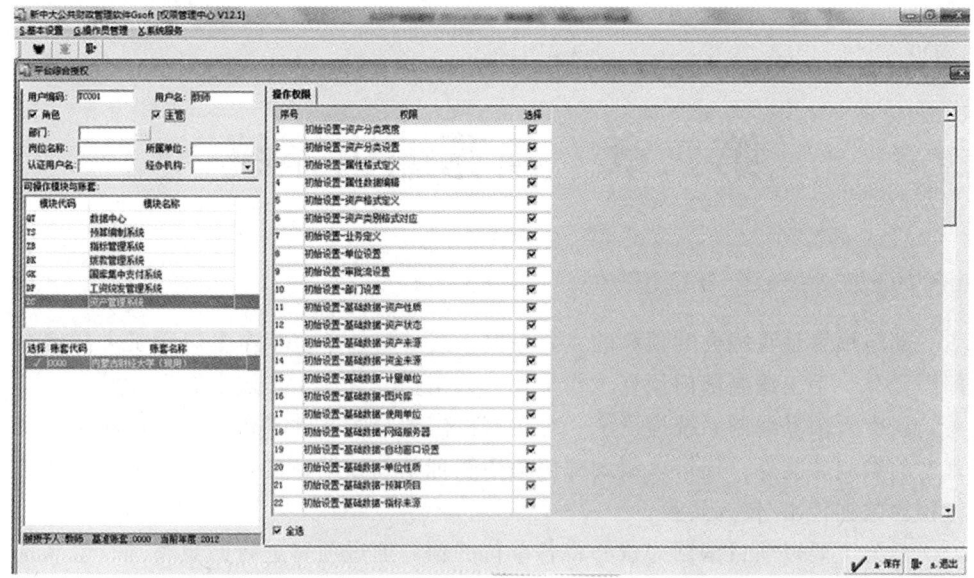

图 1-2-4

在图 1-2-4 中,可以定义该操作员的模块具体权限,按照实验资料的权限表,分别为各操作员指定相应的模块权限。

第二章 预算编审系统

部门预算是我国公共预算的主要编制形式。目前单位基本上以手工方式编制部门预算。手工编制部门预算工作量大,易出错,致使工作效率低下。

新中大预算编制系统提供了一个编制部门预算的软件平台。该软件除了具备基本的编制功能外,还可以帮助部门集中管理基础数据,自定义预算报表以及进行预算数据传出/传入转换。

系统主要以项目编制为核心将各单位的预算通过项目进行归集整理,直观地反映了预算部门所有收支情况。项目可能是一个虚设的项目,也可能是某个专项项目,可以根据用户的具体应用需要进行不同的处理。

一、系统业务处理总流程

系统业务处理总流程(以下简称总流程)完全符合两上两下的编制程序。

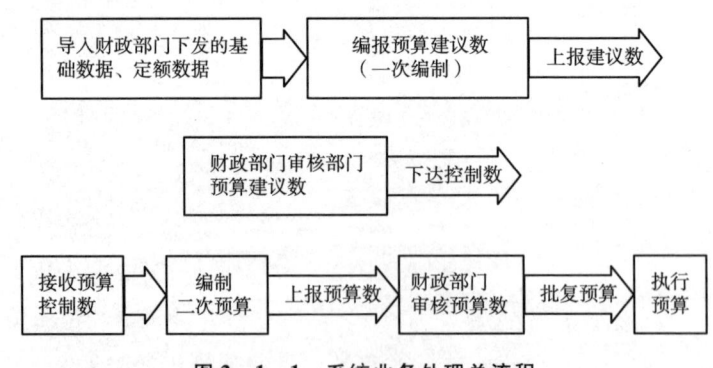

图 2-1-1 系统业务处理总流程

✓总流程说明:
1. 财政部门统一设置好基础数据、定额数据,并下发给各单位;
2. 各预算编制单位根据基础数据、定额数据编制初步收入预算建议数,支出预算建议数,经过单位主管人员审核后,再层层上传给财政部门;

3. 财政管理部门审核单位预算建议数,下达预算控制数,并下传;

4. 各预算编制单位在控制数范围内编制正式预算,并层层上传给财政部门;

5. 财政部门审核各部门预算,通过人大批准批复各单位各项预算,并将批复数回传给各单位。

二、单位预算编制流程

单位包括政府各一级部门及其所属基层单位、二级单位。在本系统中,单位要首先编制预算建议数,系统称为一次编制。单位还要根据财政业务部门或上级单位下达的预算额度编制二次预算(即调整预算)。一次编制流程与二次编制流程相同,具体如图2-1-2所示:

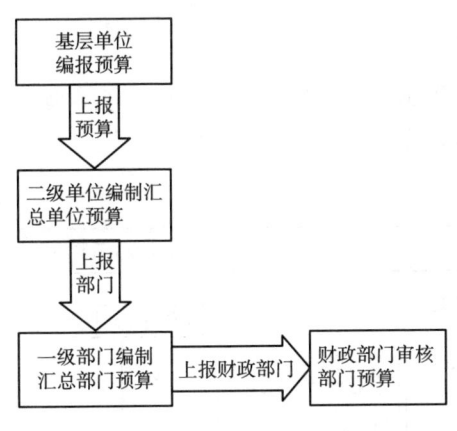

图 2-1-2 单位预算编制流程

实验一 一上编制及审核、控制数下达

预算编制包括两上两下过程,一上环节包括:一次申报,即从预算单位上报基础数据、支出收入预算的申报;一次下达,即由财政专管员对各预算单位上报的数据进行审核并下达控制数等,实验一主要是针对一次申报和一次下达进行实验练习操作。

一、实验准备

财务预算管理部门已经对全年的预算基础工作做好准备,包括项目类型、基础数据、定额标准等已经配置完毕,把预算编审系统初始化准备工作已经确认完毕。

预算单位申报人员按照预算管理部门统一制定的并要求上报的预算信息,开始进行一次申报工作。

二、实验目的及要求

掌握部门预算编制业务流程;
掌握新中大部门预算编审系统操作方法;
理解业务流程中各个岗位之间的传递关系。

三、实验内容

◆ 对系统的一上编制的各个环节,都能按照该类型业务操作流程进行操作
◆ 根据实验资料,完成对一上编制不同操作员在各个模块的操作处理
系统实现

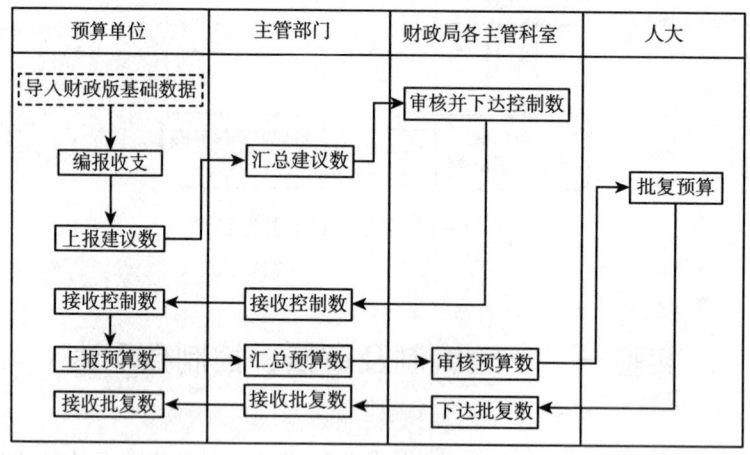

图 2-1-3 流程图

流程关键节点注释:

1. 预算单位根据财政局规定同意制定预算编制规则并导入财政局下发的基础数据、定额数据;

2. 预算编制单位根据基础数据、定额数据编制初步收入预算建议数,支出预算建议数,经过单位主管人员审核后,再层层上传给财政部门(上报预算建议数);

3. 财政局各主管科室审核单位预算建议数，下达预算控制数，并下传（下达预算控制数）；

4. 各预算编制单位在控制范围内编制正式预算，并层层上传给预算管理部门（上报预算正式数）；

5. 财政局各主管科室审核各部门预算，通过人大批准各单位各项预算，并将批复数回传给各单位（下达预算正式数）。

四、实验平台

新中大公共财政管理教学软件

五、实验资料

某公安局（本部）明年预算数据如下，请按要求编制其明年度部门预算。

（一）单位基本数字情况

1. 行政单位编制：

干部人员：

四套班子正职 4 人。

担任部门正职的正处级人员 10 人。

担任部门副职的副处级干部 20 人。

科员 36 人。

办事员 25 人。

2. 事业单位编制：

预算内事业编制干部人员：28 人。

离休人员：正局级 3 人，副局级 6 人，正处级 5 人，副处级 10 人。

3. 该公安局本部占有资产情况：

机动车占有情况：特种预算内小轿车 15 辆，一般小轿车 20 辆。

中型客车：特种预算内 5 辆，一般预算内中型客车 2 辆。

4. 一般设备情况：

台式机 32 台，笔记本 16 台。

复印机：10 台。

打印机：20 台。

空调：10 台。

享受通讯费人员：正局级 4 人，副局级 8 人，正处级 5 人，副处级 10 人。

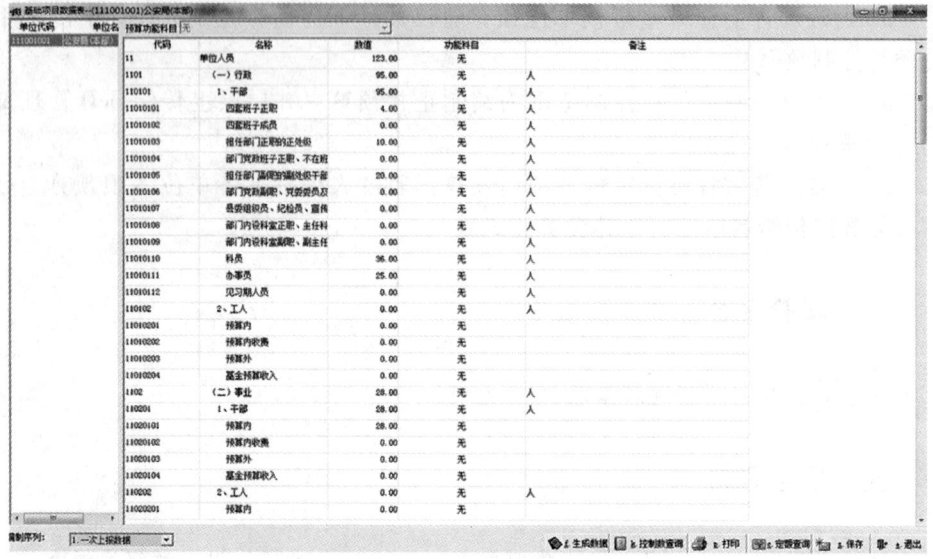

图 2-1-4 基础数据录入

（二）支出预算编制

针对奥运安全保卫不断加强的需要，需要采购南京依维克办案用车 10 辆，本次采购不纳入到政府采购程序（单价 20 万元）。

本单位需要增加办公用小轿车 20 辆，品牌为北京现代索纳塔，价格 15 万元，本次采购需要纳入到政府采购。

专项支出采购，采购 HP 打印机 30 台，需要纳入到政府采购程序，单价 3000 元。

（三）收入预算编制

本单位在 2012 年度计划预算外行政事业收费——车辆管理费 2000000 元。假设财政部门在预算编制的审核过程中，不对公安局本部的 2012 年的预算有所删减调整。

六、实验指导

（一）张主管确认进度

1. 系统登录后，首先以 ysk001 张主管的身份进入新中大公共财政管理软件 Gsoft［公共财政工作管理平台］，选择"系统菜单"→"预算管理"→"预算编制"进入软件的预算编制系统。

2. 选择"基础设置"菜单→"初始化完成",弹出"初始化已经完成"对话框,如图 2-1-5 所示,单击"确认"按钮。(如果初始化已完成,则可以不做此步骤)

图 2-1-5　初始化界面

3. 选择"系统管理"菜单→"编制进度"→"进度确认",在如图 2-1-6 界面上单击"保存",以保证编辑序列为"一上编制",然后图 2-1-6 自动关闭,预算单位可以进行预算申报操作了。

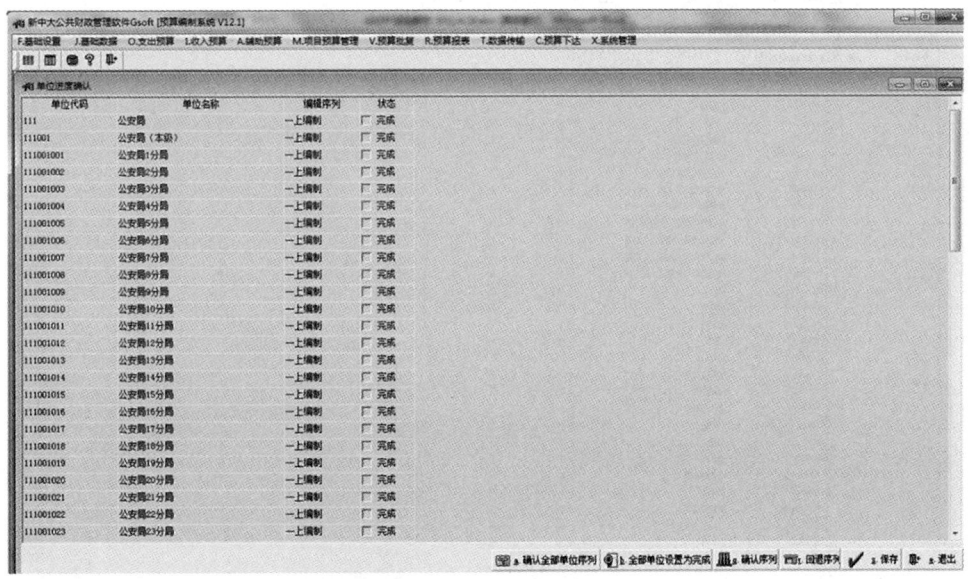

图 2-1-6　进度确认界面

（二）赵申报一次上报部门预算数据

1. 进入系统

系统登录后，以 ysk004 赵申报身份进入新中大公共财政管理软件 Gsoft［公共财政工作管理平台］。选择"系统菜单"→"预算管理"→"预算编制"进入软件的预算编制申报系统，如图 2－1－7 所示：

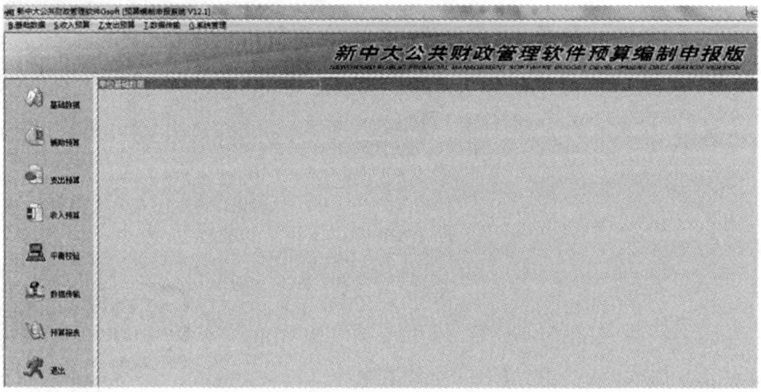

图 2－1－7　预算编制申报版

2. 基础数据的录入

在界面的左列图标菜单中选择"基础数据"，在右边的工作区域中单击"单位基础数据"，进入基础项目数据表，如图 2－1－8 所示，对（111001001）公安局（本部），在表中进行基础数据的录入。

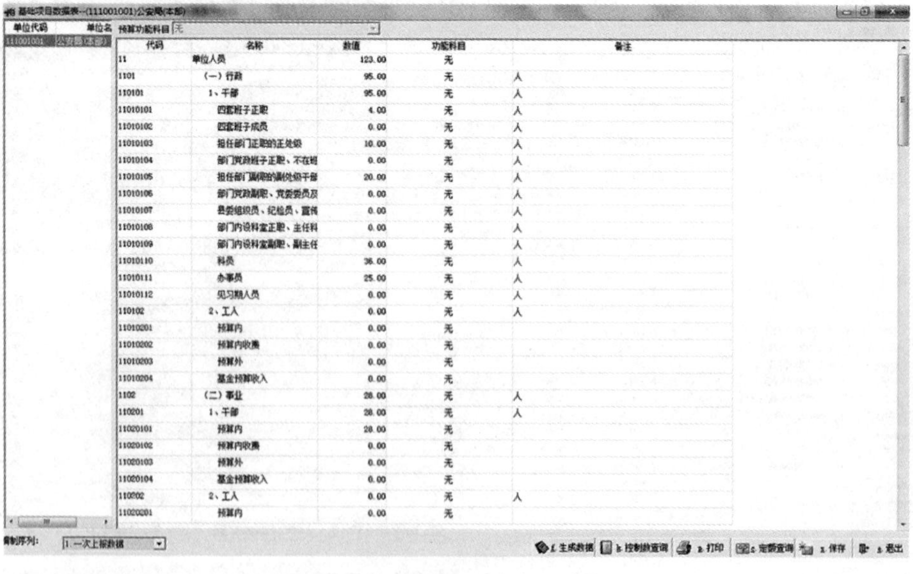

图 2－1－8

（1）行政单位编制：

干部人员：

四套班子正职 4 人。

担任部门正职的正处级人员 10 人。

担任部门副职的副处级干部 20 人。

科员 36 人。

办事员 25 人。

（2）事业单位编制：

预算内事业编制干部人员：28 人。

离休人员：正局级 3 人，副局级 6 人，正处级 5 人，副处级 10 人。

（3）该公安局本部占有资产情况：

机动车占有情况：特种预算内小轿车 15 辆，一般小轿车 20 辆。

中型客车：特种预算内 5 辆，一般预算内中型客车 2 辆。

（4）一般设备情况：

台式机 32 台，笔记本 16 台。

复印机：10 台。

打印机：20 台。

空调：10 台。

享受通讯费人员：正局级 4 人，副局级 8 人，正处级 5 人，副处级 10 人。

数据录入完成后，单击"保存"按钮保存基础数据→"退出"。

3. 支出预算的编制

（1）在图 2-1-9 的左列图标菜单中选择"支出预算"，在右边的工作区域中单击"支出预算录入表"，进入支出预算界面（见图 2-1-9），进行支出预算编制。注意：录入界面中带 * 为项目支出，没带 * 为基本支出。

① * 专项支出采购，采购 HP 打印机 30 台，需要纳入到政府采购程序，单价 3000 元。使用预算内资金 60000 元，预算外收费 30000 元，合计预算金额 90000 元。选择"办公设备购置"栏下的"一次性支出"，单击菜单栏中的"增加"，出现如图 2-1-10 所示，按要求进行各种数据的录入。待数据录入完毕后，单击"确认"按钮进行确认。

图 2-1-9 支出预算界面

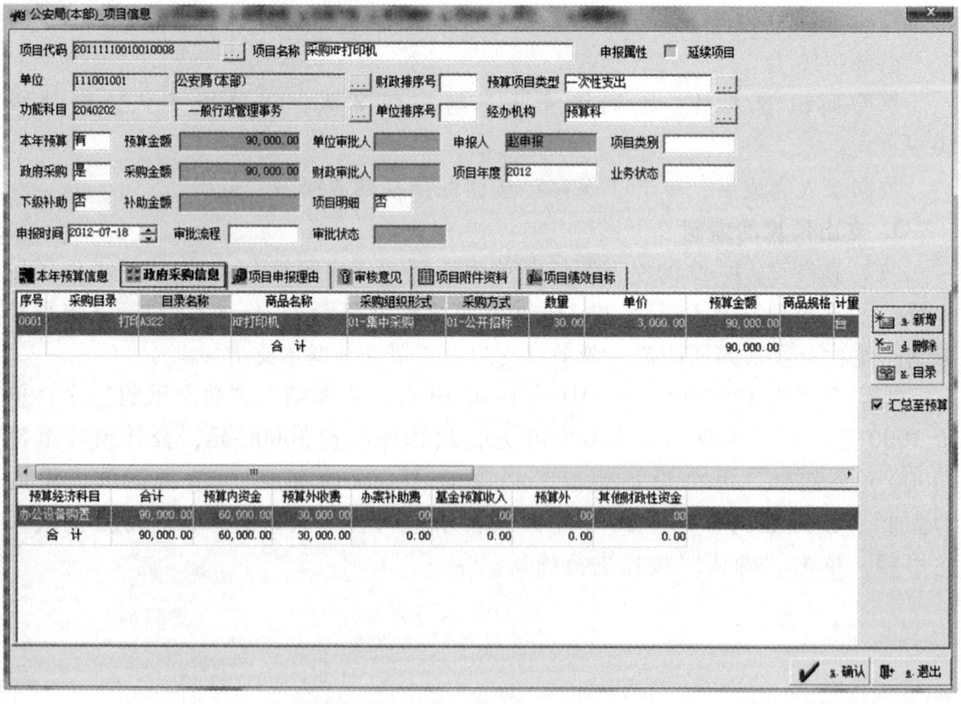

图 2-1-10 HP 打印机项目采购

HP 打印机项目采购录入过程:单击"项目代码"旁" ... "按钮,系统弹出"单位选择"窗口,单击" 自动生成 "按钮,完成项目代码自动生成工作;输入项目名称:"采购 HP 打印机";功能科目:2040202 一般行政管理事务;经办机构:999001999 预算科;政府采购选择"是";单击" 政府采购信息 "出现新窗口,单击" 新增 "在弹出的"采购目录选择"中,选择:A322 打印机;输入商品名称:HP 打印机;采购组织形式:01 集中采购;采购方式:01 公开招标;数量:30;单价:3000;计量单位:台;预算内资金:60000;预算外收费30000;单击"确认"保存退出。

②*针对奥运安全保卫不断加强的需要,需要采购南京依维克办案用车 10 辆,本次采购不纳入到政府采购程序。分别使用预算内资金 1000000 元,预算内收费 500000 元,办案补助费 500000 元(单价 20 万元)

选择"专用设备购置"栏下的"一次性支出",单击菜单栏中的"增加",出现如图 2-1-11 所示界面,按要求进行各种数据的录入。待数据录入完毕后,单击"确认"按钮进行确认。

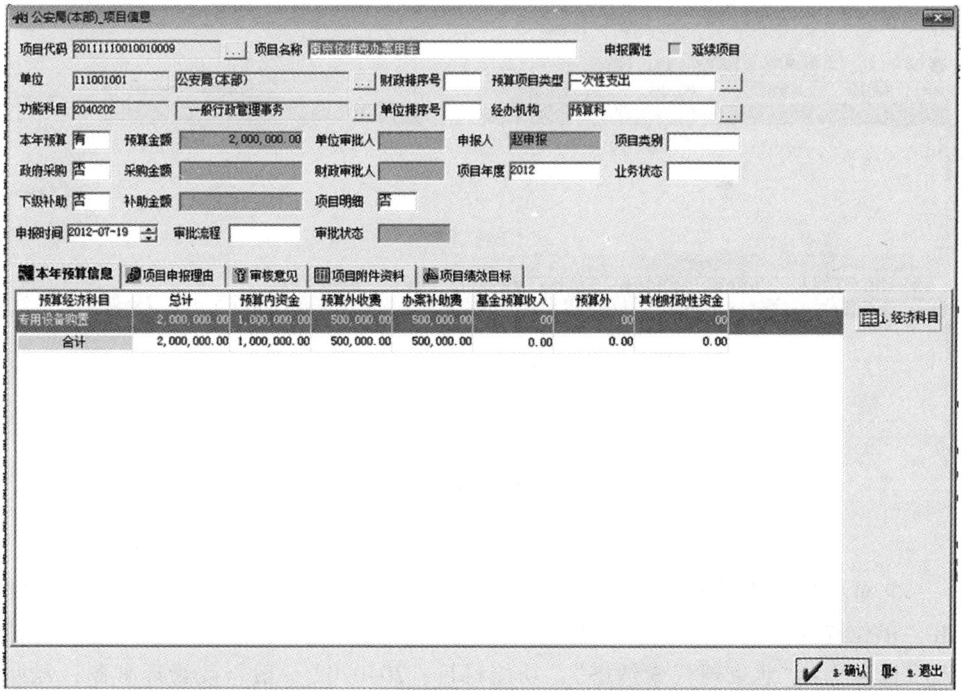

图 2-1-11 南京依维克办案用车

南京依维克办案用车录入过程:单击"项目代码"旁" ... "按钮,系统弹出"单位选择"窗口,单击" 自动生成 "按钮,完成项目代码自动生成工作;输入项目名称:"南京依维克办案用车";功能科目:2040202 一般行政管理事务;经办机构:999001999 预算科;预算内资金:1000000,预算外收费:500000,办案补助费:500000,单击"确认"保存退出。

③＊本单位需要增加办公用小轿车 20 辆,品牌为北京现代索纳塔,价格 15 万元,本次采购需要纳入到政府采购,其中使用预算内资金 2000000 元,预算外收费 500000 元,办案补助费 500000 元。

选择"交通工具购置"栏下的"一次性支出",单击菜单栏中的"增加",出现如图 2-1-12 所示,按要求进行各种数据的录入。待数据录入完毕后,单击"确认"按钮进行确认。

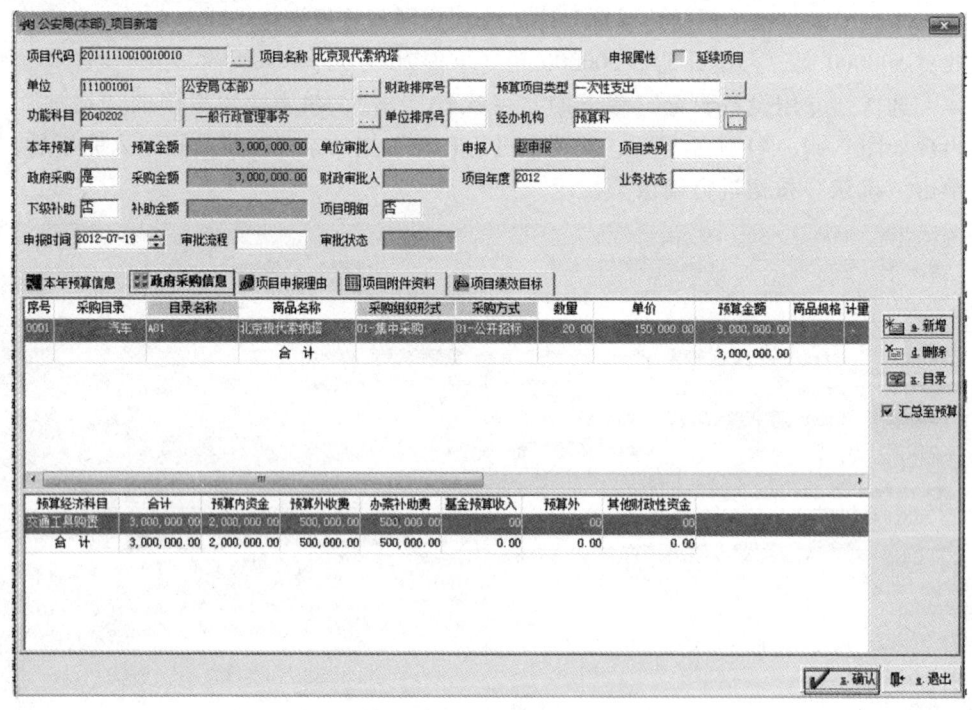

图 2-1-12 北京现代索纳塔

北京现代索纳塔采购录入过程:单击"项目代码"旁"……"按钮,系统弹出"单位选择"窗口,单击" 自动生成 "按钮,完成项目代码自动生成工作;输入项目名称:"北京现代索纳塔";功能科目:2040202 一般行政管理事务;经办机构:999001999 预算科;政府采购选择"是";单击" 政府采购信息 "出现新窗口,单击" 新增 "在弹出的"采购目录选择"中,选择:A81 汽车;输入商品名称:北京现代索纳塔;采购组织形式:01 集中采购;采购方式:01 公开招标;数量:20;单价:150000;计量单位:台;预算内资金 2000000,预算外收费 500000，办案补助费 500000，单击"确认"保存退出。

（2）在预算编制申报系统界面第一栏的菜单中选择"支出预算"→"重新定额计算"，在弹出的"预算部门选择"对话框中单击"确认"按钮，系统自动进行支出预算的数据汇总，计算完成后出现"计算完成对话框"（见图 2 – 1 – 13 所示），进行确认后系统汇总计算出各种支出的总额（包括系统根据基本人员数额计算出的各种福利、保险费用支出）。

注意：无定额数据可以省略此步骤。

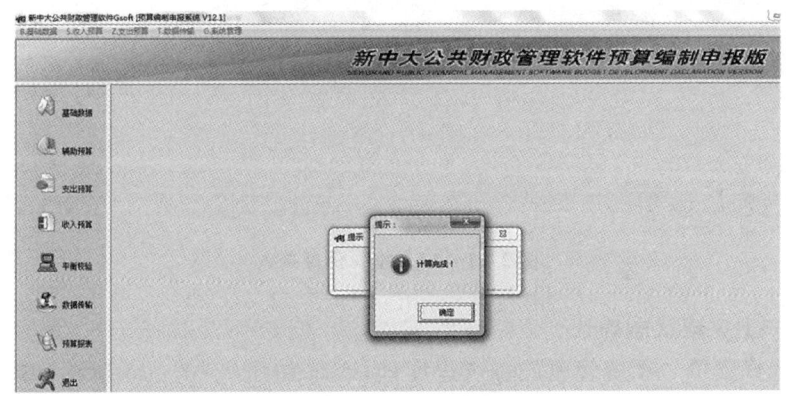

图 2 – 1 – 13　重新定额计算

4. 收入预算的编制

在界面的左列图标菜单中选择"收入预算"，在右边的工作区域中单击"收入预算录入表"，进行入收入预算录入表，进行收入预算编制。如图 2 – 1 – 14 所示。本单位在 2012 年度计划预算外行政事业收费——车辆管理费 2000000 元。选择"预算外行政事业性收费"科目，在界面右下角中单击"增加"按钮，在主表中的"预算外行政事业性收费"下增加一栏"1110010010022（项目代码）新增项目"，其中项目代码以红色显示。单击"1110010010022（项目名称）"将其更改为"车辆管理费"单击表头的"行政收费"选项卡，单击该界面左下角的"增行"按钮，在弹出的"行政收费项目"对话框中选择"非机动车管理收费"，并进行确认。再在"2012 预算数"栏下输入 2000000，并单击"保存"。

单击" "按钮，将预算内支出自动填充至相应收入，表示收入预算对应的支出预算的取值，然后单击"保存"。

图 2-1-14 收入预算录入

5. 一上完成状态确认

在选择菜单"系统管理"→"进度确认",如图 2-1-15 所示,选中相应的预算单位,勾选状态"完成",然后单击"保存"。

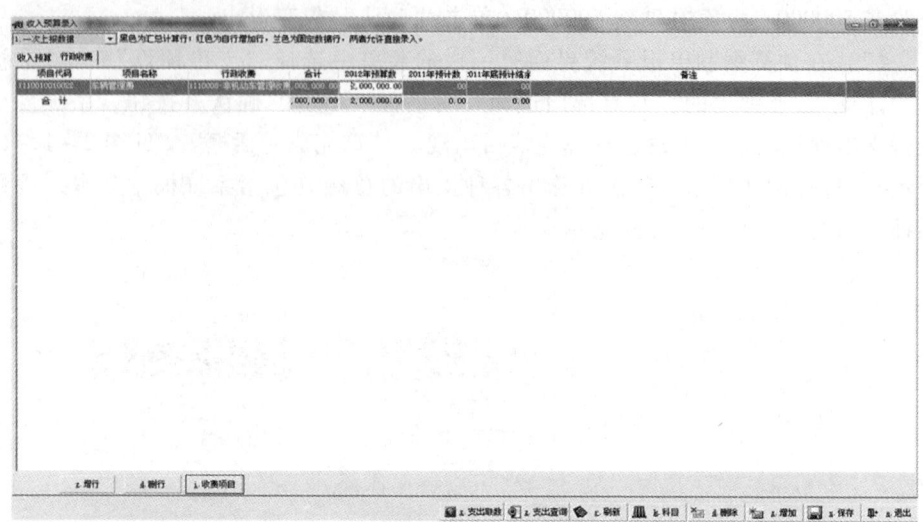

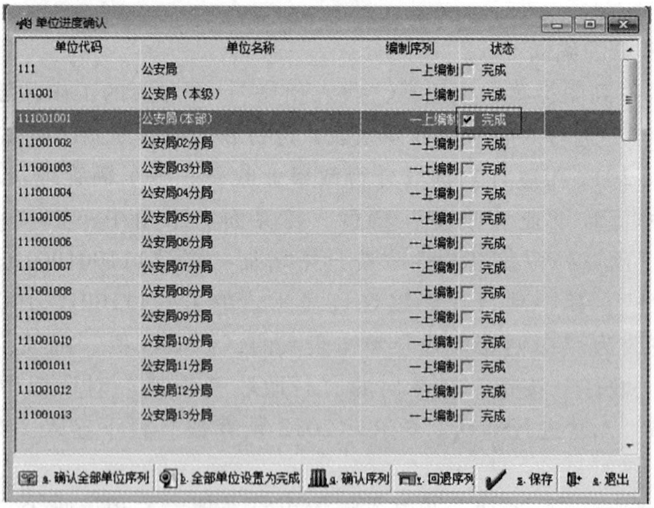

图 2-1-15 单位进度确认

(三)张主管确认进度

1. 系统登录后,以 ysk001 张主管身份进入新中大公共财政管理软件 Gsoft

[公共财政工作管理平台]。选择"系统菜单"→"预算管理"→"预算编制"进入软件的预算编制系统。

2. 在选择菜单"系统管理"→"编制进度"→"进度确认",选中相应的预算单位,单击右下角的"确认序列"按钮,编制序列由"一上编制"转为"一下编制",再单击"保存"按钮。

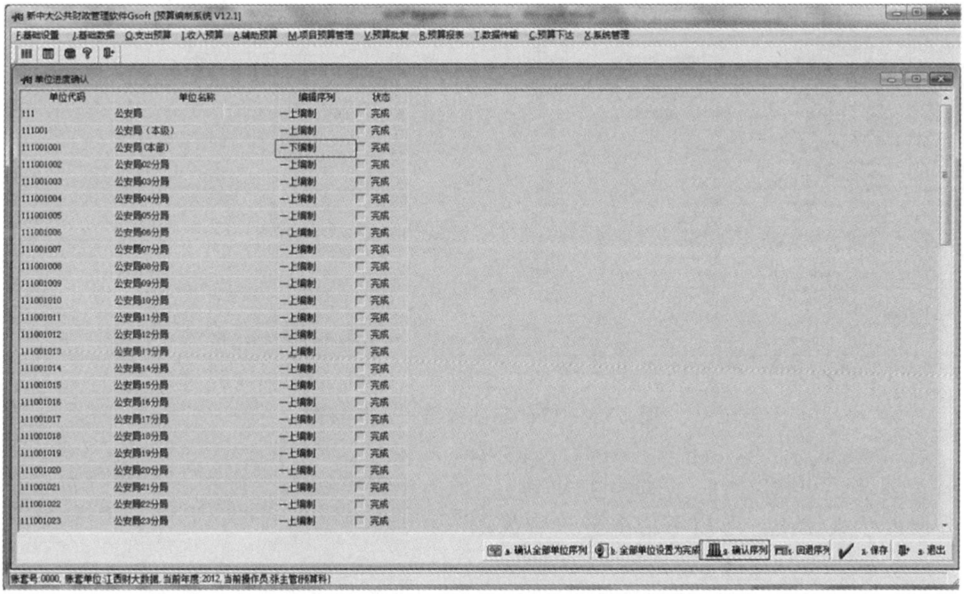

图 2-1-16　一上编制进度确认

(四) 李经办审核部门一上数据

1. 系统登录后,以 ysk003 李经办身份进入新中大公共财政管理软件 Gsoft [公共财政工作管理平台]。选择"系统菜单"→"预算管理"→"预算编制"进入软件的预算编制系统。

2. 在"基础数据"下拉菜单中选择"基础数据一上审核数",在弹出的"基础项目数据审核表——111001001 公安局(本部)"表,如图 2-1-17 所示,在左边的列表中选择单位名称"公安局(本部)",再单击表右下角的"生成预算审核数"按钮,出现公安局部门预算的基础数据表,李经办对其进行审核。审核无误后,单击"保存"。

3. 在"支出预算"下拉菜单中选择"支出预算一上审核数",弹出的"支出预算审核数"界面,如图 2-1-18 所示。在界面的左列部门树中选择"公安局(本部)",再单击左上角的"数据源",生成公安局的支出预算表。审核无误

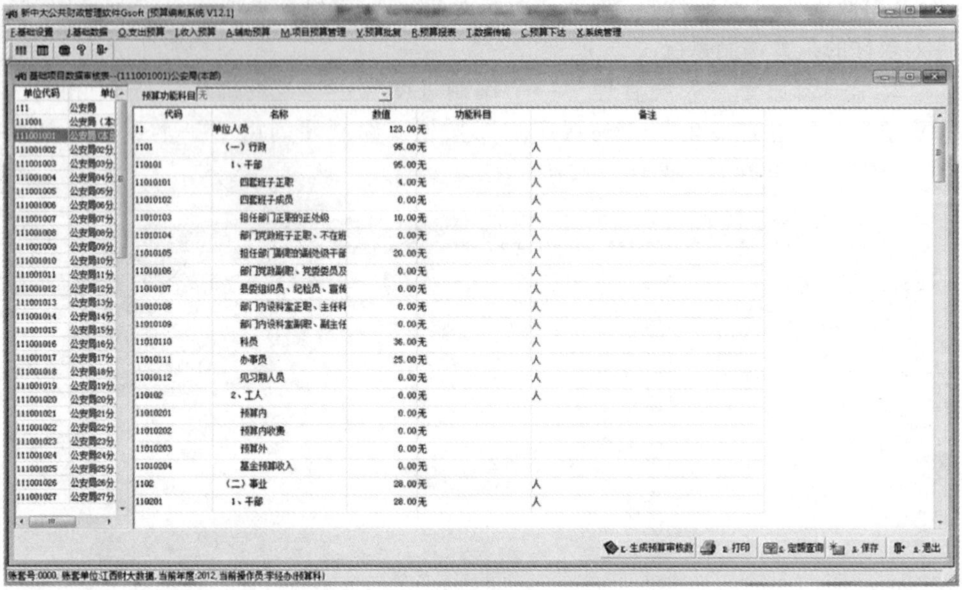

图 2-1-17 基础数据—上审核数

后,选择"审批"—"全部项目审核",最后单击"存入"按钮。注意:如果数据已经生成无误,可以不用单击"数据源"生成。

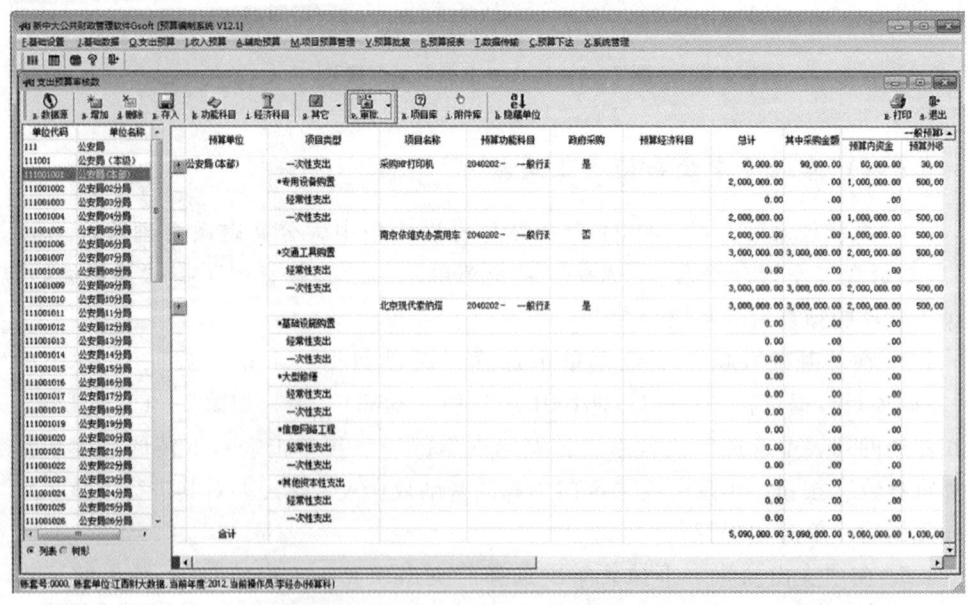

图 2-1-18 支出预算—上审核数

4. 在"收入预算"下拉菜单中选择"收入预算—上审核数",弹出的"收入预算控制"界面,如图 2-1-19 所示。在界面的左列部门树中选择"公安局(本部)",再单击右下角的"生成审核数",生成公安局的支出预算表。审核无误后,选择"审核"→"t 审核",最后单击"保存"按钮。注意:如果数据已经生成无误,可以不用单击"生成审核数"生成。

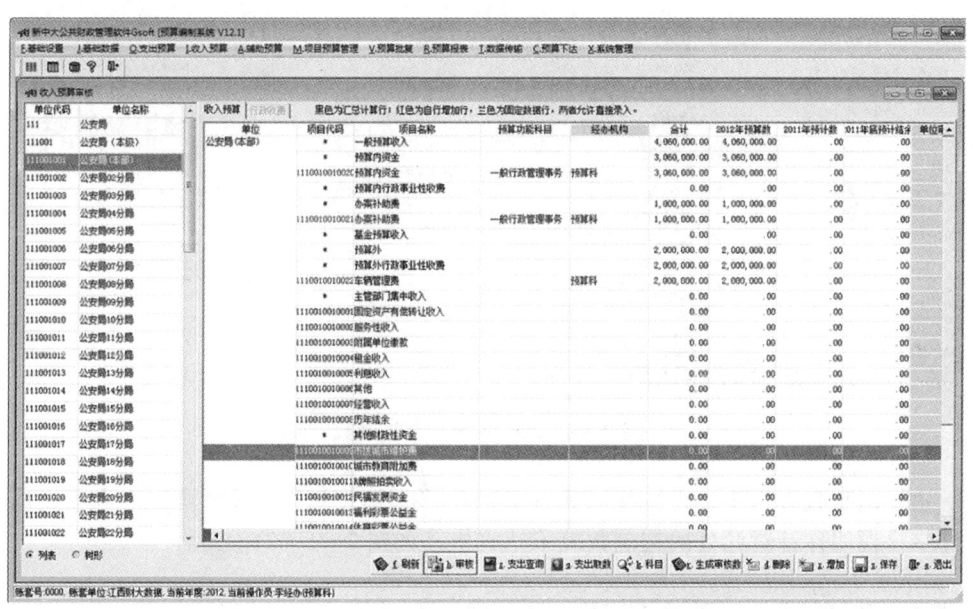

图 2-1-19 收入预算—上审核数

(五) 张主管审核下达控制数

1. 系统登录后,以 ysk001 张主管身份进入新中大公共财政管理软件 Gsoft [公共财政工作管理平台]。选择"系统菜单"→"预算管理"→"预算编制"进入软件的预算编制系统。

2. 在"支出预算"下拉菜单中选择"支出预算控制数",在弹出的"支出预算——111001001 公安局(本部)"表,如图 2-1-20 所示,在左边的列表中选择单位名称"公安局(本部)",再单击表左上角的"数据源"按钮,出现公安局部门预算的支出预算表,张主管对其进行审核。审核无误后,单击"存入"。

3. 为预算单位的预算控制数生成之后,还需要进一步将预算支出控制数变成预算支出下达数,操作时再次单击菜单栏"支出预算",在下级菜单中选择"支出预算控制数",进入图 2-1-21 窗口,然后在选中右边窗口的某一级某一

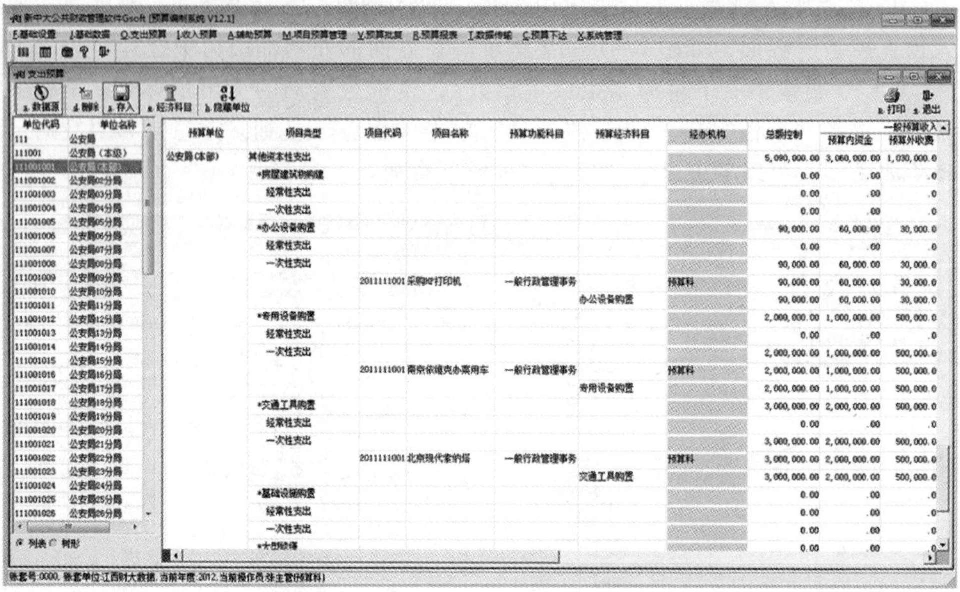

图 2-1-20 支出预算控制数

下达控制数直接修改,再按住鼠标右键选择"下达控制",那时候数字就会变成红字,说明你针对此处的控制数就下达完毕,如图 2-1-21 所示。

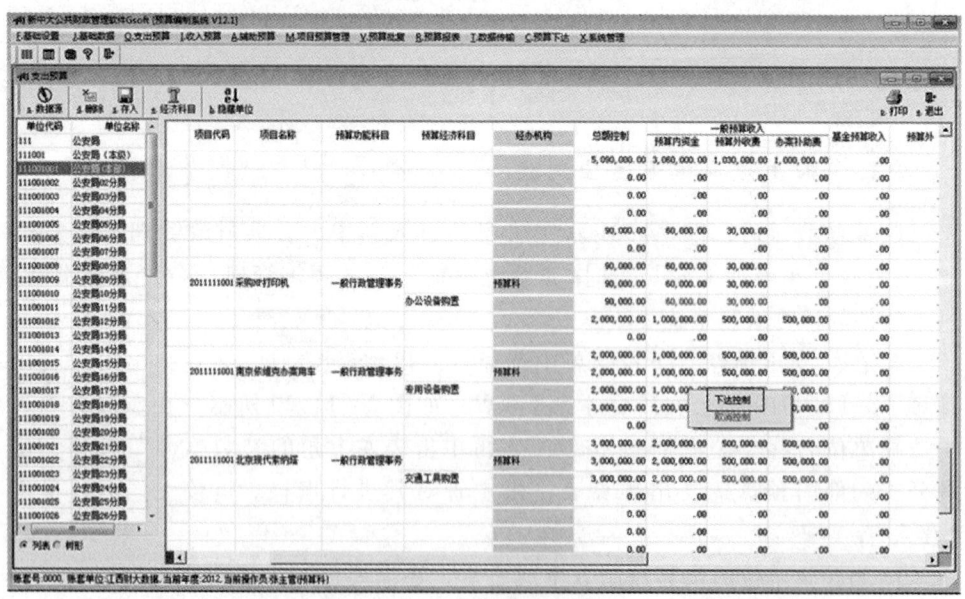

图 2-1-21 支出控制数下达

"下达控制"后的预算控制数才可以参与"控制数据审核"。

注意：如果数据已经生成无误，可以不用单击"数据源"生成。

4. 在预算单位（部门）上报来的通过审核的收入预算建议数基础上，财政预算管理部门对各预算单位收入预算数据进行编制，从而形成单位预算收入控制数。

当进行单位预算收入的控制操作时，单击菜单栏"收入预算"，在下级菜单中选择"收入预算控制数"，出现如图2－1－22所示的单位收入预算控制窗口从左边单位列表选择预算单位，然后单击"生成预算控制数"这个按钮可由系统自动根据审核数生成收入预算控制数，财政管理部门可以在此基础上对数据再次进行核对，必要时可以直接进行修改，然后单击"保存"。

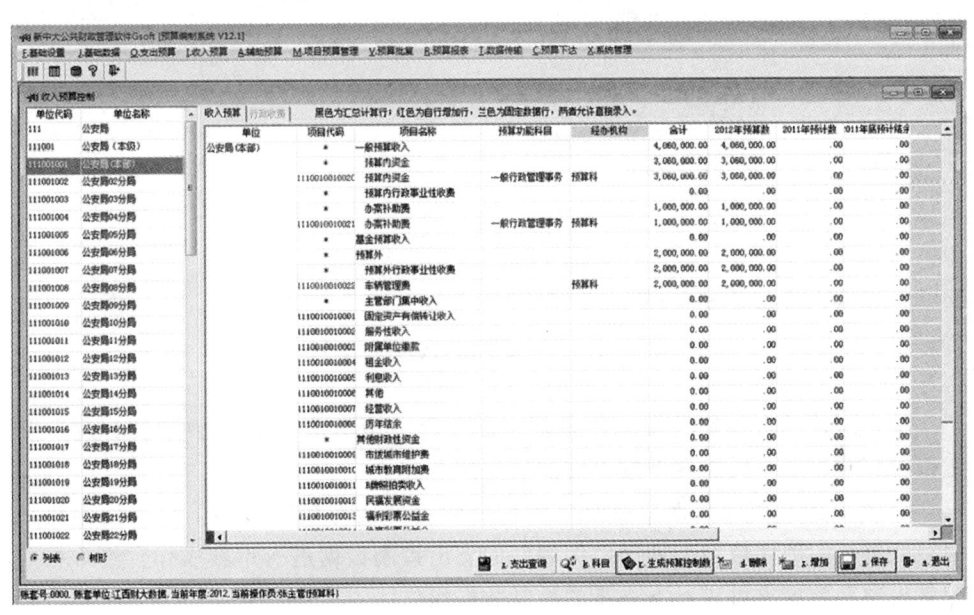

图 2－1－22　单位预算收入控制

注意：若控制数据已存在且无误，就可以不用单击"生成预算控制数"按钮否则将覆盖原来的控制数据，请慎重操作，此处的收入预算控制数不用做"下达操作"。

5. 在预算单位（部门）上报来的通过审核的基础数据建议数基础上，财政预算管理部门对各预算单位基础数据进行编制，从而形成单位预算基础数据控制数。

当进行单位预算基础数据的控制操作时，单击菜单栏"基础数据"，在下级菜单中选择"基础数据控制数"，出现如图2－1－23所示的单位基础项目控制窗口从左边单位列表选择预算单位，然后单击"生成预算控制数"这个按钮可由系统自动根据审核数生成基础项目数据控制数，财政管理部门可以在此基础上对数据再次进行核对，必要时可以直接进行修改，然后单击"保存"。

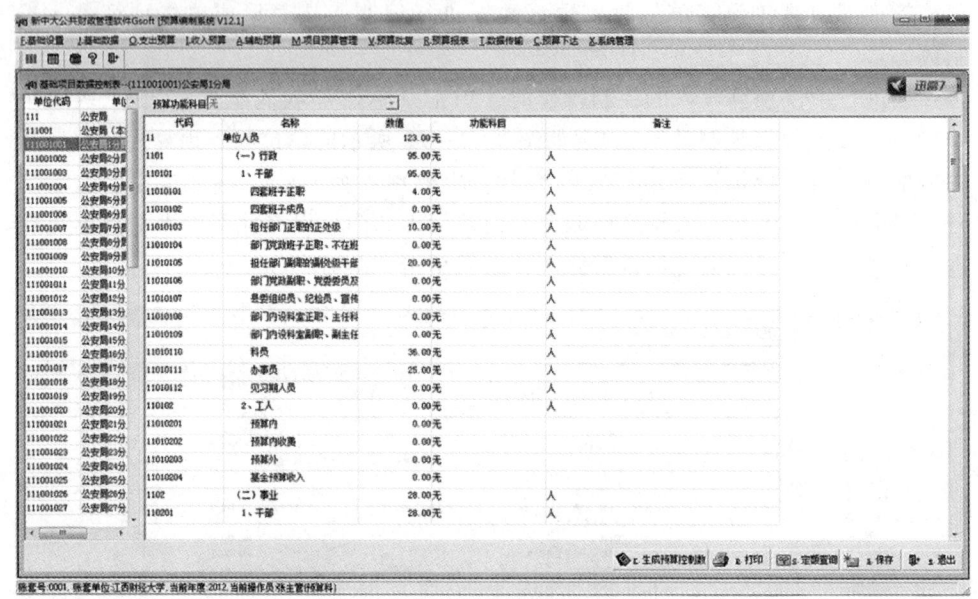

图 2-1-23　基础项目数据控制表

注意：若控制数据已存在且无误，就可以不用单击"生成预算控制数"按钮否则将覆盖原来的控制数据，请慎重操作。

6. 支出预算控制数据审核是财政预算管理部门对预算单位下达支出预算控制额度进行的确认核对。即对已编制好的支出控制数据进行审核操作。经审核后的支出预算数据方可进行下一步的控制数据操作。

操作时单击菜单栏"支出预算"，在下级菜单中选择"支出预算控制数审核"，弹出如图 2-1-24 所示的窗口。

在此，审核员可以对数据进行逐条核查，单击"审核"按钮逐条审核；也可以全部核查后单击"全部审核"按钮一次性将未审核的数据全部审核。一旦审核，审核人的名字将出现在"审核人"一栏内，表示已经审核。一经审核的数据是不允许修改的，如果需要修改，必须单击"反审核"取消审核。

7. 收入预算控制数据审核是财政预算管理部门对预算单位下达收入预算控制额度进行的确认核对。即对已编制好的收入控制数据进行审核操作。经审核后的收入预算数据方可进行下一步的控制数据操作。

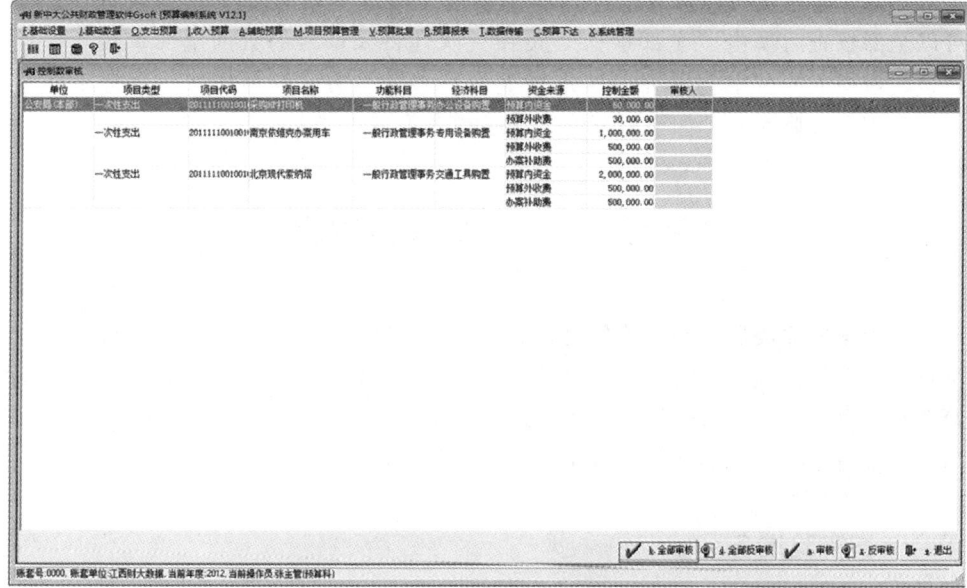

图 2-1-24　支出预算数据控制数审核

操作时单击菜单栏"收入预算",在下级菜单中选择"收入预算数控制数审核",弹出如图 2-1-25 所示的窗口。

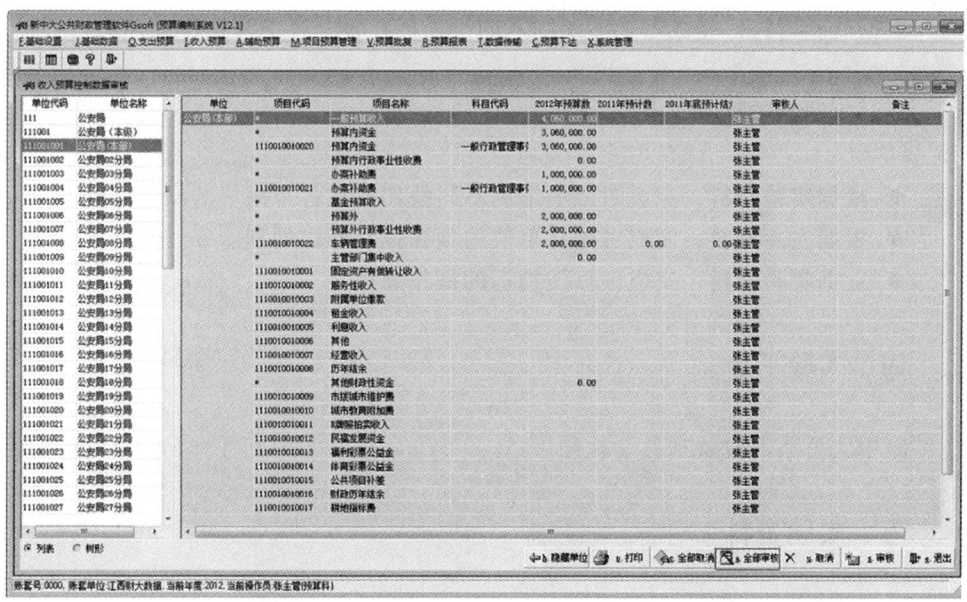

图 2-1-25　收入预算数据控制数据审核

在此，审核员可以对数据进行逐条核查，单击"审核"按钮逐条审核；也可以全部核查后单击"全部审核"按钮一次性将未审核的数据全部审核。一旦审核，审核人的名字将出现在"审核人"一栏内，表示已经审核。一经审核的数据是不允许修改的，如果需要修改，必须"取消"审核。

实验二　二上编审及批复

一上编制完成后，预算单位需要在下达的控制数范围内进行对一上编制数据进行修改，按照预算主管部门审批的意见调整本单位的预算数据，然后再次上报给预算主管部门，经过专管员和主管部门审核后，就上报给人大，在人大中通过后就形成批复数据，当作明年各单位预算执行的依据。

一、实验准备

一上编制环节结束，预算单位开始预算二次申报数据填报工作。

二、实验目的及要求

根据试验资料，完成对二上编制不同操作员在各个模块的操作处理。

三、实验内容

- ◆ 根据实验资料，完成对二上编制不同操作员在各个模块的操作处理。
- ◆ 根据实验资料，完成对预算单位的预算批复操作处理。
- ◆ 根据实验资料，完成预算转指标的操作处理。

四、实验平台

新中大公共财政管理教学软件。

五、实验资料

同本章实验一部分实验资料内容。

六、实验指导

（一）张主管确认进度

1. 系统登录后，以 ysk001 张主管身份进入新中大公共财政管理软件 Gsoft [公共财政工作管理平台]。选择"系统菜单"→"预算管理"→"预算编制"进入软件的预算编制系统。

2. 在选择菜单"系统管理"→"编制进度"→"进度确认"，选中相应的预算单位，单击右下角的"确认序列"按钮，编制序列由"一下编制"转为"二上编制"，再单击"保存"按钮，如图 2-2-1 所示。

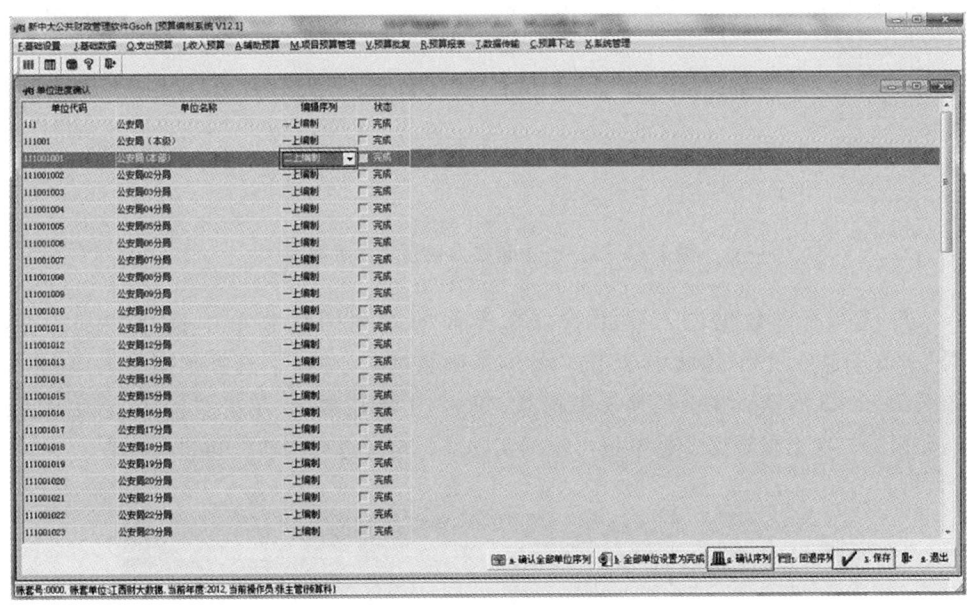

图 2-2-1　一下编制进度确认界面

（二）赵申报进行二次数据上报

1. 系统登录后，以 ysk004 赵申报身份进入新中大公共财政管理软件 Gsoft [公共财政工作管理平台]。选择"系统菜单"→"预算管理"→"预算编制"进入软件的预算编制申报系统。

2. 首先进行支出预算数据的二次上报。在界面的左列图标菜单中选择"支出预算"，在右边的工作区域中单击"支出预算录入表"，弹出"选择数据导入序列"，在下拉列表中选择"9. 一上审核数"，（备注：如果没弹出这个选择数据导入序列，就单击"其他"下面的生成预算）单击"确认"，生成支出预算的二次上报数据，赵申报可根据实际部门情况进行修改，再单击"存入"。如图2-2-2所示。

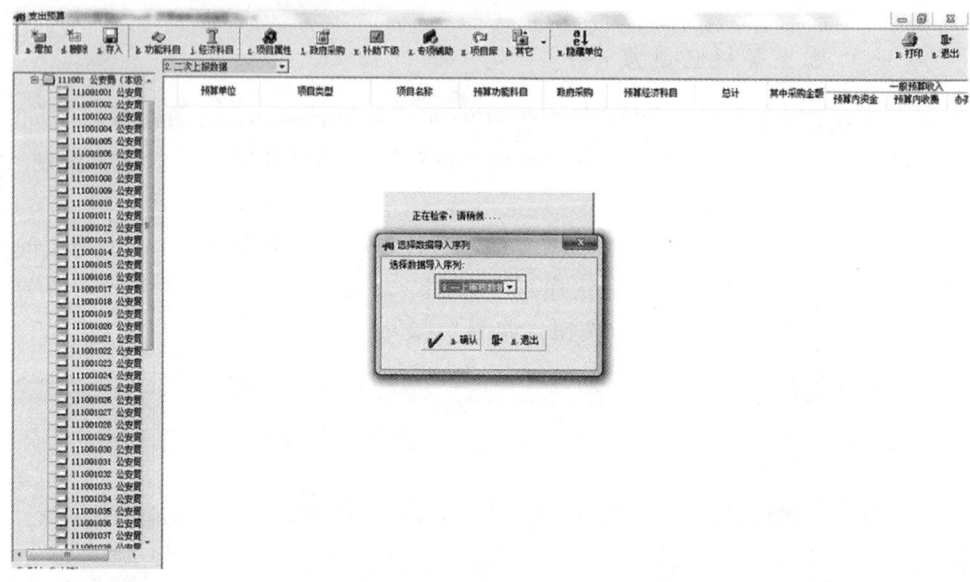

图2-2-2 一上审核支出预算导入界面

3. 进行基础数据的二次上报。在界面的左列图标菜单中选择"基础数据"，在右边的工作区域中单击"单位基础数据"，弹出"选择数据导入序列"，如图2-2-3所示。在下拉列表中选择"9. 一上审核数"，单击"确认"，生成基础数据的二次上报数据，赵申报可根据实际部门情况进行修改，再进行保存。

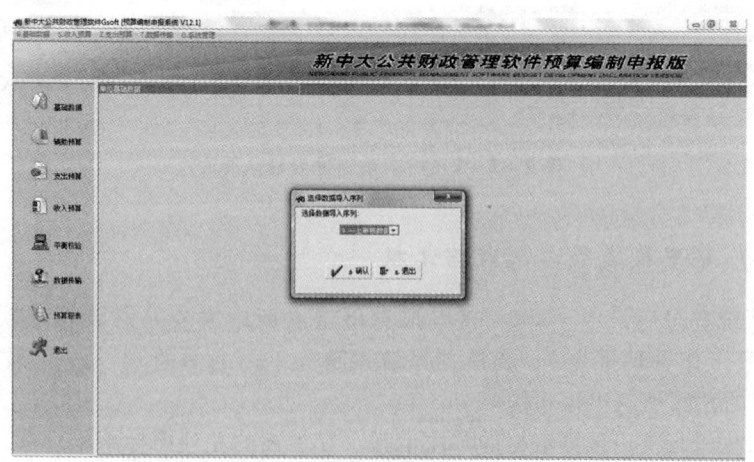

图2-2-3 一上审核基础数据导入界面

4. 进行收入预算的二次上报。在界面的左列图标菜单中选择"收入预算",在右边的工作区域中单击"收入预算录入表",弹出"选择数据导入序列",在下拉列表中选择"9.一上审核数",单击"确认",生成收入预算的二次上报数据表,赵申报可根据时机部门情况进行修改,再进行保存,如图2-2-4所示。

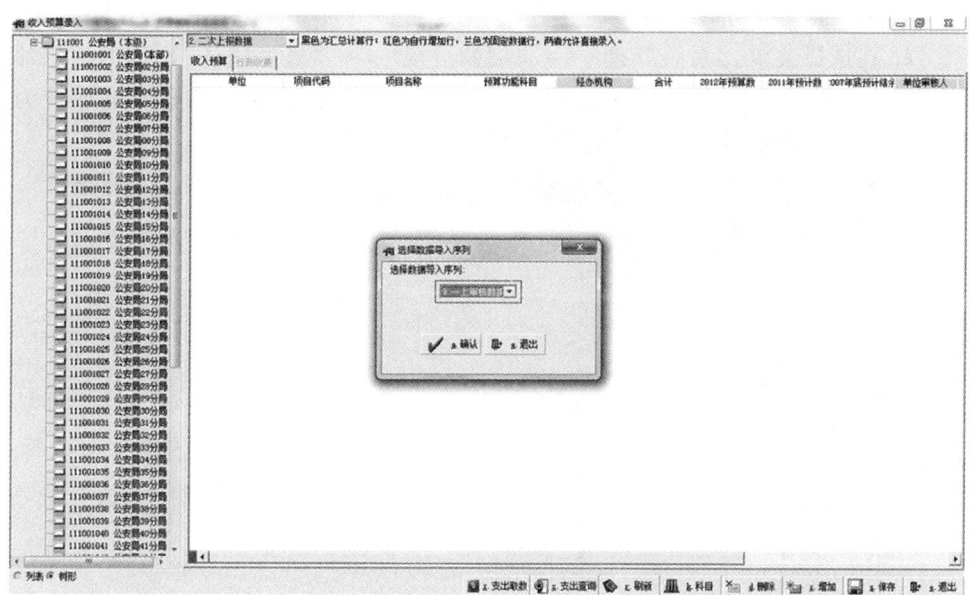

图2-2-4 一上审核收入预算导入界面

5. 二上完成状态确认,在选择菜单"系统管理"→"进度确认",如图2-2-5所示,选中相应的预算单位,勾选状态"完成",然后单击"保存"。

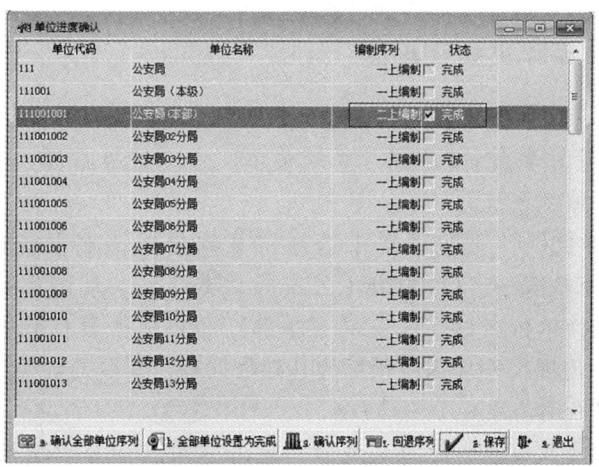

图2-2-5 单位进度确认

（三）张主管确认进度

1. 系统登录后，以 ysk001 张主管身份进入新中大公共财政管理软件 Gsoft [公共财政工作管理平台]。选择"系统菜单"→"预算管理"→"预算编制"进入软件的预算编制系统。

2. 在选择菜单"系统管理"→"编制进度"→"进度确认"，选中相应的预算单位，单击右下角的"确认序列"按钮，编制序列由"二上编制"转为"二上审核"，再单击"确认"按钮，如图 2-2-6 所示。

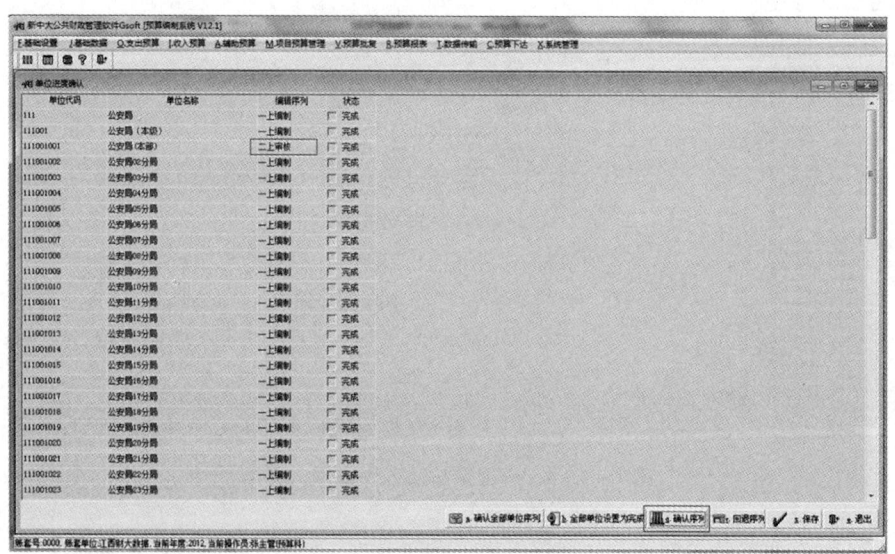

图 2-2-6　二上编制进度确认界面

（四）李经办二次审核数据

1. 系统登录后，以 ysk003 李经办身份进入新中大公共财政管理软件 Gsoft [公共财政工作管理平台]。选择"系统菜单"→"预算管理"→"预算编制"进入软件的预算编制系统。

2. 在"基础数据"下拉菜单中选择"基础数据二上审核数"，在弹出的"基础项目数据审核表——111001001 公安局（本部）"，如图 2-2-7 所示。在左边的列表中选择单位名称"公安局（本部）"，再单击表右下角的"生成预算审核数"按钮，出现公安局部门预算的基础数据表，李经办对其进行审核。审核无误后，单击"保存"。

注意：如果预算审核数没有生成时，单击"生成预算审核数"按钮，否则可以省去此操作。

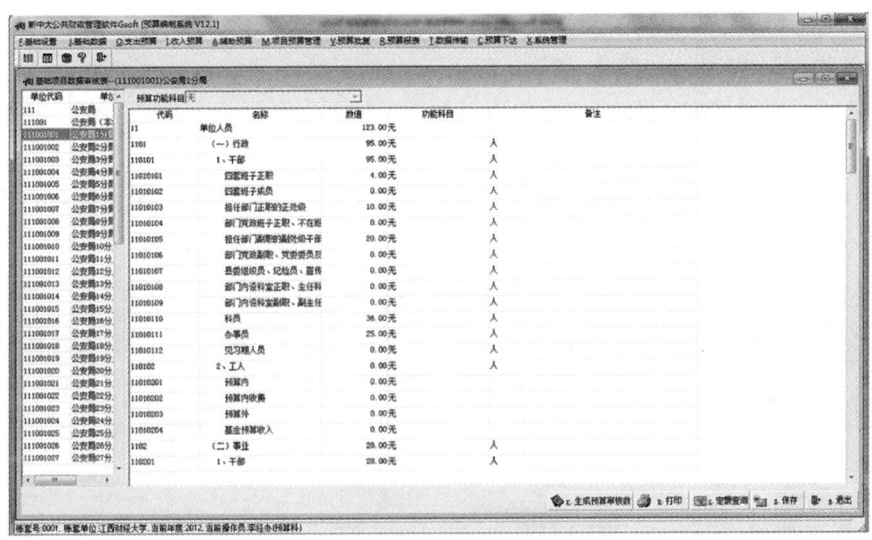

图 2-2-7 基础数据二上审核

3. 在"支出预算"下拉菜单中选择"支出预算二上审核数",弹出的"支出预算审核数"界面,如图 2-2-8 所示,在界面的左列部门树中选择"公安局(本部)",再单击左上角的"生成预算审核数",生成公安局的支出预算表。审核无误后,选择"审批"→"全部项目审核"按钮。

注意:如果预算审核数没有生成时,单击"生成预算审核数"按钮,否则可以省去此操作。

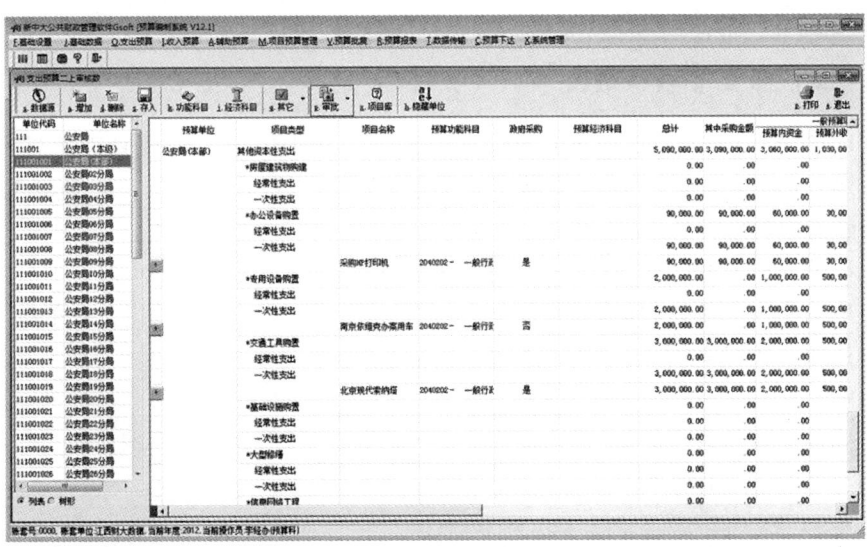

图 2-2-8 支出预算二上审核

4. 在"收入预算"下拉菜单中选择"收入预算二上审核数",弹出的"收入预算控制"界面,如图 2-2-9 所示,在界面的左列部门树中选择"公安局(本部)",再单击右下角的"生成审核数",生成公安局的支出预算表。审核无误后,选择"审核"→"t 审核"按钮。

注意:如果预算审核数没有生成时,单击"生成预算审核数"按钮,否则可以省去此操作。

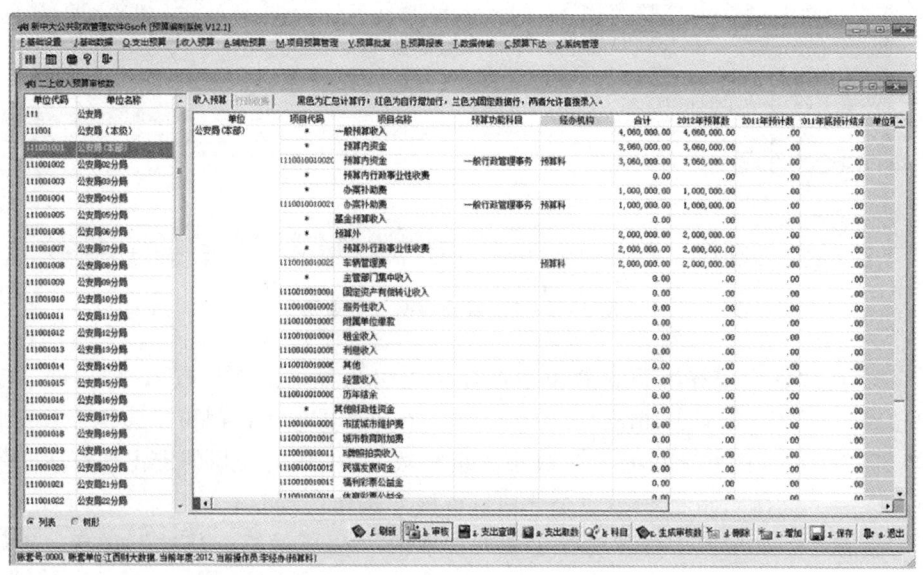

图 2-2-9 收入预算二上审核

(五) 张主管确认进度

1. 系统登录后,以 ysk001 张主管身份进入新中大公共财政管理软件 Gsoft [公共财政工作管理平台]。选择"系统菜单"→"预算管理"→"预算编制"进入软件的预算编制系统。

2. 在选择菜单"系统管理"→"编制进度"→"进度确认",单击右下角的"确认序列"按钮,编制序列由"二上审核"转为"批复编制",再单击"保存"按钮,如图 2-2-10 所示。

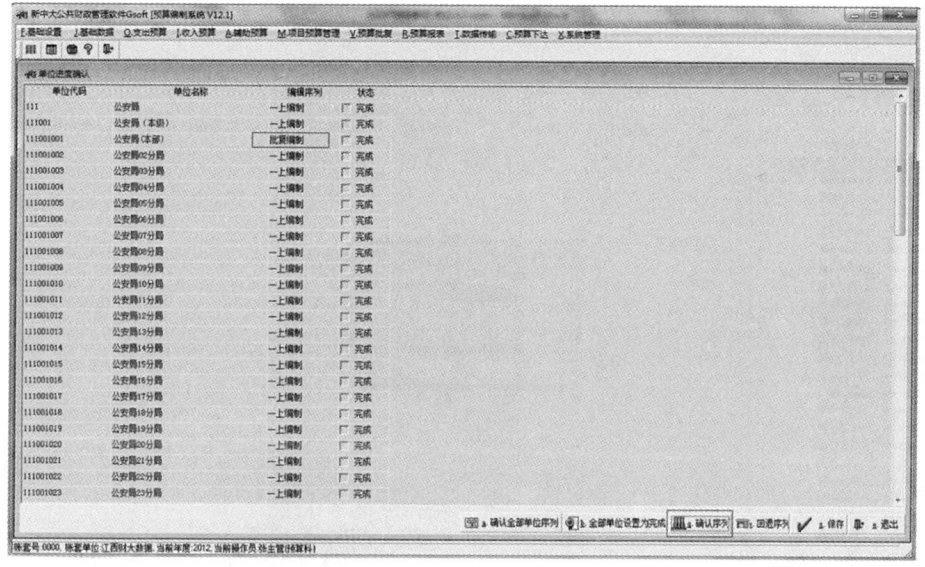

图 2-2-10　二上审核进度确认界面

（六）李经办批复部门预算

1. 系统登录后，以 ysk003 李经办身份进入新中大公共财政管理软件 Gsoft［公共财政工作管理平台］。选择"系统菜单"→"预算管理"→"预算编制"进入软件的预算编制系统。

2. 选择"预算批复"下拉菜单中的"收入预算"，生成"收入预算批复"表，在左边的列表中选择单位名称"公安局（本部）"，再单击表右下角的"生成预算批复数"按钮，在弹出的"选择批复数据导入序列"对话框中选择"10. 二上审核数"，单击"确认"，出现公安局部门收入预算的数据表，李经办对其进行审核。审核无误后，单击"保存"，如图 2-2-11 所示。

3. 选择"预算批复"下拉菜单中的"支出预算"，生成"支出预算批复"表，在左边的列表中选择单位名称"公安局（本部）"，再单击左上角的"数据源"按钮，在弹出的"批复数据导入序列"对话框中选择"二上审核数"，单击"确认"，出现公安局部门支出预算的数据表，李经办对其进行审核。审核无误后，单击"保存"，如图 2-2-12 所示。

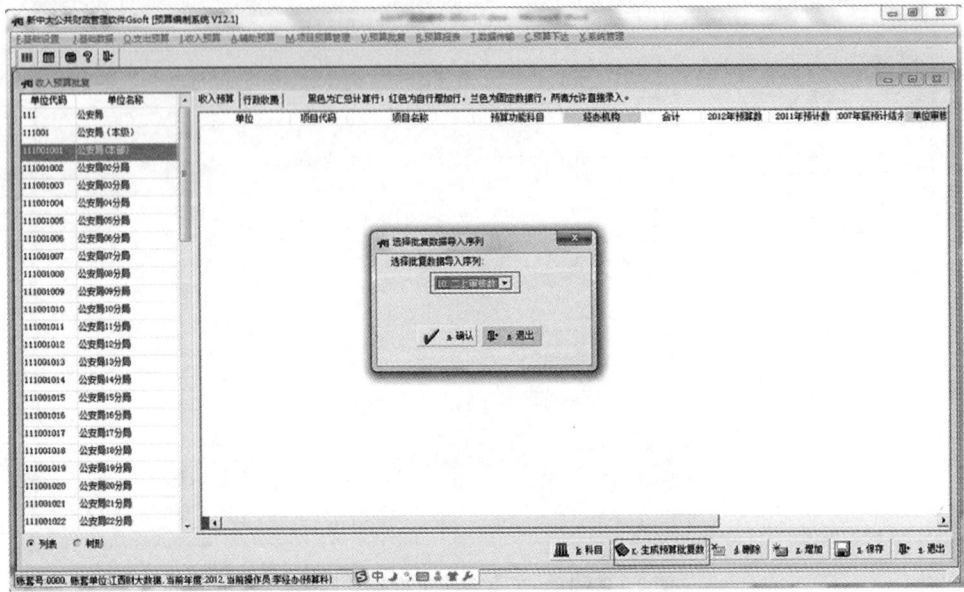

图 2-2-11 收入预算批复数据导入

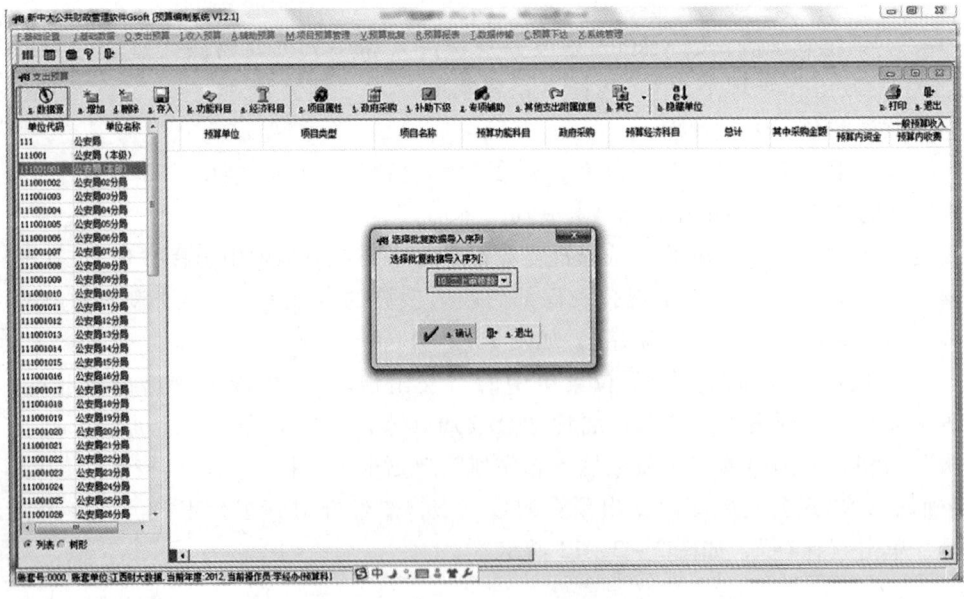

图 2-2-12 支出预算批复数据导入

（七）张主管审核部门批复预算

1. 系统登录后，以 ysk001 张主管身份进入新中大公共财政管理软件 Gsoft［公共财政工作管理平台］。选择"系统菜单"→"预算管理"→"预算编制"进入软件的预算编制系统。

2. 选择"预算批复"下拉菜单中的"收入批复审核"，弹出"收入预算审核"窗口，选择右边收入批复审核单位"单位代码 111001001 公安局（本部）"进行收入预算批复审核，审核无误后，单击" 全部审核 "按钮，然后退出，如图 2-2-13 所示。

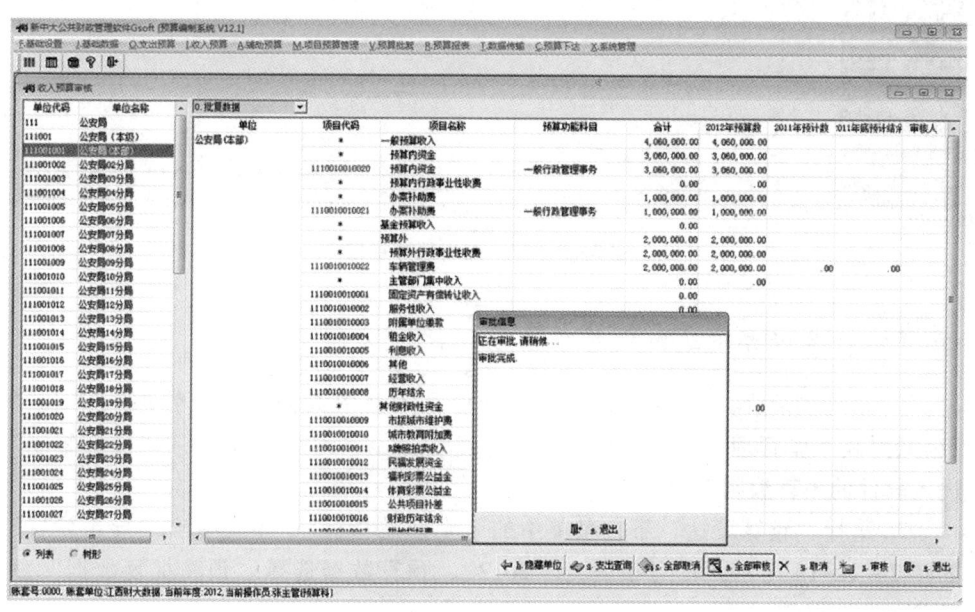

图 2-2-13　收入预算审核

3. 选择"预算批复"下拉菜单中的"支出批复审核"，弹出"支出预算审核"窗口，选择右边收入批复审核单位"单位代码 111001001 公安局（本部）"进行收入预算批复审核，审核无误后，单击" 全部审核 "按钮，然后确定退出，如图 2-2-14 所示。

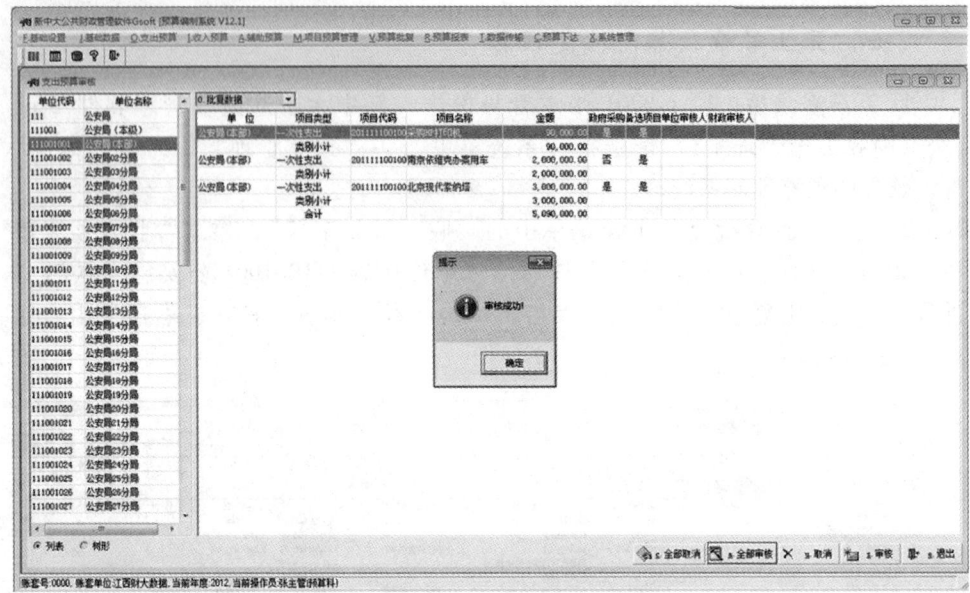

图 2-2-14　支出预算审核

（八）李经办下达财政总指标

1. 系统登录后，以 ysk003 李经办身份进入新中大公共财政管理软件 Gsoft [公共财政工作管理平台]。选择"系统菜单"→"预算管理"→"预算编制"进入软件的预算编制系统。

2. 选择"预算下达"下拉菜单中的"财政总指标"，系统弹出"导出设置"如图 2-2-15 所示，填写年度为"2012"，预算数据选择"预算批复数据"然后单击"确认"。

图 2-2-15　预算导出设置

3. 在弹出的指标账图 2-2-16 选中右边预算的经办机构，如 "999001999 预算科"，然后单击 " 参数设置 " 按钮，填写指标来源："本年预算"，登记日期："2012.01.01"，起始日期："2012.01.01"，终止日期："2012.12.31" 文号："鲁财预指【59】号"，全选"转出项目类型"，单击"确认"，完成转入参数设置。

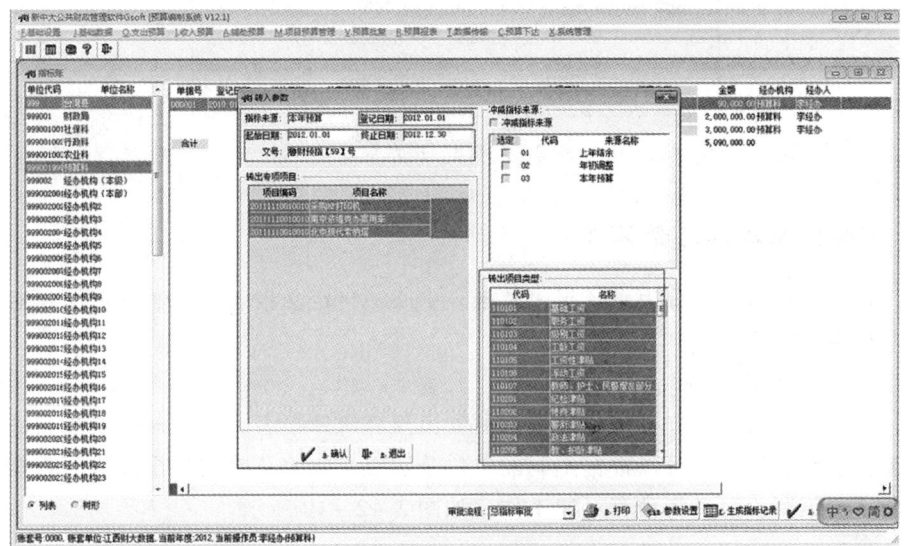

图 2-2-16 参数设置

4. 在指标账窗口图 2-2-17，单击 " 生成指标记录 "，然后关闭"计算消息窗"。

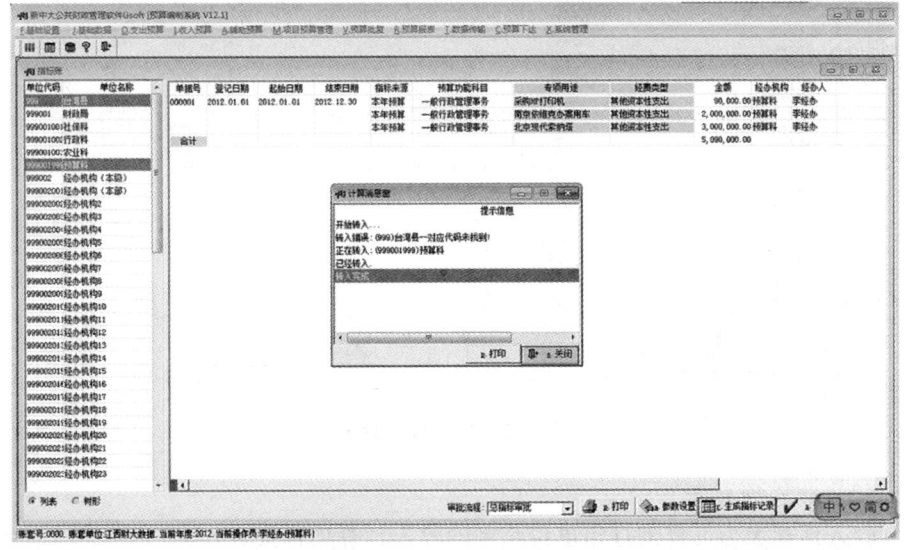

图 2-2-17 生成指标记录

5. 单击"√ 保存"按钮，系统弹出提示窗口如图 2-2-18 所示，单击"是"，并关闭弹出的计算消息窗口，完成预算转指标工作。

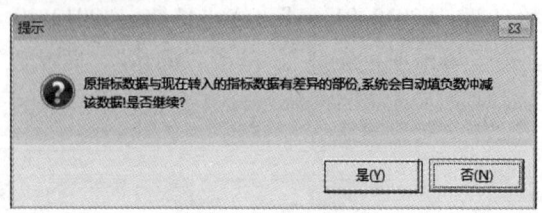

图 2-2-18　提示窗口

（九）生成部门预算报表

目前的报表主要分为系统报表及报表中心-自定义报表，下面分别作介绍。

1. 系统报表

（1）收支总表

收支总表为可查询打印单位编制的支出预算统计报表，该表对各个项目的金额进行了汇总统计。可以根据不同的单位分别查看收入总表或支出总表，根据两上两下的不同阶段进行预算对比工作，如图 2-2-19 所示。

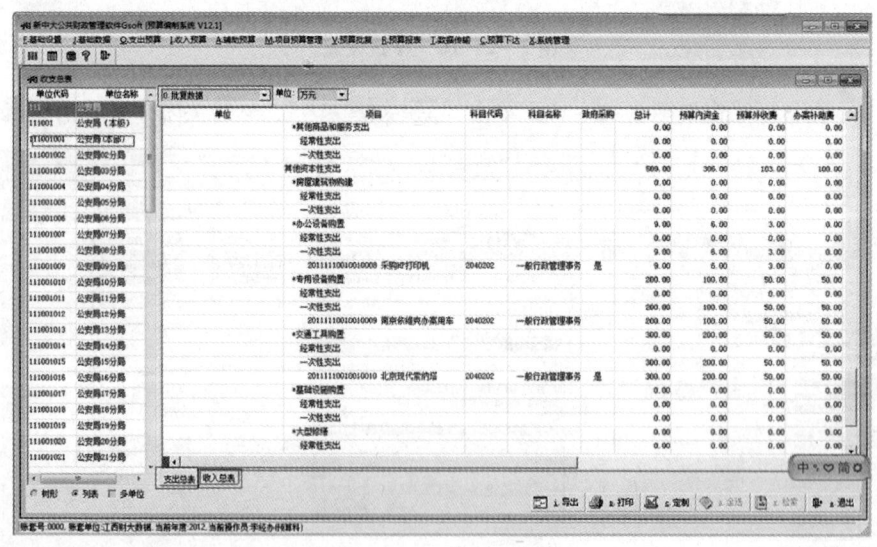

图 2-2-19　收支总表

（2）收入预算表

收入预算表为可查询打印单位编制的收入预算项目报表。

收入预算表是以预算项目为统计口径，反映单位收入预算的报表。根据不同用户的权限在左边窗口中列出相关单位名称，通过单击某一单位可以查看到该单位的收入预算情况，当单击的单位为上级单位时，系统则显示该单位所有下级单位的收入预算数。用户还可以通过"一次上报数据"、"二次上报数据"等选项来查看不同的数据，如图2-2-20所示。

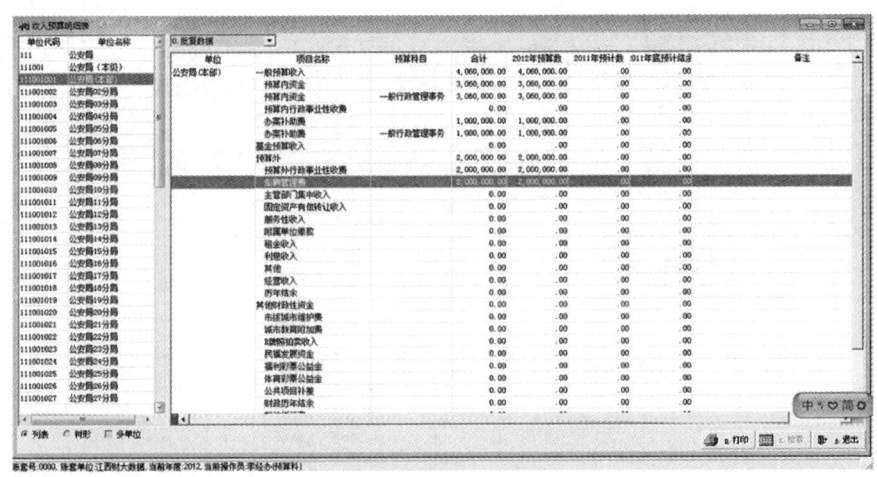

图2-2-20 收入预算表

（3）支出预算明细表

支出预算明细表为可查询打印单位编制的支出预算明细项的报表，如图2-2-21所示。

该表以支出预算明细项目为统计口径，反映单位支出预算明细。查询方法请参见上节"收入预算表"。

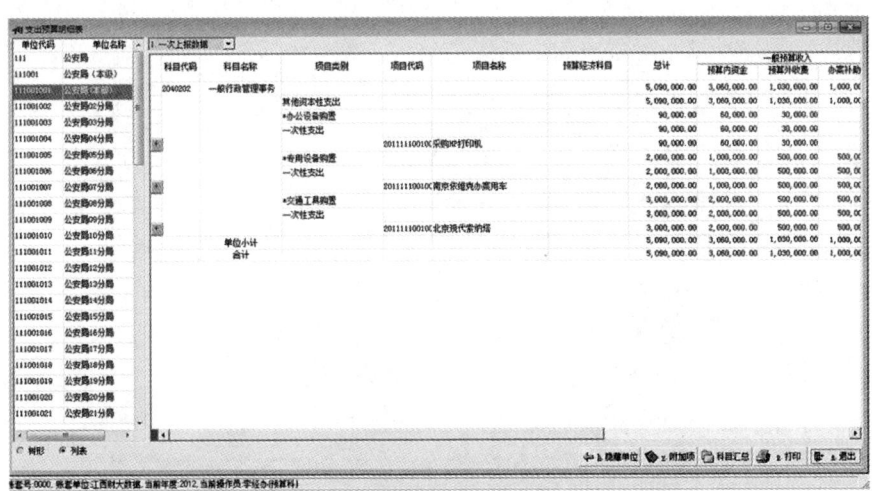

图2-2-21 支出预算明细表

(4) 收支预算报表查询

此报表下级分为三小类表，包括支出预算列表、政府采购明细表、收入预算列表，主要是通过查询条件的设定将两上两下全过程的分类编制数据的对比，如图 2－2－22、图 2－2－23、图 2－2－24 所示。

预算单位	项目类型	项目名称	预算功能科目	政府采购	编制序列	预算经济科目	总计	一般预算收入 预算内资金	预算外收费	办案补助费	基金预算收入	预算
公安局(本部)	一次性支出	采购HP打印机	2040202－ 一般行政	是	控制数	31002－办公设备购置	90,000.00	30,000.00	30,000.00	.00	.00	
				是	批复数据	31002－办公设备购置	90,000.00	60,000.00	30,000.00	.00	.00	
				是	一上编制	31002－办公设备购置	90,000.00	60,000.00	30,000.00	.00	.00	
				是	二上编制	31002－办公设备购置	90,000.00	60,000.00	30,000.00	.00	.00	
				是	一上审核	31002－办公设备购置	90,000.00	60,000.00	30,000.00	.00	.00	
				是	二上审核	31002－办公设备购置	90,000.00	60,000.00	30,000.00	.00	.00	
		南京依维克办案用车	2040202－ 一般行政	否	控制数	31003－专用设备购置	2,000,000.00	1,000,000.00	500,000.00	500,000.00	.00	
				否	批复数据	31003－专用设备购置	2,000,000.00	1,000,000.00	500,000.00	500,000.00	.00	
				否	一上编制	31003－专用设备购置	2,000,000.00	1,000,000.00	500,000.00	500,000.00	.00	
				否	二上编制	31003－专用设备购置	2,000,000.00	1,000,000.00	500,000.00	500,000.00	.00	
				否	一上审核	31003－专用设备购置	2,000,000.00	1,000,000.00	500,000.00	500,000.00	.00	
				否	二上审核	31003－专用设备购置	2,000,000.00	1,000,000.00	500,000.00	500,000.00	.00	
		北京现代索纳塔	2040202－ 一般行政	是	控制数	31004－交通工具购置	3,000,000.00	2,000,000.00	500,000.00	500,000.00	.00	
				是	批复数据	31004－交通工具购置	3,000,000.00	2,000,000.00	500,000.00	500,000.00	.00	
				是	一上编制	31004－交通工具购置	3,000,000.00	2,000,000.00	500,000.00	500,000.00	.00	
				是	二上编制	31004－交通工具购置	3,000,000.00	2,000,000.00	500,000.00	500,000.00	.00	
				是	一上审核	31004－交通工具购置	3,000,000.00	2,000,000.00	500,000.00	500,000.00	.00	
				是	二上审核	31004－交通工具购置	3,000,000.00	2,000,000.00	500,000.00	500,000.00	.00	
合计							30,540,000.00	18,360,000.00	6,180,000.00	6,000,000.00	0.00	

图 2－2－22　支出预算报表

单位名称	项目类型	项目代码	项目名称	功能科目	经办机构	项目属性	公共基础设施建设	编制序列	商品名称	商品规格	计量单位	采购目录	采购组
公安局(本部)	一次性支出	20111110010010010	北京现代索纳塔	2040202－ 一般行政管理	预算科	本级		一上编制	北京现代索纳塔		台	汽车	集中采购
	一次性支出	20111110010010008	采购HP打印机	2040202－ 一般行政管理	预算科	本级		一上审核	HP打印机		台	打	集中采购
	一次性支出	20111110010010010	北京现代索纳塔	2040202－ 一般行政管理	预算科	本级		一上审核	北京现代索纳塔		台	汽车	集中采购
	一次性支出	20111110010010008	采购HP打印机	2040202－ 一般行政管理	预算科	本级		控制数	HP打印机		台	打	集中采购
	一次性支出	20111110010010010	北京现代索纳塔	2040202－ 一般行政管理	预算科	本级		控制数	北京现代索纳塔		台	汽车	集中采购
	一次性支出	20111110010010008	采购HP打印机	2040202－ 一般行政管理	预算科	本级		二上编制	HP打印机		台	打	集中采购
	一次性支出	20111110010010010	北京现代索纳塔	2040202－ 一般行政管理	预算科	本级		二上编制	北京现代索纳塔		台	汽车	集中采购
	一次性支出	20111110010010008	采购HP打印机	2040202－ 一般行政管理	预算科	本级		二上审核	HP打印机		台	打	集中采购
	一次性支出	20111110010010010	北京现代索纳塔	2040202－ 一般行政管理	预算科	本级		二上审核	北京现代索纳塔		台	汽车	集中采购
	一次性支出	20111110010010008	采购HP打印机	2040202－ 一般行政管理	预算科	本级		批复数	HP打印机		台	打	集中采购
	一次性支出	20111110010010010	北京现代索纳塔	2040202－ 一般行政管理	预算科	本级		批复数	北京现代索纳塔		台	汽车	集中采购
	一次性支出	20111110010010008	采购HP打印机	2040202－ 一般行政管理	预算科	本级		一上编制	HP打印机		台	打	集中采购
合计													

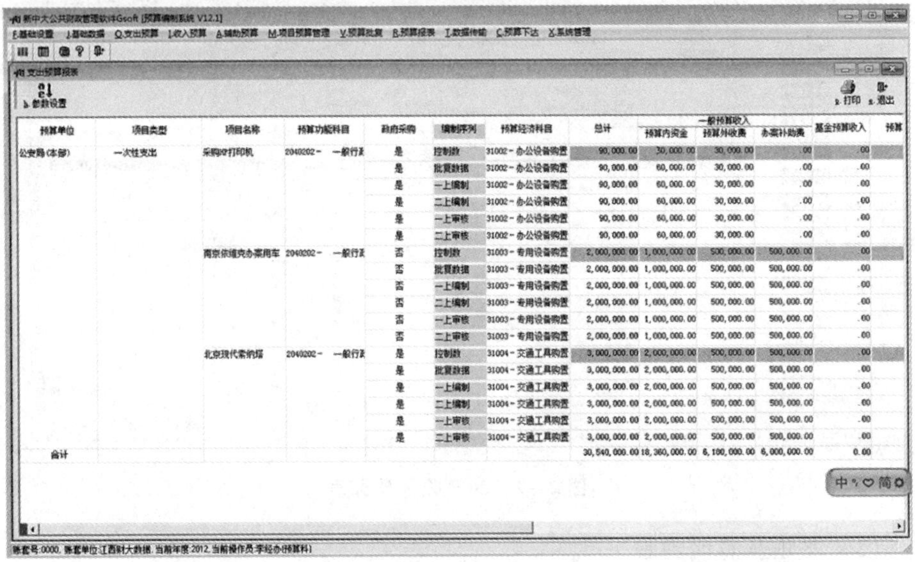

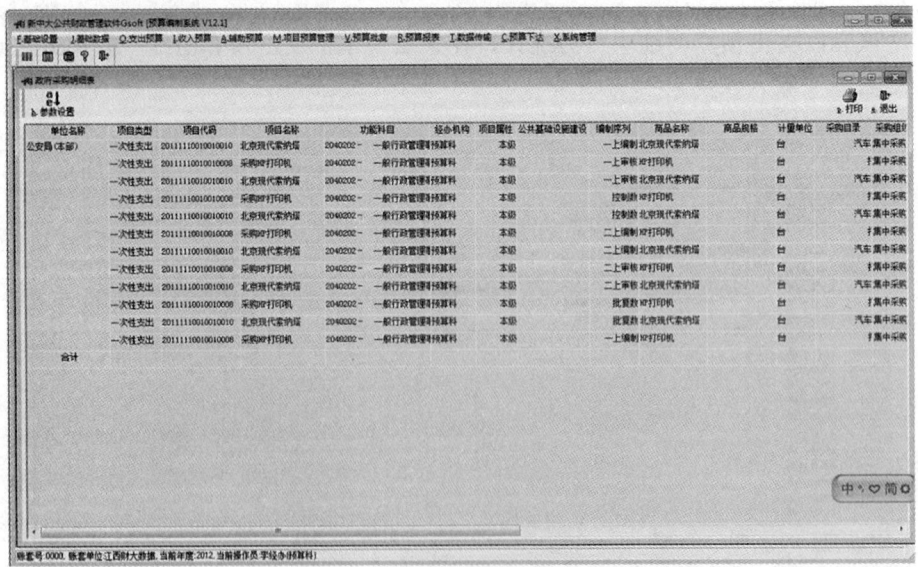

图 2－2－23　政府采购明细表

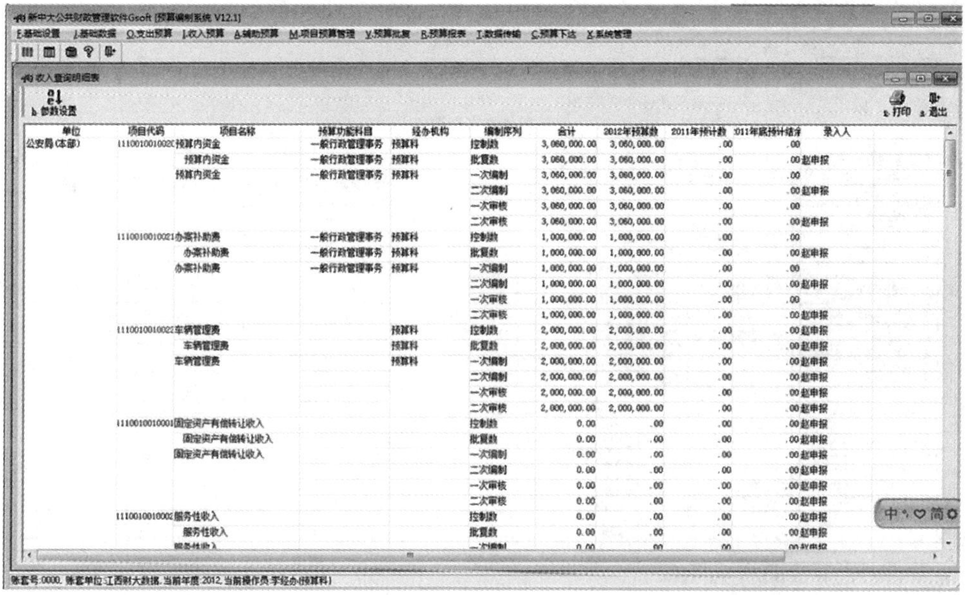

图 2-2-24 政府采购明细表

2. 报表中心

（1）仍以 ysk003 李经办的身份进入新中大公共财政管理软件 Gsoft［公共财政工作管理平台］，选择"系统菜单"→"报表中心"进入软件的财务报告系统。单击"自定义报表"选项卡→"部门预算套表"，生成"二○一二年部门（单位）综合预算报表"。该报表由"报表封面"、"行政事业单位财务收支总表"、"专项经费明细表"、"基础资料情况表"、"非税收入预算表"、"行政事业性收费预算表"、"支出明细表"组成。

（2）在"行政事业单位财务收支总表"中，选择"计算分析"菜单→"填充/汇总计算"，如图 2-2-25 所示。在弹出的"条件筛选"对话框，单击"确认"。其他表参照这种方法进行计算即可。

（3）选择"文件"菜单→"转换 EXCLE 输出"，在弹出的对话框中单击"确认"按钮→选择文件保存路径，单击"确认"→提示框"全部转换需较长时间，确认吗？"，单击"是"，即可生成一份 EXCEL 格式的部门预算报表。

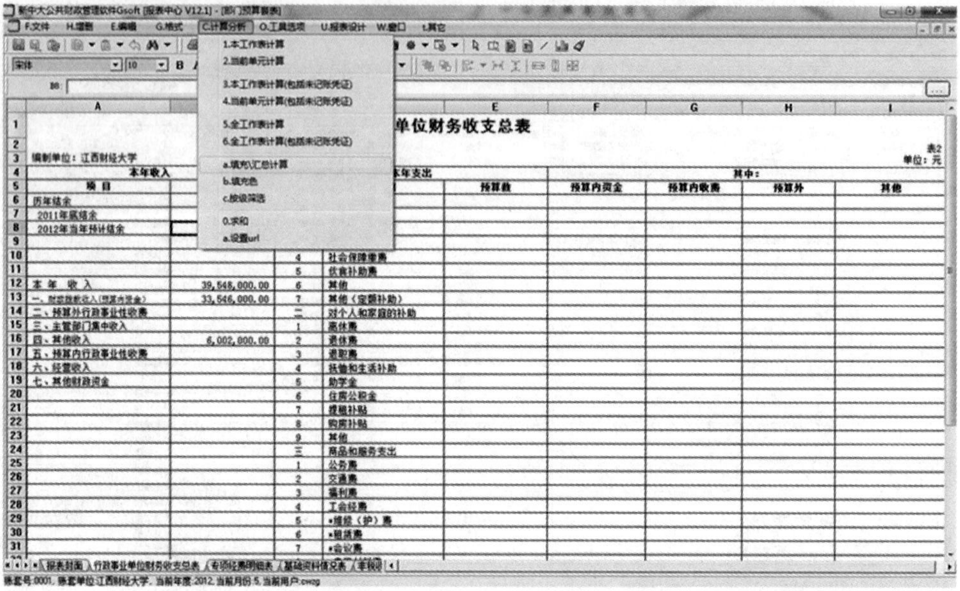

图 2 – 2 – 25

第三章 财政支付中心系统

财政国库集中收付改革是继部门预算改革之后,又一项涉及整个财政管理的基础性重大改革,是财政部门规范预算单位收支行为,加强财政性资金管理所采取的强力措施。

财政支付中心根源于政府财政预算,当预算批复下达,后形成各预算单位实际可用的指标,指标用于控制各单位支付的额度和用途。

根据单位所需支付的金额性质,一部分通过财政拨款途径把款项支出拨付给各预算单位,一部分通过财政集中支付途径把款项代为各预算单位支付。

实验一 指标编制及下达

"指标管理系统"是一个承上启下的系统,上与预算编制系统衔接,根据批复后的预算情况自动形成当年指标,下与具体财政的收支业务相关联,对收入和支出业务的发生进行实时控制,并根据实际的执行情况生成指标账和进度报告。

一、实验准备

预算编审工作已经结束,各单位收到财政批复下来的本年度的支出预算数据,通过数据接口方式或者手工录入方式将预算数据导入指标系统,作为全年支出控制的依据。

财政集中支付相关基础设置,包括指标来源、预算科目、预算类型、经费类型、专项用途、结算方式等等已经设置完毕(如果需要调整,以主管身份进财政业务数据中心模块设置,本实验主管操作员是 GKK001 王主管)。

二、实验目的及要求

了解政府指标下达业务流程及其模式,并熟练掌握新中大政府指标管理模块的软件系统操作。

三、实验内容

◆ 根据实验资料完成总指标、总指标下达、明细指标、明细指标下达、分月用款计划制定等操作。

系统实现

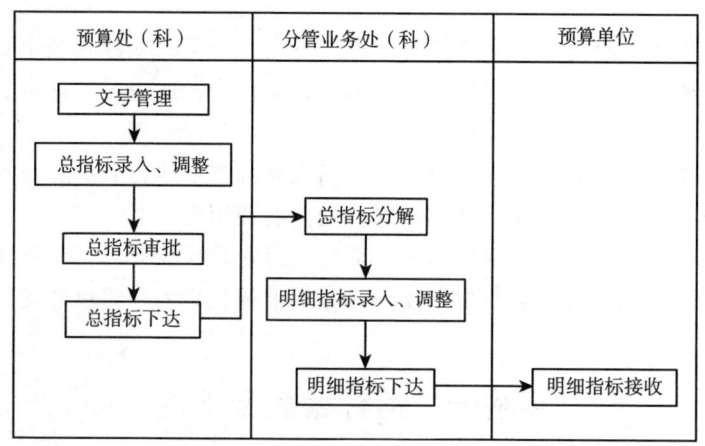

图 3-1-1

流程关键节点注释：

1. 预算处（科）负责全部指标的总体管理，并向各业务（科）下达分配指标。
2. 业务处（科）室负责将预算处下达的总指标分解。
3. 业务处（科）室负责将明细指标下达到具体的预算单位并监督其执行。

四、实验平台

新中大公共财政管理教学软件

五、实验资料

以下是两笔财政指标下达业务信息，作为实验课程练习备用

1. 民政局收到财政批复下达的预算，本单位可用于商品和服务支出的总指标为1200000元，分解到本月的指标金额为120000元；

功能科目为：2080202 一般行政管理事务

预算类型：0101 预算内资金

指标来源：03 本年预算

经费类型：13 商品和服务支出

本月拨解的明细指标关联经济科目：30219 装备购置费

2. 公安局收到财政批复下达的预算，本单位可用于商品和服务支出的总指标为 2100000 元，分解到本月的指标金额为 210000 元；

功能科目为：2040202 一般行政管理事务

预算类型：0101 预算内资金

指标来源：03 本年预算

经费类型：13 商品和服务支出

本月拨解的明细指标关联经济科目：30219 装备购置费

六、实验指导

（一）总指标录入及审批阶段

1. 首先以 gkk004 何文员的身份登录系统后，进入新中大公共财政管理软件 Gsoft［公共财政工作管理平台］，选择"系统菜单"→"预算管理"→"指标管理"进入软件的指标管理系统。

2. 选择"总指标"菜单→"总指标录入"，在如图 3－1－2 所示的界面上进行年度总指标的录入工作。

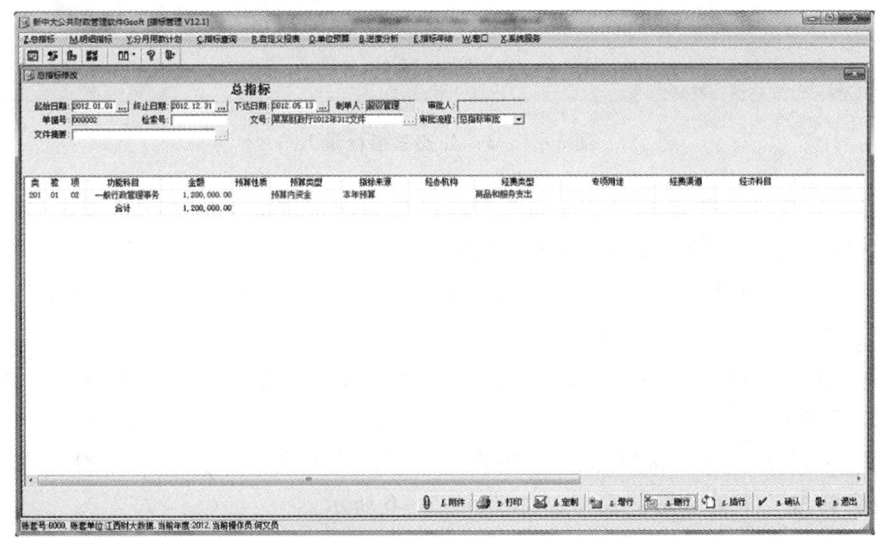

图 3－1－2 民政局总指标录入

录入过程中选择：功能科目为：2080202 一般行政管理事务；预算类型：0101 预算内资金；指标来源：03 本年预算；经费类型：13 商品和服务支出；金额：1200000。（总指标录入过程由于还不明确具体支出范围，所以不要选择经济科目）；文号：选择相应文号。录入完毕，单击"确认"，保存退出。

系统自动出现新的一张空白录入单，按同样的方法输入另外一条总指标信息。功能科目为：2040202 一般行政管理事务；预算类型：0101 预算内资金；指标来源：03 本年预算；经费类型：13 商品和服务支出；金额：2100000，（总指标录入过程由于还不明确具体支出范围，所以不要选择经济科目）如图 3-1-3 所示。

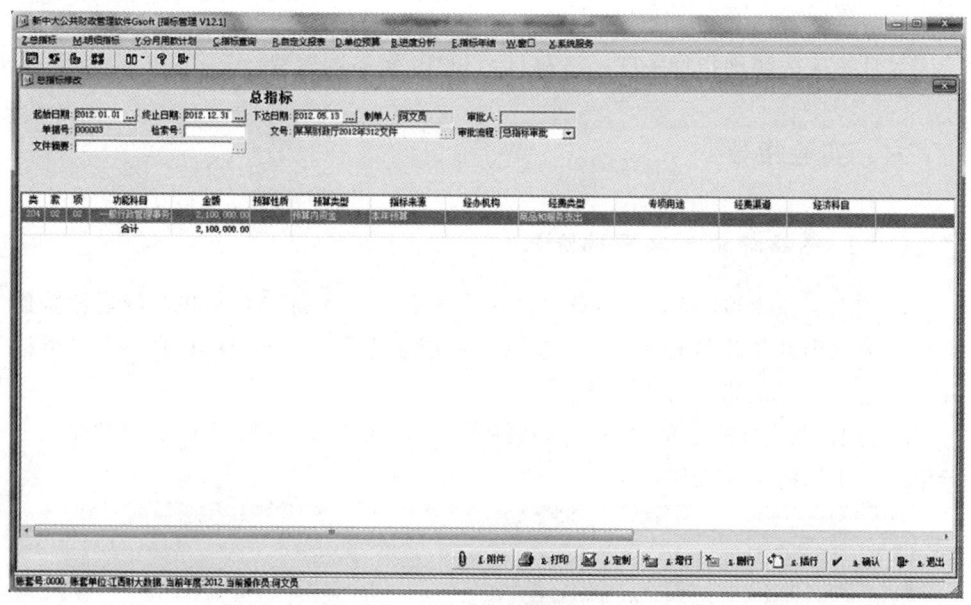

图 3-1-3　公安总指标录入

3. 由 gkk002 任经办对录入的总指标进行初次审核。更换操作员为任经办身份登录系统后，并进入软件的指标管理系统。选择"总指标"菜单→"总指标审批"→"逐张审批"，系统弹出条件筛选窗口，选择条件后单击"确认"，系统打开待审批的"总指标审批"窗口，如图 3-1-4 所示。

4. 在图 3-1-4 窗口单击"审批"进入"总指标审批"的详细界面，如图 3-1-5 所示。

5. 在图 3-1-5 窗口选择要审批的单据，单击窗口下方的"审批"按钮，系统会弹出"审批意见"窗口，如图 3-1-6 所示。

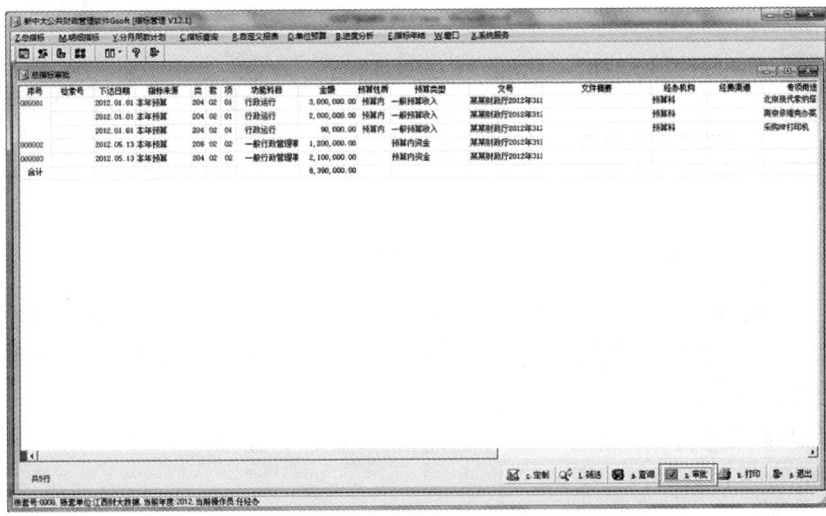

图 3-1-4 任经办总指标审批

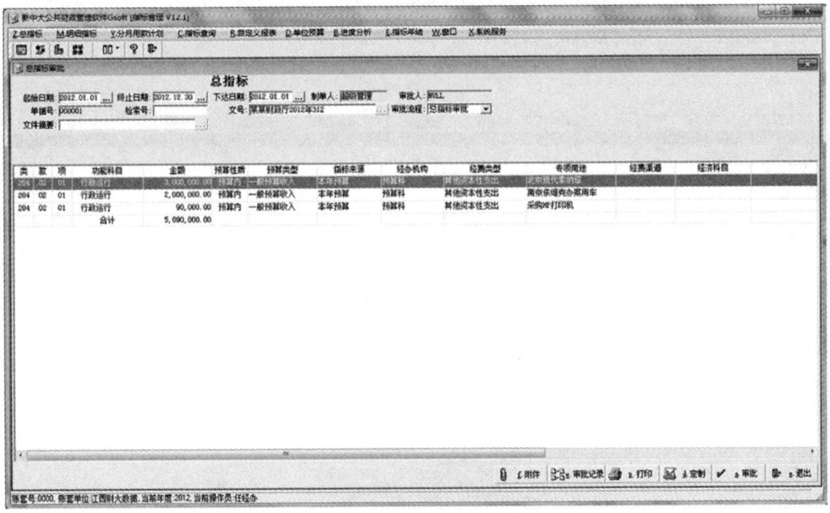

图 3-1-5 总指标逐张审批界面

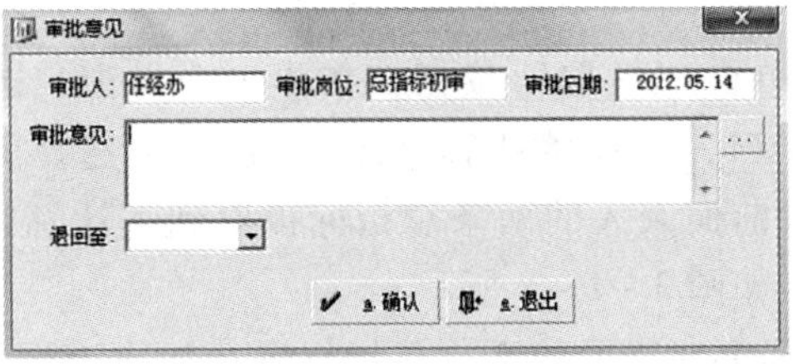

图 3-1-6 审批意见窗口

录入审批意见，单击"确认"完成单据审批。

注意：系统弹出"逐张审批"和"成批审批"两个菜单项。两个审批操作目的相同，但对于大量的需要审批的总指标，利用"成批审批"功能效率更高。

6. 更换操作员，以 GKK001 王主管的身份对录入的总指标进行复审，审批方法同上。

(二) 下达总指标录入及审批阶段

1. 以 gkk004 何文员的身份登录系统后，进入新中大公共财政管理软件 Gsoft [公共财政工作管理平台]，选择"系统菜单"→"预算管理"→"指标管理"进入软件的指标管理系统。

2. 选择"总指标"菜单→"下达总指标录入"，在如图 3-1-7 所示的界面上进行年度下达总指标的录入工作。

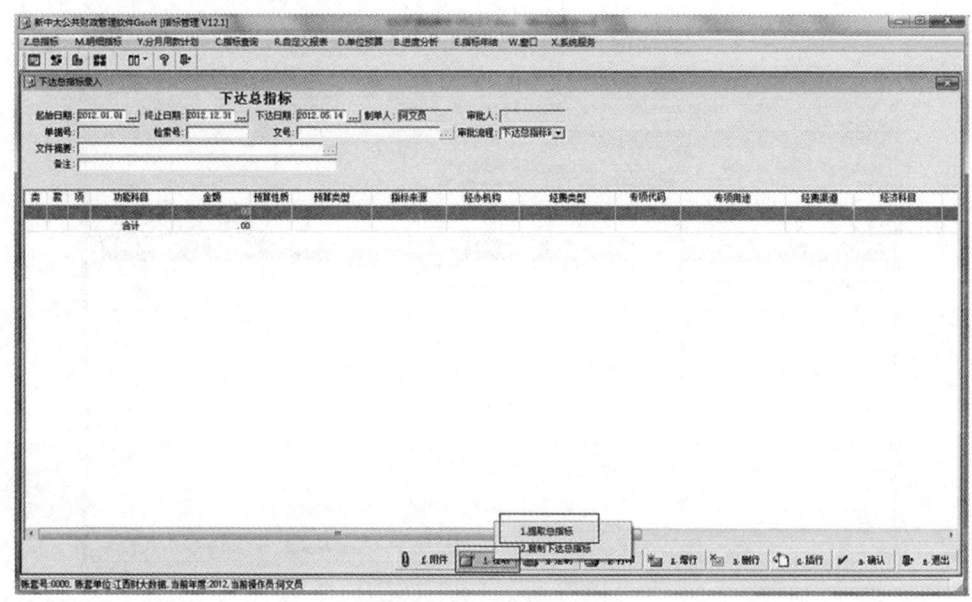

图 3-1-7 下达总指标录入

在图 3-1-7，单击"提取"按钮，在弹出选择窗，选择"提取总指标"，系统弹出条件筛选窗口，选择条件后单击"确认"，选择前面录入的两条总指标，单击"提取"将前面录入的两条总指标提取到下达总指标录入界面，然后单击"确认"退出，如图 3-1-8 所示。

3. 由 gkk002 任经办对提取的下达总指标进行初次审核。更换操作员为任经办身份登录系统后，并进入软件的指标管理系统。选择"总指标"菜单→"下

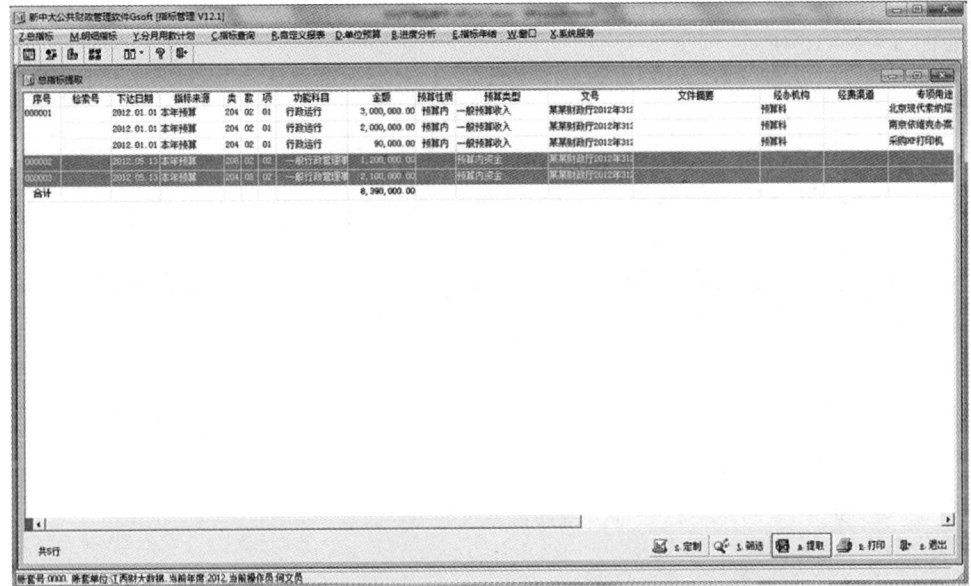

图 3-1-8 提取总指标

达总指标审批"→"逐张审批",系统弹出条件筛选窗口,选择条件后单击"确认",系统打开待审批的"下达总指标审批"窗口,如图 3-1-9 所示。

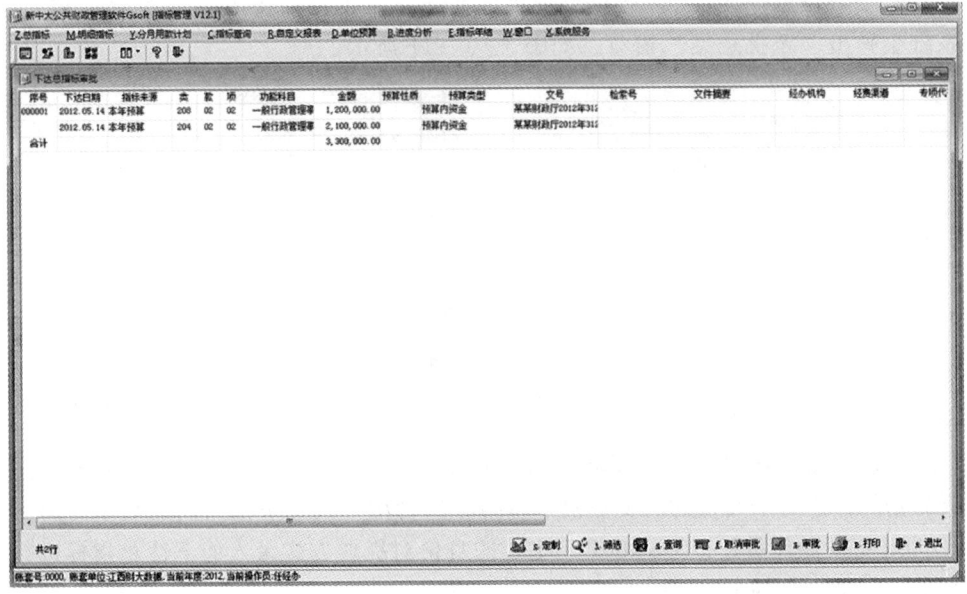

图 3-1-9 下达总指标审批

4. 在图3-1-9窗口单击"审批"进入"下达总指标审批"的详细界面，如图3-1-10所示。

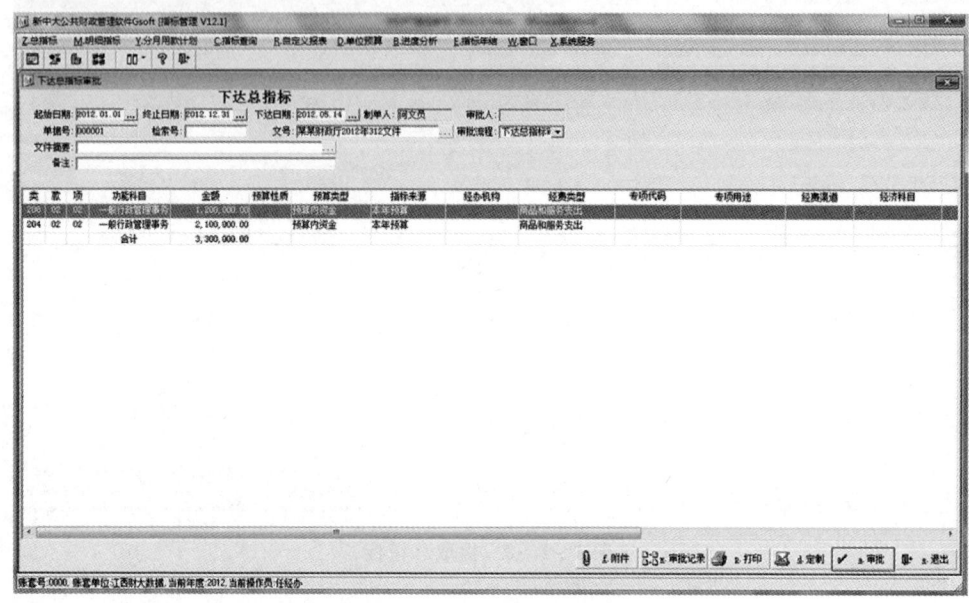

图3-1-10 下达总指标审批

5. 在图3-1-10窗口选择要审批的单据，单击窗口下方的"审批"按钮，系统会弹出"审批意见"窗口，如图3-1-11所示。

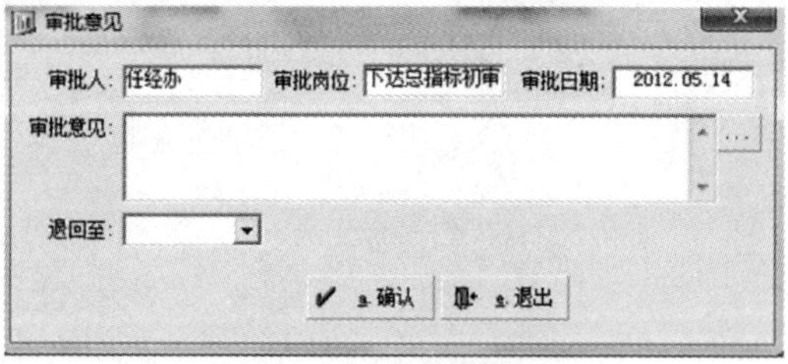

图3-1-11 审批意见

录入审批意见，单击"确认"完成单据审批。

注意：系统弹出"逐张审批"和"成批审批"两个菜单项。两个审批操作目的相同，但对于大量的需要审批的总指标，利用"成批审批"功能效率更高。

6. 更换操作员，以GKK001王主管的身份对提取方式录入的下达总指标进行复审，审批方法同上。

(三) 明细指标录入及审批阶段

1. 以 gkk004 何文员的身份登录系统后,进入新中大公共财政管理软件 Gsoft [公共财政工作管理平台],选择"系统菜单"→"预算管理"→"指标管理"进入软件的指标管理系统。

2. 选择"明细指标"菜单→"明细指标录入"→"明细指标录入",在如图 3 - 1 - 12 所示的界面上录入各预算单位的明细指标。

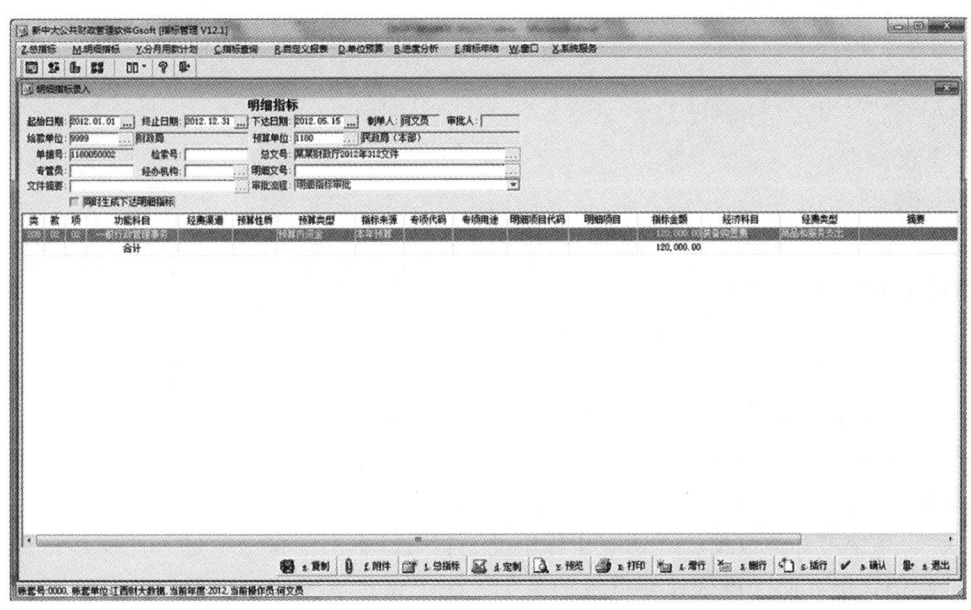

图 3 - 1 - 12 民政局明细指标录入

在图 3 - 1 - 12,首先选择预算单位:1180 民政局,然后单击"总文号"后对应的 ,在弹出的"指标列表"选择前面录入的有关民政局的下达总指标,单击"提取"将该笔下达总指标提取到明细指标录入界面,然后分别修改金额为:120000 并补充选择经济科目为:30219 装备购置费,最后单击"确认"退出。

注意:提取总指标之后一般情况需要核对明细指标具体金额,如果不修改金额,那就表示把该单位全年指标一次性全额拨付;如果这次明细仅仅是总指标的 1/10,那下次系统自动只能最多提取其余未拨付那部分。

然后再同上操作,为 1101 公安局录入本月的明细可用指标,将修改金额为:210000 并补充选择经济科目为:30219 装备购置费,如图 3 - 1 - 13 所示。

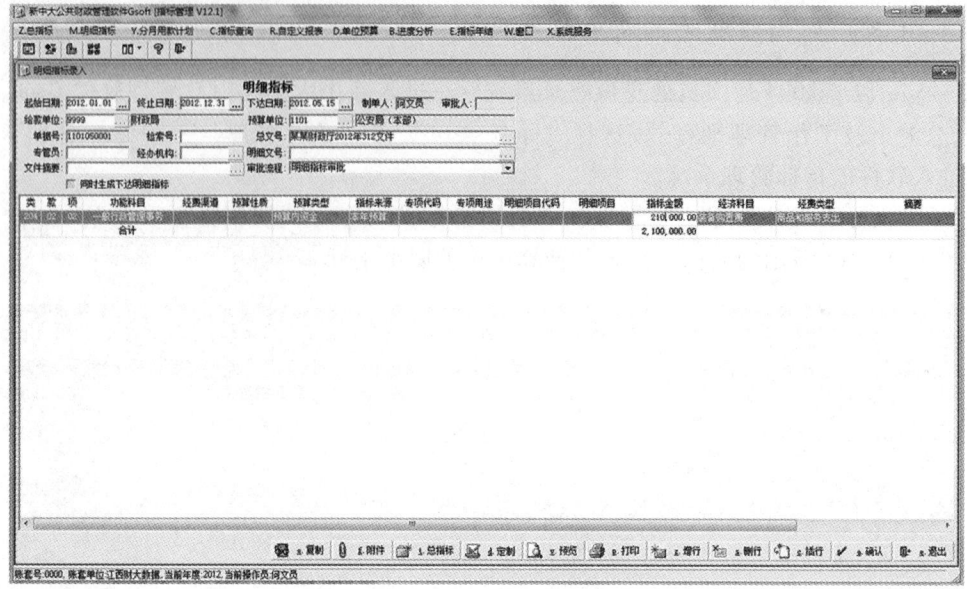

图 3-1-13 公安局明细指标录入

3. 由 gkk002 任经办对录入的明细指标进行初次审核。更换操作员为任经办身份登录系统后，并进入软件的指标管理系统。选择"明细指标"菜单→"明细指标审批"→"逐张审批"，系统弹出条件筛选窗口，选择条件后单击"确认"，系统打开待审批的"明细指标审批"窗口。单击"审批"进入"明细标审批"的详细界面，再选择要审批的单据，单击窗口下方的"审批"按钮，系统会弹出"审批意见"窗口，录入审批意见，单击"确认"完成单据审批。操作详图同总指标审批。

4. 更换操作员，以 GKK001 王主管的身份对任经办初审之后的两条明细指标进行复审，审批方法同上。

（四）下达明细指标录入及审批阶段

1. 以 gkk004 何文员的身份登录系统后，进入新中大公共财政管理软件 Gsoft [公共财政工作管理平台]，选择"系统菜单"→"预算管理"→"指标管理"进入软件的指标管理系统。

2. 选择"明细指标"菜单→"下达明细指标录入"→"下达明细指标录入"，在如图 3-1-14 所示的界面上录入各预算单位的明细指标。

在图 3-1-14 中，首先选择预算单位：1180 民政局，然后单击"提取"按钮，在弹出窗口选择"明细指标"，将该笔明细指标提取到下达明细指标录入界

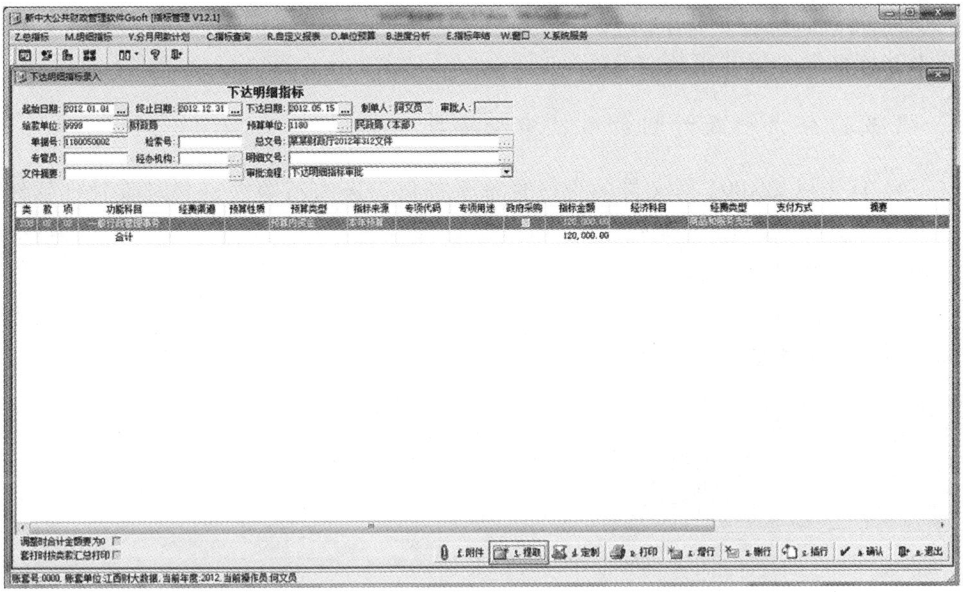

图 3-1-14 民政局下达明细指标录入

面,最后单击"确认"退出。

然后再同上操作,为1101公安局提取本月的下达明细可用指标,如下图3-1-15所示。

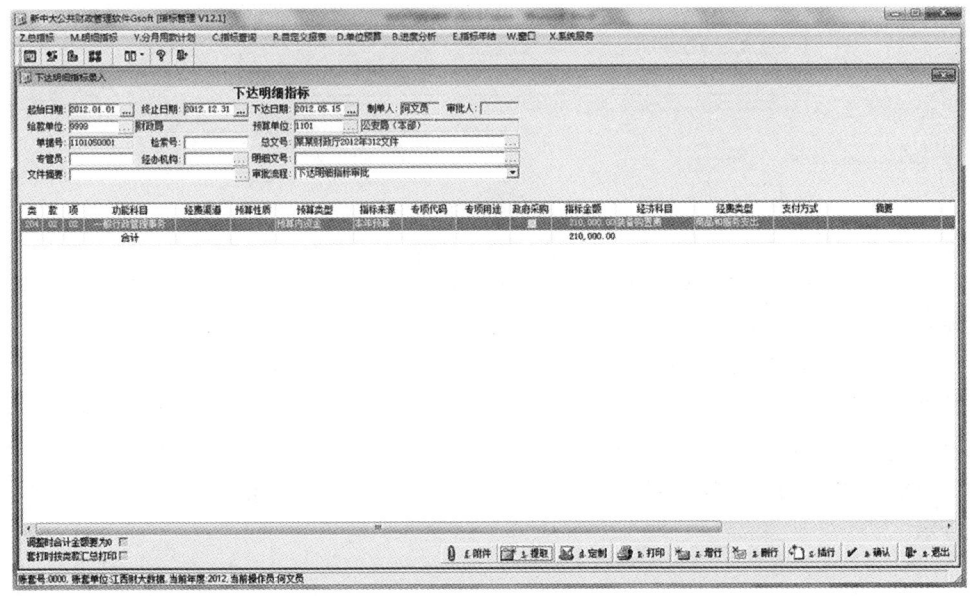

图 3-1-15 公安局下达明细指标

3. 先后由任经办和王主管对提取的下达明细指标进行初次审核和复审。操作办法同前面介绍的审核。

(五) 分月用款计划录入及审批阶段

1. 首先以 gkk004 何文员的身份登录系统后,进入新中大公共财政管理软件 Gsoft [公共财政工作管理平台],选择"系统菜单"→"预算管理"→"指标管理"进入软件的指标管理系统。

2. 选择"分月用款计划"菜单→"计划录入",在如图 3-1-16 所示的界面上进行分月用款计划的录入工作。

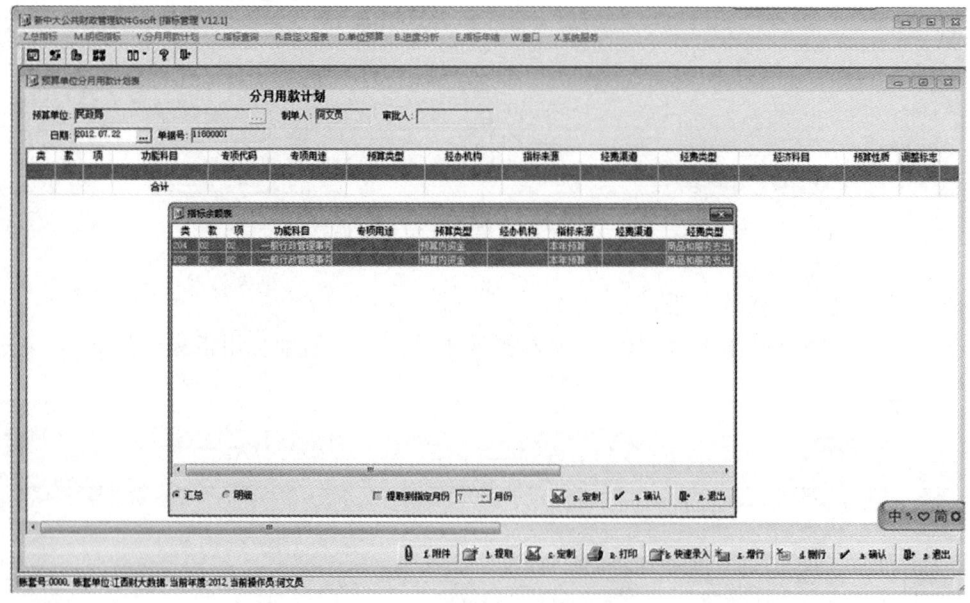

图 3-1-16　分月用款计划录入

录入过程中选择:选择预算单位:1180 民政局;单击"提取"选中相应指标余额,单击"确认"。保存退出,公安局分月用款计划同上操作。

3. 由 gkk002 任经办对录入的分月用款计划进行初次审核。更换操作员为任经办身份登录系统后,并进入软件的指标管理系统。选择"分月用款计划"菜单→"计划审批"→"逐张审批",系统弹出条件筛选窗口,选择条件后单击"确认",系统打开待审批的"预算单位分月用款计划表"窗口,如图 3-1-17 所示。

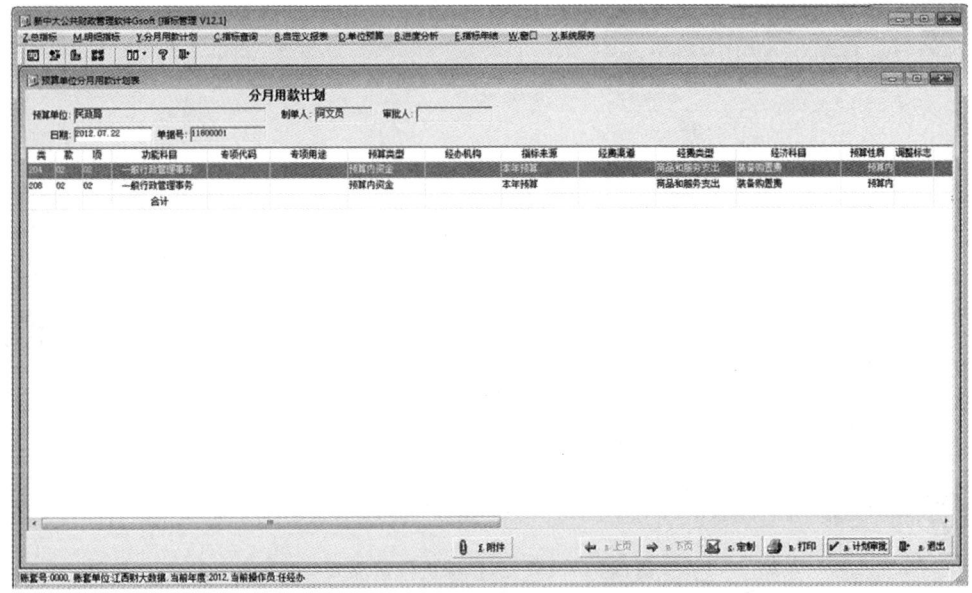

图 3-1-17 预算单位分月用款计划表

4. 在图 3-1-17 窗口单击"计划审批",系统会弹出"审批意见"窗口,录入审批意见,单击"确认"完成单据审批。

注意:系统弹出"逐张审批"和"成批审批"两个菜单项。两个审批操作目的相同,但对于大量的需要审批的总指标,利用"成批审批"功能效率更高。

5. 更换操作员,以 GKK001 王主管的身份对录入的分月用款计划进行复审,审批方法同上。

(六) 生成指标执行情况表

目前的报表主要分为系统报表及报表中心-自定义报表,下面分别作介绍。

1. 系统报表

(1) 指标执行情况表-总指标执行情况表

总指标执行情况表罗列所有总指标的执行内容,包括预算类型、指标来源、功能科目经费类型、总指标金额、已下达金额、余额等等。如图 3-1-18 所示。

(2) 指标执行情况表-下达总指标执行情况表

下达总指标执行情况表罗列所有下达总指标的执行内容,包括预算类型、指标来源、功能科目经费类型、总指标金额、已下达金额、余额等等。如图 3-1-19 所示。

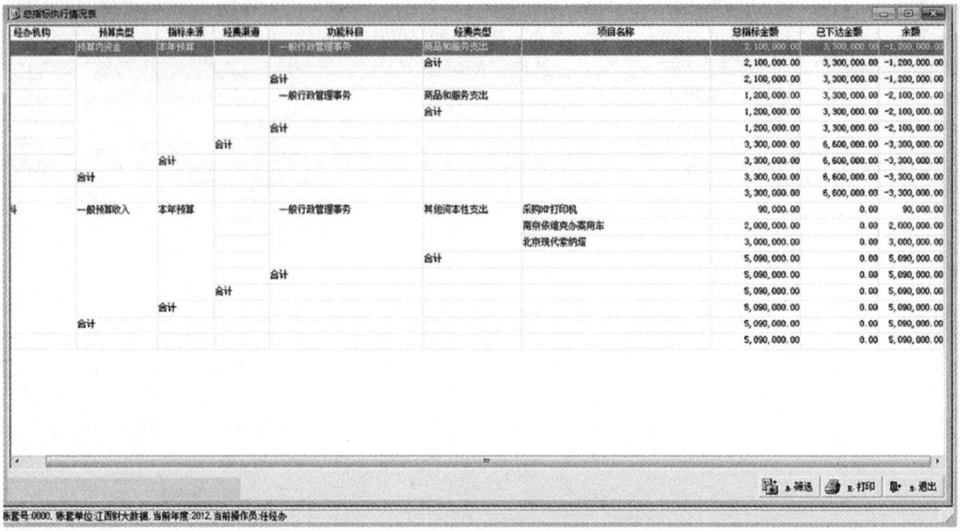

经办机构	预算类型	指标来源	经费渠道	功能科目	经费类型	项目名称	总指标金额	已下达金额	余额
	预算内资金	本年预算		一般行政管理事务	商品和服务支出		2,100,000.00	3,300,000.00	-1,200,000.00
					合计		2,100,000.00	3,300,000.00	-1,200,000.00
				合计			2,100,000.00	3,300,000.00	-1,200,000.00
				一般行政管理事务	商品和服务支出		1,200,000.00	3,300,000.00	-2,100,000.00
					合计		1,200,000.00	3,300,000.00	-2,100,000.00
				合计			1,200,000.00	3,300,000.00	-2,100,000.00
			合计				3,300,000.00	6,600,000.00	-3,300,000.00
		合计					3,300,000.00	6,600,000.00	-3,300,000.00
	合计						3,300,000.00	6,600,000.00	-3,300,000.00
							3,300,000.00	6,600,000.00	-3,300,000.00
科	一般预算收入	本年预算		一般行政管理事务	其他资本性支出	采购HP打印机	90,000.00	0.00	90,000.00
						南京依维克办案用车	2,000,000.00	0.00	2,000,000.00
						北京现代索纳塔	3,000,000.00	0.00	3,000,000.00
					合计		5,090,000.00	0.00	5,090,000.00
				合计			5,090,000.00	0.00	5,090,000.00
			合计				5,090,000.00	0.00	5,090,000.00
		合计					5,090,000.00	0.00	5,090,000.00
	合计						5,090,000.00	0.00	5,090,000.00
							5,090,000.00	0.00	5,090,000.00

图 3-1-18　总指标执行情况表

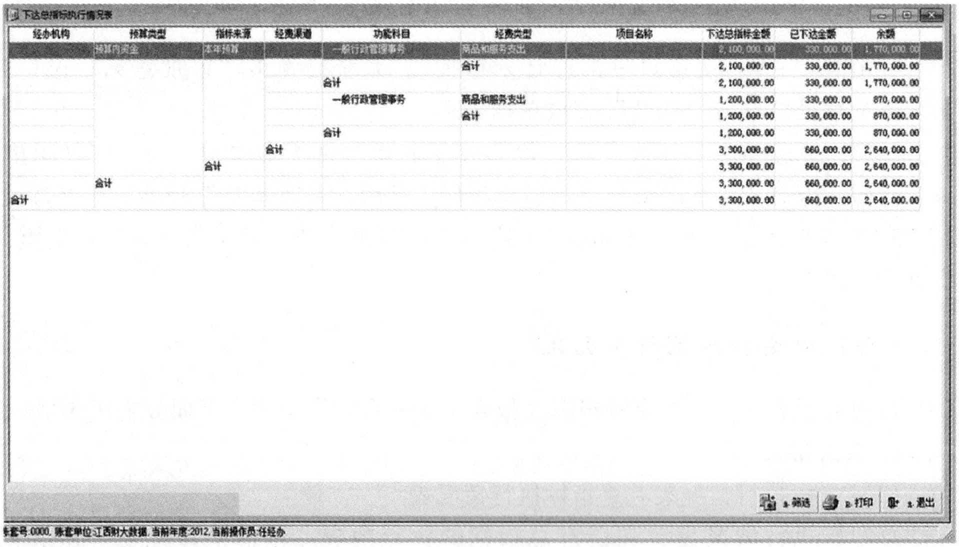

经办机构	预算类型	指标来源	经费渠道	功能科目	经费类型	项目名称	下达总指标金额	已下达金额	余额
	预算内资金	本年预算		一般行政管理事务	商品和服务支出		2,100,000.00	330,000.00	1,770,000.00
					合计		2,100,000.00	330,000.00	1,770,000.00
				合计			2,100,000.00	330,000.00	1,770,000.00
				一般行政管理事务	商品和服务支出		1,200,000.00	330,000.00	870,000.00
					合计		1,200,000.00	330,000.00	870,000.00
				合计			1,200,000.00	330,000.00	870,000.00
			合计				3,300,000.00	660,000.00	2,640,000.00
		合计					3,300,000.00	660,000.00	2,640,000.00
	合计						3,300,000.00	660,000.00	2,640,000.00
合计							3,300,000.00	660,000.00	2,640,000.00

图 3-1-19　下达总指标执行情况表

(3) 指标执行情况分析表

根据条件的设定可以任意定义自己需要的指标执行情况数据。

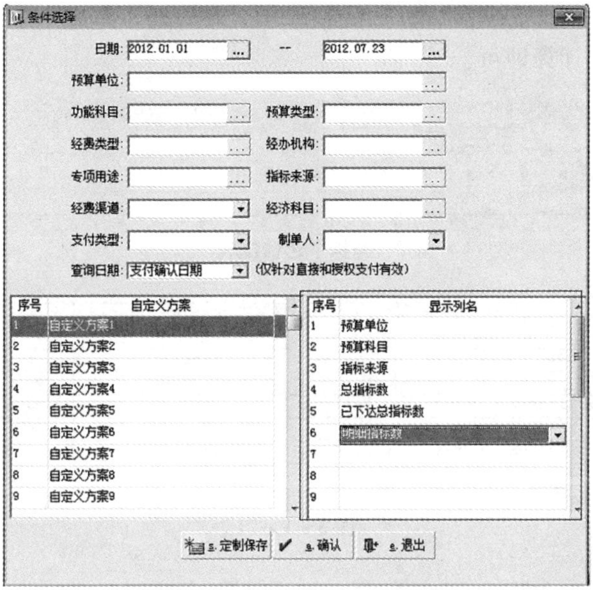

图 3-1-20（1） 条件选择

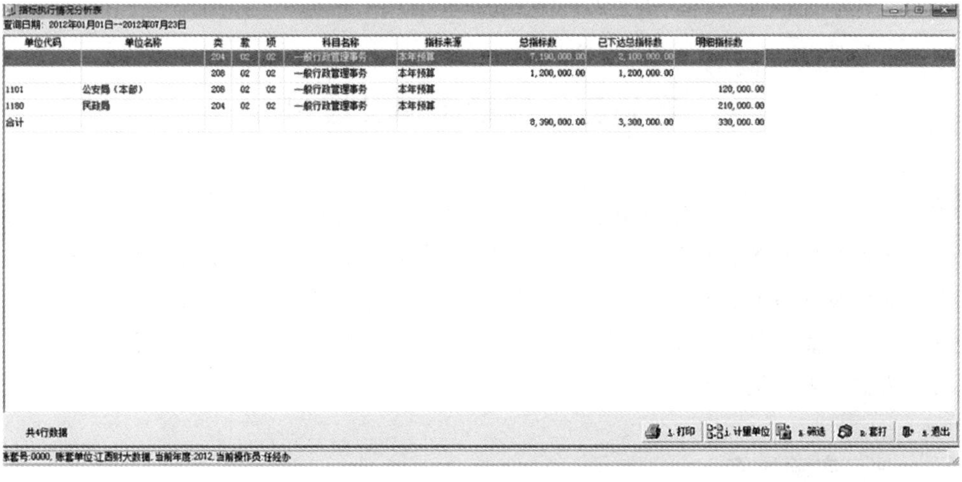

图 3-1-20（2） 指标执行情况分析表

2. 报表中心

指标执行过程需要查看执行情况时候，以李经办、王主管或者何文员三人中任何一人的身份进入新中大公共财政管理软件 Gsoft［公共财政工作管理平台］，选择"系统菜单"→"报表中心"进入软件的财务报告系统。单击"自定义报表"选项卡→"指标下达情况表"，即可打开查看该表。

在"指标下达情况表"中，选择"计算分析"菜单→"填充/汇总计算"，如图 3-1-21 所示。在弹出的"条件筛选"对话框，单击"确认"。其他表参照这种方法进行计算即可。

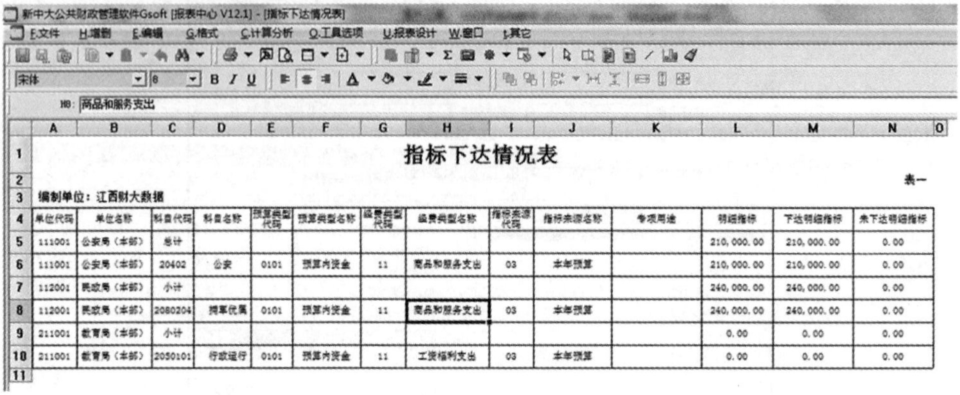

图 3-1-21

选择"文件"菜单→"转换 EXCEL 输出"，在弹出的对话框中单击"确认"按钮→选择文件保存路径，单击"确认"→提示框"全部转换需较长时间，确认吗？"，单击"是"，即可生成一份 EXCEL 格式的指标下达情况表。

实验二　拨款申请及拨付

"拨款管理"是财政预算执行过程中常用的一种资金管理模式，在预算指标、计划的控制下，根据预算单位的实际用款进度情况，由预算单位或业务科室提出预算拨款申请，在经过审批后，根据审批核定金额将资金直接拨付到单位账户。主要功能包括：拨款申请管理、资金划拨管理、拨款调整、总预算会计确认、拨款报表查询。

一、实验准备

针对各预算单位的预算指标已经编审并下达完毕，预算单位根据业务用途选择通过财政预算拨款进行支付。

二、实验目的及要求

了解政府拨款申请及拨付业务流程及其模式，并熟练掌握新中大政府拨款管理模块的软件系统操作。

三、实验内容

◆ 根据实验资料，完成拨款申请及拨付的流程模拟。

系统实现

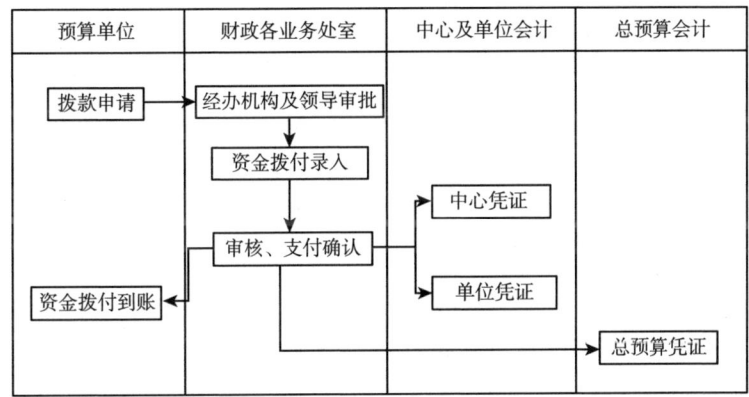

图 3-2-1

流程关键节点注释：
1. 预算单位向各业务处（科）室提拨款申请。
2. 各经办机构拨付凭证录入。
3. 财政各业务处室对各经办机构的拨付凭证进行审核并做支付确认。

四、实验平台

新中大公共财政管理教学软件

五、实验资料

以下是一笔财政拨款从申请到支付过程的业务信息，作为实验课程练习备用民政局打算为日常办公需要，现需采购台式电脑 30 台，台式电脑的市场价为每台 6000 元，特向财政局提出拨出专项专款的申请，申请金额为：180000 元；

功能科目为：2080202 一般行政管理事务

预算类型：0101 预算内资金

指标来源：03 本年预算

经费类型：13 商品和服务支出

经济科目：30219 装备购置费

财政局经过审批，认为采购数量过多，将数量改为 20 台，拨付总额为：120000 元

功能科目为：2080202 一般行政管理事务

预算类型：0101 预算内资金

指标来源：03 本年预算

经费类型：13 商品和服务支出

经济科目：30219 装备购置费

六、实验指导

（一）拨款申请单录入

1. 首先以 gkk004 何文员的身份登录系统后，进入新中大公共财政管理软件 Gsoft [公共财政工作管理平台]，选择"系统菜单"→"支出管理"→"拨款管理"进入软件的拨款管理系统。

2. 选择"拨款申请"菜单→"拨款申请录入"，弹出条件筛选窗口，选择条件后单击"确认"，然后在弹出的"拨款申请书列表"界面单击"增加"，出现如图 3-2-2 所示的界面上进行拨款申请单据的录入。

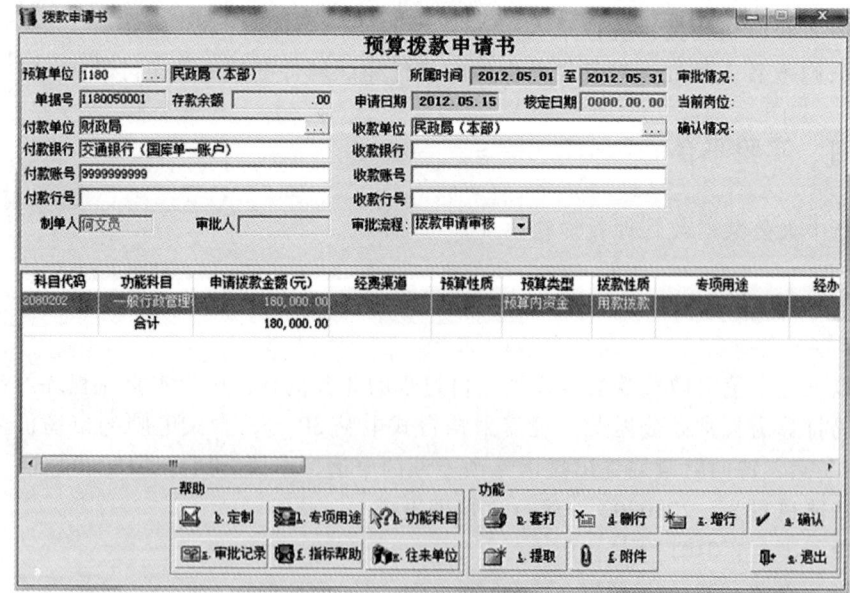

图 3-2-2 预算拨款申请书

录入过程中选择：预算单位：1180 民政局；功能科目为：2080202 一般行政管理事务；金额：180000；预算类型：0101 预算内资金；指标来源：03 本年预算；经费类型：13 商品和服务支出；经济科目：30219 装备购置费。

录入完毕，单击"确认"，保存退出。

3. 由 gkk002 任经办对录入的拨款申请进行初次审核。更换操作员为任经办身份登录系统后，并进入软件的拨款管理系统。选择"拨款申请"菜单→"申请审批"→"单张审批"，系统弹出条件筛选窗口，选择条件后单击"确认"，系统打开待审批的"拨款申请书列表"窗口，如图 3-2-3 所示。

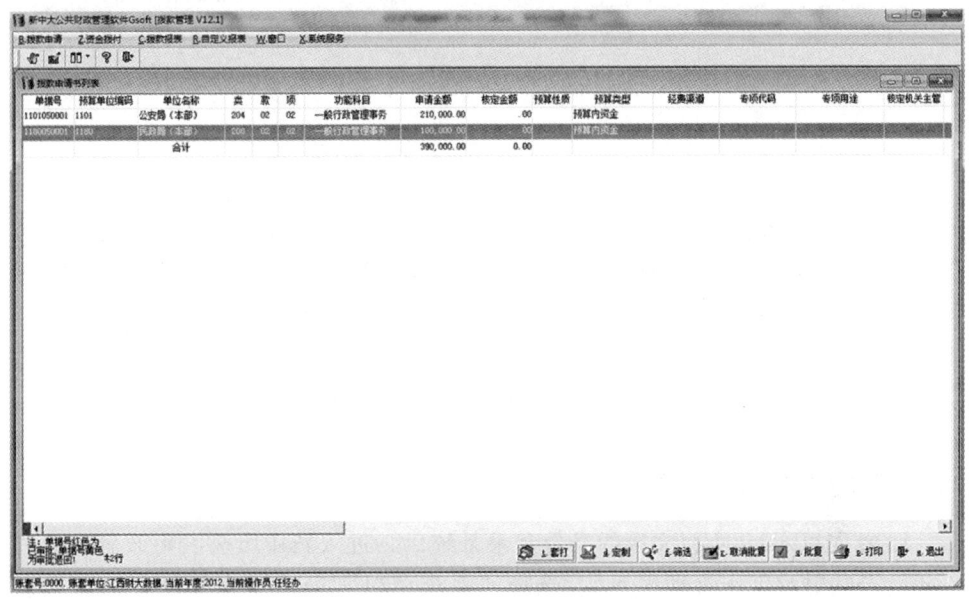

图 3-2-3　拨款申请书审批

4. 在图 3-2-3 窗口单击"批复"进入"拨款申请书"的审核界面，如图 3-2-4 所示。

5. 在图 3-2-4 窗口单击"确认"，完成初步审批环节。

注意：系统弹出"单张审批"和"成批批复"两个菜单项。两个审批操作目的相同，但对于大量的需要审批的拨款申请，利用"成批批复"功能效率更高。

6. 更换操作员，以 GKK001 王主管的身份对录入的拨款申请进行复审，审批方法同上。

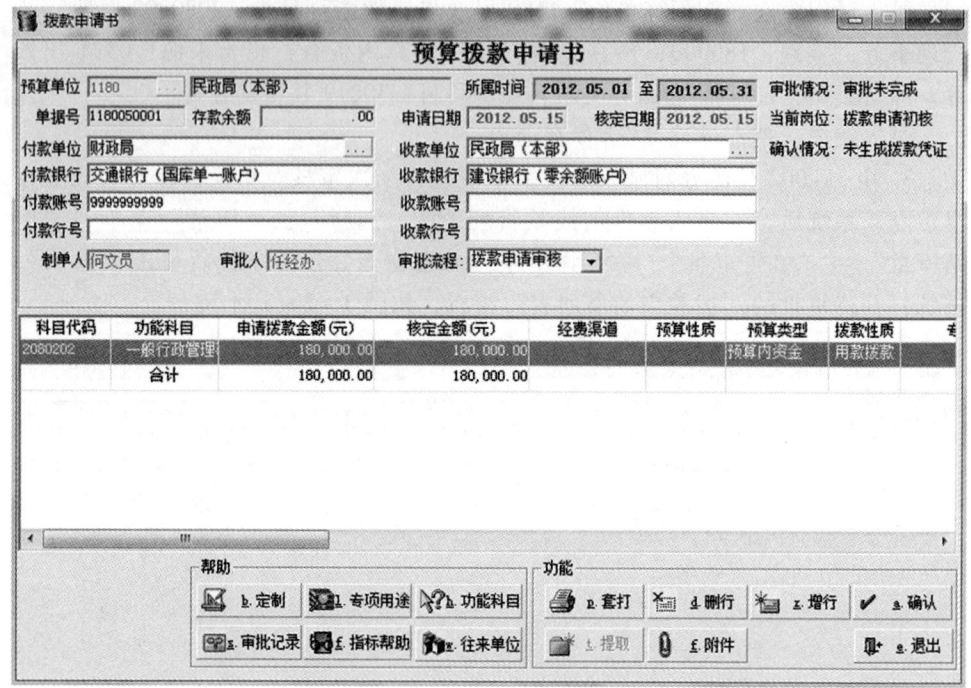

图 3-2-4 拨款申请书审核界面

（二）拨款凭证录入

1. 首先以 gkk004 何文员的身份登录系统后，进入新中大公共财政管理软件 Gsoft［公共财政工作管理平台］，选择"系统菜单"→"支出管理"→"拨款管理"进入软件的拨款管理系统。

2. 选择"资金拨付→"资金拨付录入"→"申请书生成拨款凭证"弹出条件筛选窗口，选择条件后单击"确认"，然后在弹出的"拨款申请书列表"界面，如图 3-2-5 所示。选择需要生成凭证的申请单，单击"生成拨款凭证"，出现如图 3-2-6 所示的界面上进行拨款凭证单据账户信息的录入。

在图 3-2-6 中，输入账号信息（如果基础设置里单位信息包含账号信息，这里会带出默认的账号信息），然后单击"确认"。

3. 由 gkk002 任经办对录入的拨款凭证进行初次审核。更换操作员为任经办身份登录系统后，并进入软件的拨款管理系统。选择"资金拨付"菜单→"资金拨付审批"→"单张审批"，系统弹出条件筛选窗口，选择条件后单击"确认"，系统打开待审批的"预算拨款凭证列表"窗口，如图 3-2-7 所示。

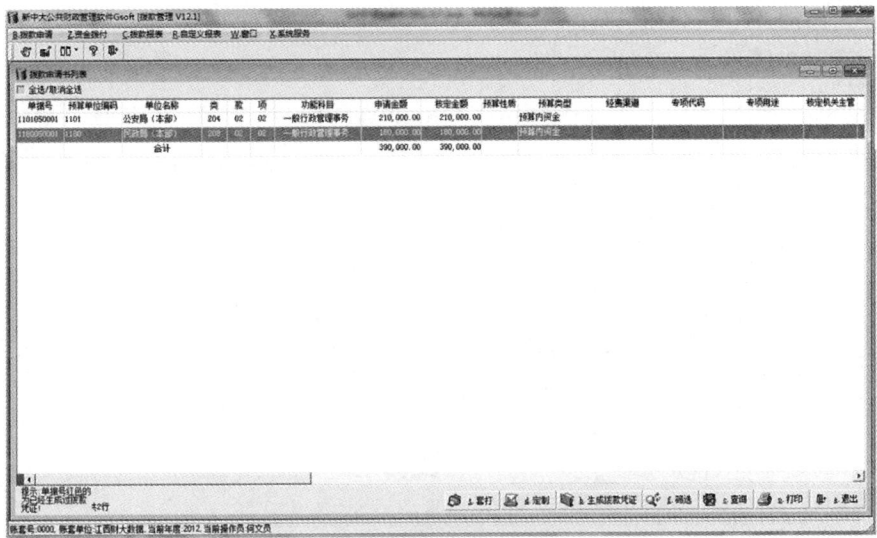

图 3-2-5 拨款申请书列表

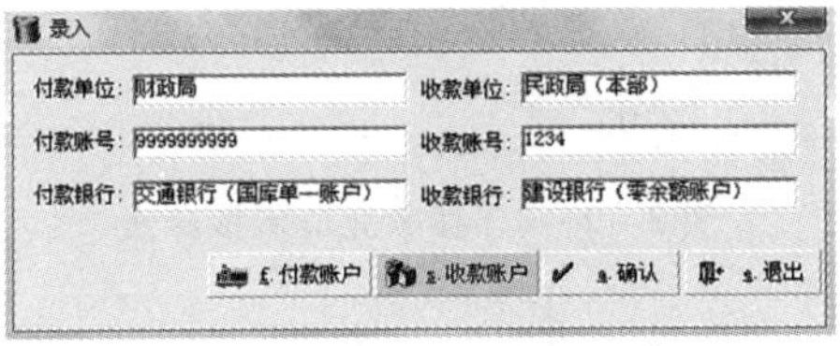

图 3-2-6 拨款凭证单据录入

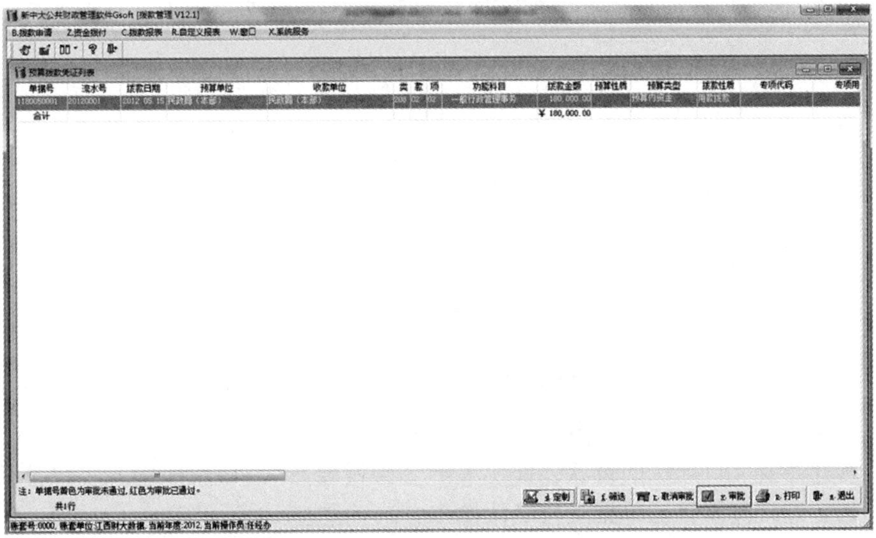

图 3-2-7 预算凭证拨款列表

4. 在图 3-2-7 窗口单击"审批"进入"拨款凭证"的审核界面，如图 3-2-8 所示。

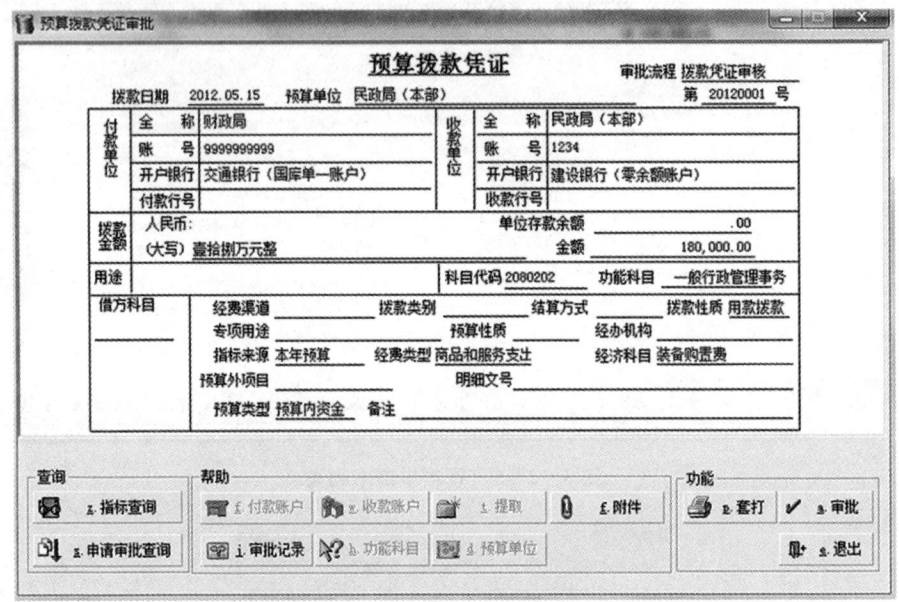

图 3-2-8　拨款凭证审核界面

5. 在图 3-2-8 窗口单击"审批"，完成初步审批环节。

注意：系统弹出"单张审批"和"成批审批"两个菜单项。两个审批操作目的相同，但对于大量的需要审批的拨款申请，利用"成批审批"功能效率更高。

6. 更换操作员，以 GKK001 王主管的身份对录入的拨款凭证进行复审，审批方法同上。

（三）拨款凭证支付确认

1. 以 gkk004 何文员的身份登录系统后，进入新中大公共财政管理软件 Gsoft［公共财政工作管理平台］，选择"系统菜单"→"支出管理"→"拨款管理"进入软件的拨款管理系统。

2. 选择"资金拨付→"资金拨付支付确认"→"单张支付确认"，弹出条件筛选窗口。选择条件后单击"确认"，然后在弹出的"预算拨款凭证列表"界面，选择需要支付确认的拨款凭证，单击"支付确认"，出现如图 3-2-9 所示的界面上进行拨款凭证单据支付确认操作。

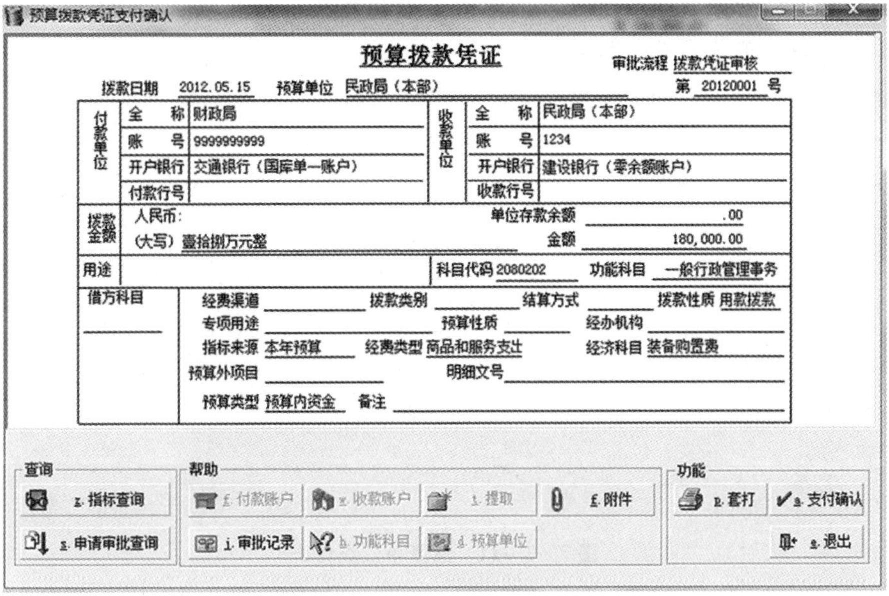

图 3-2-9 预算拨款凭证支付确认

在图 3-2-9 中，单击"支付确认"按钮，出现如下图 3-2-10 所示的提示框，完成支付确认操作。

图 3-2-10 预算拨付支付确认

注意：系统弹出"单张支付确认"和"成批支付确认"两个菜单项。两个支付操作目的相同，但对于大量的需要支付的拨款凭证，利用"成批支付确认"功能效率更高。

（四）生成指标执行情况表

目前的报表主要分为系统报表及报表中心-自定义报表，下面分别作介绍。

1. 系统报表

拨款报表-拨款指标统计表-预算单位统计表

预算单位统计表主要涉及单位名称、科目代码、科目名称、指标来源指标数、拨款数、余额等等，如图 3-2-11 所示。

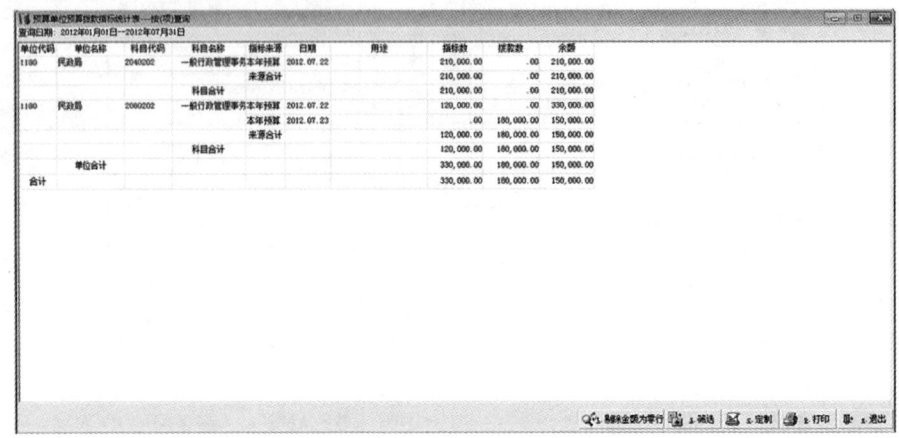

图 3-2-11　预算单位统计表

2. 报表中心

拨款执行过程需要查看执行情况时候，以任经办、王主管或者何文员三人中任何一人的身份进入新中大公共财政管理软件 Gsoft [公共财政工作管理平台]，选择"系统菜单"→"报表中心"进入软件的财务报告系统。单击"自定义报表"选项卡→"拨款执行核算报表"，即可打开查看该表，如图 3-2-12 所示。

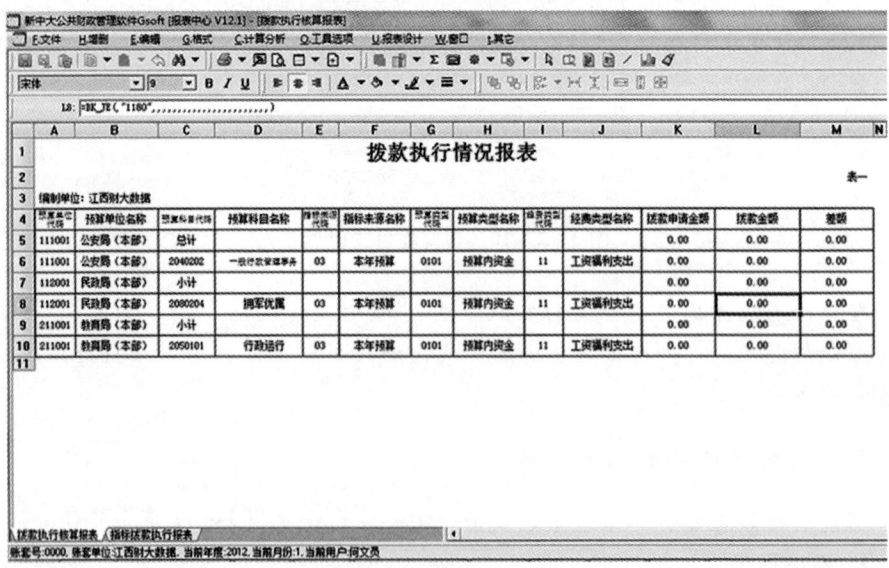

图 3-2-12　拨款执行核算报表

在"拨款执行核算报表"中,选择"计算分析"菜单→"填充/汇总计算",如图3-2-13所示。在弹出的"条件筛选"对话框,单击"确认"。

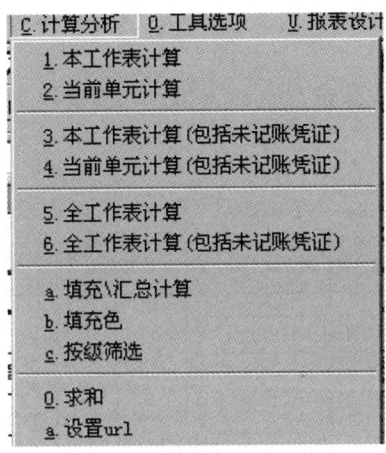

图3-2-13

选择"文件"菜单→"转换EXCEL输出",在弹出的对话框中单击"确认"按钮→选择文件保存路径,单击"确认"→提示框"全部转换需较长时间,确认吗?",单击"是",即可生成一份EXCEL格式的拨款执行核算报表。

实验三 国库集中支付

国库集中收付是指按照财政国库管理制度的要求,建立国库单一账户体系,所有财政性资金都纳入国库单一账户体系管理,收入直接缴入国库或财政专户,支出通过国库单一账户体系支付到商品和劳务供应者或用款单位。

国库集中支付系统将财政支付分为直接支付和授权支付两种方式。

一、实验准备

针对各预算单位的预算指标已经编审并下达完毕,预算单位根据业务用途选择通过支付中心集中方式进行支付。

二、实验目的及要求

了解政府集中支付业务流程及清算业务流程及其模式,并熟练掌握新中大政府国库集中支付管理模块的软件系统操作。

三、实验内容

◆ 根据实验资料,完成软件直接支付、软件授权支付流程。

系统实现

1. 直接支付

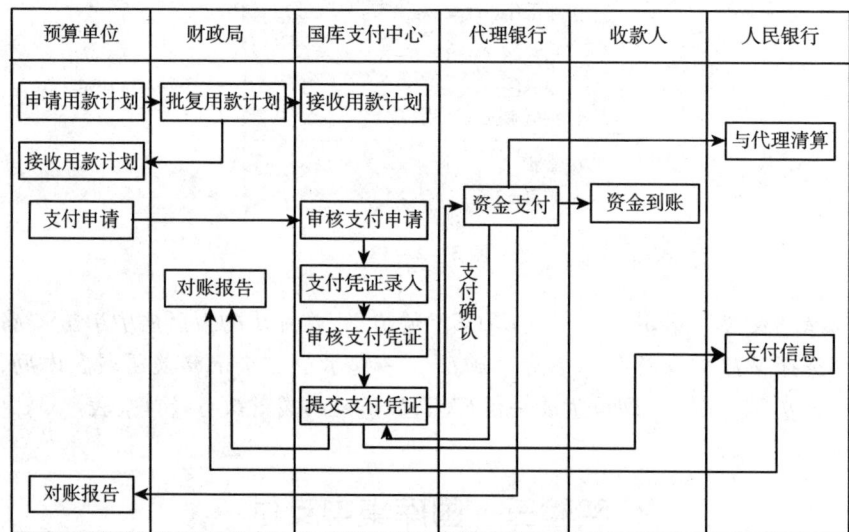

图 3 - 3 - 1 直接支付流程

流程关键节点注释:

1. 预算单位向财政局申请用款计划。
2. 财政局国库处(科)批复预算单位分月季度用款计划。
3. 预算单位向国库支付中心提出支付申请。
4. 国库支付中心审核支付申请并录入支付凭证。
5. 国库支付中心根据代理银行支付凭证回单支付确认。
6. 国库支付中心将支付信息提交人民银行。(清算凭证汇总单)
7. 国库支付中心与国库处(科)汇报预算执行情况。(预算单位财政集中支付情况明细表)

2. 授权支付

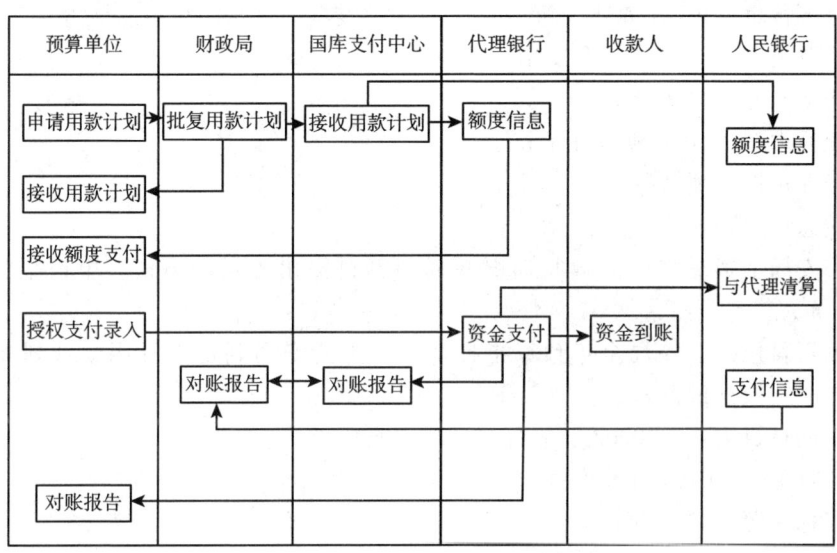

图 3-3-2 授权支付流程

流程关键节点注释：

1. 预算单位向财政局申请月度用款计划。
2. 国库中心将授权额度提交代理行及人行。（授权支付额度通知单）
3. 预算单位接收代理银行到账通知书。（下达额度查询表）
4. 预算单位在额度内填写支付凭证。
5. 国库中心定期向国库处（科）报送支付报告。（预算单位财政集中支付情况明细表）

四、实验平台

新中大公共财政管理教学软件

五、实验资料

以下是一笔单位支付从预算科用款计划制订、预算单位支付申请录入到支付中心支付业务、国库科与支付中心清算支付过程的业务信息，作为实验课程练习备用。

预算科根据公安局全年预算指标情况，为公安局发放工资 90000 元，定于直接支付方式；

功能科目为：2040299 其他公安支出

经济科目：30101 基本工资

经费类型：11 工资福利支出

指标来源：03 本年预算

预算类型：0101 预算内资金

经办机构：预算科

用途：工资发放

公安局工资需按时发放特向财政局预算科提出支付的申请，申请金额为：90000 元；

预算科根据公安局全年预算指标情况，为公安局制定下月用款计划 60000 元，定于授权支付方式；

功能科目为：2040202 一般行政管理事务

预算类型：0101 预算内资金

指标来源：03 本年预算

经费类型：13 商品和服务支出

经济科目：30219 装备购置费

公安局打算为日常办公需要，现需采购警务装备 30 套，每套警务装备的市场价为每台 1200 元，特向财政局预算科提出支付的申请，申请金额为：36000 元；

财政局经过审批，认为采购数量合理，同意让支付中心以授权方式支付；

公安局采购装备之后，将报销凭证给予支付中心，支付中心受理该支付需求，以授权支付方式将该笔采购给予报销，金额总数为：36000 元；

当天 5 点支付中心停止当天支付业务，将当天的所有支付业务，包括直接支付和授权支付的业务全部生成清算凭证，用于与国库科进行本日支付业务清算比较。

六、实验指导

（一）直接支付

1. 用款计划的录入及审批

（1）首先以 gkk004 何文员的身份登录系统后，进入新中大公共财政管理软件 Gsoft［公共财政工作管理平台］，选择"系统菜单"→"支出管理"→"国库集中支付"进入软件的国库集中支付系统。

注意：用款计划也可以由预算单位完成。

（2）选择"用款计划"菜单→"计划录入"→"计划录入"，出现如图3-3-3所示的界面上为各预算单位制订并录入用款计划。

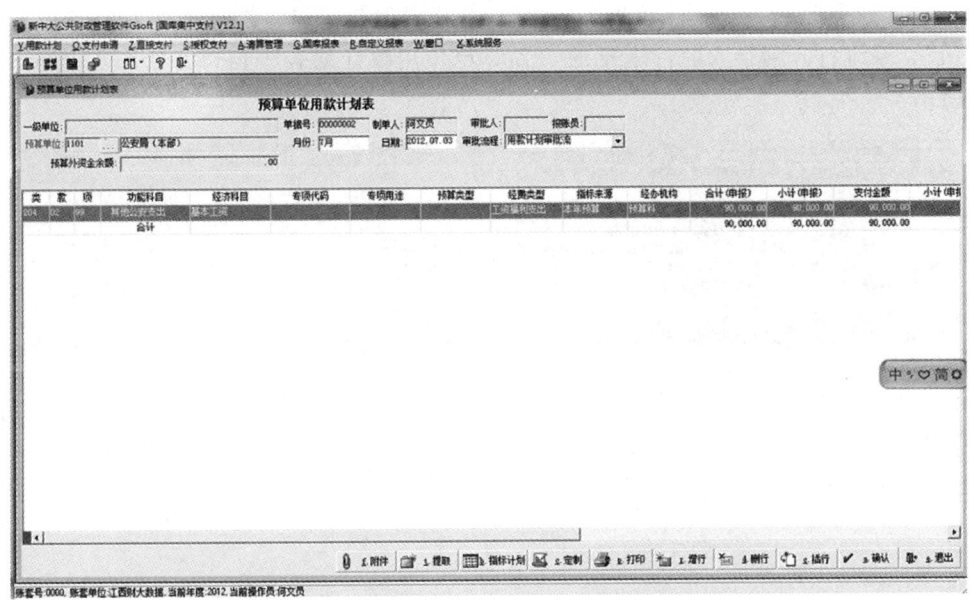

图3-3-3　用款计划录入

录入过程中选择预算单位：1101 公安局（本部）；单击"增行"，功能科目为：2040299 其他公安支出；经济科目：30101 基本工资；经费类型：11 工资福利支出；指标来源：03 本年预算；预算类型：0101 预算内资金；经办机构：预算科；支付金额：90000 元。

录入完毕，单击"确认"，保存退出

注意：如果单击"确认"，系统弹出如下图3-3-4所示的提示窗口，那是因为在相应的指标系统没有该单位相关预算指标数据，一旦出现该提示，就在指标系统——下达明细指标处录入并审核该单位相关预算数据，或者单击"是"忽略提示强行保存。

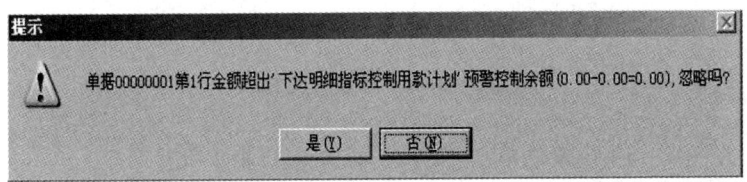

图3-3-4

(3) 由 gkk002 任经办对录入的用款计划进行初次审核。更换操作员为任经办身份登录系统后,并进入软件的国库集中支付系统。选择"用款计划"菜单→"计划审批"→"单张审批",系统弹出条件筛选窗口,选择条件后单击"确认",系统打开刚录入的待审批的"预算单位用款计划表"窗口,如图 3-3-5 所示。

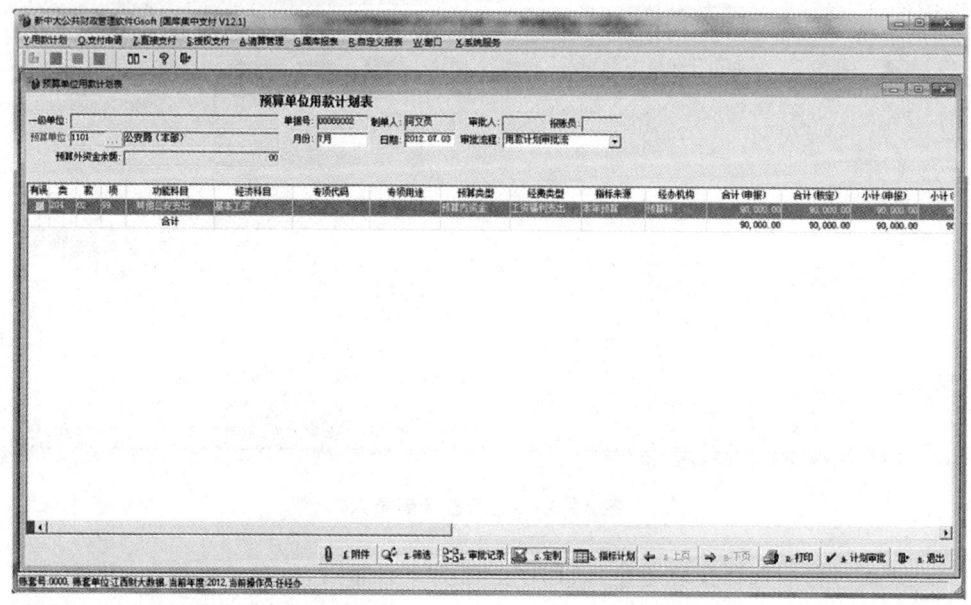

图 3-3-5 预算单位用款计划审批

(4) 在图 3-3-5 窗口单击"计划审批"弹出"审批意见"的界面,如图 3-3-6 所示。

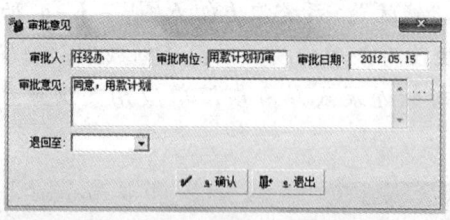

图 3-3-6 审批意见窗口

(5) 在图 3-3-6 窗口单击"确认",完成初步审批环节。

注意:系统弹出"单张审批"和"成批审批"两个菜单项。两个审批操作目的相同,但对于大量的需要审批的拨款申请,利用"成批审批"功能效率更高。

(6) 更换操作员，以 GKK001 王主管的身份对录入的用款计划进行复审，审批方法同上。

2. 支付申请的录入及审批

（1）首先以 GKK004 何文员的身份登录系统后，进入新中大公共财政管理软件 Gsoft［公共财政工作管理平台］，选择"系统菜单"→"支出管理"→"国库集中支付"进入软件的国库集中支付系统。

注意：支付申请也可以由预算单位完成。

（2）选择"支付申请"菜单→"申请书录入"→"申请书录入"，出现如图 3-3-7 界面上为预算单位填写支付申请。

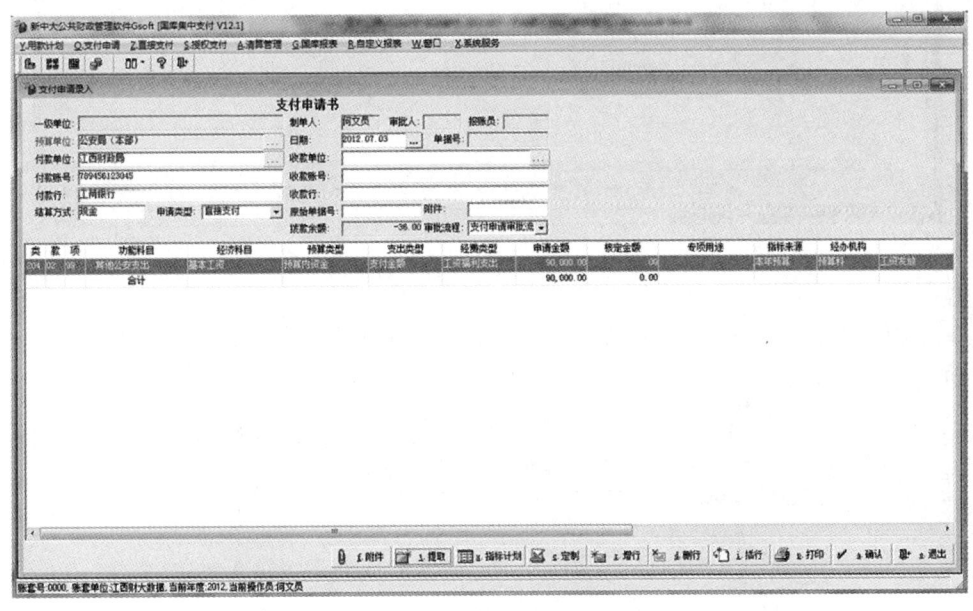

图 3-3-7　授权支付申请书录入

在图 3-3-7 中，先选择预算单位为：1101 公安局，然后单击"提取"选择"提取自用款计划"，弹出条件筛选窗口，选择条件后单击"确认"，在出现的"预算单位用款计划列表"，选择刚才录入的用款计划，再单击"选择"按钮，系统即把刚才录入的用款计划信息带到支付申请界面。

单击收款单位"……"按钮，选择其他预算单位并选中"1101 公安局（本部）"，单击"确认"录入完毕，单击"确认"，保存退出。

（3）由 GKK002 任经办对录入的支付申请进行初次审核。更换操作员为任经办身份登录系统后，并进入软件的国库集中支付系统。选择"申请书审批"菜单→"逐张审批"，系统弹出条件筛选窗口，选择条件后单击"确认"，系统打开刚录入的待审批的"支付申请审批"窗口。如图 3-3-8 所示。

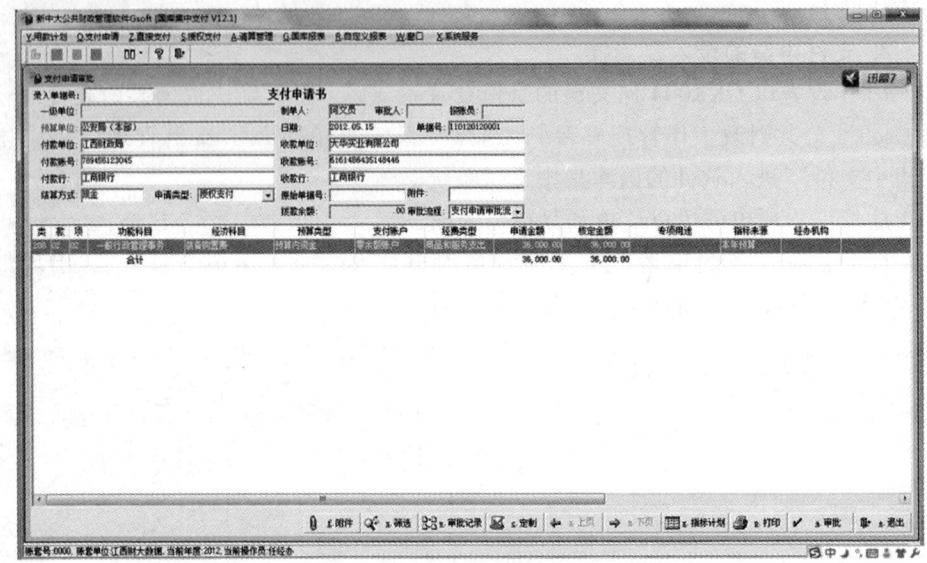

图 3-3-8　授权支付申请审批

（4）在图 3-3-8 窗口单击"审批"弹出"审批意见"的界面，如图 3-3-9 所示。

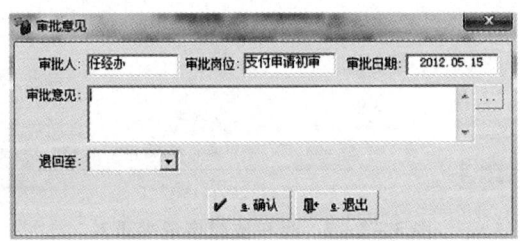

图 3-3-9　审批意见窗口

（5）在图 3-3-9 窗口单击"确认"，完成初步审批环节。
注意：系统弹出"逐张审批"和"成批审批"两个菜单项。两个审批操作目的相同，但对于大量的需要审批的拨款申请，利用"成批审批"功能效率更高。

（6）更换操作员，以 GKK001 王主管的身份对录入的支付申请进行复审，审批方法同上。

3. 直接支付凭证的录入及审批

（1）首先以 GKK001 何文员的身份登录系统后，进入新中大公共财政管理软件 Gsoft［公共财政工作管理平台］，选择"系统菜单"→"支出管理"→"国库集中支付"进入软件的国库集中支付系统。

（2）选择"直接支付"菜单→"凭证录入"→"凭证录入"，出现如图 3－3－10 所示的界面上为预算单位填写用于支付的支付凭证。

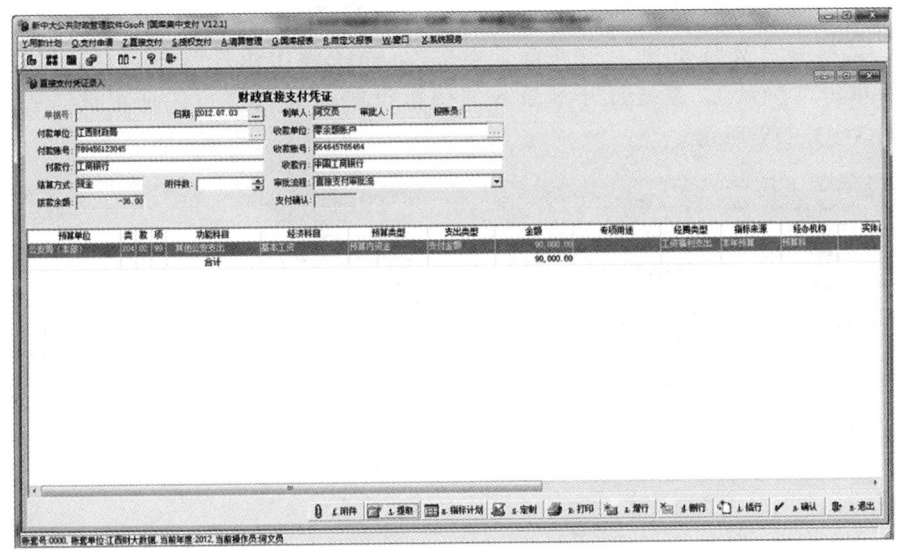

图 3－3－10　财政直接支付凭证录入

在图 3－3－10 中，先选择预算单位为：1101 公安局，然后单击"提取"选择"提取自支付申请"，弹出"查询时间范围"条件窗口，选择时间范围后单击"确认"，出现如下图 3－3－11 所示的"选择单据"列表。

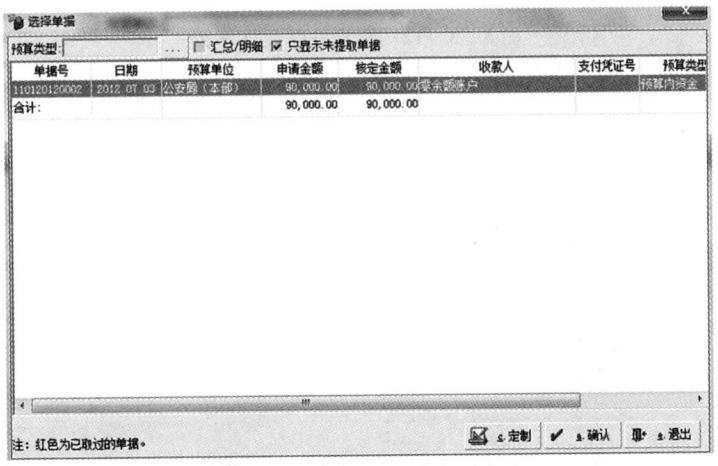

图 3－3－11　条件窗口选择

选择刚才录入的支付申请,再单击"确认"按钮,系统即把刚才录入的支付申请信息带到直接支付界面。

录入完毕,单击"确认",保存退出。

(3) 由 GKK002 任经办对录入的直接支付进行初次审核。更换操作员为任经办身份登录系统后,并进入软件的国库集中支付系统。选择"直接支付"菜单→"凭证审核"→"逐张审批",系统弹出条件筛选窗口,选择条件后单击"确认",系统打开刚录入的待审批的"授权支付凭证审批"窗口,如图 3-3-12 所示。

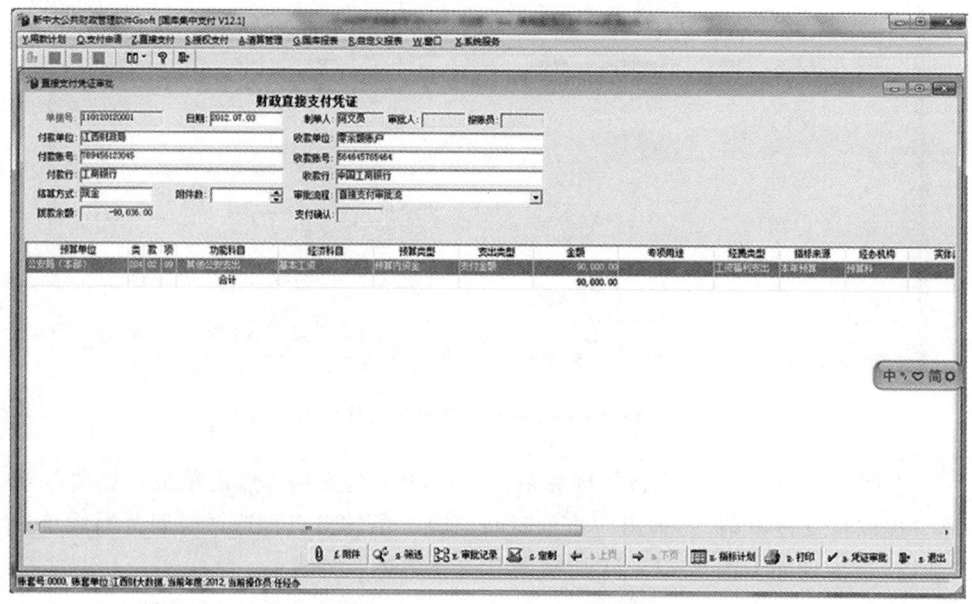

图 3-3-12　直接支付凭证审批

(4) 在图 3-3-12 窗口单击"凭证审批"弹出"审批意见"的界面,如图 3-3-13 所示。

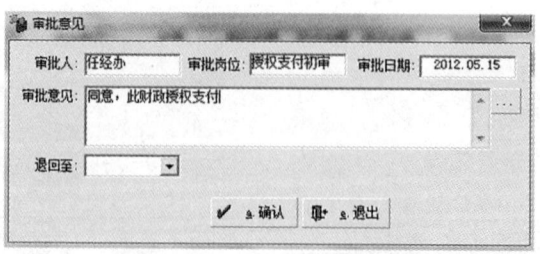

图 3-3-13　凭证审批意见窗口

(5) 在图 3-3-13 窗口单击"确认",完成初步审批环节。

注意:系统弹出"逐张审批"和"成批审批"两个菜单项。两个审批操作目的相同,但对于大量的需要审批的拨款申请,利用"成批审批"功能效率更高。

(6) 更换操作员,以 GKK001 王主管的身份对录入的直接支付进行复审,审批方法同上。

4. 直接支付凭证的支付确认

由 gkk001 王主管对录入的直接支付进行单位支付确认,同时也包括为银行的支付确认操作。

(1) 更换操作员为王主管身份登录系统后,并进入软件的国库集中支付系统。选择"直接支付"菜单→"支付确认"→"单张支付确认",系统弹出条件筛选窗口,选择条件后单击"确认",系统打开刚审核完毕的待确认的"直接支付凭证支付确认"窗口,如图 3-3-14 所示。

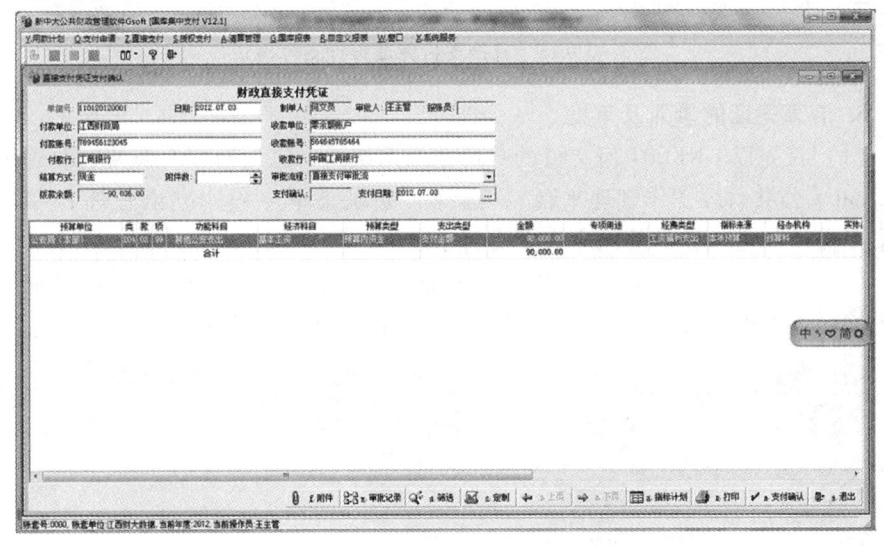

图 3-3-14 财政直接支付凭证确认

在图 3-3-14 窗口,单击"支付确认",完成对该笔直接支付业务的单位支付确认工作。

(2) 选择"直接支付"菜单→"银行确认"→"支付确认",系统弹出条件筛选窗口,选择条件后单击"确认",系统打开刚单位确认完毕的待银行确认的"直接支付凭证银行支付确认"窗口,如图 3-3-15 所示。

在图 3-3-15,选择好刚才单位支付确认的那条直接支付凭证,再单击"支付确认",系统提示:银行支付确认成功!即完成该笔直接支付凭证的银行支付确认操作。

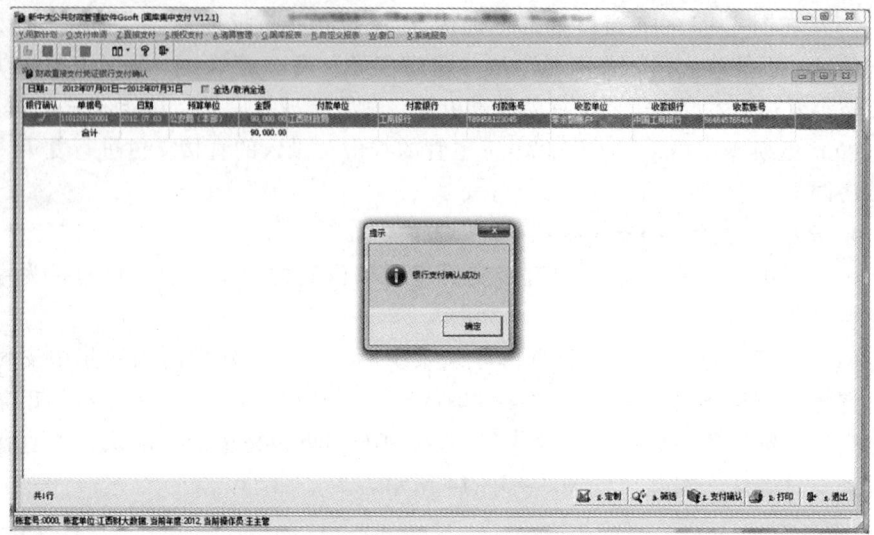

图 3 – 3 – 15　直接支付凭证银行支付确认

5. 清算凭证的录入及审批

（1）首先以 GKK004 何文员的身份登录系统后，进入新中大公共财政管理软件 Gsoft［公共财政工作管理平台］，选择"系统菜单"→"支出管理"→"国库集中支付"进入软件的国库集中支付系统。

（2）选择"清算管理"菜单→"凭证录入"，出现如图 3 – 3 – 16 所示的界面上填写录入用于为国库科与支付中心对账用的支付清算凭证。

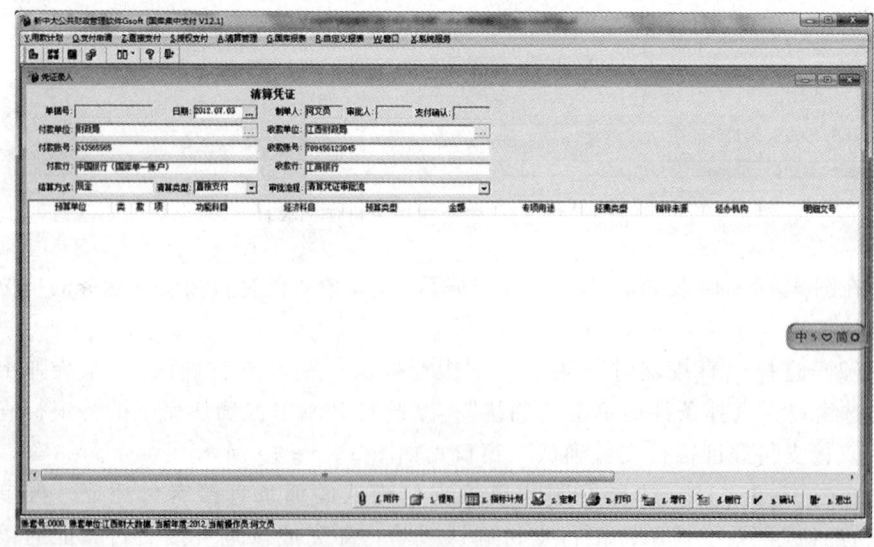

图 3 – 3 – 16　支付清算凭证录入

在图 3-3-16 中，单击"提取"选择"提取自直接支付凭证"，弹出条件筛选窗口，如图 3-3-17 所示。

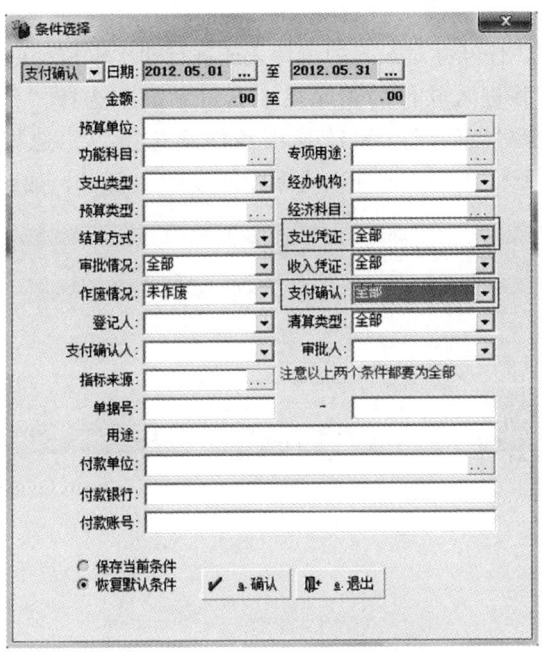

图 3-3-17　提取直接支付条件筛选窗口

在图 3-3-17 中，将支出凭证和支付确认对应选项改为：全部，单击"确认"，出现如下图 3-3-18 所示的"选择单据"列表。

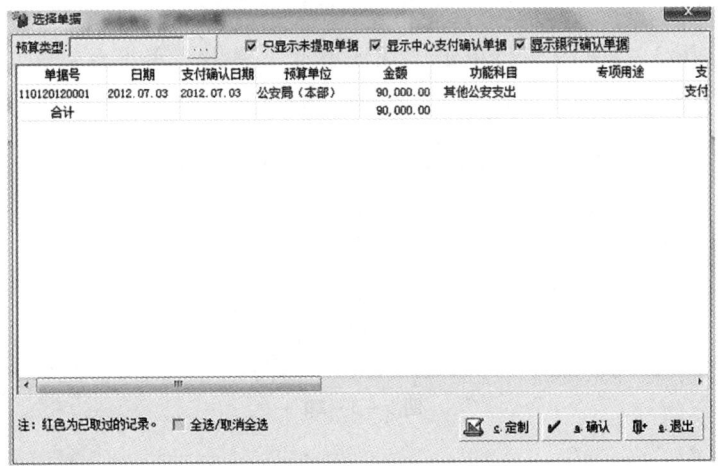

图 3-3-18　单据选择窗口

先钩上 ☑显示银行确认单据，选择刚才确认的直接支付凭证，再单击"确认"按钮，系统即把刚才录入的直接支付凭证信息带到清算凭证界面。

录入完毕，单击"确认"，保存退出。

（3）由 GKK002 任经办对录入的清算凭证进行初次审核。更换操作员为任经办身份登录系统后，并进入软件的国库集中支付系统。选择"清算管理"菜单→"凭证审核"→"逐张审批"，系统弹出条件筛选窗口，选择条件后单击"确认"，系统打开刚录入的待审批的"清算凭证审批"窗口，如图 3-3-19 所示。

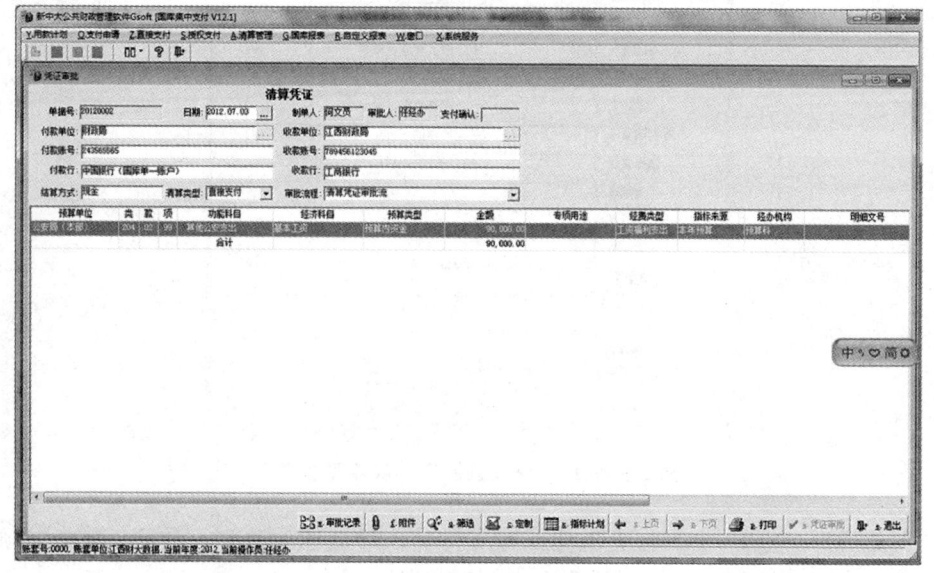

图 3-3-19　清算凭证审窗口

（4）在图 3-3-19 窗口单击"凭证审批"弹出"审批意见"的界面，如图 3-3-20 所示。

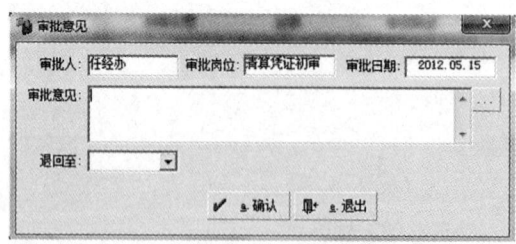

图 3-3-20

（5）在图 3-3-20 窗口单击"确认"，完成初步审批环节。

注意：系统弹出"逐张审批"和"成批审批"两个菜单项。两个审批操作目的相同,但对于大量的需要审批的拨款申请,利用"成批审批"功能效率更高。

(6)更换操作员,以GKK001王主管的身份对录入的清算凭证进行复审,审批方法同上。

6. 清算凭证的支付确认

由王主管对录入的当天或一段时间内的清算凭证进行最终支付确认,更换操作员为王主管身份登录系统后,并进入软件的国库集中支付系统。选择"清算管理"菜单→"支付确认",系统弹出条件筛选窗口,选择条件后单击"确认",系统打开刚审核完毕的待确认的"清算凭证支付确认"窗口,如图3-3-21所示。

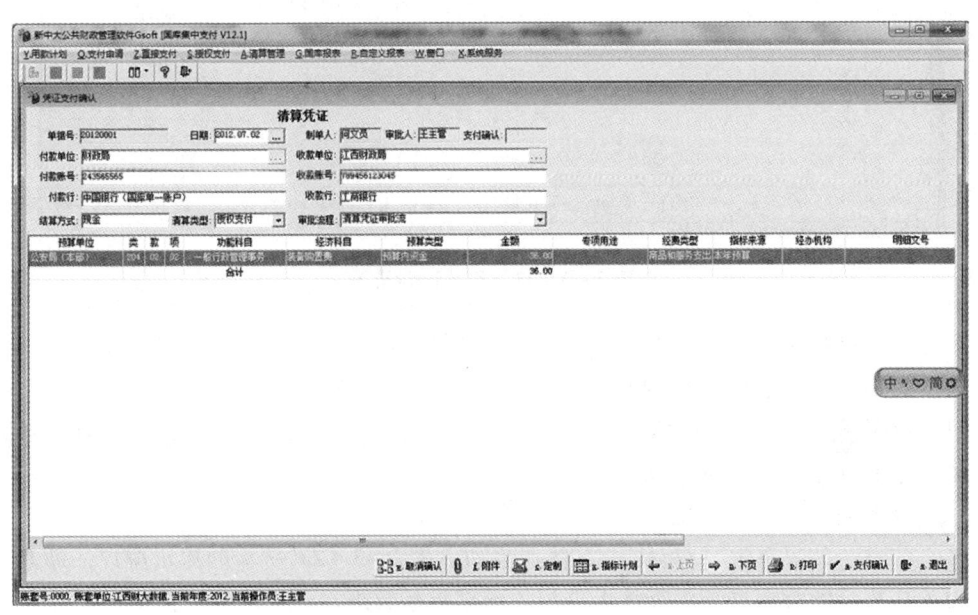

图3-3-21 清算凭证支付确认

在图3-3-21窗口,单击"支付确认",完成对清算业务的支付确认工作。

(二)授权支付

1. 用款计划的录入及审批

(1)首先以gkk004何文员的身份登录系统后,进入新中大公共财政管理软件Gsoft[公共财政工作管理平台],选择"系统菜单"→"支出管理"→"国库集中支付"进入软件的国库集中支付系统。

注意:用款计划也可以由预算单位完成。

(2) 选择"用款计划"菜单→"计划录入"→"计划录入",出现如图 3-3-22 界面上为各预算单位制订并录入用款计划。

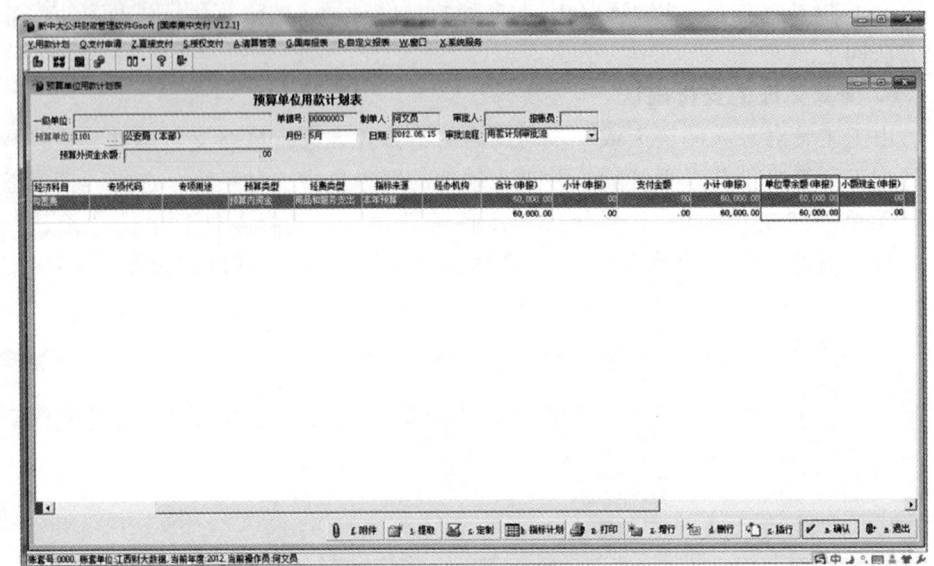

图 3-3-22　用款计划录入

录入过程中选择预算单位：1101 公安局（本部）；单击"增行"，功能科目为：2040202 一般行政管理事务；经济科目：30219 装备购置费；预算类型：0101 预算内资金；经费类型：13 商品和服务支出；指标来源：03 本年预算；单位零余额（申报）：60000 元。

录入完毕，单击"确认"，保存退出。

注意：如果单击"确认"，系统弹出如下图3-3-23 所示的提示窗口，那是因为在相应的指标系统没有该单位相关预算指标数据，一旦出现该提示，就在指标系统——下达明细指标处录入并审核该单位相关预算数据，或者单击"是"忽略提示强行保存。

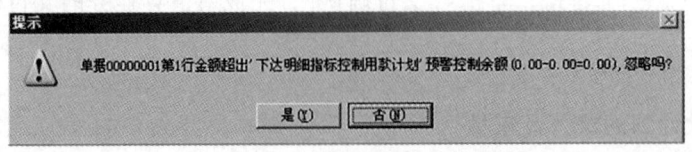

图 3-3-23

(3) 由 gkk002 任经办对录入的用款计划进行初次审核。更换操作员为任经办身份登录系统后，并进入软件的国库集中支付系统。选择"用款计划"菜单→"计划审批"→"单张审批",系统弹出条件筛选窗口,选择条件后单击"确认",系统打开刚录入的待审批的"预算单位用款计划表"窗口。如图3-3-24所示。

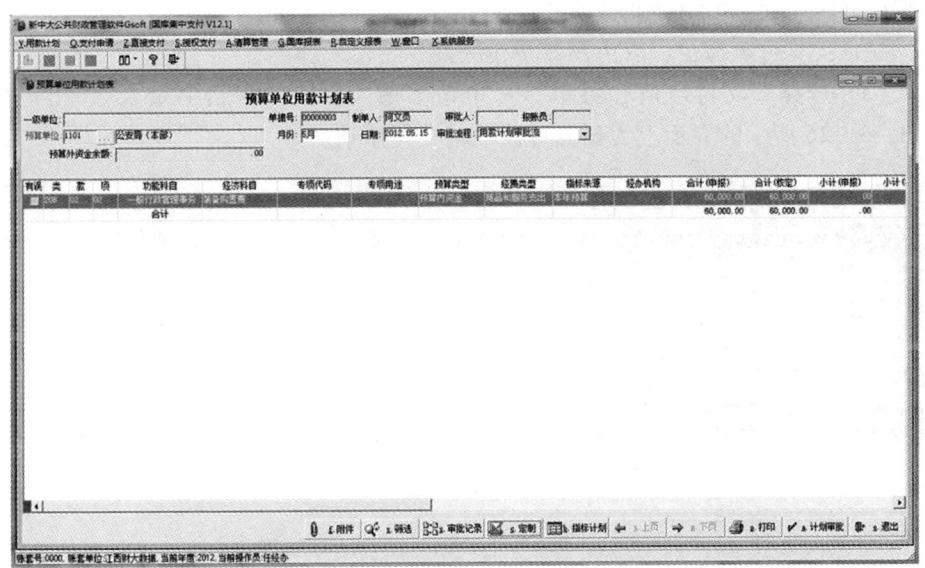

图3-3-24 预算单位用款计划审批

(4)在图3-3-24窗口单击"计划审批"弹出"审批意见"的界面,如图3-3-25所示。

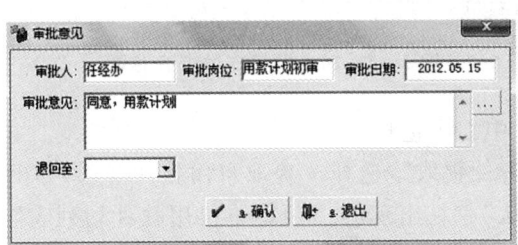

图3-3-25 审批意见窗口

(5)在图3-3-25窗口单击"确认",完成初步审批环节。

注意:系统弹出"单张审批"和"成批审批"两个菜单项。两个审批操作目的相同,但对于大量的需要审批的拨款申请,利用"成批审批"功能效率更高。

(6)更换操作员,以GKK001王主管的身份对录入的用款计划进行复审,审批方法同上。

2. 支付申请的录入及审批

(1) 首先以 GKK004 何文员的身份登录系统后,进入新中大公共财政管理软件 Gsoft〔公共财政工作管理平台〕,选择"系统菜单"→"支出管理"→"国库集中支付"进入软件的国库集中支付系统。

注意:支付申请也可以由预算单位完成。

(2) 选择"支付申请"菜单→"申请书录入"→"申请书录入",出现如图 3-3-26 所示的界面上为预算单位填写支付申请。

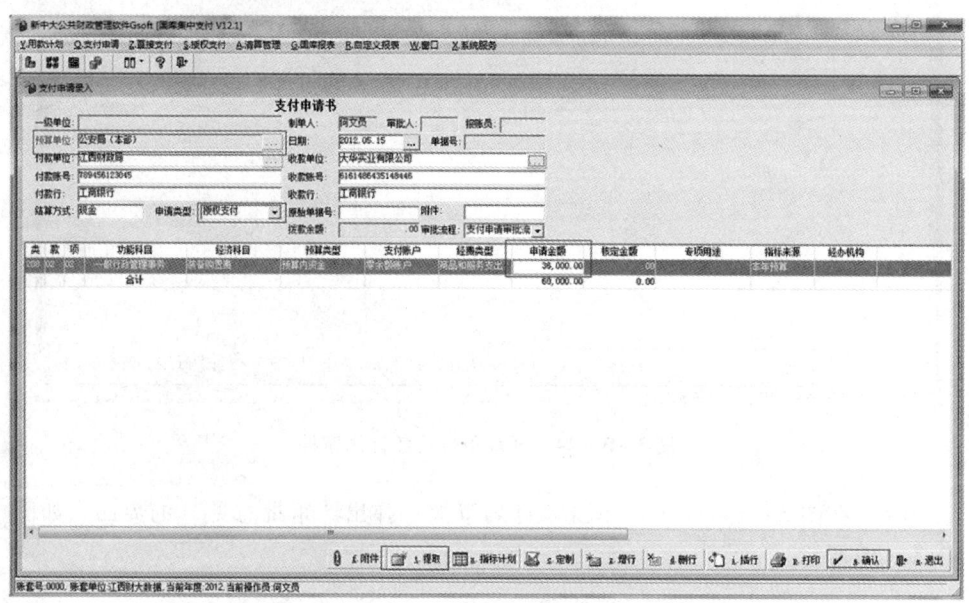

图 3-3-26 授权支付申请书录入

在图 3-3-26 中,先选择预算单位为:1101 公安局,再将申请类型改为:授权支付;然后单击"提取"选择"提取自用款计划",弹出条件筛选窗口,选择条件后单击"确认",在出现的"预算单位用款计划列表",选择刚才录入的用款计划,再单击"选择"按钮,系统即把刚才录入的用款计划信息带到支付申请界面。

接着修改申请金额从默认的 60000 元改为 36000 元,然后选择收款单位为:本地的"大华实业有限公司",录入完毕,单击"确认",保存退出。

(3) 由 GKK002 任经办对录入的支付申请进行初次审核。更换操作员为任经办身份登录系统后,并进入软件的国库集中支付系统。选择"申请书审批"菜单→"逐张审批",系统弹出条件筛选窗口,选择条件后单击"确认",系统打开刚录入的待审批的"支付申请审批"窗口,如图 3-3-27 所示。

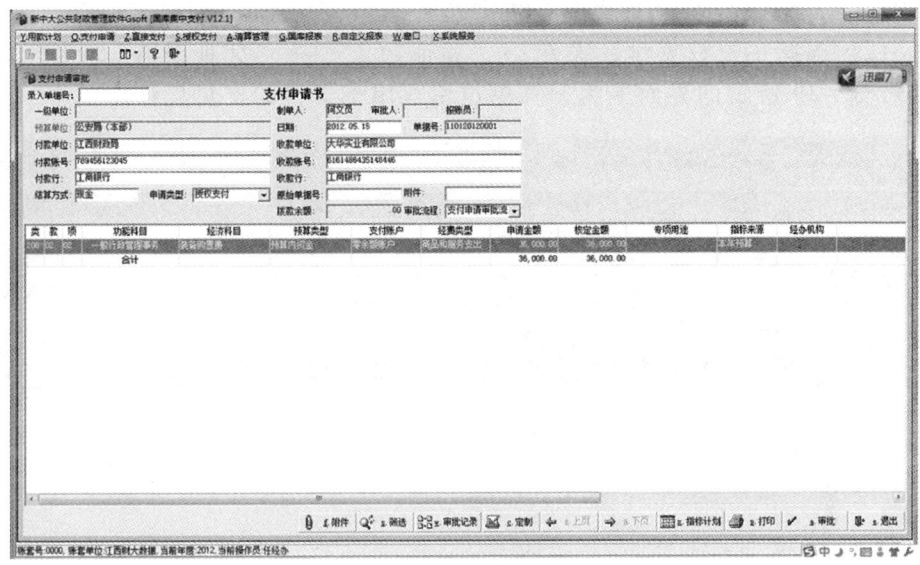

图 3 – 3 – 27　授权支付申请审批

（4）在图 3 – 3 – 27 窗口单击"审批"弹出"审批意见"的界面，如图 3 – 3 – 28 所示。

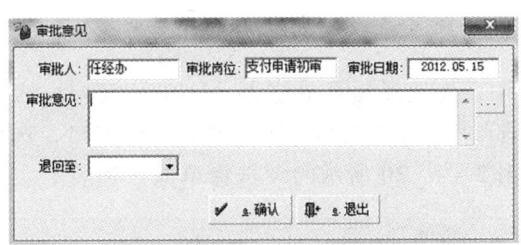

图 3 – 3 – 28　审批意见窗口

（5）在图 3 – 3 – 28 窗口单击"确认"，完成初步审批环节。

注意：系统弹出"逐张审批"和"成批审批"两个菜单项。两个审批操作目的相同，但对于大量的需要审批的拨款申请，利用"成批审批"功能效率更高。

（6）更换操作员，以 GKK001 王主管的身份对录入的支付申请进行复审，审批方法同上。

3. 授权支付凭证的录入及审批

（1）首先以 GKK001 何文员的身份登录系统后，进入新中大公共财政管理软件 Gsoft［公共财政工作管理平台］，选择"系统菜单"→"支出管理"→"国库集中支付"进入软件的国库集中支付系统。

(2) 选择"授权支付"菜单→"凭证录入"→"凭证录入",出现如图 3-3-29 所示的界面上为预算单位填写用于支付的支付凭证。

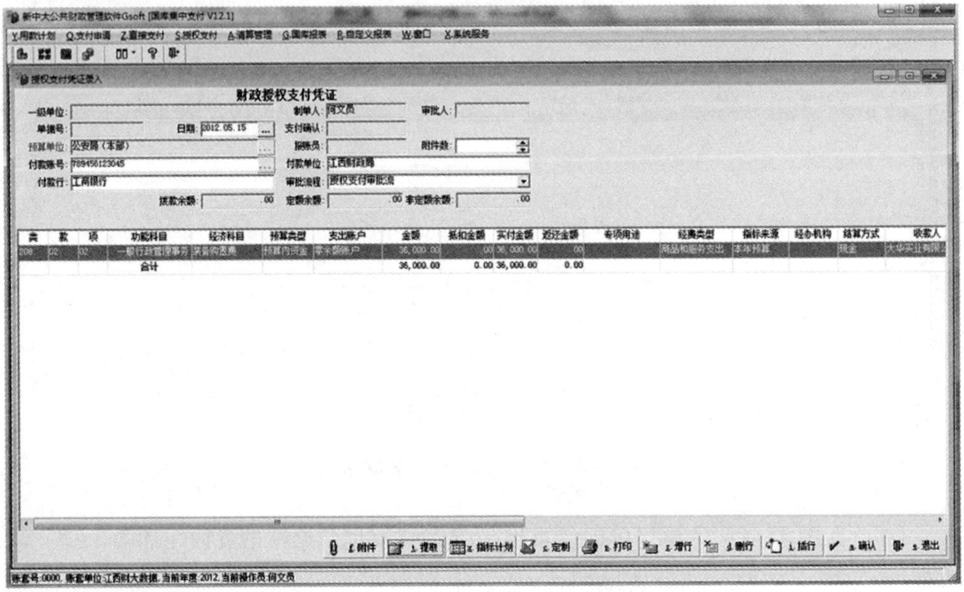

图 3-3-29　财政授权支付凭证录入

在图 3-3-29 中,先选择预算单位为:1101 公安局,然后单击"提取"选择"提取自支付申请",弹出"查询时间范围"条件窗口,选择时间范围后单击"确认",出现如下图 3-3-30 所示的"选择单据"列表。

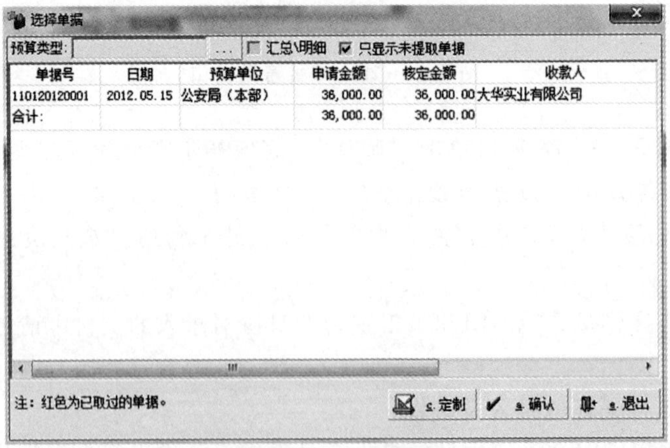

图 3-3-30　条件窗口选择

选择刚才录入的支付申请,再单击"确认"按钮,系统即把刚才录入的支付申请信息带到授权支付界面。

录入完毕,单击"确认",保存退出。

(3) 由 GKK002 任经办对录入的授权支付进行初次审核。更换操作员为任经办身份登录系统后,并进入软件的国库集中支付系统。选择"授权支付"菜单→"凭证审核"→"逐张审批",系统弹出条件筛选窗口,选择条件后单击"确认",系统打开刚录入的待审批的"授权支付凭证审批"窗口,如图 3 - 3 - 31 所示。

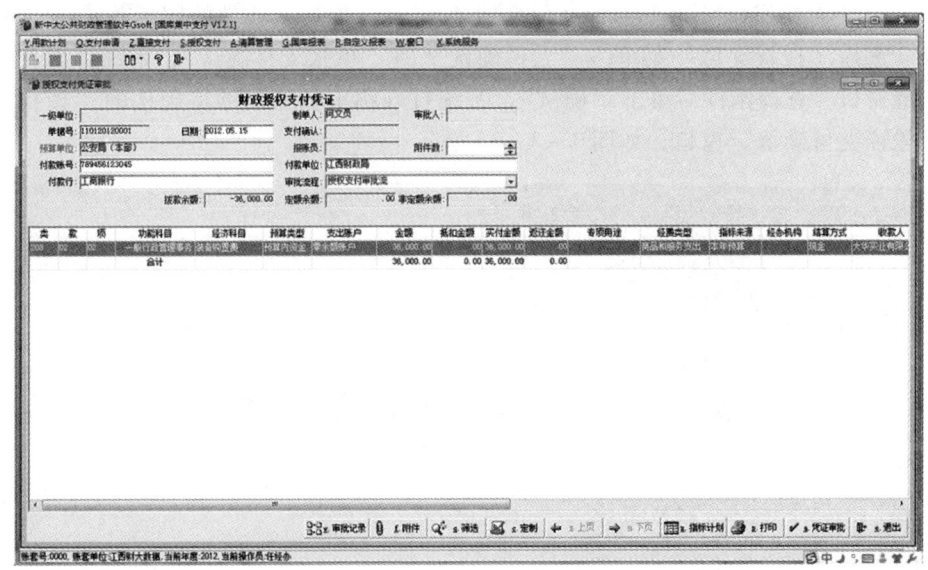

图 3 - 3 - 31　授权支付凭证审批

(4) 在图 3 - 3 - 31 窗口单击"凭证审批"弹出"审批意见"的界面,如图 3 - 3 - 32 所示。

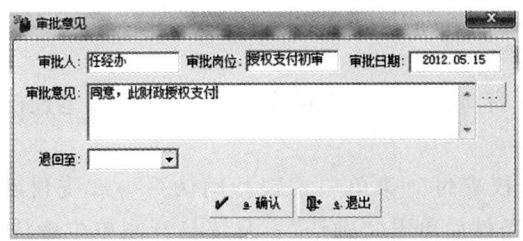

图 3 - 3 - 32　凭证审批意见窗口

(5) 在图 3 - 3 - 32 窗口单击"确认",完成初步审批环节。

注意:系统弹出"逐张审批"和"成批审批"两个菜单项。两个审批操作目的相同,但对于大量的需要审批的拨款申请,利用"成批审批"功能效率更高。

(6)更换操作员,以 GKK001 王主管的身份对录入的授权支付进行复审,审批方法同上。

4. 授权支付凭证的支付确认

由 gkk001 王主管对录入的授权支付进行单位支付确认,同时也包括为银行的支付确认操作。

(1)更换操作员为王主管身份登录系统后,并进入软件的国库集中支付系统。选择"授权支付"菜单→"支付确认"→"单张支付确认",系统弹出条件筛选窗口,选择条件后单击"确认",系统打开刚审核完毕的待确认的"授权支付凭证支付确认"窗口,如图 3-3-33 所示。

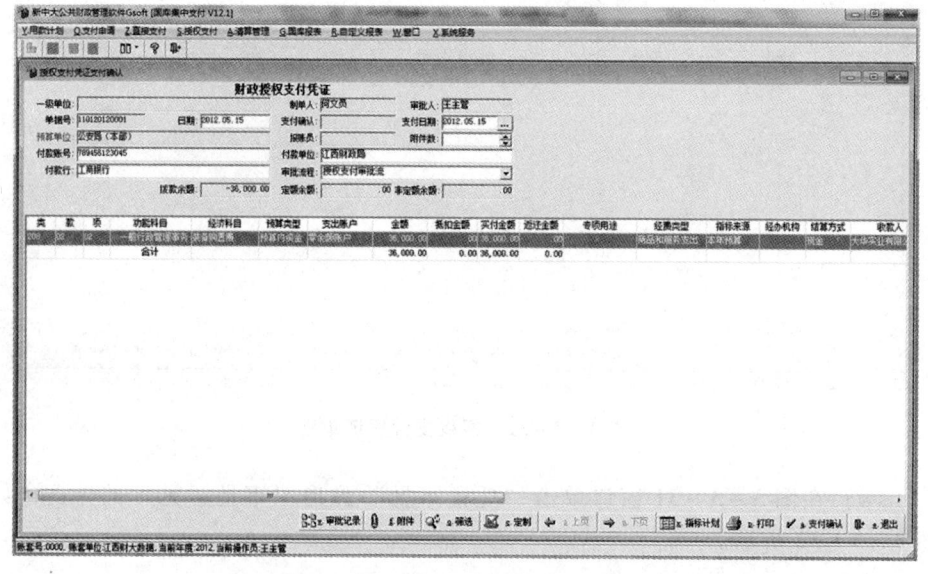

图 3-3-33 财政授权支付凭证确认

在图 3-3-33 窗口,单击"支付确认",完成对该笔授权支付业务的单位支付确认工作。

(2)选择"授权支付"菜单→"银行确认"→"支付确认",系统弹出条件筛选窗口,选择条件后单击"确认",系统打开刚单位确认完毕的待银行确认的"授权支付凭证银行支付确认"窗口,如图 3-3-34 所示。

在图 3-3-34,选择好刚才单位支付确认的那条授权支付凭证,再单击"支付确认",系统提示:银行支付确认成功!即完成该笔授权支付凭证的银行支付确认操作。

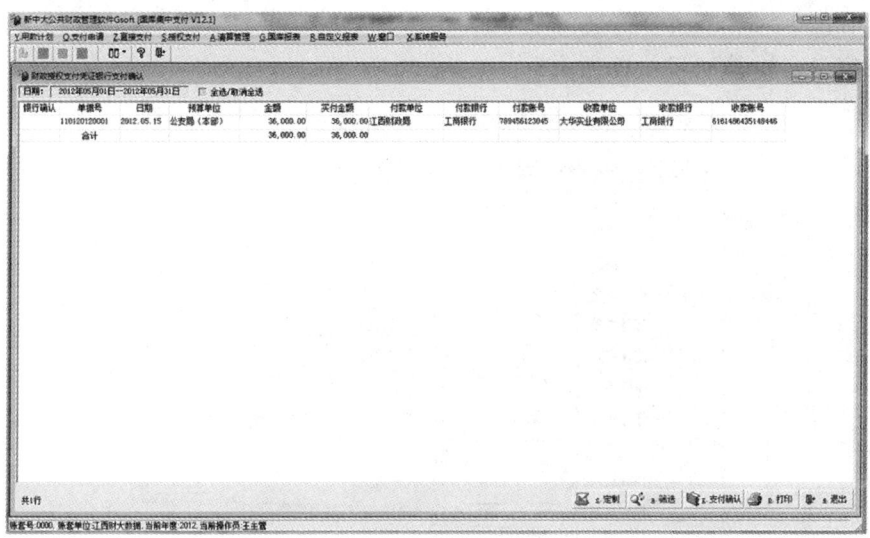

图 3-3-34　授权支付凭证银行支付确认

5. 清算凭证的录入及审批

（1）首先以 GKK004 何文员的身份登录系统后，进入新中大公共财政管理软件 Gsoft [公共财政工作管理平台]，选择"系统菜单"→"支出管理"→"国库集中支付"进入软件的国库集中支付系统。

（2）选择"清算管理"菜单→"凭证录入"，出现如图 3-3-35 所示的界面上填写录入用于为国库科与支付中心对账用的支付清算凭证。

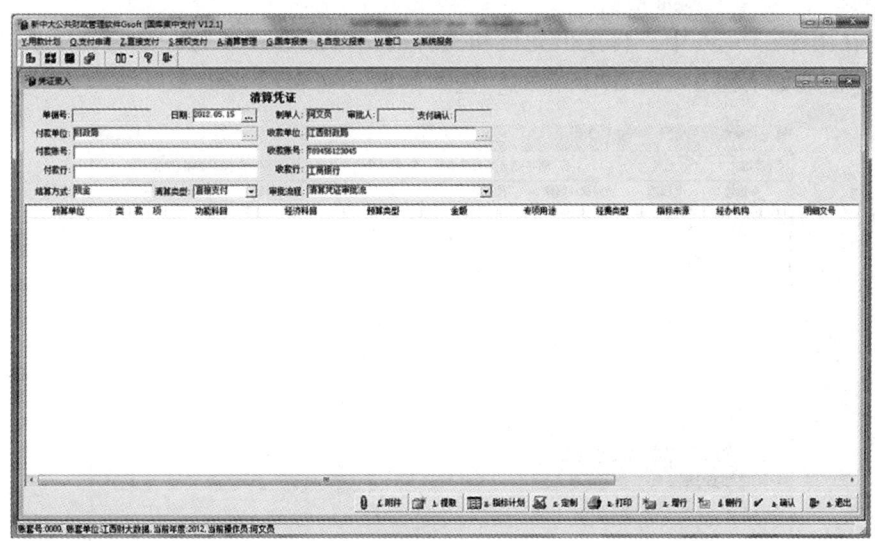

图 3-3-35　支付清算凭证录入

在图 3-3-35 中，单击"提取"选择"提取自授权支付凭证"，弹出条件筛选窗口，如图 3-3-36 所示。

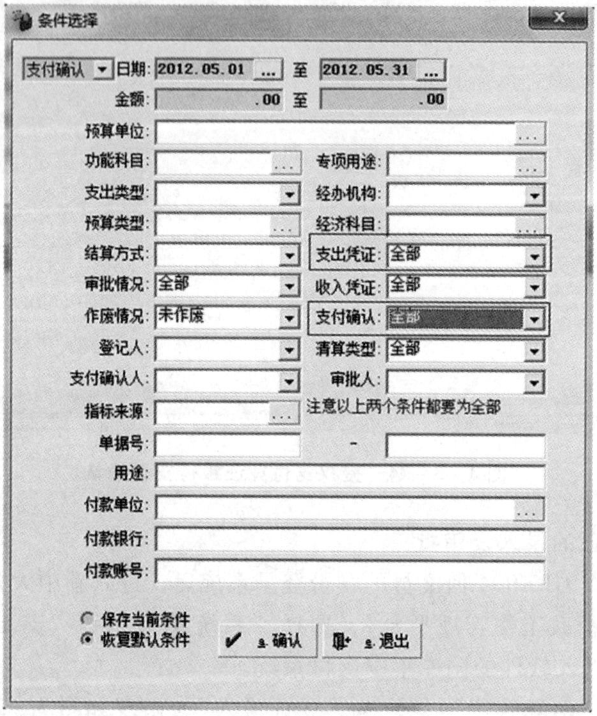

图 3-3-36 提取授权支付条件筛选窗口

在图 3-3-36 中，将支出凭证和支付确认对应选项改为：全部，单击"确认"，出现如下图 3-3-37 所示的"选择单据"列表。

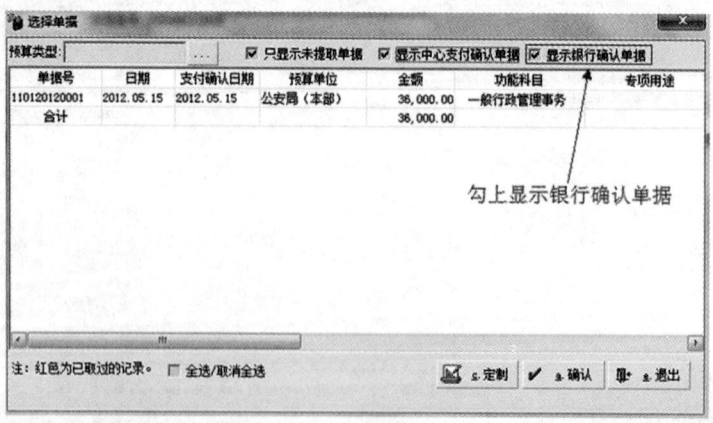

图 3-3-37 单据选择窗口

先勾上 ☑显示银行确认单据，选择刚才确认的授权支付凭证，再单击"确认"按钮，系统即把刚才录入的授权支付凭证信息带到清算凭证界面。

录入完毕，单击"确认"，保存退出。

（3）由 GKK002 任经办对录入的清算凭证进行初次审核。更换操作员为任经办身份登录系统后，并进入软件的国库集中支付系统。选择"清算管理"菜单→"凭证审核"→"逐张审批"，系统弹出条件筛选窗口，选择条件后单击"确认"，系统打开刚录入的待审批的"清算凭证审批"窗口，如图 3-3-38 所示。

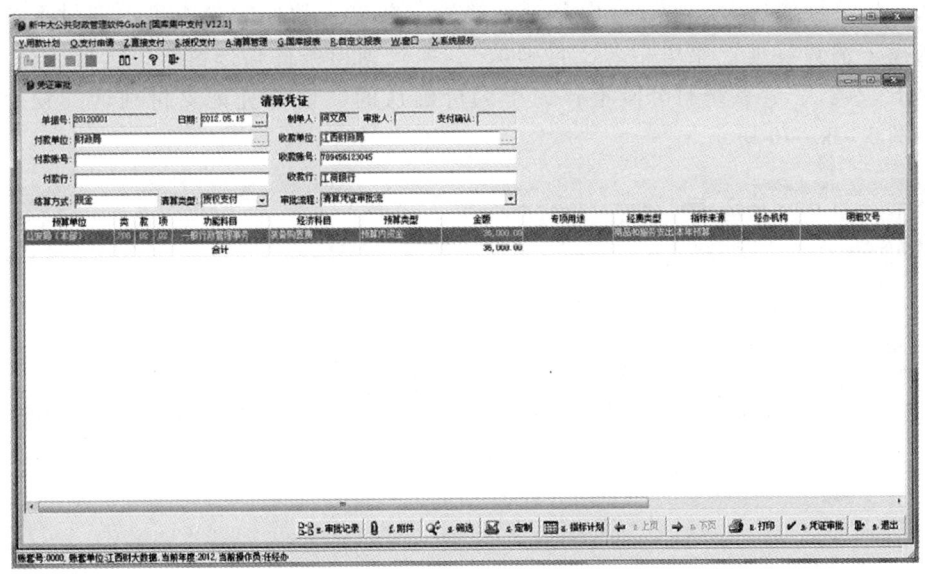

图 3-3-38　清算凭证审窗口

（4）在图 3-3-38 窗口单击"凭证审批"弹出"审批意见"的界面，如图 3-3-39 所示。

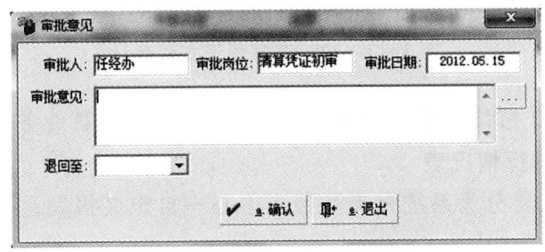

图 3-3-39

(5) 在图 3-3-39 窗口单击"确认",完成初步审批环节。

注意: 系统弹出"逐张审批"和"成批审批"两个菜单项。两个审批操作目的相同,但对于大量的需要审批的拨款申请,利用"成批审批"功能效率更高。

(6) 更换操作员,以 GKK001 王主管的身份对录入的清算凭证进行复审,审批方法同上。

6. 清算凭证的支付确认

由 gkk001 王主管对录入的当天或一段时间内的清算凭证进行最终支付确认,更换操作员为王主管身份登录系统后,并进入软件的国库集中支付系统。选择"清算管理"菜单→"支付确认",系统弹出条件筛选窗口,选择条件后单击"确认",系统打开刚审核完毕的待确认的"清算凭证支付确认"窗口,如图 3-3-40 所示。

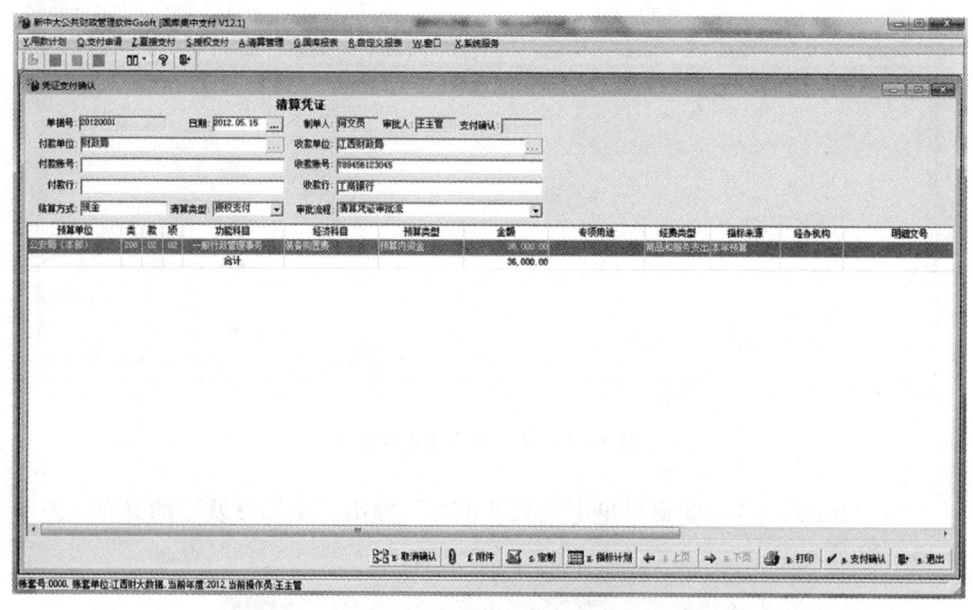

图 3-3-40 清算凭证支付确认

在图 3-3-40 窗口,单击"支付确认",完成对清算业务的支付确认工作。

7. 生成指标执行情况表

目前的报表主要分为系统报表及报表中心—自定义报表,下面分别作介绍。

(1) 系统报表。

①指标国库执行情况分析表

此报表可以根据自身内容需求设定查询显示内容,如图 3-3-41 所示。

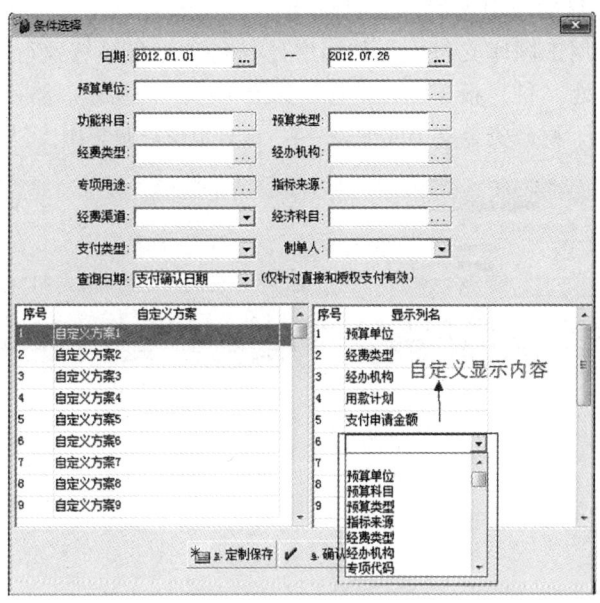

图 3-3-41 条件选择

②清算凭证汇总单

此报表可以用于国库支付中心将支付信息汇总提交人民银行做清算。如图 3-3-42 所示。路径：清算管理—清算凭证汇总单。

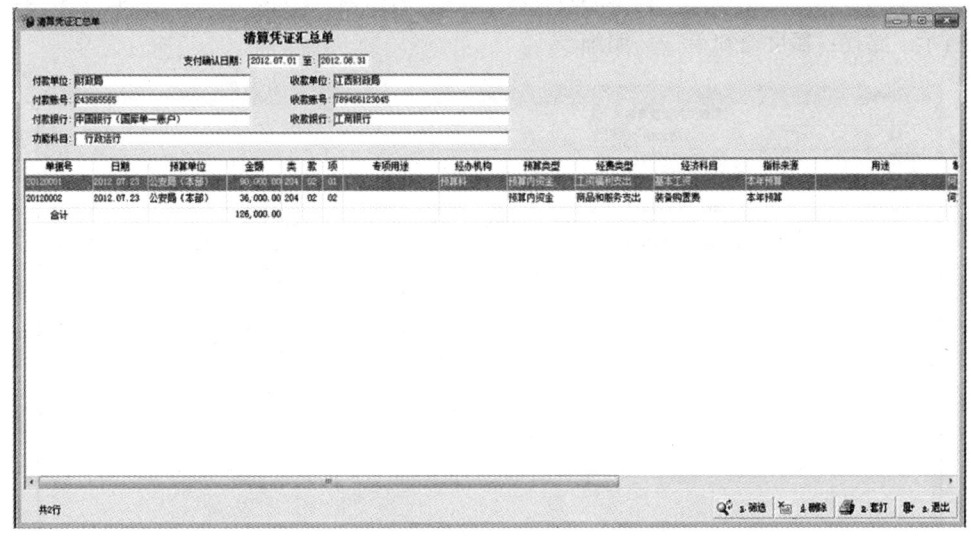

图 3-3-42 清算凭证汇总

③预算单位财政集中支付情况明细表

此报表可以用于国库支付中心与国库处（科）汇报预算执行情况或国库支付中心定期向国库处（科）报送支付报告。如图3-3-43所示。路径：国库报表-5、财政支出报表-6、财政资金支出明细表-4、预算单位财政集中支付情况明细表。

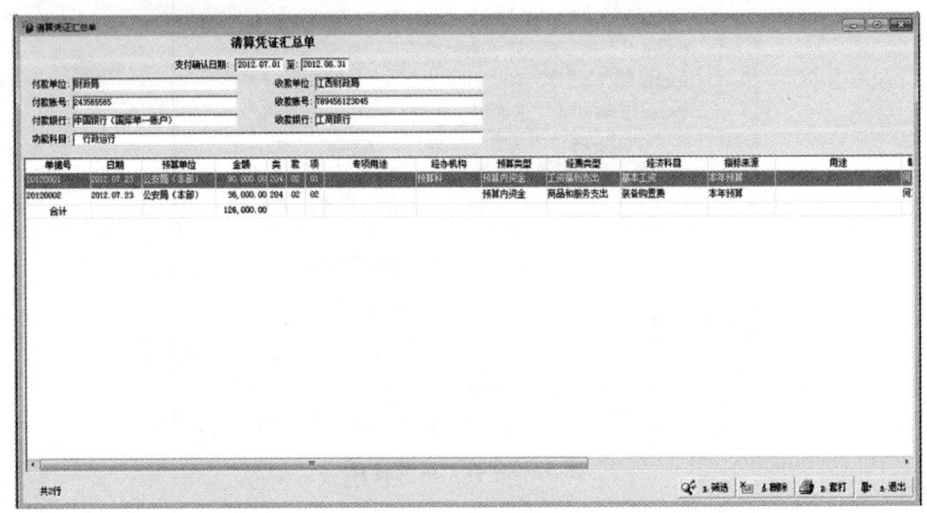

图3-3-43　预算单位财政集中支付情况明细表

④授权支付额度通知单（明细）

此报表可以用于国库支付中心将授权额度提交代理行及人民银行，如图3-3-44所示。路径：额度通知单——明细。

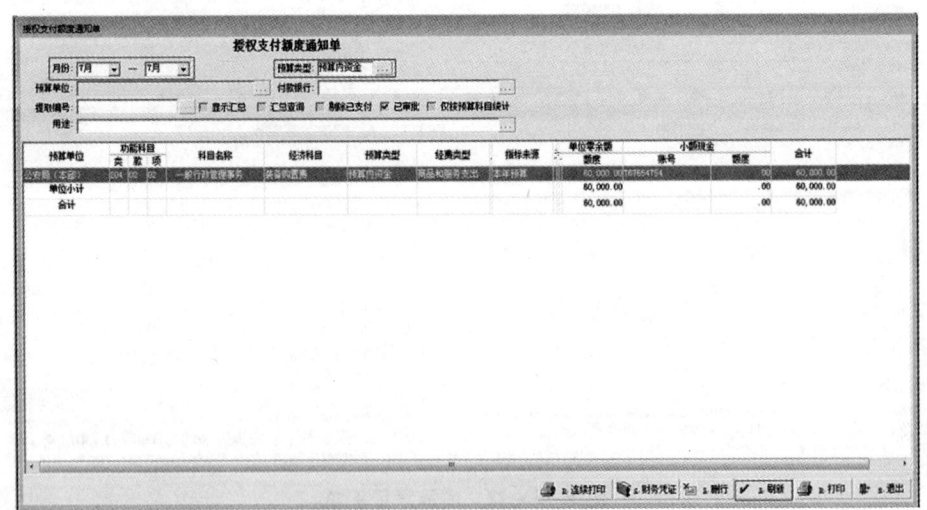

图3-3-44　授权额度支付通知单

⑤下达额度查询表

此报表可以用于预算单位接收代理银行的到账通知书,如图 3 - 3 - 45 所示。路径:额度通知单——授权额度查询。

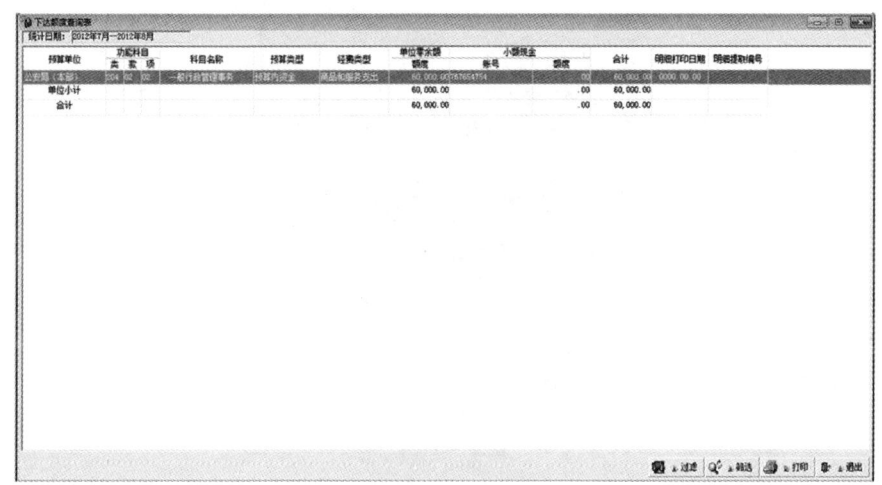

图 3 - 3 - 45　下达额度查询表

(2) 报表中心。

①国库集中支付执行过程需要查看执行情况时候,以李经办、王主管或者何文员三人中任何一人的身份进入新中大公共财政管理软件 Gsoft [公共财政工作管理平台],选择"系统菜单"→"报表中心"进入软件的财务报告系统。单击"自定义报表"选项卡→"国库支付核算报表",即可打开查看该表,如图 3 - 3 - 46 所示。

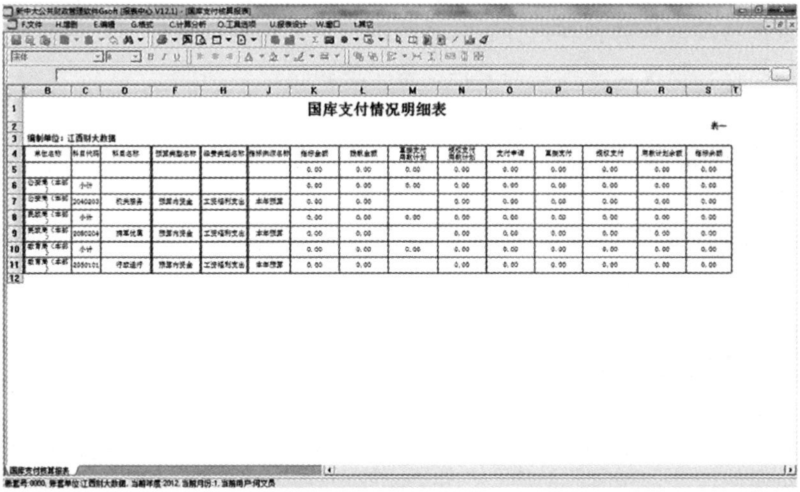

图 3 - 3 - 46　国库支付核算报表

②在"国库支付核算报表"中,选择"计算分析"菜单→"填充/汇总计算",如图3-3-47所示。在弹出的"条件筛选"对话框,单击"确认"。

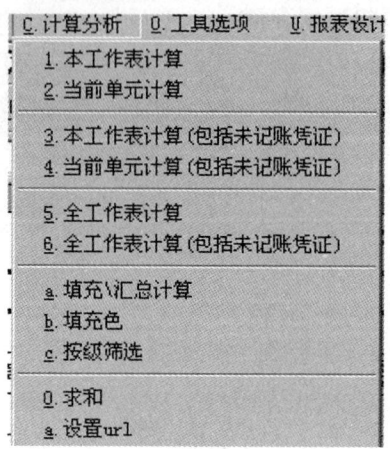

图3-3-47

③选择"文件"菜单→"转换EXCEL输出",在弹出的对话框中单击"确认"按钮→选择文件保存路径,单击"确认"→提示框"全部转换需较长时间,确认吗?",单击"是",即可生成一份EXCEL格式的国库支付核算报表。

实验四 政府采购管理

本系统将政府采购预算指标转入系统内作为采购控制指标,具备政府采购计划编制、招投标情况、采购合同管理、资金支付情况等功能。

一、实验准备

采购预算金额指标已经下达批复,作为采购控制指标,采购预算金额大于采购指标金额,系统将不允许进行采购。

二、实验目的及要求

了解政府采购业务流程及其模式,并熟练掌握新中大政府采购管理模块的软件系统操作。

三、实验内容

- 根据实验资料，完成政府采购项目注册软件流程。
- 根据实验资料，完成政府采购预算软件流程。
- 根据实验资料，完成政府采购计划软件流程。
- 根据实验资料，完成政府采购通知软件流程。
- 根据实验资料，完成政府采购招标过程管理软件流程。
- 根据实验资料，完成政府采购标书管理软件流程。
- 根据实验资料，完成政府采购评标过程软件流程。
- 根据实验资料，完成政府采购中标管理软件流程。
- 根据实验资料，完成政府采购合同软件流程。
- 根据实验资料，完成政府采购执行软件流程。
- 根据实验资料，完成政府采购支付软件流程。
- 根据实验资料，完成政府采购验收软件流程。

系统实现

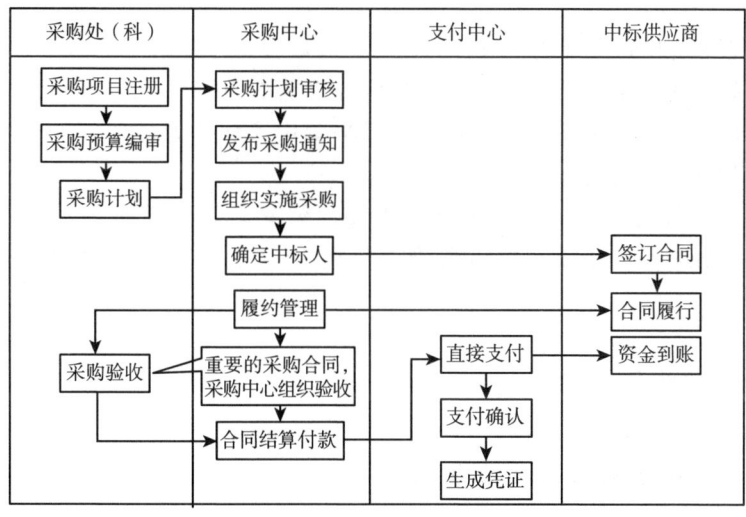

图 3-4-1 流程

流程关键节点注释：

1. 财政局采购处根据预算单位的采购申请注册采购项目或通过年初预算导入。

2. 财政局采购处根据采购预算制定采购计划并提交采购中心审核。

3. 采购中心审核采购处提交采购计划并发布采购通知至各个政府采购渠道。

4. 采购中心组织实施采购，包括招标过程管理、标书管理、评标过程管理等。

5. 采购中心根据招投标过程最终确定中标单位。

6. 采购中心与中标供应商签订采购合同。

7. 采购中心根据采购合同的规定进行履约管理活动。

8. 采购处协同相关部门机构进行采购验收，对于重要的合同，采购中心组织验收工作。

9. 国库支付中心提取采购支付申请单并走直接支付流程。

四、实验平台

新中大公共财政管理教学软件。

五、实验资料

以下是两笔政府采购业务信息，作为实验课程练习备用：

1. 民政局为日常办公需要，现需采购台式电脑 30 台，此次采购纳入政府采购。台式电脑的市场价为每台 6000 元，政府集中采购价为每台 5000 元，支付时预留 10% 作为验收交付金。

2. 针对学校安全保卫不断加强的需要，公安局需要增加办公用小轿车 20 辆，纳入政府采购。小轿车的市场价为每辆 16 万元，政府集中采购价为每台 15 万元。

六、实验指导

（一）政府采购项目注册录入

1. 首先以用户编码为 CGY001 张采购身份的登录新中大公共财政管理软件，单击"预算管理"下属"预算项管理"，如图 3-4-2 所示。

2. 进入新中大公共财政管理软件 Gsoft [预算项管理] 的界面，单击"c. 政府采购"→"采购管理"，进入采购管理界面，如图 3-4-3 所示。

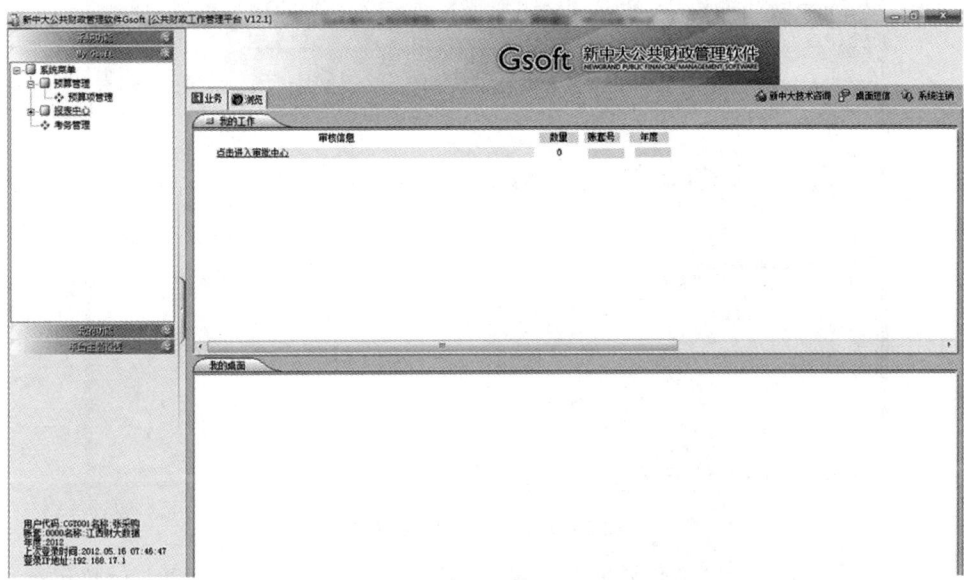

图 3-4-2 政府采购管理入口

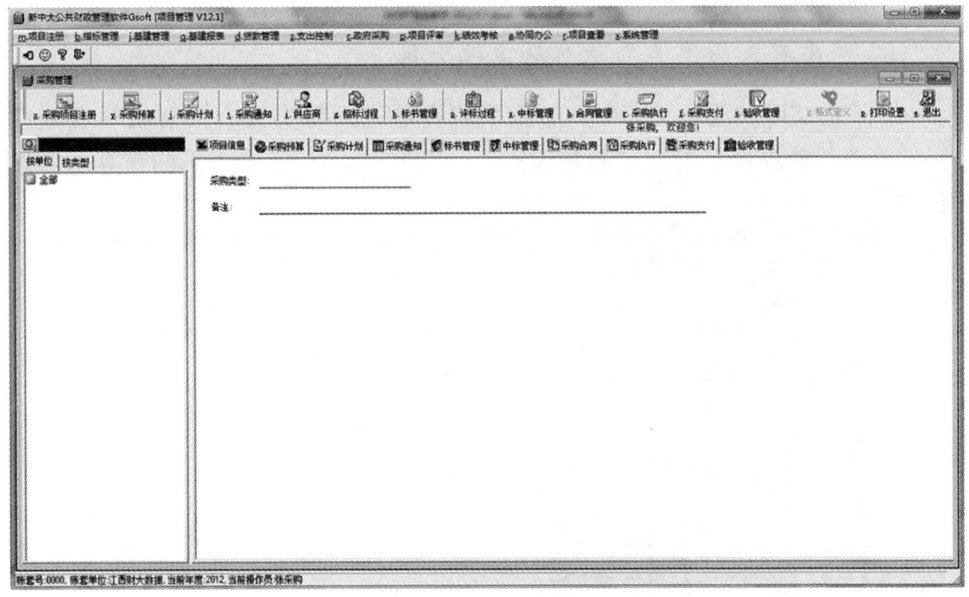

图 3-4-3 采购管理界面

3. 进入政府采购管理模块后先进行"采购项目注册",单击"采购项目注册"选择"1.0 新增",如图 3-4-4 所示。

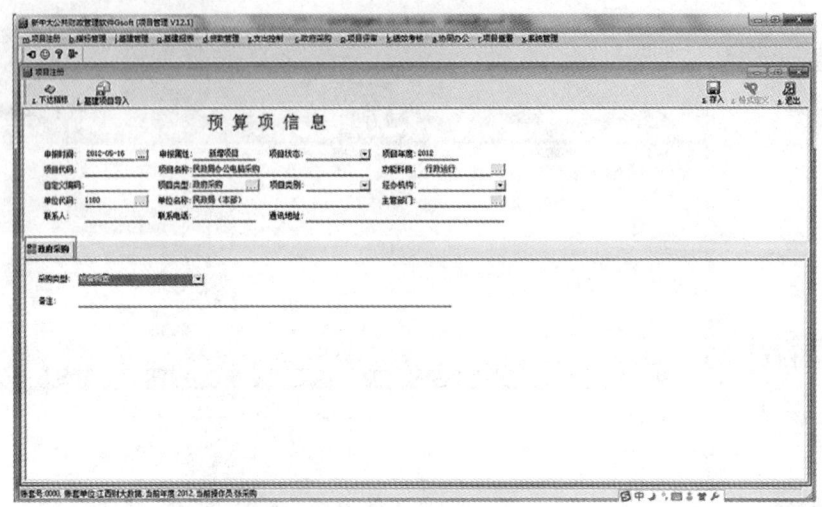

图 3-4-4 采购项目注册

录入项目名称："民政局办公电脑采购"；功能科目为：2080201 行政运行；单位代码为：1180 民政局（本部）；单击"政府采购"，选择采购类型：02 设备购置；录入完毕，单击"存入"，保存退出。

（二）政府采购预算的录入及审批阶段

1. 首先以用户编码为 CGY001 张采购身份进入新中大公共财政管理软件［采购管理］的界面，单击"采购预算"→"1.0 新增"，进入采购预算录入界面，如图 3-4-5 所示。

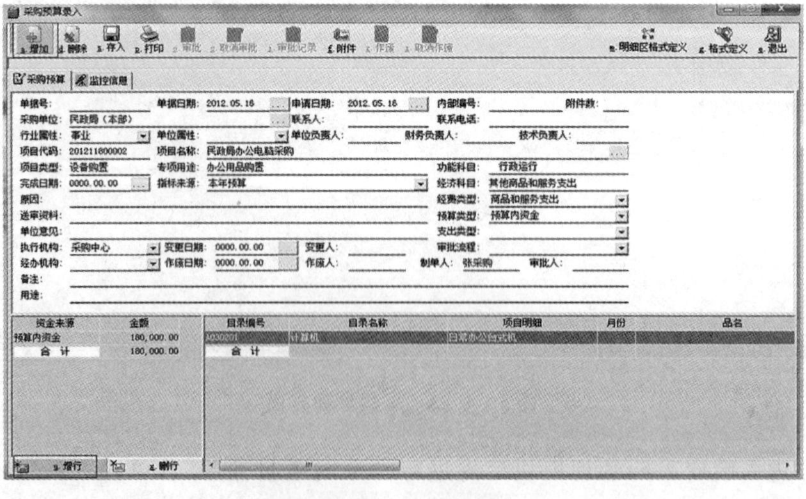

图 3-4-5 采购预算录入

选择采购单位：1180 民政局（本部）；行业属性选择：行政；单击项目名称后的"..."按钮，选择项目名称："民政局办公电脑采购"；专项用途：办公用品购置；功能科目：2080201 行政运行；指标来源：03 本年预算；经济科目：310002 办公设备购置；经费类型：14 其他资本性支出；预算类型：0101 预算内资金；执行机构：采购中心，单击"增行"，在资金来源选择：预算内资金；金额：180000；单击"增加"，选择：A030201 计算机；项目明细：日常办公台式机；数量 30；单位：台；单价：6000；市场价：6000；采购方式：公开招标；组织形式：集中采购；再单击左上角的"存入"按钮，系统弹出"生成单据号"对话框，单击"确认"完成第一笔采购预算的录入。系统自动出现新的一张空白录入单，按同样的方法输入公安局采购台式电脑的明细信息。

2. 更换操作员后，由 gkk002 任经办对采购预算录入进行初次审核。单击"政府采购"→"采购管理"，单击"采购预算"，选择"8. 列表"，弹出条件筛选，如图 3-4-6 所示，如果需要显示所有单据，直接单击"确认"。弹出采购预算列表窗口。

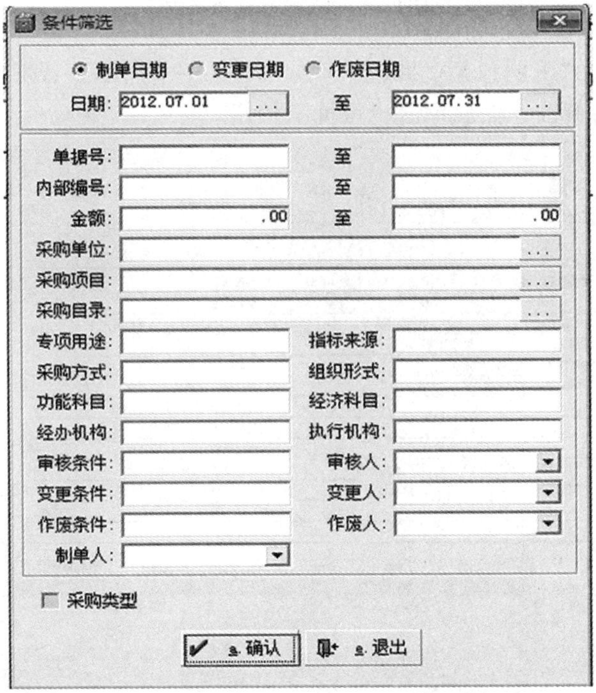

图 3-4-6 条件筛选窗口

在弹出的"采购预算列表"窗口，如图 3-4-7 所示，选中需要审批的条目，单击"审批"按钮，弹出"采购预算审批"窗口。

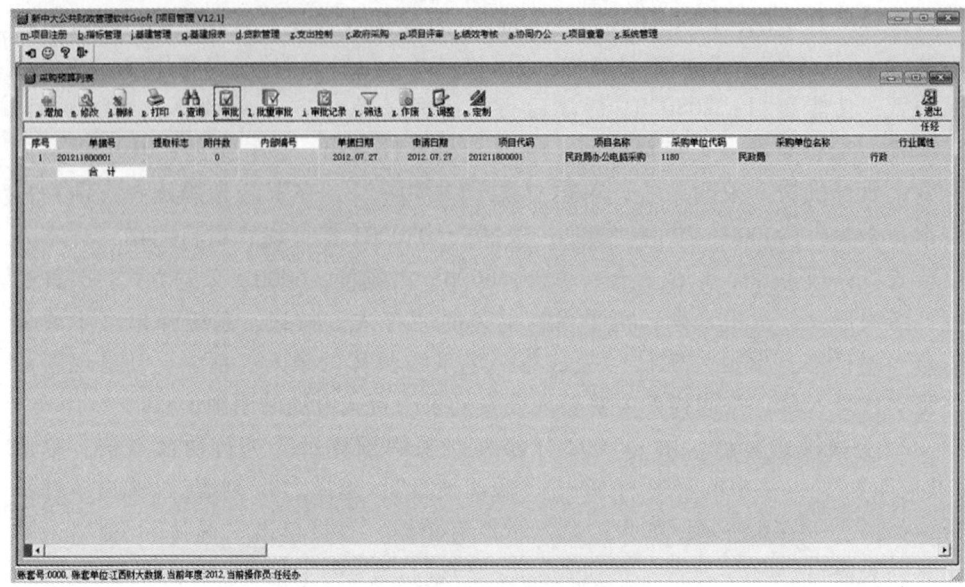

图 3-4-7 采购预算列表

任经办审阅"采购预算审批"窗口如图 3-4-8 所示,若发现不符合要求的数据,直接进行修改,然后单击"审批"按钮。

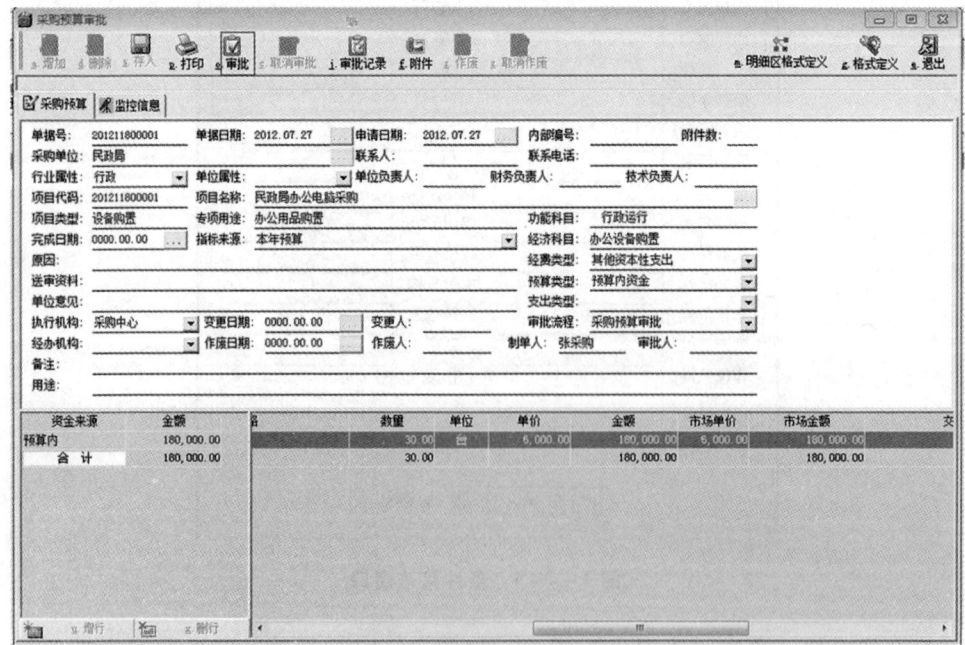

图 3-4-8 采购预算审批

因为启用审批流,系统会弹出"审批意见"窗口,如图3-4-9所示。

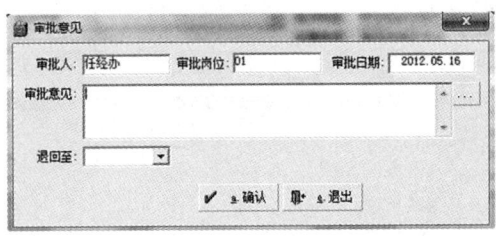

图3-4-9 审批意见

录入审批意见,单击"确认"完成单据审批。

3. 更换操作员,以gkk001王主管的身份对采购预算录入进行复审,审批方法同上。

(三) 政府采购计划的录入及审批阶段

1. 首先以用户编码为CGY001张采购身份进入新中大公共财政管理软件Gsoft[采购管理]的界面,单击"采购计划"→"1.0新增",进入采购计划录入界面,如图3-4-10所示的界面。

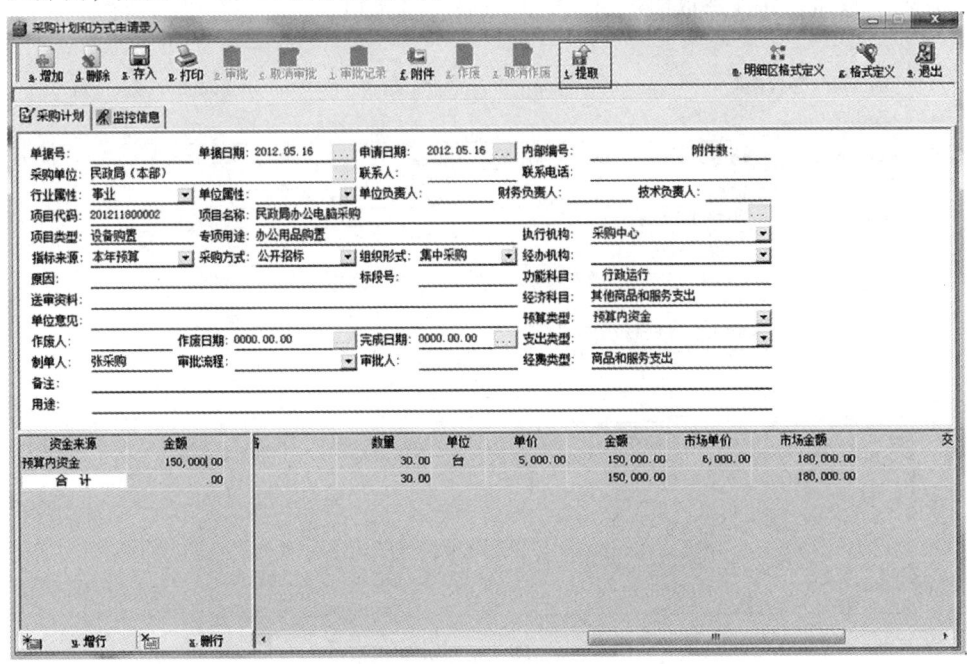

图3-4-10 采购计划录入

单击右上角"t. 提取",系统弹出条件筛选框,选择相应条件后,单击"确认",系统弹出"预算单据选择",如图 3-4-11 所示。

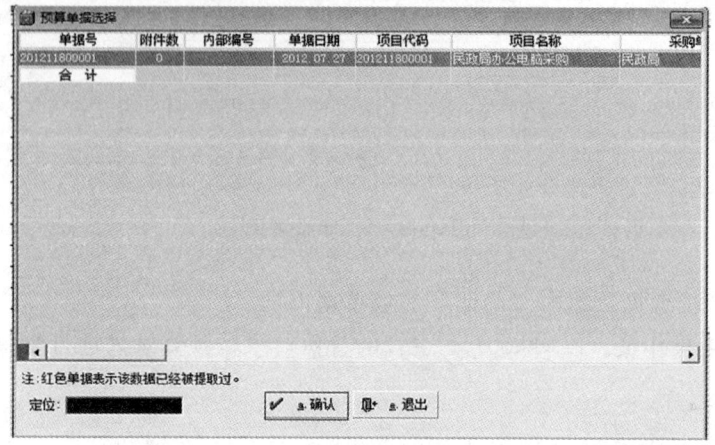

图 3-4-11　预算单据选择

选择需要提取采购预算单据,此处需要手工填"资金来源"—"金额":150000,与项目明细金额一致。单价改为 5000,与资金预算金额一致,单击"存入"按钮,保存生成的单据,单击"确定"按钮。

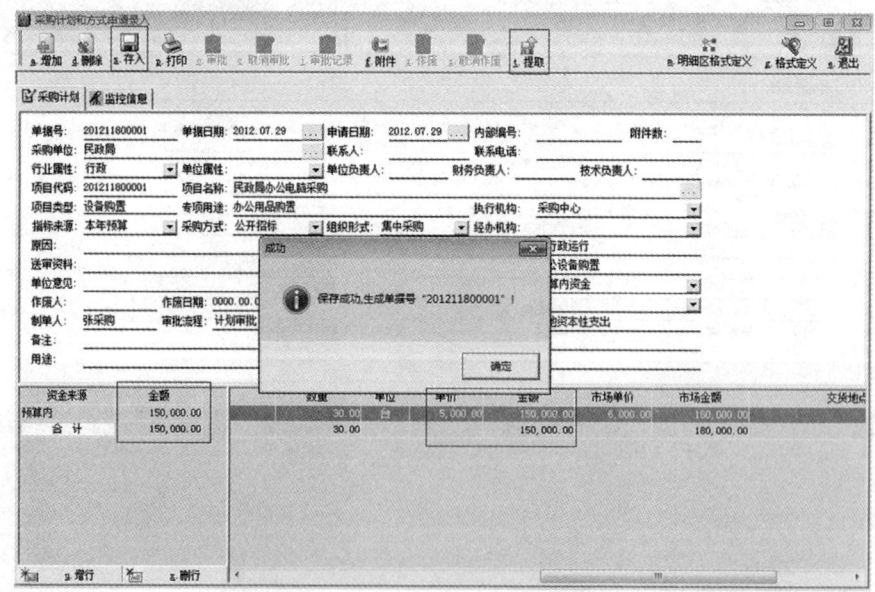

图 3-4-12　采购计划提取

2. 更换操作员后,由 gkk002 任经办对采购计划录入进行初次审核。

3. 单击"政府采购"→"采购管理",单击"采购计划",选择"7. 列表",在弹出的"采购计划列表",如图 3-4-13 所示,选择需要审批的单据,单击"审批",弹出"采购计划和方式申请审批"窗口。

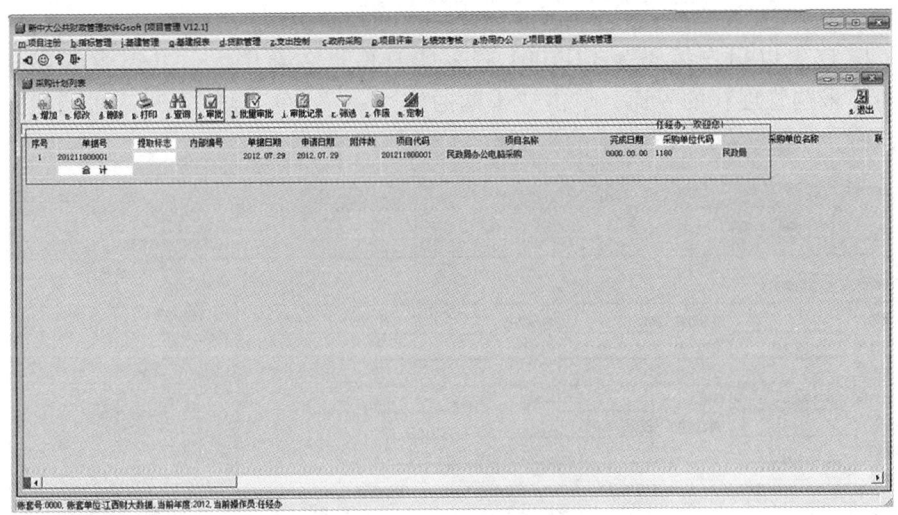

图 3-4-13 采购计划列表

在采购计划和方式申请审批窗口中如图 3-4-14 所示,审阅采购计划详细情况,然后单击"审批"按钮,系统弹出"审批意见"窗口,填写审批意见,确认退出。

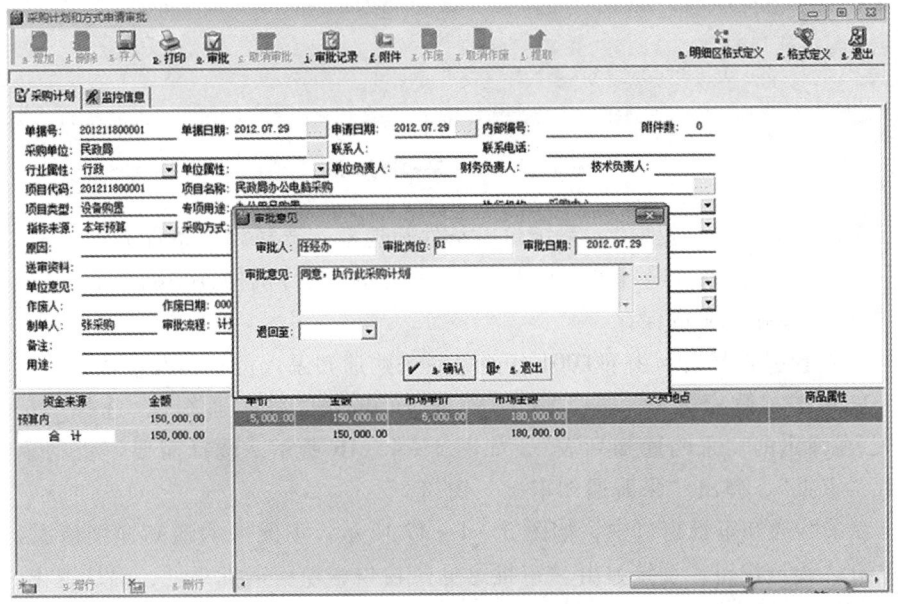

图 3-4-14 采购计划审批

4. 更换操作员，以 gkk001 王主管的身份对采购计划录入进行复审，审批方法同上。

（四）政府采购通知的录入及审批阶段

1. 首先以用户编码为 CGY001 张采购身份进入新中大公共财政管理软件 Gsoft［采购管理］的界面，单击"采购通知"→"1.0 新增"，进入采购通知录入界面，如图 3-4-15 所示的界面。

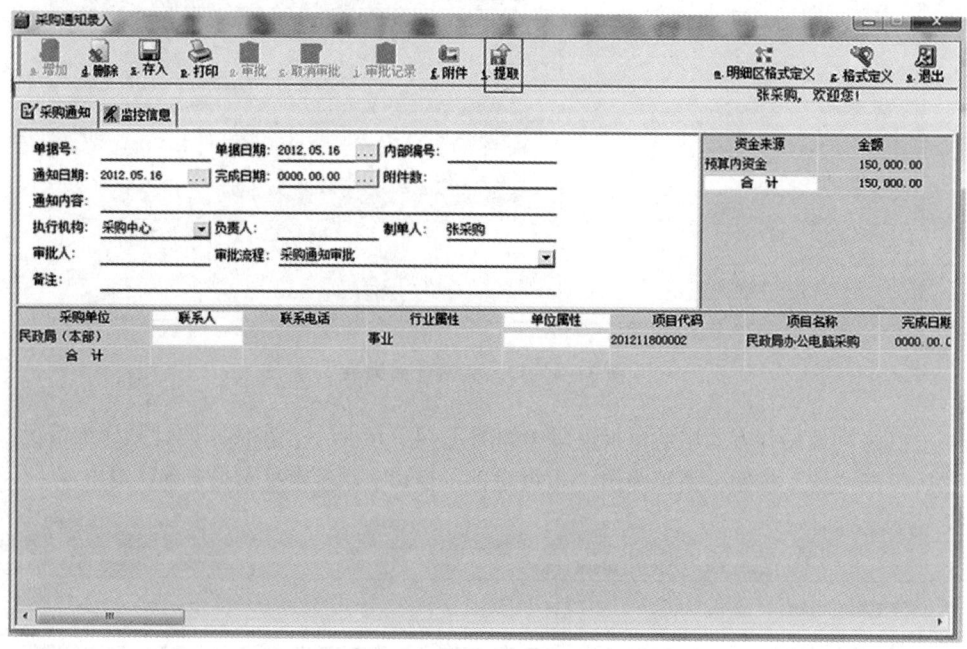

图 3-4-15 采购通知录入

单击右上角"t. 提取"，系统弹出条件筛选框，选择相应条件后，单击"确认"，系统自动提取采购计划，此时需要手工选择执行机构：采购中心；然后单击" "按钮，完成保存。

2. 更换操作员后，由 gkk001 任经办对采购通知录入进行初次审核。

3. 单击"政府采购"→"采购管理"，单击"采购通知"，选择"6. 列表"，在弹出的"采购通知列表"，如图 3-4-16 所示，选择需要审批的单据，单击"审批"，弹出"采购通知审批"窗口。

在采购通知审批窗口中，如图 3-4-17 所示，审阅采购通知详细情况，然后单击" "按钮，系统弹出"审批意见"窗口，填写审批意见，确认退出。

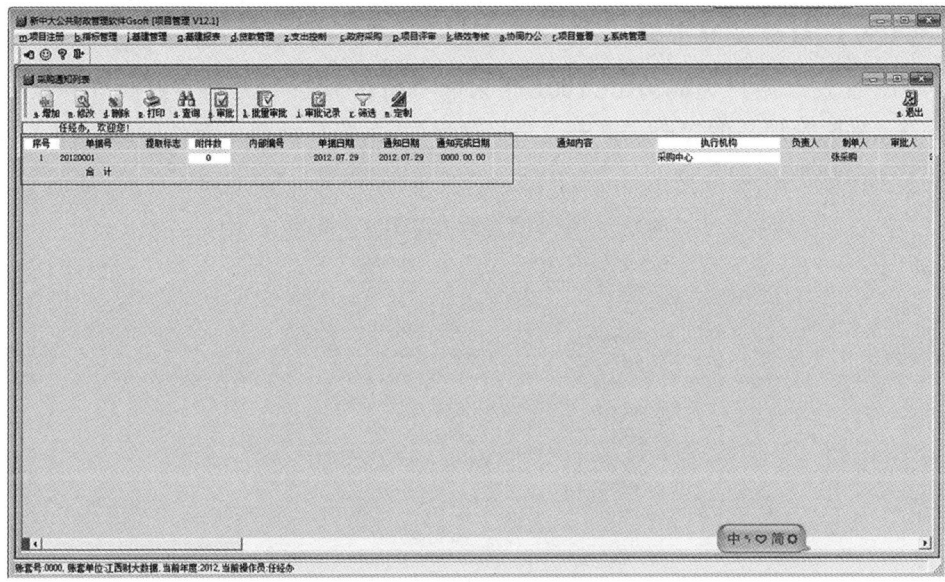

图 3-4-16 采购通知列表

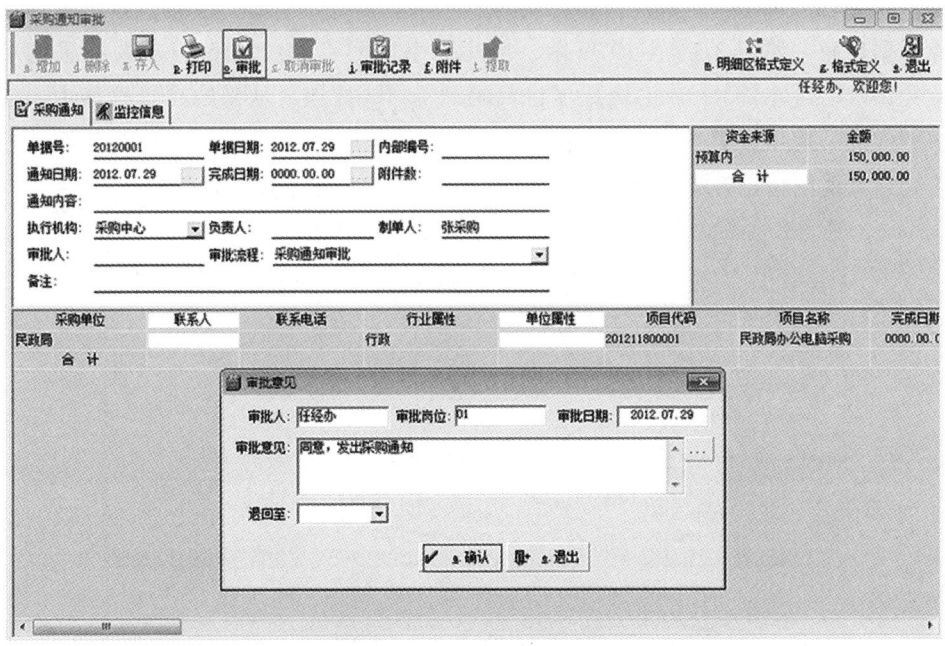

图 3-4-17 采购通知审批

4. 更换操作员，以 gkk001 王主管的身份对采购通知录入进行复审，审批方法同上。

（五）招标过程管理

1. 首先以用户编码为 CGY001 张采购身份进入新中大公共财政管理软件 Gsoft［采购管理］的界面，单击"招标过程"，系统自动弹出条件筛选界面，如图 3-4-18 所示的界面。

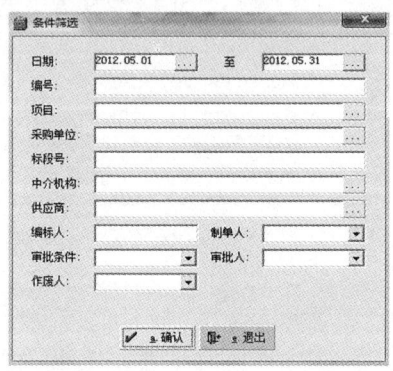

图 3-4-18 条件筛选窗口

2. 单击"确认"，系统弹出招标过程列表，单击"　　"按钮，弹出招标过程单据界面，如图 3-4-19 所示，填写标书编号：20120516001；选择采购单位：民政局（本部）；双击选择项目代码"　　"按钮，从采购项目选择中，选中相应的采购项目，单击"增加"在弹出的筛选框中确认投标单位，并填写是否合格及说明信息等等，然后单击"　　"按钮，完成招标过程保存。

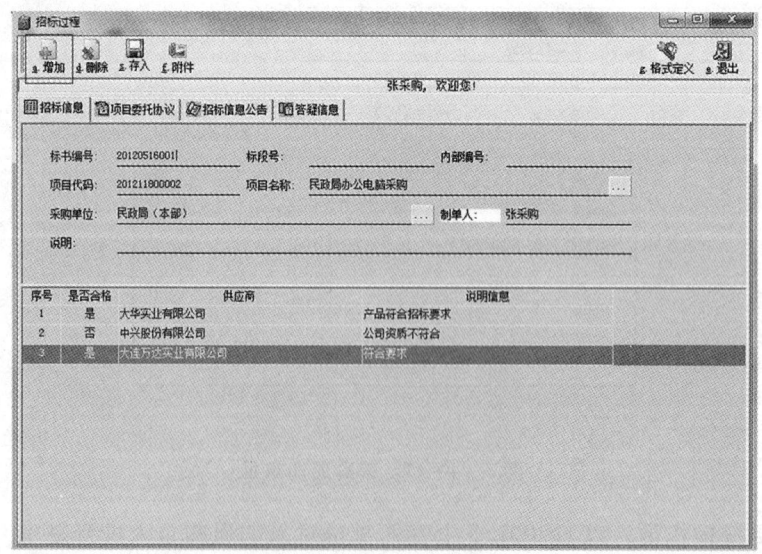

图 3-4-19 招标过程界面

（六）标书管理录入及审批阶段

1. 首先以用户编码为 CGY001 张采购身份进入新中大公共财政管理软件 Gsoft［采购管理］的界面，单击"标书管理"→"1.0 新增"，进入标书管理录入界面，如图 3－4－20 所示的界面。

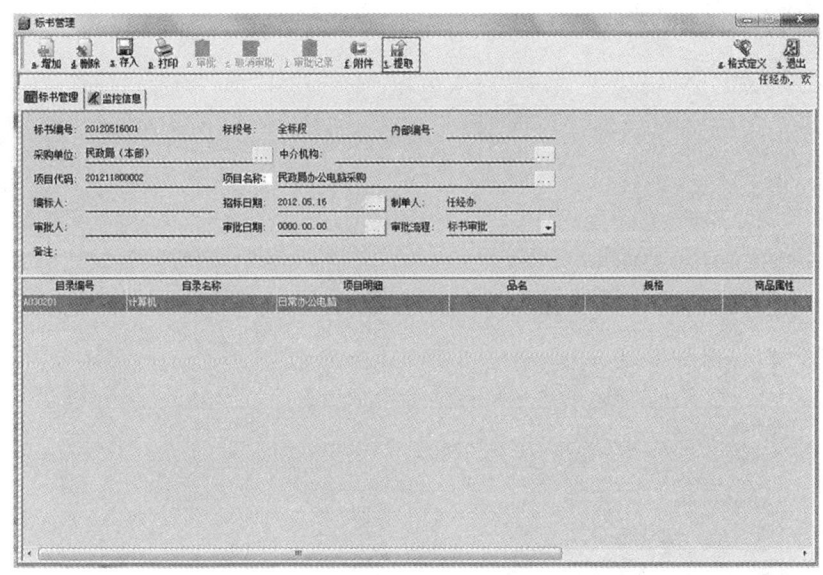

图 3－4－20　标书管理

单击右上角"t. 提取"，系统弹出条件筛选框，选择相应条件后，单击"确认"，系统自动提取采购通知，此时需要填写标书编号："20120516001"和标段号："全标段"，并单击" 存入 "按钮完成标书管理录入保存工作。

2. 更换操作员后，由 gkk002 任经办对标书管理录入进行初次审核。

3. 单击"政府采购"→"采购管理"，单击"标书管理"，选择"6. 列表"，在弹出的"条件筛选"窗口中，选择相应条件，然后单击"确认"。系统弹出的"标书管理列表"，如图 3－4－21 所示，选择需要审批的单据，单击"审批"，弹出"标书管理审批"窗口。

在标书管理审批窗口中如图 3－4－22 所示，审阅标书管理详细情况，然后单击" 审批 "按钮，系统弹出"审批意见"窗口，填写审批意见，确认退出。

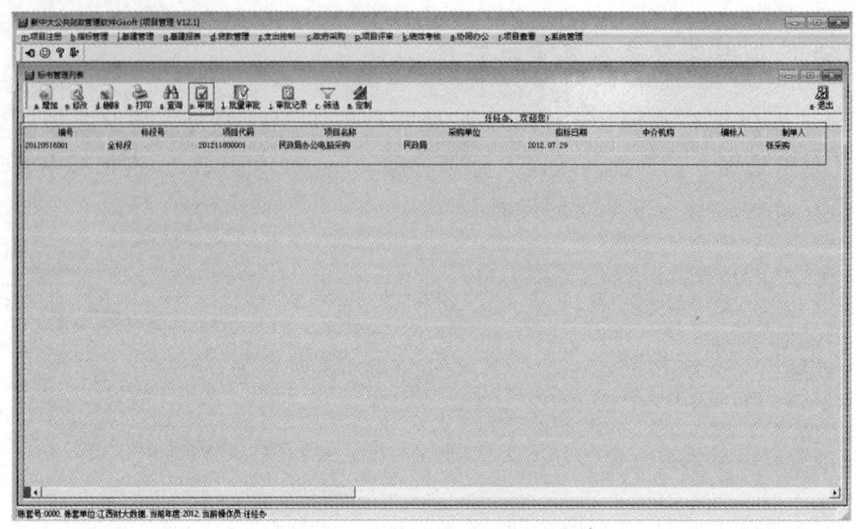

图 3-4-21 标书管理列表

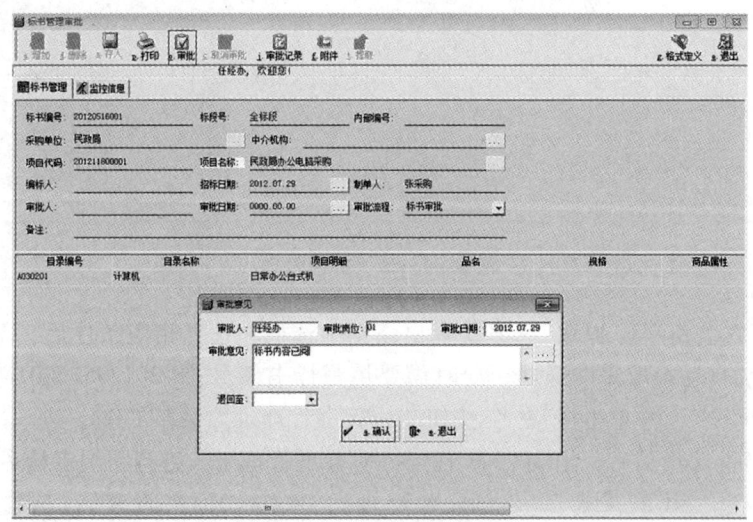

图 3-4-22 标书管理审批

4. 更换操作员,以 gkk001 王主管的身份对标书管理录入进行复审,审批方法同上。

(七) 评标过程管理

1. 首先以用户编码为 CGY001 张采购身份进入新中大公共财政管理软件 Gsoft [采购管理] 的界面,单击"评标过程",系统自动弹出条件筛选界面,如图 3-4-23 所示的界面。

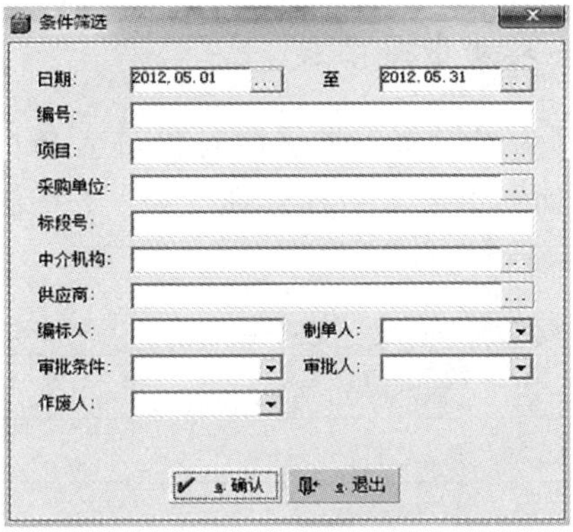

图 3-4-23 条件筛选窗口

2. 单击“确认”，系统弹出评标过程列表，单击“增加”按钮，弹出“评标过程”单据界面，如图 3-4-24 所示，单击“提取”，在弹出的条件筛选框中选择相应条件，然后“确认”，选中相应的“标书”系统将标书内容自动填写完整，单击“增加”添加投标单位，并填写单位、单价、数量、金额。单击“增加明细”添加评委记录，填写完毕后单击“存入”保存退出。

注意：单击“增加”添加投标单位，系统将弹出条件筛选框，单击“确定”后，系统弹出所有供应商，将本次参与投标的单位选中。

如果需要添加某一投标单位评审分数时，首先要选中此投标单位然后单击“增加明细”添加评委记录，填写评委名称及相应分值。

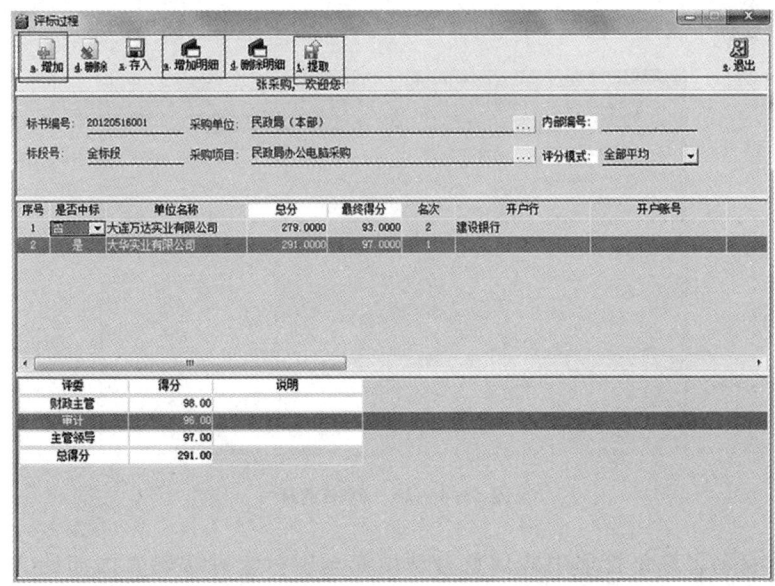

图 3-4-24 评标过程界面

（八）中标管理录入及审批阶段

1. 首先以用户编码为 CGY001 张采购身份进入新中大公共财政管理软件 Gsoft［采购管理］的界面，单击"中标管理"→"1.0 新增"，进入中标管理录入界面，如图 3-4-25 所示的界面。

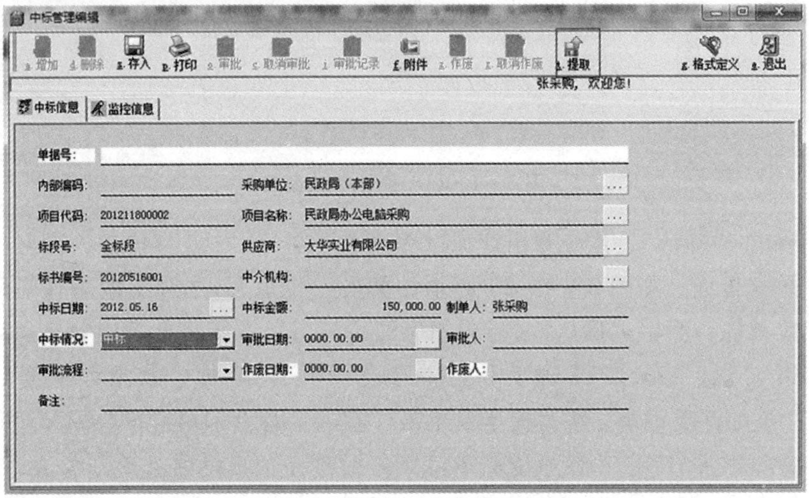

图 3-4-25　中标管理编辑界面

单击右上角"t. 提取"，系统弹出条件筛选框，选择相应条件后，单击"确认"，系统弹出"标书选择"窗口如图 3-4-26 所示，选中相应的标书，单击"确认"。

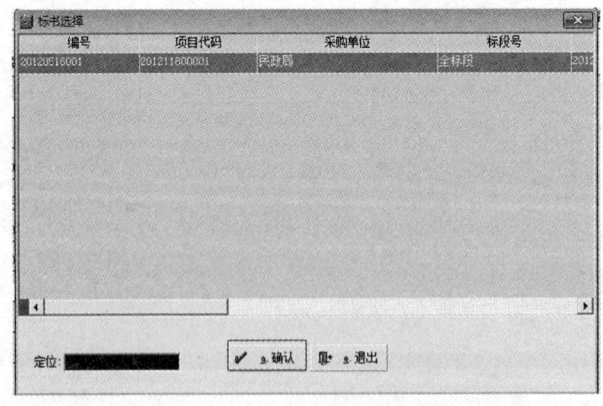

图 3-4-26　标书选择

系统自动将标书管理中的信息自动填充至中标管理编辑界面如图 3-4-27 所示，在"中标管理编辑界面"需要供应商，中标情况："中标"及中标金额：

"150000",并单击"存入"按钮。

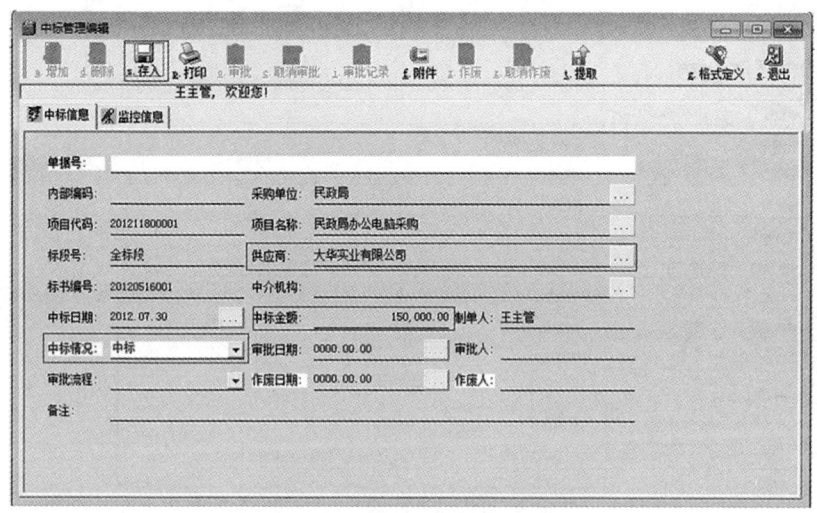

图3-4-27 中标管理编辑界面

2. 更换操作员后,由 gkk002 任经办对中标管理录入进行初次审核。

3. 单击"政府采购"→"采购管理",单击"中标管理",选择"7.列表",在弹出的"条件筛选"窗口中,选择相应条件,然后单击"确认"。系统弹出的"中标管理列表",如图3-4-28所示,选择需要审批的单据,单击"审批",弹出"标书管理审批"窗口。

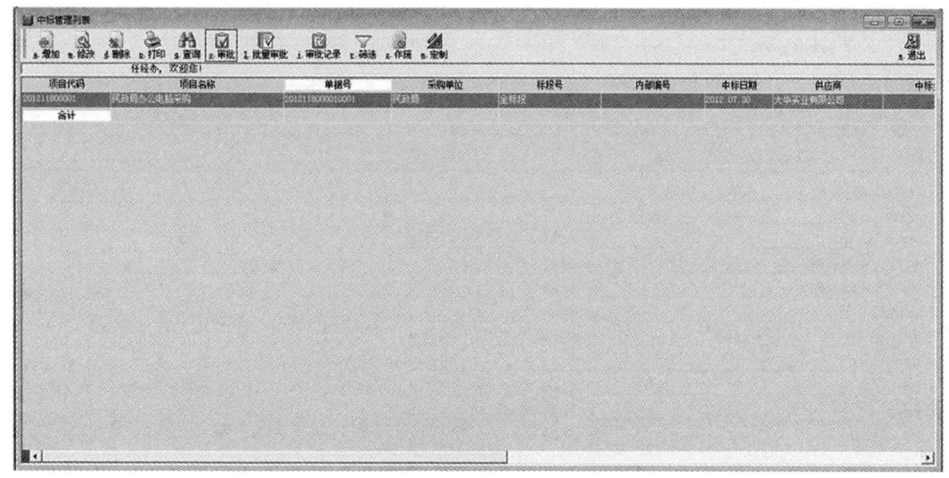

图3-4-28 中标管理列表

在中标管理审批窗口中如图3-4-29所示,审阅中标管理详细情况,然后单击"![](按钮,系统弹出"审批意见"窗口,填写审批意见,确认退出。

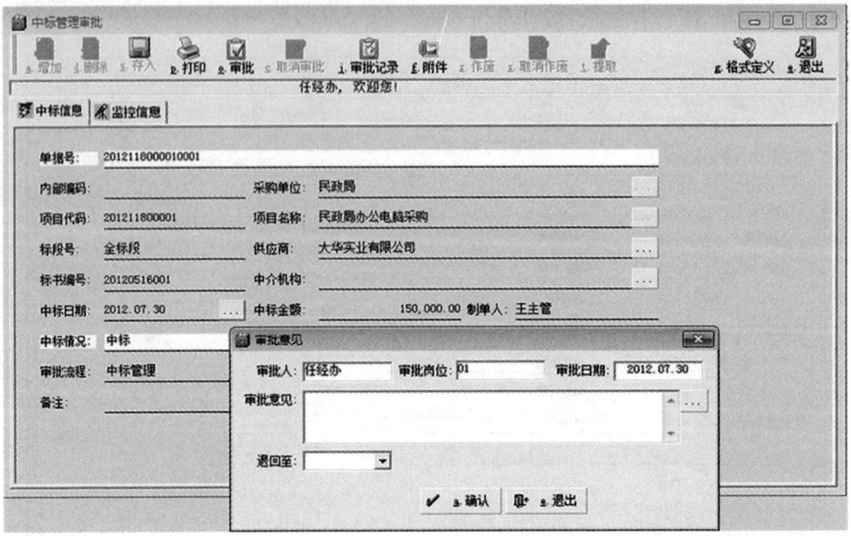

图 3-4-29　标书管理审批

4. 更换操作员，以 gkk001 王主管的身份对中标管理录入进行复审，审批方法同上。

（九）政府采购合同管理

首先以用户编码为 CGY001 张采购身份进入新中大公共财政管理软件 Gsoft [采购管理] 的界面，单击"合同管理"→"1.0 新增"，进入合同管理录入界面，如图 3-4-30 所示的界面。

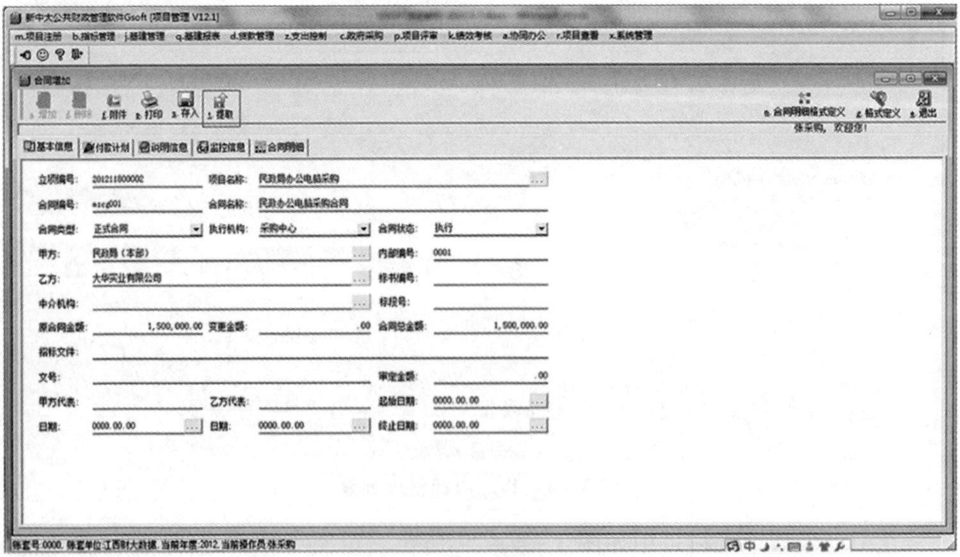

图 3-4-30　合同管理

单击右上角"t.提取",系统弹出"1.表头提取和2.明细提取",先选择"1.表头提取",将数据填充至基本信息窗口中,如图3-4-31所示,填写合同编号及合同名称,原合同金额:150000。

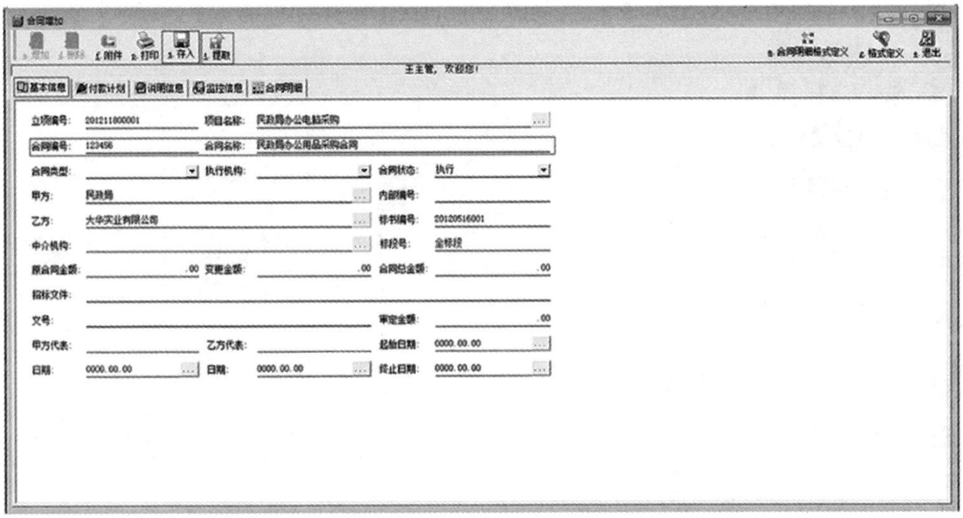

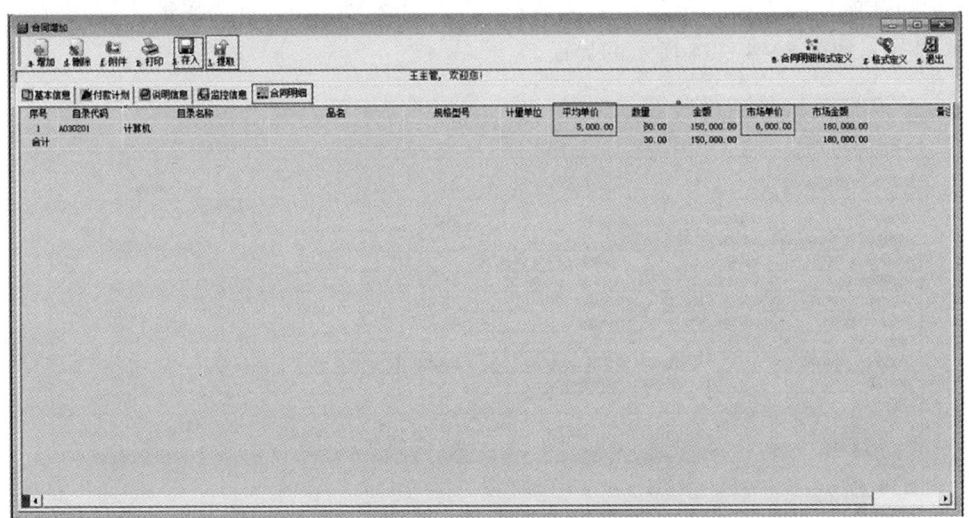

图3-4-31 合同基本信息界面

单击" "按钮,再单击右上角"t.提取",选择"2.明细提取",系统自动完成合同明细部分数据导入,此处还需要填写平均单价:5000,市场单价:6000等内容如图3-4-32所示。

图3-4-32 合同明细信息界面

单击"付款计划"按钮,根据实验资料预留 10% 资金作为验收前的预留金,单击"增加"按钮,增加两个付款计划,分别填入付款金额:"135000",付款依据:"办公电脑设备交付",付款金额:"15000",付款依据:"办公电脑正常使用并通过终验"。最后单击"存入"按钮,完成合同的新增操作,如图 3-4-33 所示。

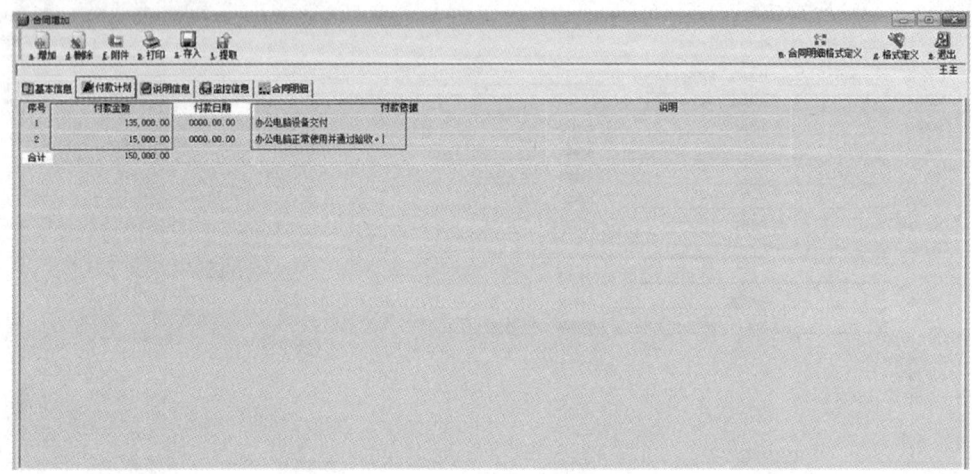

图 3-4-33 付款计划界面

(十) 政府采购执行的录入及审批阶段

1. 首先以用户编码为 CGY001 张采购身份进入新中大公共财政管理软 Gsoft [采购管理] 的界面,单击"采购执行"→"1.0 新增",进入采购实施情况录入界面,如图 3-4-34 所示的界面。

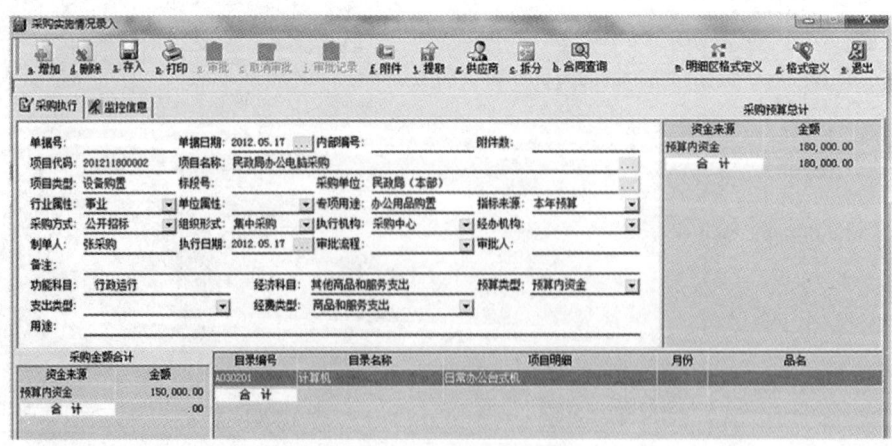

图 3-4-34 采购执行界面

单击右上角"t.提取",选择"3.取自采购通知",系统弹出条件筛选窗口,单击"确认"按钮,弹出"采购通知单选择"窗口如图 3-4-35 所示,选择相应的采购通知,单击"✔ 确认"按钮,系统填充采购通知数据。

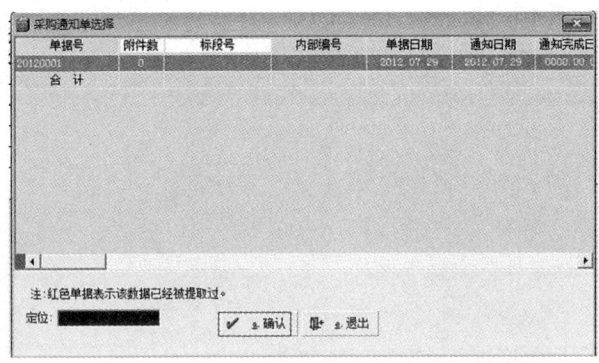

图 3-4-35 采购通知单选择窗口

在右下角的"采购金额合计",输入资金来源：01 预算内,金额：150000。对应左下角中的中标数量：30,中标单价：5000。然后单击"存入",生成新的单据,单击"确认",完成保存工作,如图 3-4-36 所示。

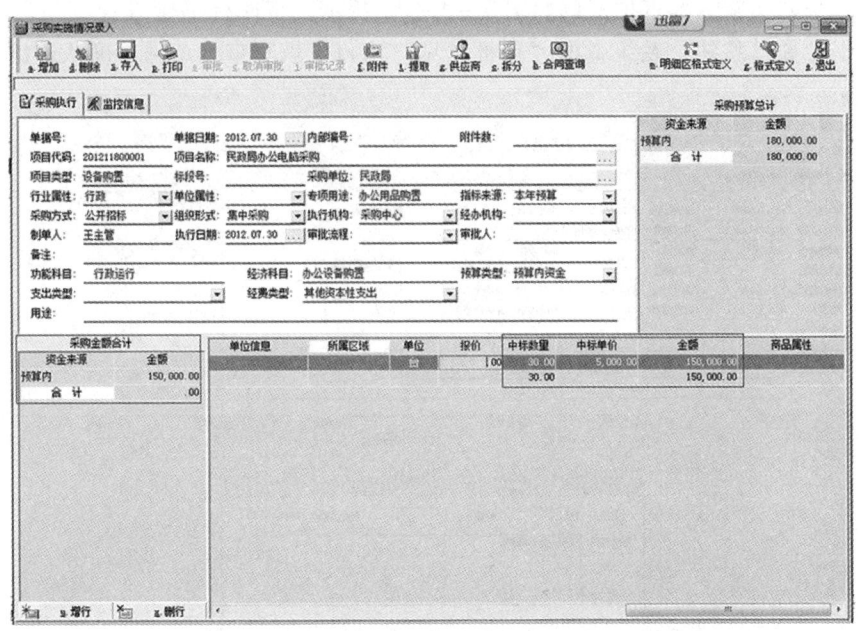

图 3-4-36 采购实施情况录入

2. 更换操作员后,由 gkk002 任经办对采购执行录入进行初次审核。
3. 单击"政府采购"→"采购管理",单击"采购执行",选择"8.列表",在弹出的"条件筛选"窗口中,选择相应条件,然后单击"确认"。系统弹出的"采购实施情况列表",如图 3 – 4 – 37 所示,选择需要审批的单据,单击"审批",弹出"采购实施情况审批"窗口。

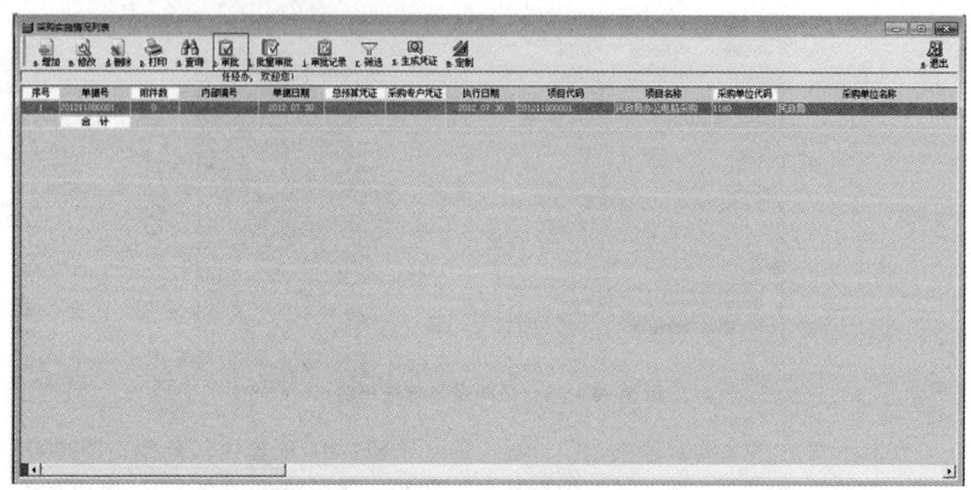

图 3 – 4 – 37　采购实施情况列表

在采购实施情况审批窗口如图 3 – 4 – 38 所示,审阅标书管理详细情况,然后单击" "按钮,系统弹出"审批意见"窗口,填写审批意见,确认退出。

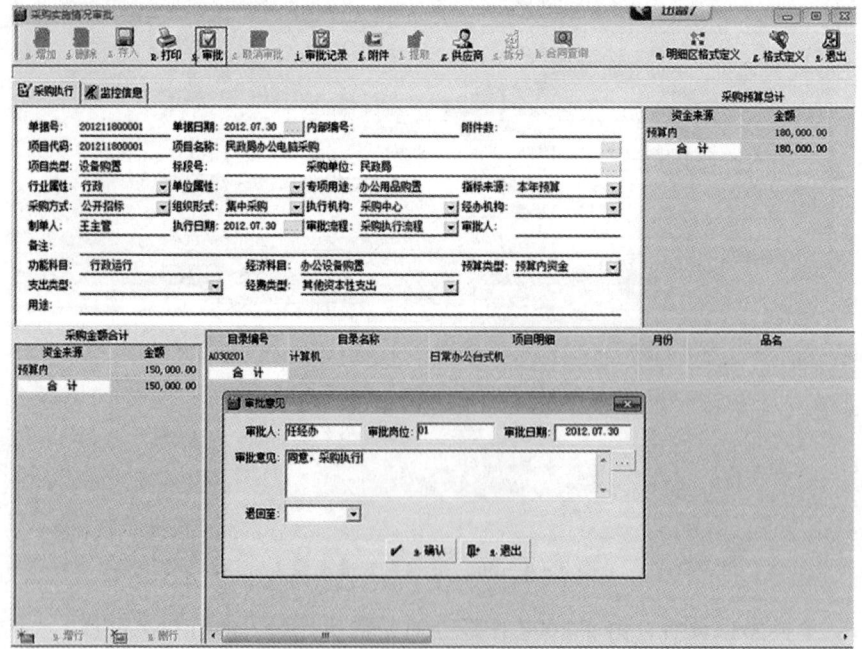

图 3 – 4 – 38　采购实施情况审批

4. 更换操作员，以 gkk001 王主管的身份对采购执行录入进行复审，审批方法同上。

（十一）政府采购支付的录入及审批阶段

1. 首先以用户编码为 CGY001 张采购身份进入新中大公共财政管理软件 Gsoft［采购管理］的界面，单击"采购支付"→"1.0 新增"，进入采购支付录入界面，如图 3–4–39 所示的界面。

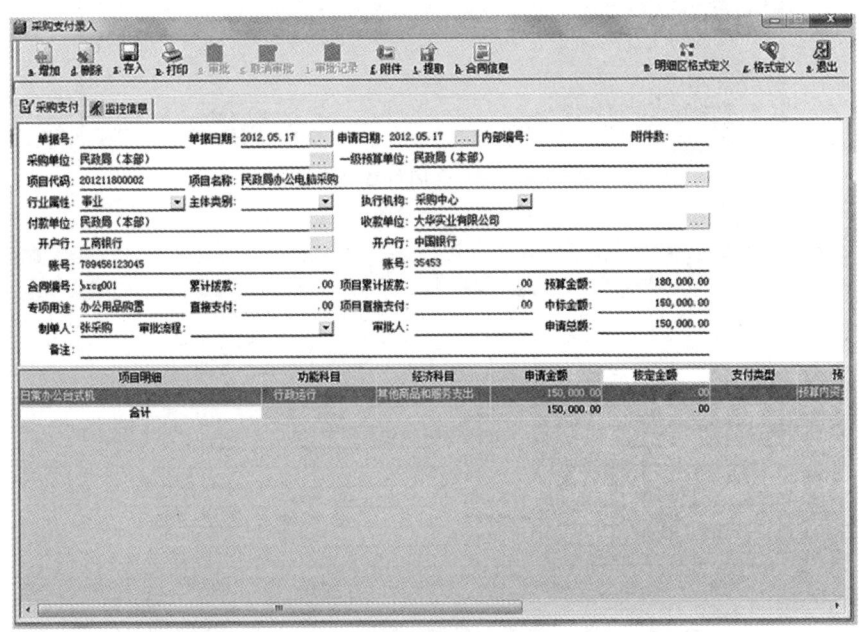

图 3–4–39　采购支付录入

在"采购支付录入"界面，选择采购单位单击"..."选择"1180 民政局"；选择项目名称单击"..."选择"民政局办公电脑采购"；单击"合同流程"，选择"民政局办公用品采购合同"，单击"提取"，选择"2. 取至合同计划"，选择序号为 1，付款金额为 135000 的合同付款计划节点，如图 3–4–40 所示，然后单击"确认"系统自动填入所引用数据。

在采购支付录入界面如图 3–4–41 所示，选择付款单位：1180 民政局，收款单位：大华实业有限公司；在下方的采购支付明细表中选择功能科目：2080201 行政运行；支付类型：直接支付，单击"存入"完成采购支付录入。

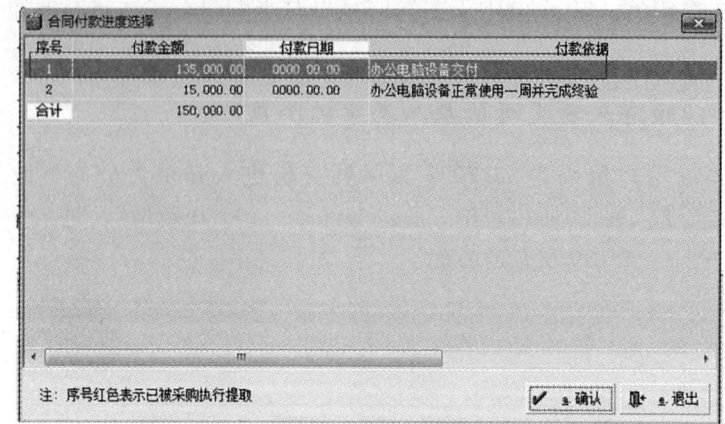

图 3-4-40 合同付款进度选择

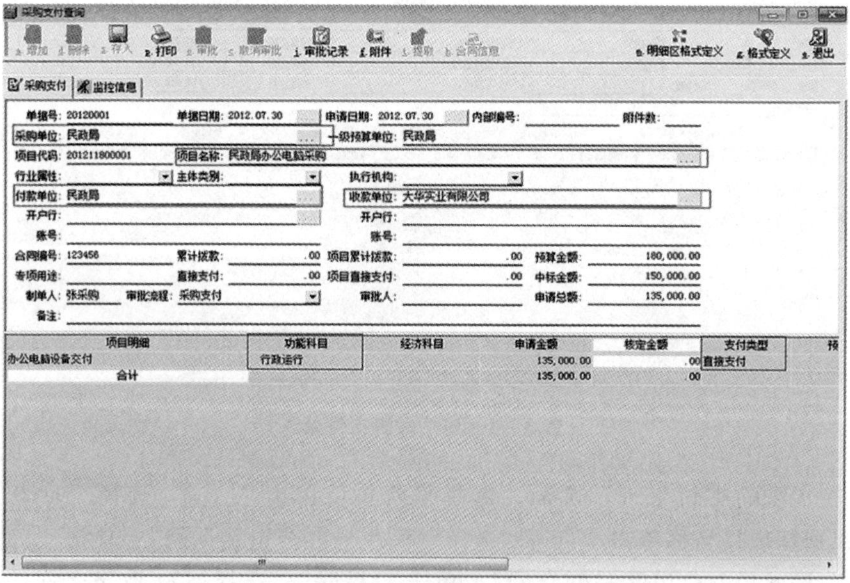

图 3-4-41 采购支付录入界面

2. 更换操作员后,由 gkk 002 任经办对采购支付录入进行初次审核。

3. 单击"政府采购"→"采购管理",单击"采购支付",选择"7. 列表",在弹出的"条件筛选"窗口中,选择相应条件,然后单击"确认"。系统弹出的"采购支付列表",如图 3-4-42 所示,选择需要审批的单据,单击"审批",弹出"采购支付审批"窗口。

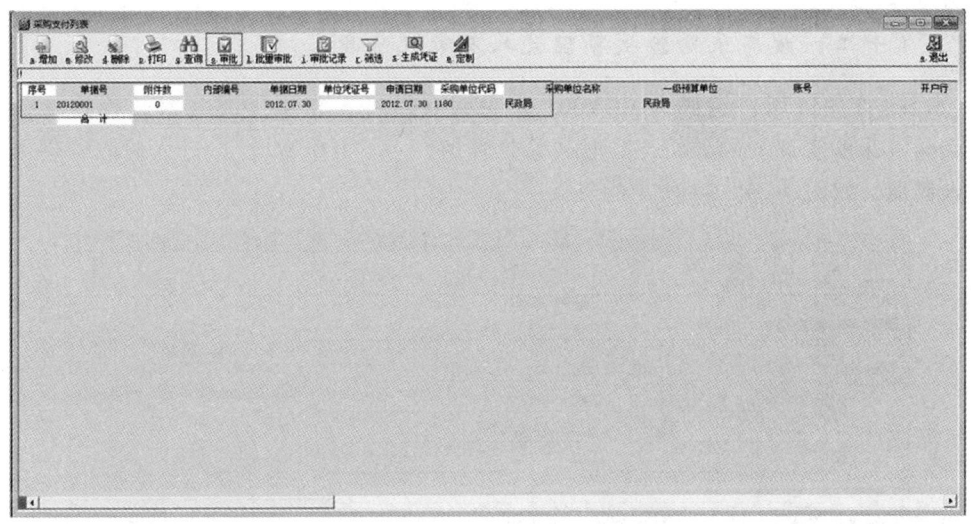

图 3-4-42 采购支付列表

在采购支付审批窗口如图 3-4-43 所示，审阅采购支付详细情况，然后单击"▒"按钮，系统弹出"审批意见"窗口，填写审批意见，确认退出。

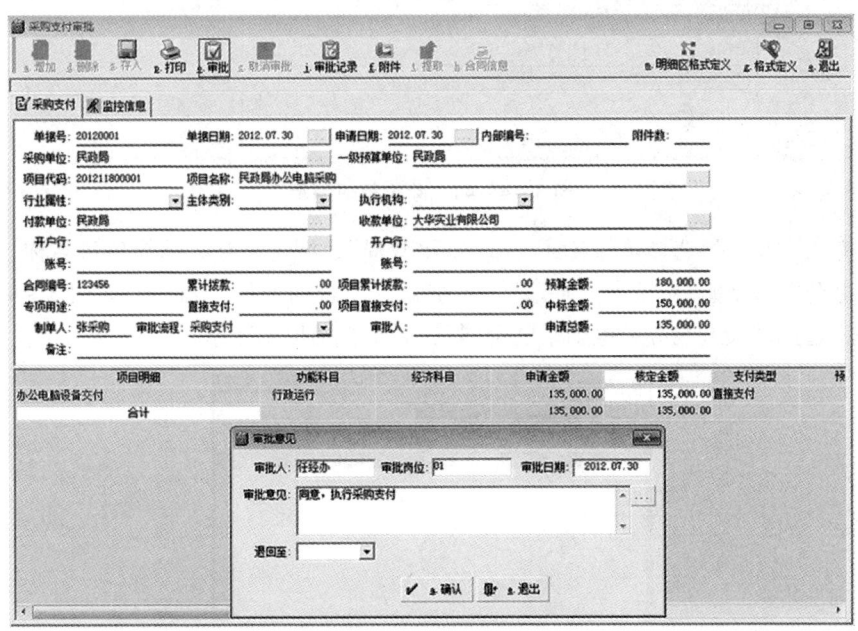

图 3-4-43 采购支付审批

4. 更换操作员，以 gkk001 王主管的身份对采购执行录入进行复审，审批方法同上。

（十二）政府采购验收管理录入及审批阶段

1. 首先以用户编码为 CGY001 张采购身份进入新中大公共财政管理软件 Gsoft［采购管理］的界面，单击"验收管理"→"1.0 新增"，进入验收管理录入界面，如图 3-4-44 所示的界面。

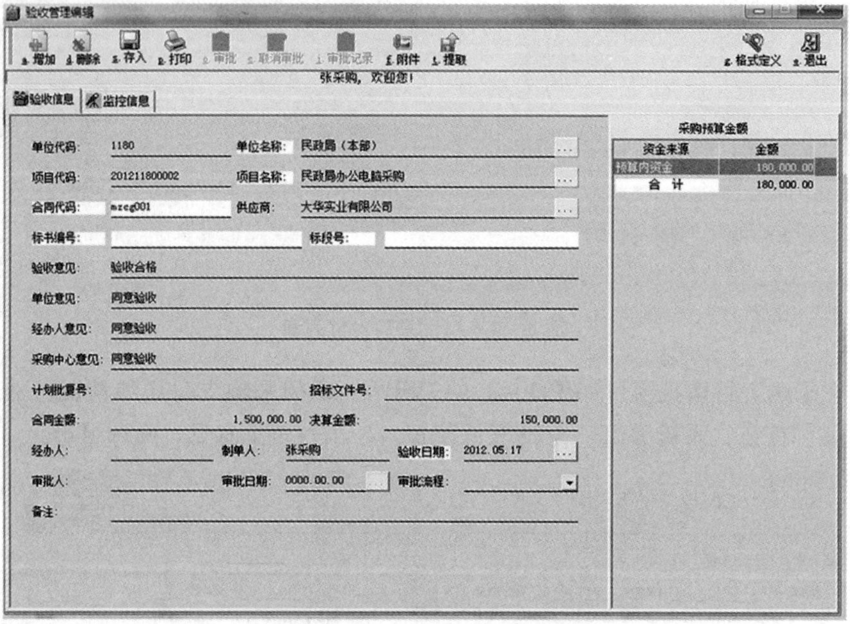

图 3-4-44　验收管理编辑

单击"……"选择单位名称："1180 民政局"，同上方法，选择项目名称："民政局办公电脑采购"；单击"提取"，系统弹出"合同选择"窗口，如图 3-4-45 所示，选择"民政局办公电脑采购合同"，系统自动填充数据。

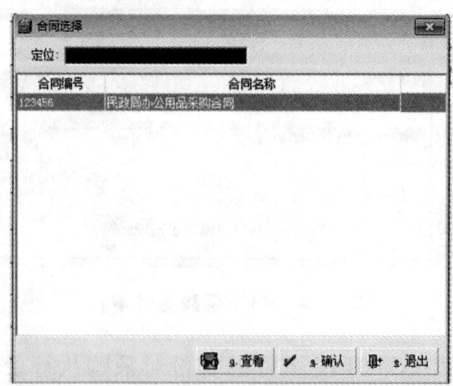

图 3-4-45　合同选择

在验收管理编辑界面中,如图 3-4-46 所示,输入各个验收部门验收意见及决算金额:150000;单击"存入",完成验收管理录入工作。

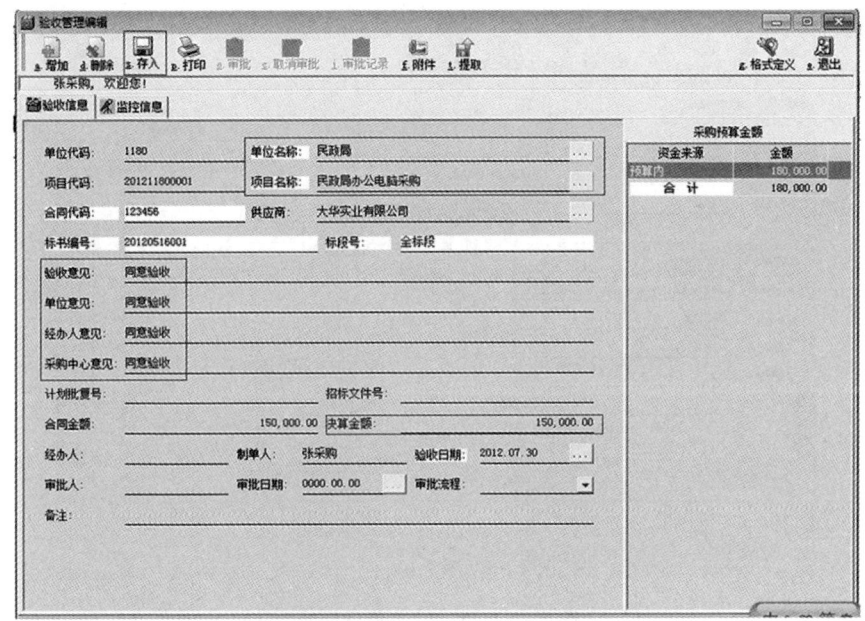

图 3-4-46 验收管理编辑界面

2. 更换操作员后,由 gkk002 任经办对验收管理录入进行初次审核。

3. 单击"政府采购"→"采购管理",单击"验收管理",选择"6. 列表",在弹出的"条件筛选"窗口中,选择相应条件,然后单击"确认"。系统弹出的"采购验收列表",如图 3-4-47 所示,选择需要审批的单据,单击"审批",弹出"采购验收管理审批"窗口。

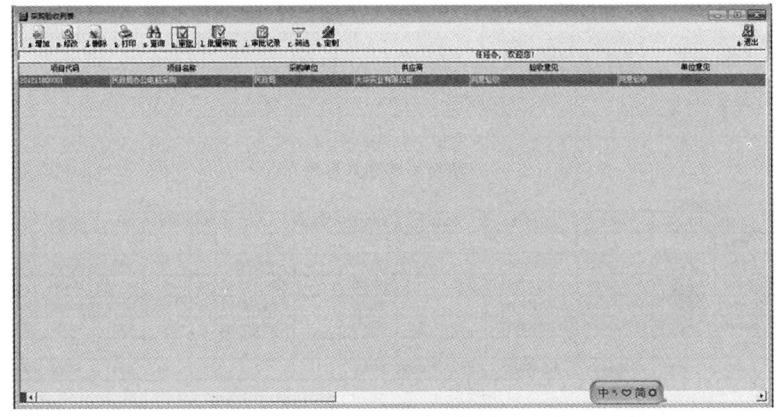

图 3-4-47 采购验收管理列表

在采购验收审批窗口,如图3-4-48所示,审阅采购验收详细情况,然后单击"![]"按钮,系统弹出"审批意见"窗口,填写审批意见,确认退出。

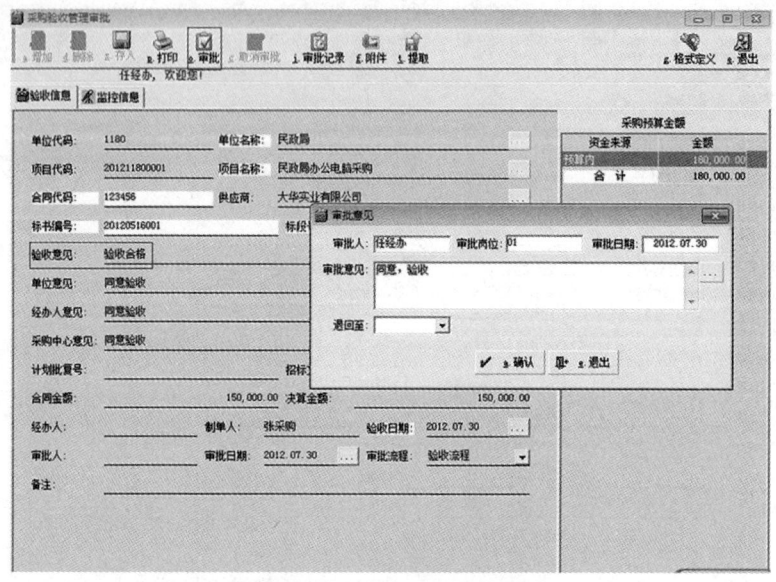

图3-4-48 验收管理审批

4. 更换操作员,以 gkk001 王主管的身份对采购验收管理录入进行复审,审批方法同上。

(十三) 报表输出

1. 单击系统初始界面"报表中心",打开报表中心界面,选择"自定义报表"→"政府采购报表",如下图3-4-49所示。

图3-4-49 政府采购预算报表

2. 在该界面选择菜单"计算分析"→"填充汇总计算分析",系统自动生成当前操作下的政府采购报表。

3. 单击菜单"文件"→"转换 EXEEL 输出",即可得到一份 EXEEL 格式的报表。

第四章　收入管理系统

非税收入征管改革采用"单位开票、银行代收、财政统管"的管理体制，所涉及到的机构主要有：财政管理部门，代收银行，执收（罚）单位。主要操作人员分为票证管理员和非税征收员两类。主要业务流程见图4-1。

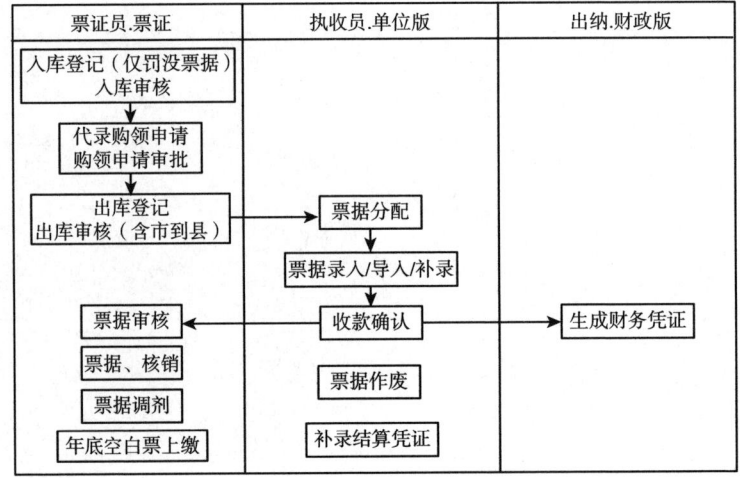

图4-1　业务操作流程图

注：生成财务凭证再核销：已打印出的错误票做票据作废。

实验　非税收入管理

非税收入征管改革采用"单位开票、银行代收、财政统管"的管理体制，所涉及到的机构主要有：财政管理部门，代收银行，执收（罚）单位。主要操作人员分为票证管理员和非税征收员两类。

一、实验准备

非税财政收入是政府通过收费、基金、附加、罚款，以及国有资产和资源收入等方式筹集用于履行政府职能的收入。目前，我国各级政府都存在大量的非税财政收入，在政府全部收入中占据了很大的比重，对微观经济运行和国家财政宏观调控都有重大影响。在此大环境下，非税收入建立以统一的非税收入票据为源头，以代收银行为桥梁，以财政对非税收入的综合管理为核心，利用计算机网络等先进的信息化手段，构架"单位开票、银行代收、财政统管"的非税收入收缴管理模式。

二、实验目的及要求

通过系统模拟操作，了解政府非税收入票据管理的基本步骤，掌握票据计划、票据入库、票据购领、票据出库、票据核销等录入及审核操作流程。掌握非税收入的执收单位管理的基本结算业务。

三、实验内容

◆ 根据实验资料，模拟票证管理中票据计划、票据入库、票据购领、票据出库、票据核销等录入及审核操作流程。模拟非税管理执收单位的开票处理、收款确认等流程。

四、实验平台

新中大公共财政管理教学软件

五、实验资料

以下是非税票据领用和收缴使用的信息，作为实验课程练习备用。

公安局（本部）申领行政事业性收费票据，向同级非税收入管理机构提出申请，同时提交征收或收取非税收入的有关依据。经非税收入管理机构审查符合规定的，发给《非税收入票据购领证》，执收单位凭购领证购领非税收入票据。购置情况如下：

票据入库：
    票据类型：行政事业性收费
    票据入库数量：20
    票据开始号：0000000001
    票据结束号：0000000400

票据购领：
  票据类型：行政事业性收费
  票据入库数量：15
  票据开始号：0000000001
  票据结束号：0000000300
票据报损：
  票据类型：行政事业性收费
  票据开始号：0000000003
  票据结束号：0000000300

六、实验指导

（一）票据计划录入、审核阶段

1. 首先以 pzy001 陈经办的身份登录系统后，进入新中大公共财政管理软件 Gsoft [公共财政工作管理平台]，选择"系统菜单"→"收入管理"→"票证管理"进入软件的非税收入票证管理系统。

2. 选择"票据管理"菜单→"票据计划登记"，在如图 4-2 所示的界面上进行月度票据计划的录入工作。

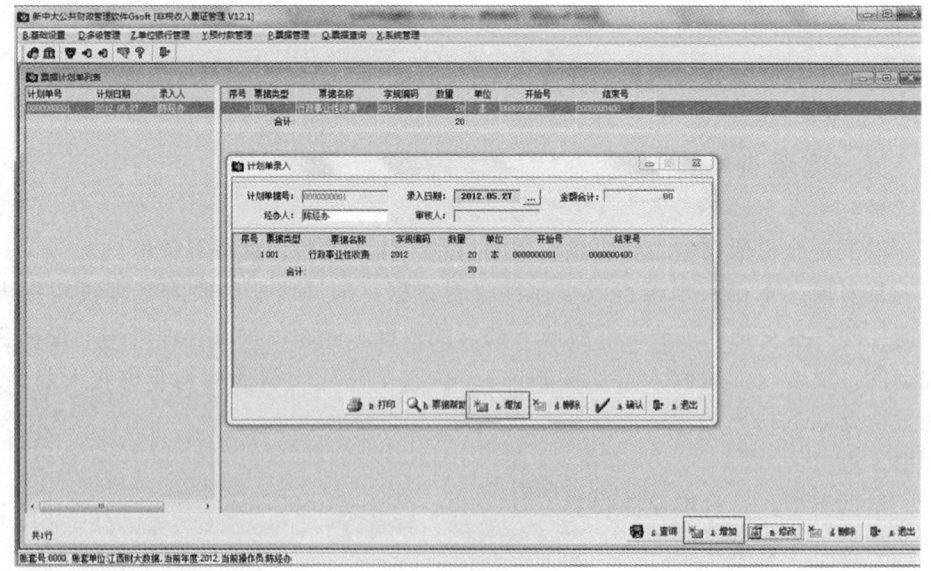

图 4-2 票据计划录入

录入过程中选择：单击右下角"增加"，在弹出的"计划单录入"中，双击票据类型选择：行政事业性收费；输入数量：20；开始号码：0000000001，结束号码：0000000400；单击"确认"退出。

3. 由 pzy002 刘主管对录入的票据计划进行审核。更换操作员为 pzy002 刘主管身份登录系统后，并进入软件的非税收入票证管理系统。选择"票据计划审核"菜单，系统弹出票据计划单列表窗口，选择相应需要审核的单据后单击"审核"，系统打开待审批的"计划单审核"窗口，如图 4-3 所示。

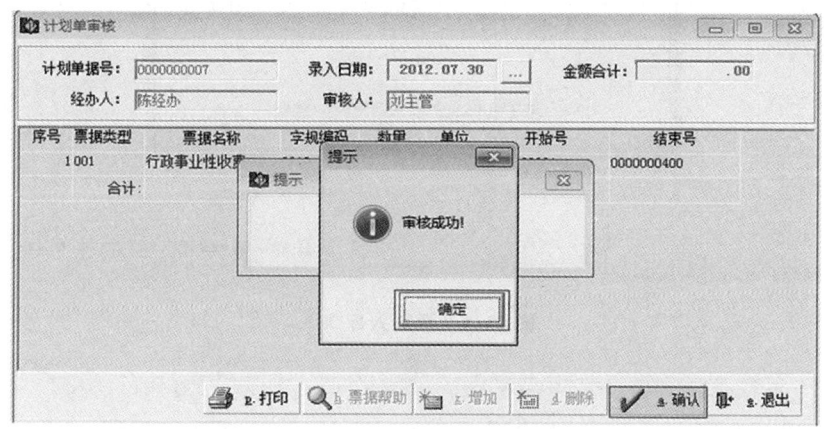

图 4-3　计划单审核窗口

单击"确认"，等待"审核成功！"提示，单击"确定"完成计划单审核。

（二）票据入库登记、审核阶段

1. 更换操作员为 pzy001 陈经办身份登录系统后，并进入软件的非税收入票证管理系统。选择"票据管理"菜单→"票据入库登记"，在如图 4-4 所示的界面上进行月度票据入库的录入工作。

录入过程中选择：单击右下角"增加"，在弹出的"票据入库登记"中，单击"取自计划"，在弹出的"计划单列表"选择：行政事业性收费；单击"确认"退出。

2. 由 pzy002 刘主管对录入的票据入库进行审核。更换操作员为 pzy002 刘主管身份登录系统后，并进入软件的非税收入票证管理系统。选择"票据管理"菜单→"票据入库审核"菜单，系统弹出票据入库单列表窗口，选择相应需要审核的单据后单击"审核"，系统打开待审批的"入库单审核"窗口，如图 4-5 所示。

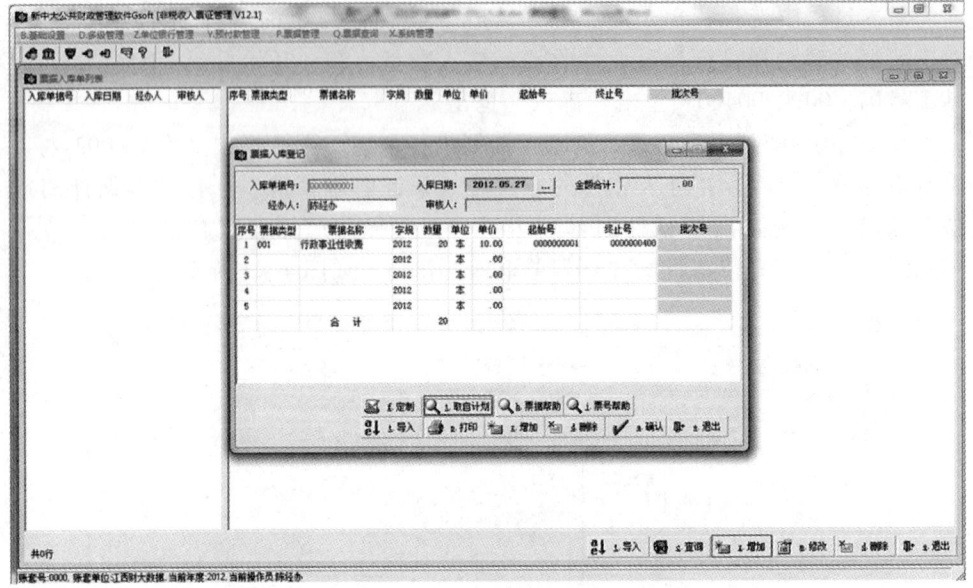

图 4 – 4　票据入库录入

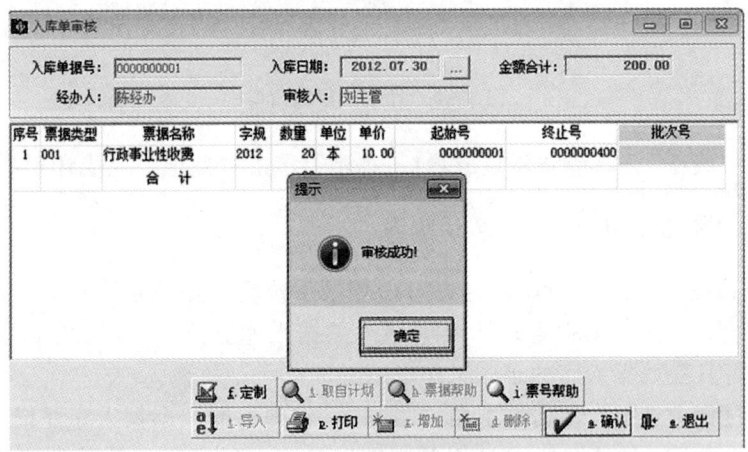

图 4 – 5　入库单审核窗口

单击"确认",等待"审核成功!"提示,单击"确定"完成入库单审核。

(三) 票据购领申请、审批阶段

1. 更换操作员为 pzy001 陈经办身份登录系统后,并进入软件的非税收入票证管理系统。选择"票据管理"菜单→"票据购领申请",在如图 4 – 6 所示的界面上进行月度票据购领的录入工作。

图 4-6 票据购领申请

录入过程中选择：单击右下角"增加"，在弹出的"票据购领申请登记"中，选择申请单位：公安局（本部），双击票据类型选择：行政事业性收费；填写数量：15，单击"确认"退出。

注意：如果票据第一次入库则在购领申请时会提示"该票据尚未出过库"，单击"确定"即可。

2. 由 pzy002 刘主管对录入的票据购领进行审核。更换操作员为 pzy002 刘主管身份登录系统后，并进入软件的非税收入票证管理系统。选择"票据申请审批"菜单，系统弹出票据购领申请单列表窗口，选择相应需要审核的单据后单击"审核"，系统打开待审批的"申请单审批"窗口，如图 4-7 所示。

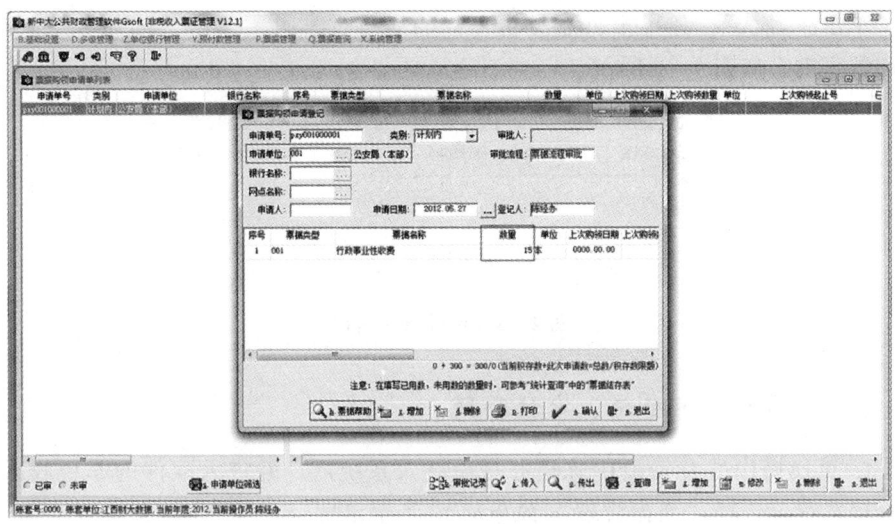

图 4-7 票据购领审批窗口

单击"确认",弹出审批意见窗口,输入审批意见,单击"确认",完成票据购领审批,如图4-8所示。

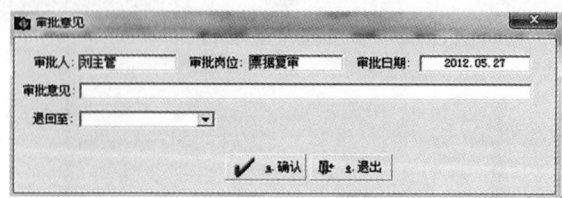

图4-8 审批意见窗口

(四)票据出库登记、审核阶段

1. 更换操作员为pzy001陈经办身份登录系统后,并进入软件的非税收入票证管理系统。选择"票据管理"菜单→"票据出库登记",在如图4-9所示的界面上进行月度票据出库的登记工作。

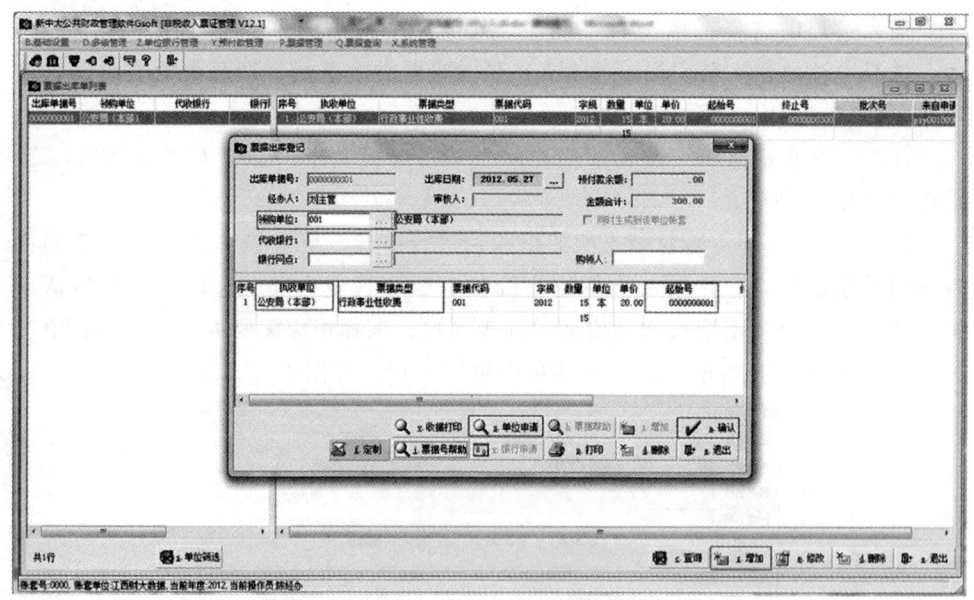

图4-9 票据出库登记

录入过程中选择:单击右下角"增加",在弹出的"票据出库登记"中,选择领购单位:公安局(本部),单击"单位申请",选择:公安局(本部),双击执行单位选择:公安局(本部),双击选择起始号:0000000001,终止号:0000000300,单击"确认"退出。

2. 由pzy002刘主管对录入的票据出库进行审核。更换操作员为pzy002刘主管身份登录系统后,并进入软件的非税收入票证管理系统。选择"票据出库审核"菜单,系统弹出票据出库单列表窗口,选择相应需要审核的单据后单击"审核",系统打开待审批的"票据出库审核"窗口,如图4-10所示。

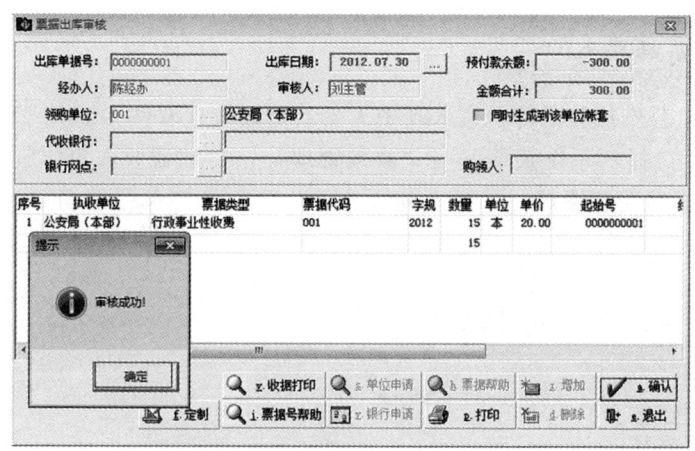

图4-10 票据出库审核窗口

单击"确认",等待"审核成功!"提示,单击"确定"完成票据出库单审核。

(五)票据分配

公安局(本部)从票管员处领到票据后,首先需要按票种和票段分配给指定的执收人员,否则无法进行开票操作。

首先以 fsgaj1 公安执收的身份登录系统后,进入新中大公共财政管理软件 Gsoft[公共财政工作管理平台],选择"系统菜单"→"收入管理"→"非税收入单位版"进入软件的非税收入单位管理系统。选择"执收单位管理"菜单→"票据分配"→"按操作员分配",出现下图4-11所示的"按操作员分配"。

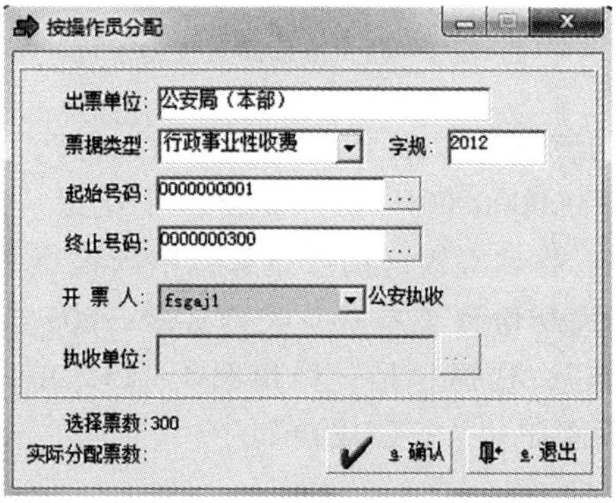

图4-11 票据分配窗口

录入过程中选择票据类型：行政事业性收费，起始号码：0000000001，终止号码：0000000300 和开票人：fsgaj1 公安执收，单击"确认"保存成功后"确定"退出。

（六）票据录入

以 fsgaj1 公安执收的身份进入新中大公共财政管理软件 Gsoft [公共财政工作管理平台]，选择"系统菜单"→"收入管理"→"非税收入单位版"进入软件的非税收入单位管理系统。选择"开票处理"菜单→"单张票据录入"，出现下图 4-12 所示。

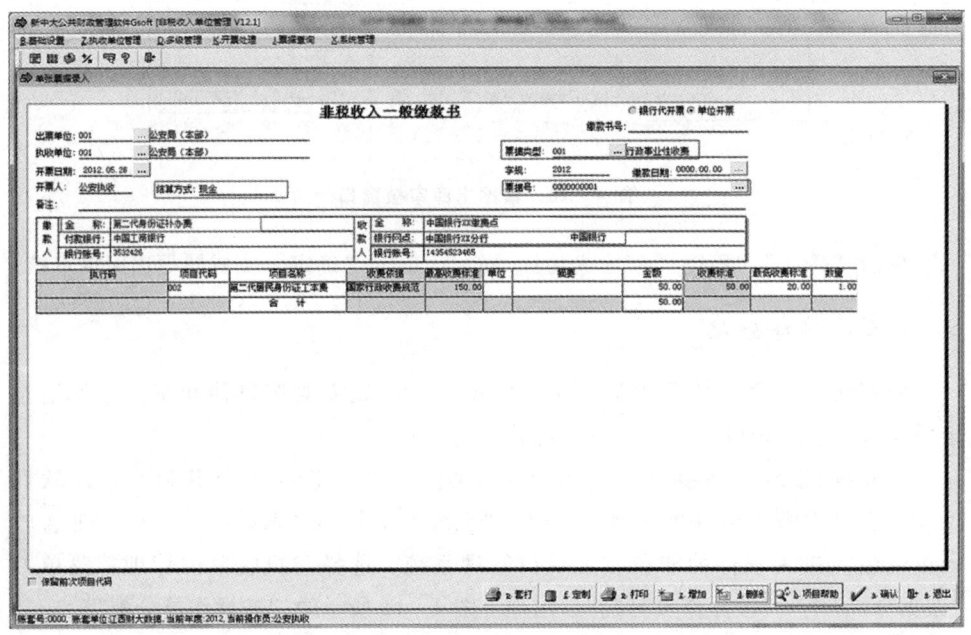

图 4-12　票据录入窗口

录入过程中选择结算方式：现金；票据类型：行政事业性收费；票据号：0000000001（可以选择 0000000001－0000000300 中任意一张）；双击缴款人全称选择"丢失补发护照"；收款人银行网点选择：中国银行 XX 分行；双击项目代码选择：002 第二代居民身份证工本费，收费标准：50；单击"确认"，如果保存退出提示"是否打印"，选择"是"弹出图 4-13，单击"确认"，然后在打印面选择退出，直到页面提示"打印成功"。

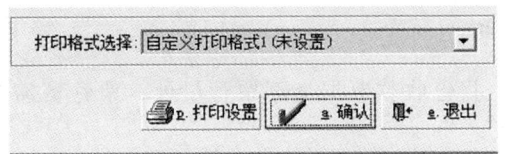

图 4-13　打印格式设置

（七）收款确认

票据录入都必须进行收款确认操作，然后才能将票据交到票管员处进行审核。

以 fsgaj1 公安执收的身份进入新中大公共财政管理软件 Gsoft［公共财政工作管理平台］，选择"系统菜单"→"收入管理"→"非税收入单位版"进入软件的非税收入单位管理系统。选择"开票处理"菜单→"批量收款确认"，出现下图 4-14 所示的批量收款确认。

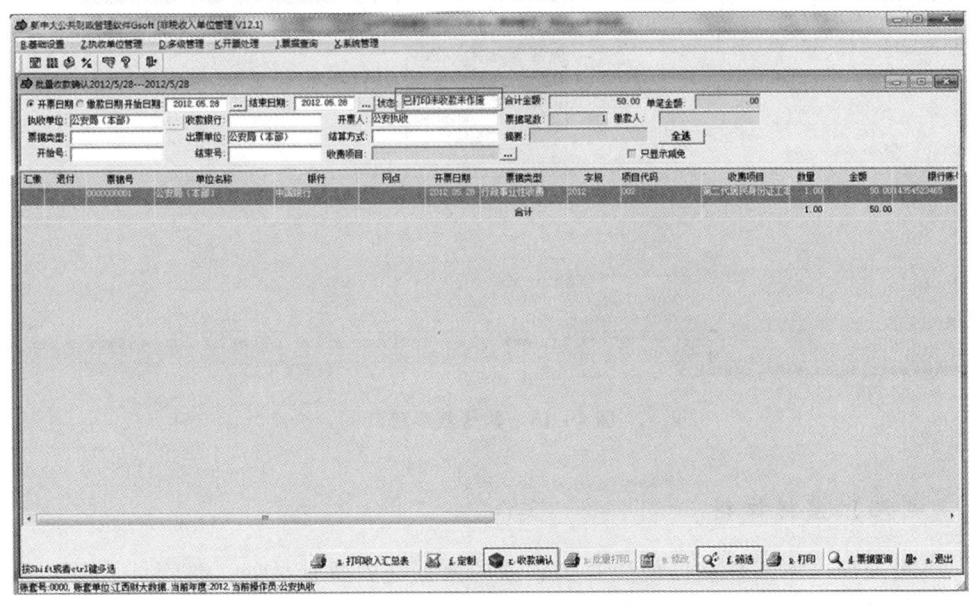

图 4-14　批量收款确认窗口

在批量收款确认界面，确定状态为"已打印未收款未作废"，单击"筛选"，选择需要做收款确认的单据，单击"收款确认"，系统提示"有1条记录收款成功"。

(八) 票据复审

公安局（本部）将已收款票据交至票管员处，票管员需要对票据进行审核。需要更换操作员进入。

由 pzy002 刘主管对已收款票据进行审核。更换操作员为 pzy002 刘主管身份登录系统后，并进入软件的非税收入票证管理系统。选择"票据复审"菜单，系统弹出票据复审窗口，确认票据状态为"已收款未复审"，单击" £筛选"，系统弹出所有待审核票据，选择相应需要审核的单据后单击"审核"，系统提示"本张发票审核成功"，如图 4-15 所示。

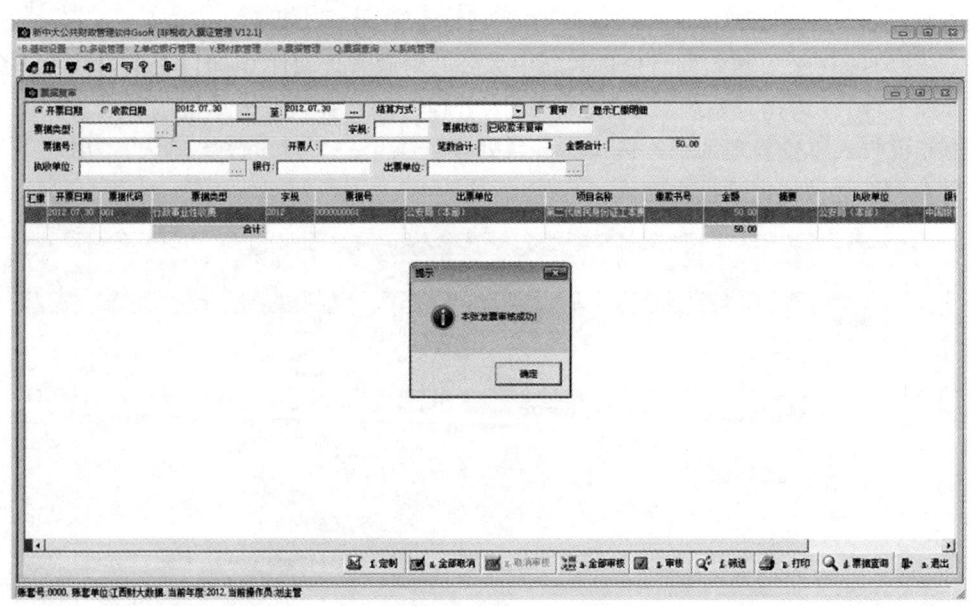

图 4-15 票据复审窗口

(九) 票据核销

公安局（本部）将已使用并已收款的票据交到票管员处，票管员需要对其进行核销。

由 pzy002 刘主管对已收款票据进行审核。更换操作员为 pzy002 刘主管身份登录系统后，并进入软件的非税收入票证管理系统。选择"票据核销（开票明细）"菜单，系统弹出票据核销窗口，确认状态为"财政审核未核销"，单击"筛选"，系统弹出所有待核销票据，选择相应需要审核的单据后单击"核销"，系统提示"核销成功"，如图 4-16 所示。

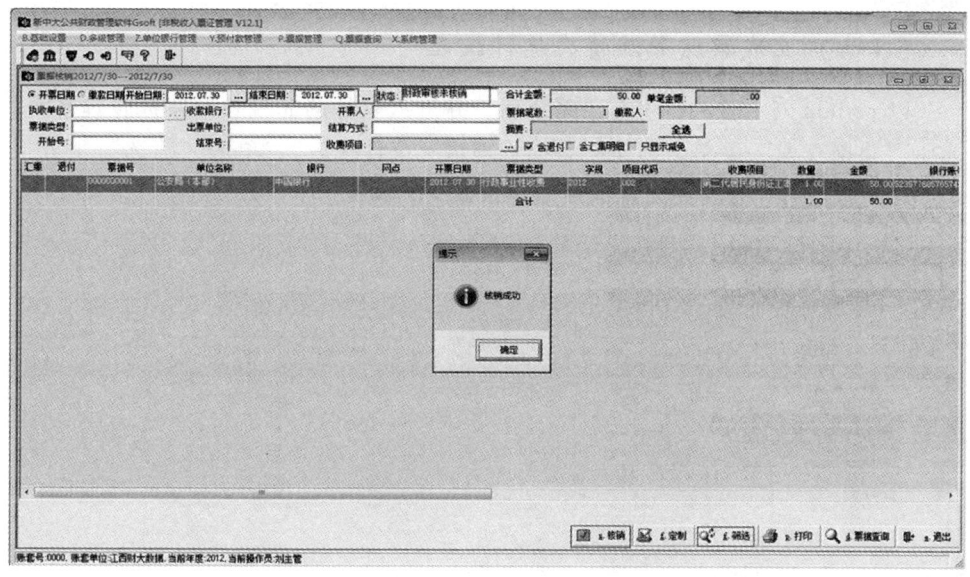

图 4-16 票据核销

(十) 年底空白票上缴

年底时,票管员需要统一将未使用的空白票上缴省局。

由 pzy002 刘主管对未使用的空白票上缴省局。更换操作员为 pzy002 刘主管身份登录系统后,并进入软件的非税收入票证管理系统。选择"票据报损"菜单,系统弹出票据报损窗口,选择报损单位:001 公安局(本部);选择票据类型:行政事业性收费;开始号 0000000003,结束号:0000000300;报损原因:未使用,单击"确认",系统提示"保存成功",如图 4-17 所示。

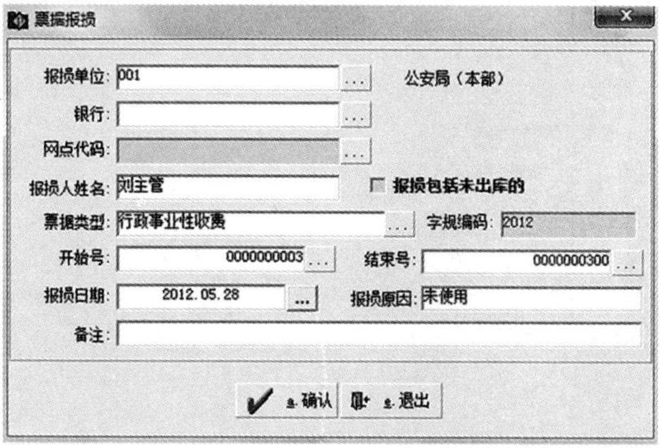

图 4-17 票据报损

（十一）生成票据管理情况统计报表

以 pzy002 刘主管的身份登录系统后，并进入软件的非税收入票证管理系统。选择"票据查询"菜单，选择"票据管理情况统计报表"。单击"筛选"生成报表。这个报表可作为学生上课成绩考核报表，如图 4-18 所示。

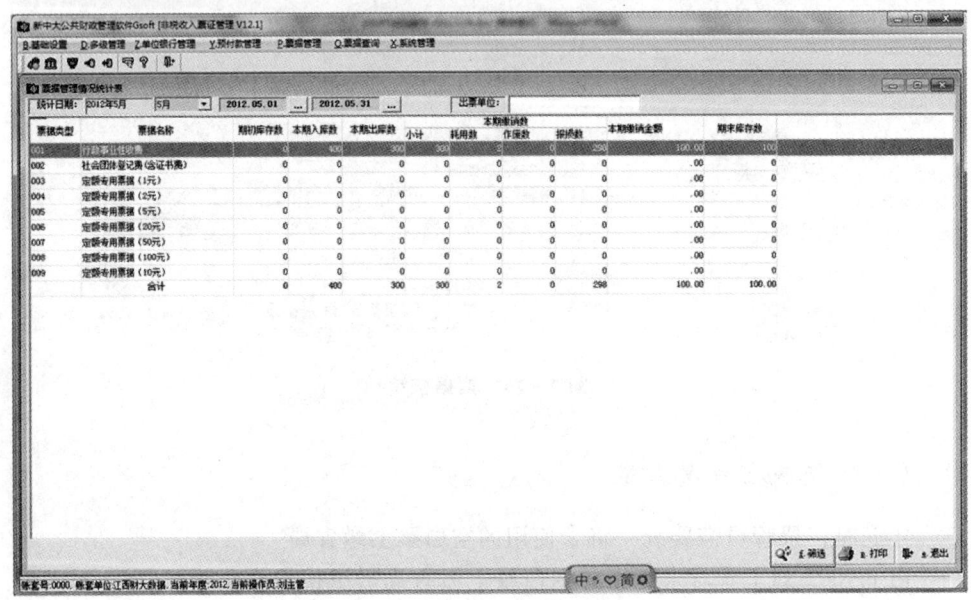

图 4-18　票据管理情况统计报表

第五章 工资管理系统

工资管理系统适用于各个行业对工资管理的要求，可实现工资核算、工资发放、个人所得税、公积金管理和员工档案管理。工资管理模块的基础数据大部分由用户自行设置，如定义金额类工资款项、定义款项公式、确定考勤款项、制定考勤指标及定义考勤款项公式、设置工资单和信用卡的输出格式等。

实验一 工资系统基础设置

在"基础设置"中，需要设置的内容有部门类型、部门名称、员工类型、工资款项、款项之间的计算关系、考勤指标、考勤款项、考勤款项和考勤指标间的计算关系、等级工资设置、工资列表中的排序方法、工资表/单的打印格式、信用卡磁盘文件格式、配款单面额等等。

一、实验准备

收集单位信息、人员信息、包括工资款项和考勤指标各方面整理完毕。

二、实验目的及要求

通过对实验的操作练习，能够对工资款项及员工类型等薪资信息进行简单的设置；掌握工资信息管理软件的使用。

三、实验内容

◆ 根据实验资料，完成工资管理系统的初始化设置和基本设置。

四、实验平台

新中大公共财政管理教学软件

五、实验资料

为公安局的员工进行工资的发放；
单位代码：01 单位名称：公安局
部门代码：05；部门名称：公安局一队；属于"管理部门"的部门类型
职员名单：
0001 张虹　公安局一队　正式工；
0002 张云　公安局一队　正式工；
0003 柳尊　公安局一队　正式工；
0004 杨铁　公安局一队　临时工；
0005 李渔　公安局一队　正式工；

六、实验指导

（一）初始化设置（财政局统一操作）；

进入"支出管理"—"工资管理"；菜单"初始化设置"如图 5-1-1 所示。

1. 使用对象设置

选择"初始化设置"\"使用对象设置"，在弹出的对话框中选择使用对象"主管单位下属的预算单位使用"，如图 5-1-1 所示。

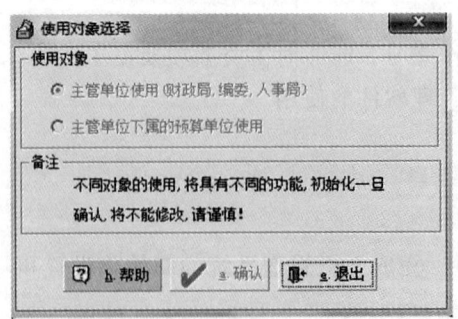

图 5-1-1　使用对象选择

2. 工资发放模式设置

选择"初始化设置"\"工资发放模式设置",在弹出的对话框中选择发放模式,可选择按月发放和一月多次发放两种,如图5-1-2所示。

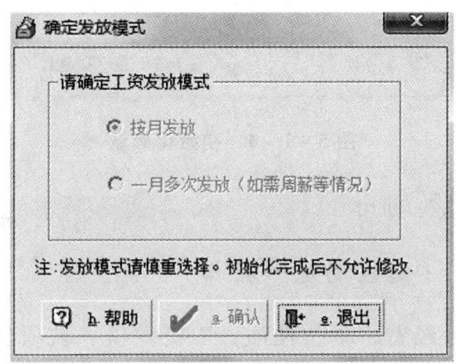

图5-1-2 发放模式

3. 启用审批流

选择"初始化设置"\"启用审批流",在弹出的对话框中选择审批流模式,并填入审批单位代码,此代码是接受审批单人员所在单位,如下图5-1-3所示。

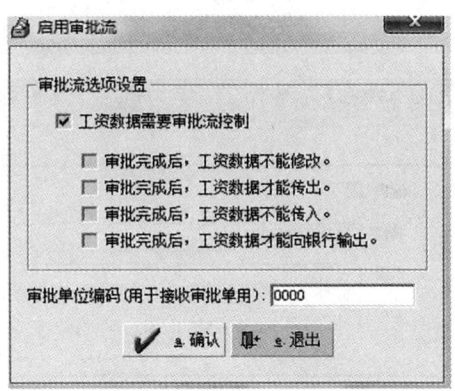

图5-1-3 启用审批流

4. 初始化确认

选择"初始化设置"\"初始化确认",在弹出的对话框中选择起始的月份,如图5-1-4所示。

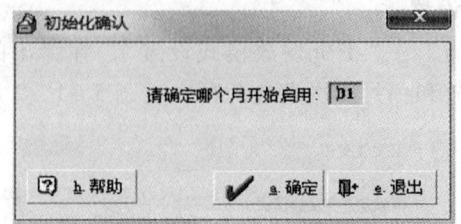

图 5-1-4 初始化确认

选好后单击"确认"即可。

(二) 基本设置（财政局统一操作）

由财政局统一设置经费、单位性质、工资款项、款项公式定义、打印格式、录入截止日期等等。

1. 经费设置

进入"基本设置"—"经费设置"，如图 5-1-5 所示，单击" 增加 "按钮，填写编号和三项经费。

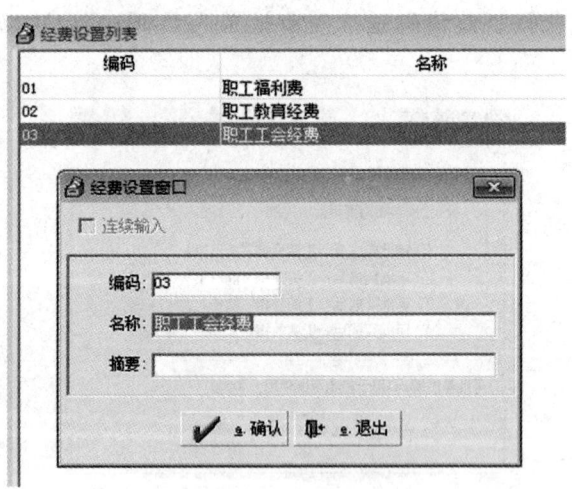

图 5-1-5 经费设置

2. 添加部门

进入"基本设置"—"部门设置"，如图 5-1-6 所示。单击"增加一行"——代码：05；部门名称：公安局一队；属于"管理部门"的部门类型。

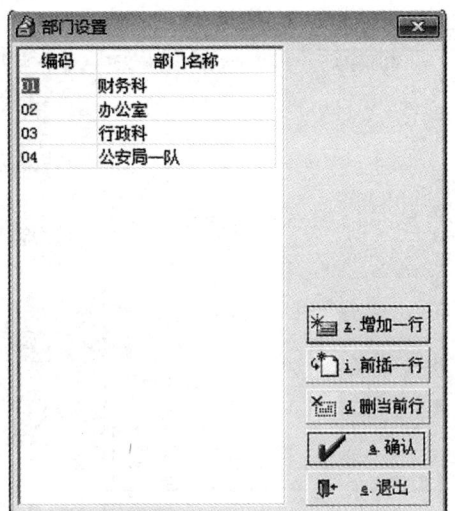

图 5-1-6　部门设置

3. 设置员工类型

进入"基本设置"—"人员性质设置",如图 5-1-7 所示。系统已自带有三种类型:正式工、临时工、退休工;如下图 5-1-7 所示;亦可单击"增加一行"按钮,进行新的类型的增加。

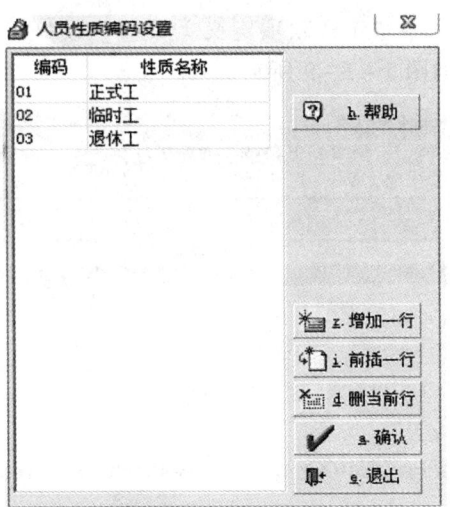

图 5-1-7　人员性质编码设置

4. 工资款项设置

单击"基本设置"-"工资款项"设置,直接在空位处输入工资款项,如图 5-1-8 所示。单击序号为 18 和 19 的空款项,新增款项名称为考勤 1 和考勤 2。

图 5-1-8　工资款项设置

5. 工资款项定义

单击"基本设置"→"工资款项定义"设置，设好工资款项就可以定义工资款项间的关系了，如图 5-1-9 所示。

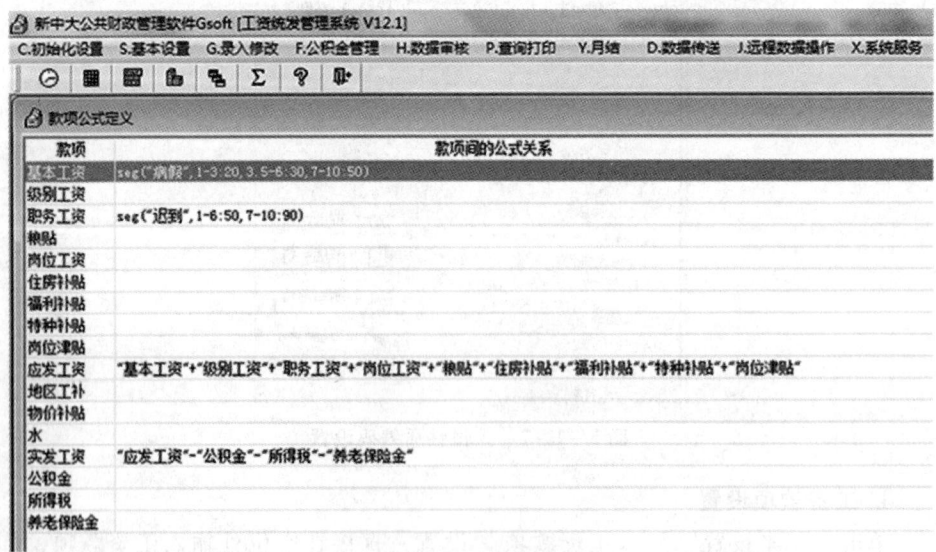

图 5-1-9　工资款项定义

在"工资款项定义"中设好公式就不用在"按人员和部门性质设置款型公式"中设置公式了。

6. 确定考勤款项

进入"基本设置"——"考勤设置"——"确定考勤款项",如图 5 – 1 – 10 所示。设定"考勤1"和"考勤2"为考勤项,直接双击"是否考勤款项"一栏相对应的款项名称,单击变为"是",而后单击"存入"完成保存工作;

图 5 – 1 – 10　确定考勤款项

7. 考勤指标设置

进入"基本设置"——"考勤设置"——"考勤指标设置",如图 5 – 1 – 11 所示,在此设置的为考勤的内容,指标名称;增加一项"迟到",而后"确认"即可。

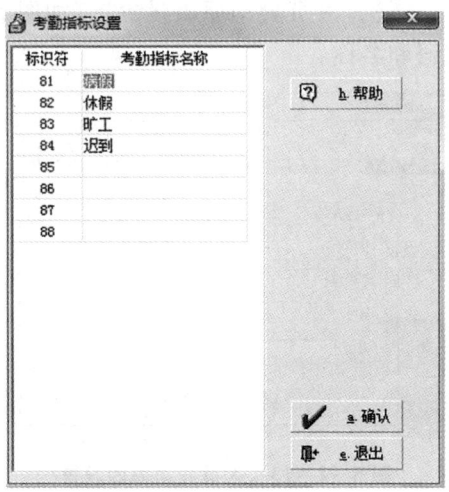

图 5 – 1 – 11　考勤指标设置

8. 考勤款项公式定义

进入"基本设置"——"考勤设置"——"考勤款项公式定义",如图 5 – 1 – 12 双击"考勤款项"对应的"公式"列,进入"考勤款项计算公式"窗口。

例如:考勤 1 = seg("病假",1 – 3:10,3.5 – 8:50);

考勤 2 = seg("迟到",0 – 20:10,21 – 30:50,30 – 60:100)。

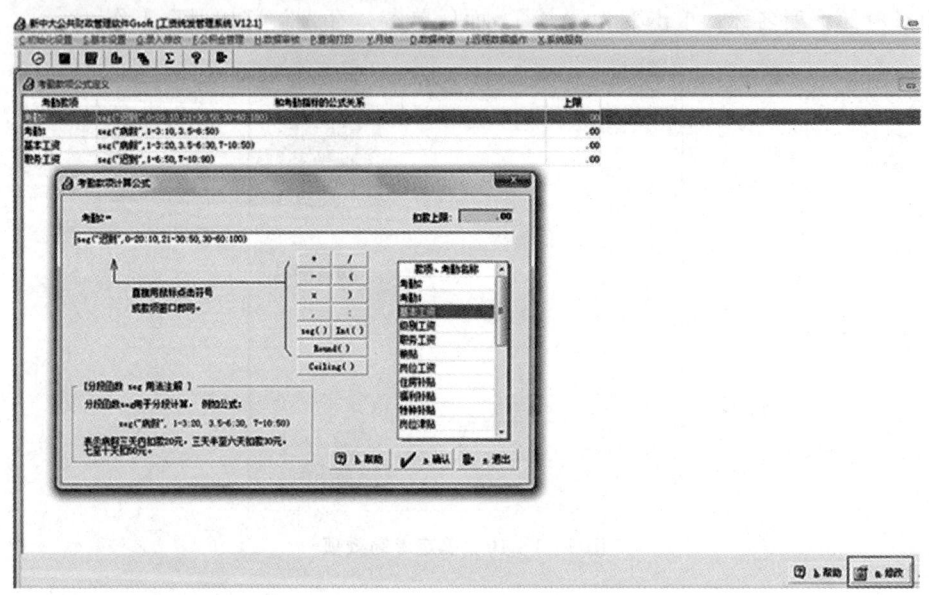

图 5 – 1 – 12 考勤款项公式定义

9. 人员异动原因设置

进入"基本设置"——"人员异动原因设置",如图 5 – 1 – 13 所示,单击"增加"按钮,输入代码和名称。

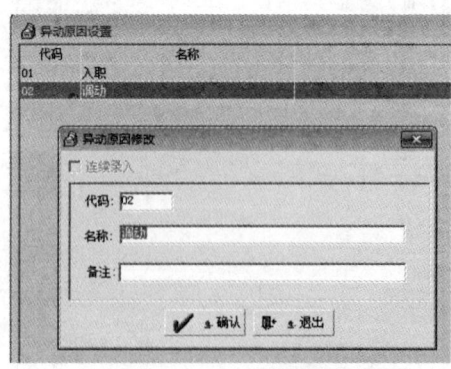

图 5 – 1 – 13 人员异动原因设置

实验二　工资系统日常业务

本章节将主要练习有关人事工资业务处理的部分内容，包括对员工名单及工资款项的录入、修改和管理。

一、实验准备

工资系统初始设置完毕之后，包括单位信息、人员信息、工资款项及款项公式等设置完毕。

二、实验目的及要求

通过对实验的操作练习，了解新中大工资统发管理系统的日常业务处理模式，掌握新中大工资管理系统软件操作方式。

三、实验内容

◆ 根据实验资料，完成工资管理系统的日常业务操作。

系统实现

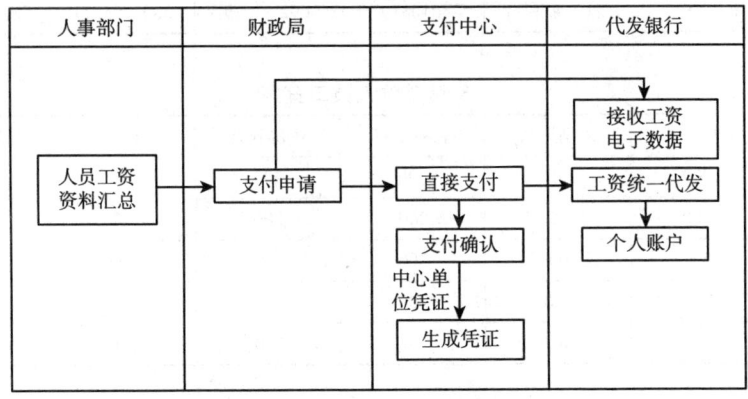

图 5-2-1

流程关键节点注释：

1. 人事部门汇总审核各单位人员编制、工资标准等资料数据并提交财政局。
2. 财政局根据核定的工资数据信息，向国库支付中心发出支付申请，并将工资单的电子数据传送至代发银行。

3. 国库支付中心将工资款项划走支付流程转至代发银行。

四、实验平台

新中大公共财政管理教学软件

五、实验资料

表 5-2-1　　　　　　　　实验单位信息

单位编码	单位名称	是否末级	代发银行	银行账号
12	公安局	否		
1200	公安局（本级）	否		
120001	公安局（本部）	是	工商银行	123456789

表 5-2-2　　　　　　　　实验人员信息

姓名	人员性质	所属经费代码	身份证号码	性别	进单位日期	人员变动原因
张虹	正式工	01 职工福利费	330100198506020032	女	2005.04.03	入职
张云	正式工	01 职工福利费	330103198006200036	男	2003.09.05	入职
柳尊	正式工	01 职工福利费	330105197804280091	男	2002.09.25	调动
杨铁	临时工	01 职工福利费	360104178806280078	男	2009.01.01	入职
李渔	正式工	01 职工福利费	340103197506280092	男	2001.05.11	入职

表 5-2-3　　　　　　　　实验单位人员工资

姓名	基本工资	级别工资	职务工资	住房补贴	福利补贴	岗位津贴
张虹	1000	1000	300	200	100	200
张云	1000	1200	200	200	100	
柳尊	1000	1000	200	200	100	
杨铁	1000	800	200			50
李渔	1000	1000	200	200	100	250

六、实验指导

1. 单位资料录入

进入"录入修改"-"单位资料修改"单击"增加"按钮。

按照编码规则的要求输入自己单位的代码、名称等等信息，单击"保存"即可，如图 5-2-2 所示。

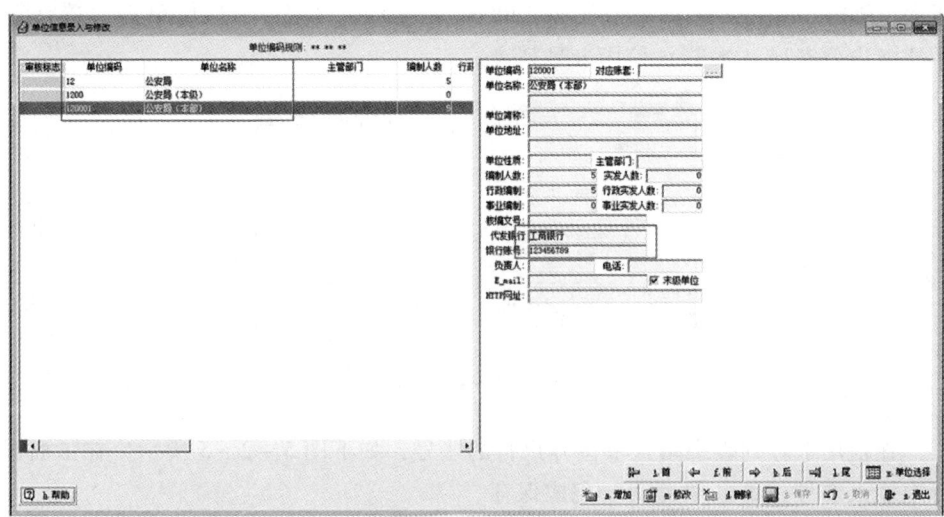

图 5-2-2　单位信息录入

2. 人员资料录入

进入"录入修改"→"人员资料录入"界面后单击下方的"增加"按钮在信息窗口中填上姓名、人员性质、所属编制、部门、所属经费代码、性别、进本单位日期、人员变动原因等等信息，填好后单击"保存"即可，如图 5-2-3 所示。

详细人员资料见实验资料。

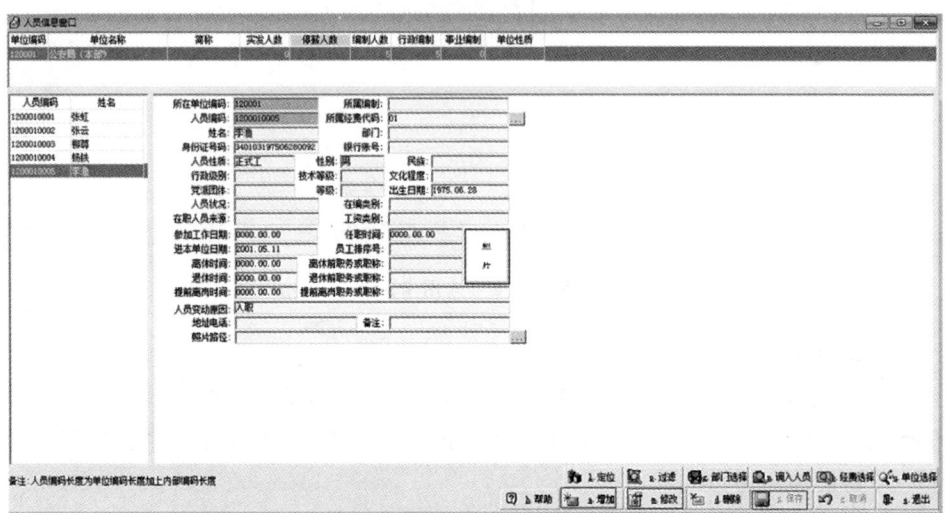

图 5-2-3　人员信息录入

3. 工资信息录入

进入"录入修改"→"录入人员银行账号",系统弹出范围窗口,如图 5-2-4 所示,单击" ... "选择单位代码 120001 公安局(本部),然后单击"确认",系统弹出公安局(本部)信用卡号列表。

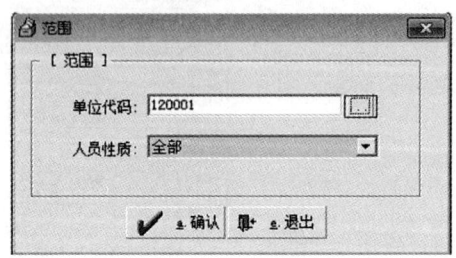

图 5-2-4 范围

在信用卡号列表中填入单位开户行的账号,如下图 5-2-5 所示,在工商银行中输入卡号,单击"确认"完成保存。

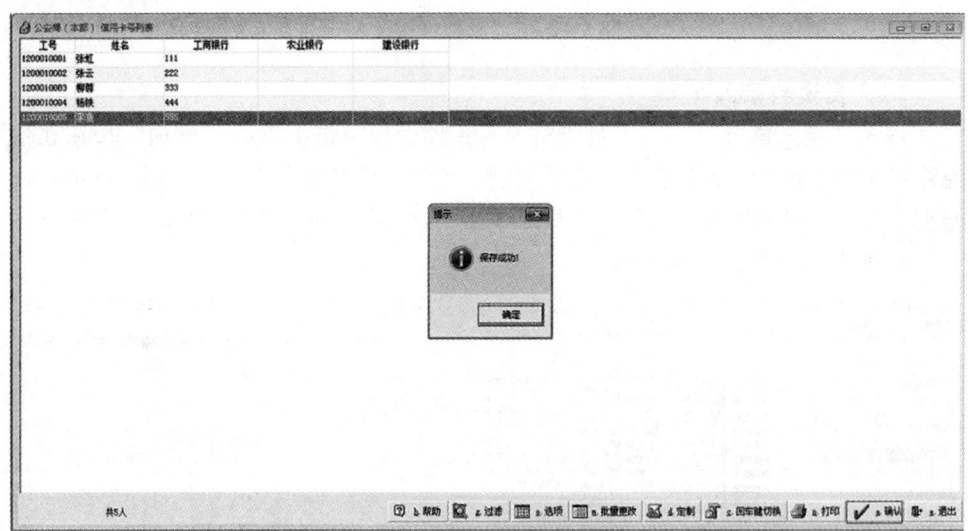

图 5-2-5 信用卡列表

4. 考勤录入

进入"录入修改"—"考勤录入",系统弹出"单位选择"窗口,如图 5-2-6 所示,选中 120001 公安局(本部),然后单击"确认",系统弹出"公安局(本部)考勤录入"窗口。

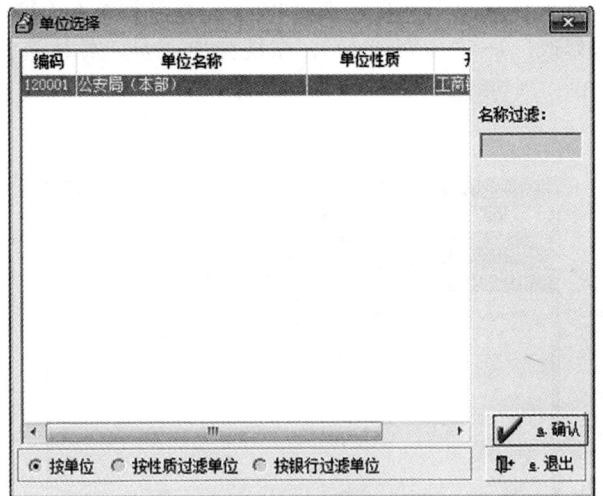

图 5-2-6 单位选择

录入员工的考勤情况：张虹病假 2 天；张云休假 1 天，迟到 25 分钟；单击"确认"完成考勤保存并退出，如图 5-2-7 所示。

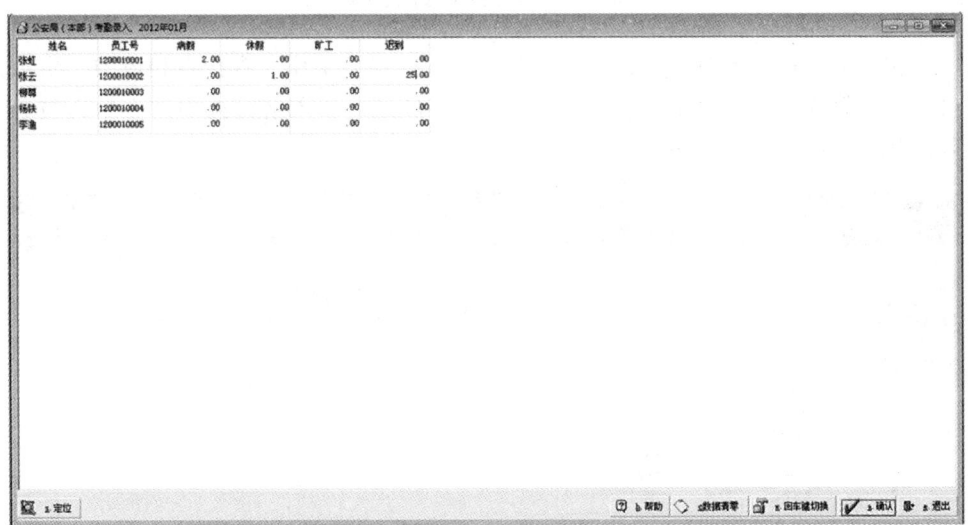

图 5-2-7 考勤录入

5. 工资数据录入

系统提供几种录入数据的方式：按员工逐页录入（按部门逐页录入、按员工类型逐页录入）、按款项连续录入。（直接连续录入、按部门连续录入、按员工类型连续录入）

在此以"按款项连续录入—直接连续录入"为例来录入工资:

进入"录入修改"—"工资录入",系统弹出"员工性质选择"窗口,如图 5-2-8 所示,单击" 全选"按钮,然后单击"确认",系统弹出"人员工资录入"窗口。

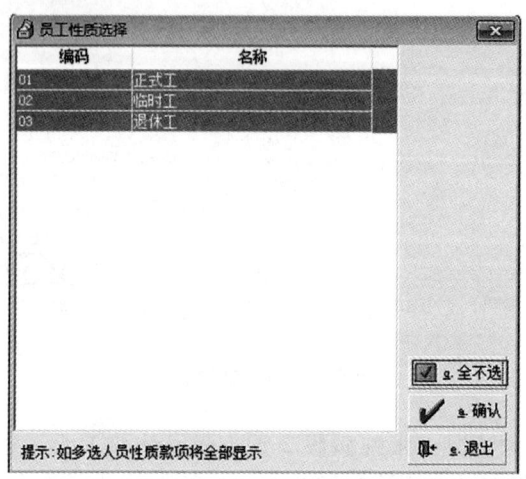

图 5-2-8 员工性质选择

在人员工资录入窗口中,按照实验资料进行录入工作。直接在相应的工资款项中录入数据,然后单击"保存",下一个人员工资录入前需选中左上角人员姓名,其他操作一致,如图 5-2-9 所示。

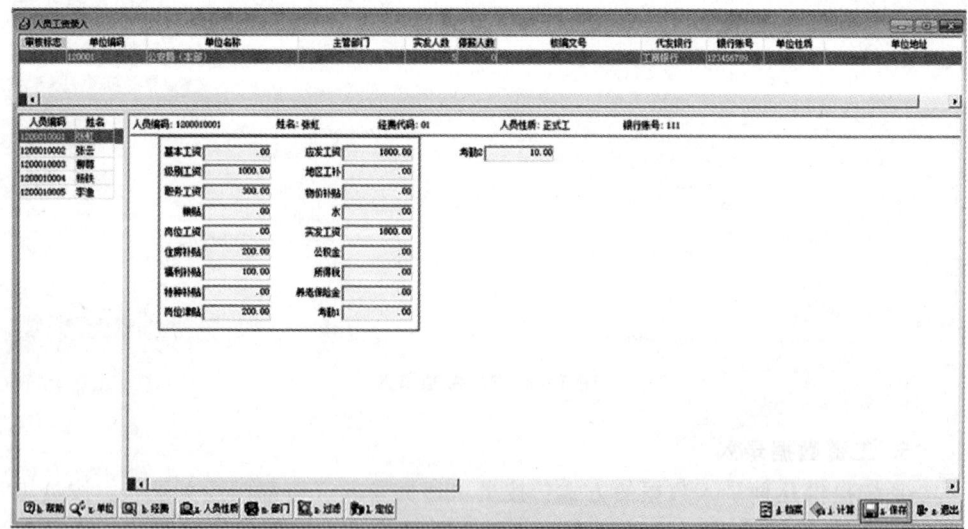

图 5-2-9 人员工资录入

6. 集中计算

进入"录入修改"—"集中计算"如下图 5-2-10 所示。

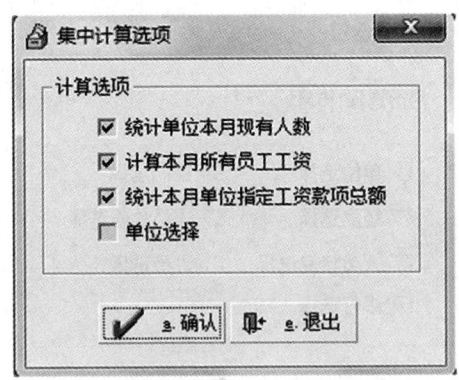

图 5-2-10 集中计算

单击"确认"即可计算；而后到工资列表中可查询当月工资。

7. 工资月结

"月结"是为了结清本月数据，将系统切换至下一个月。在月结过程中本系统主要做以下 3 项工作：

（1）自动将本月的员工信息、工资款项结构、工资金额数据等复制给下一个月，形成下一月份的数据。

（2）生成转账凭证。

（3）如果本月为 12 月份，那么月结后将自动生成下一年的数据库，并将当前月份指为 1，以后的操作都将对下一年进行。

进入"Y. 月结"—"1. 月结"，系统弹出"数据备份"窗口，单击"不备份"，系统弹出"提示"窗口，因为上步操作已经完成了集中计算步骤，所以此处单击"否"，系统弹出新的"提示"窗口，如图 5-2-11 所示，单击"是"，系统自动计算直至弹出"已完成月结！"，最后单击"确定"退出。

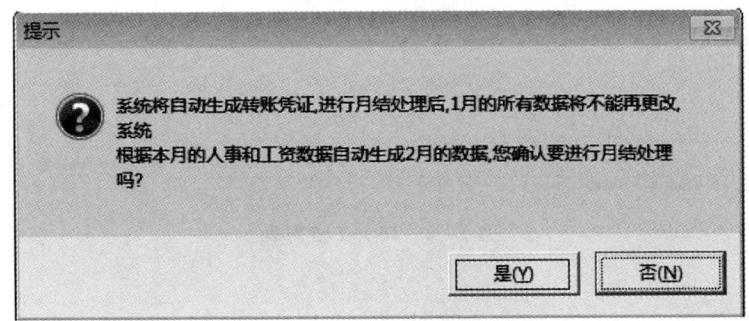

图 5-2-11 月结提示窗口

8. 员工工资列表查询

进入"查询打印"—"工资明细表",如图 5-2-12 所示。

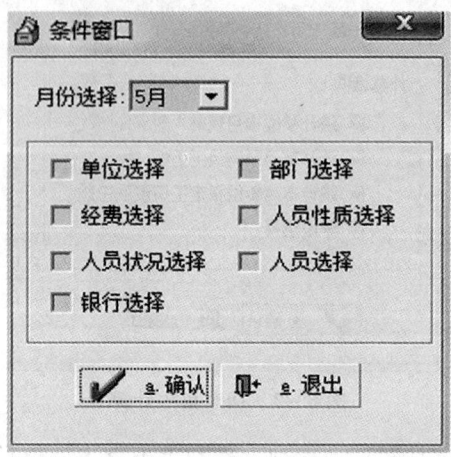

图 5-2-12 条件筛选窗口

选择相应的查询范围,单击"确认"便可查询,如图 5-2-13 所示。

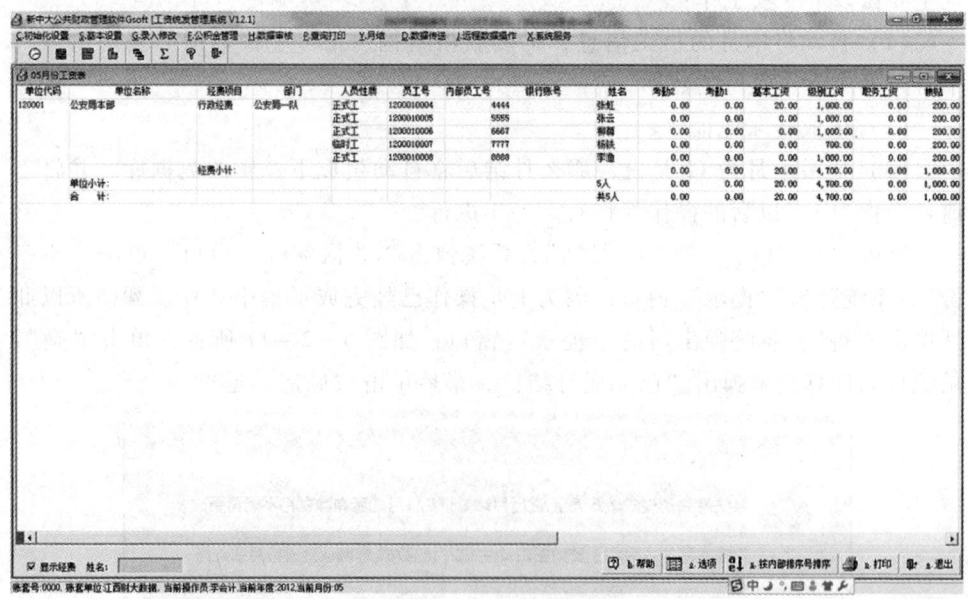

图 5-2-13 工资列表

第六章　资产管理系统

改革国有资产管理体制是党的十六大确定的深化经济体制改革的一项重大任务。为贯彻党的十六大和十六届二中全会精神，国务院成立了国有资产监督管理委员会，第一次在国务院机构设置上实现了政府公共管理职能和国有资产出资人职能的分开，实现了权利、义务和责任相统一，管资产和管人、管事相结合，标志着我国国有资产管理体制改革进入了一个新的阶段。

实验　国有资产管理

"资产管理系统"为用户提供资产管理所需要的各种功能，如建立资产卡片、输入并记录资产变动情况、生成所需的各种类型的账表。此外，在资产进行增减变动之后，都能根据需要生成自动转账凭证，实现了资产系统与核算系统之间的无缝链接。主要功能包括：资产卡片管理、资产变动管理、闲置资产处理、资产集中管理、资产报表。

一、实验准备

资产管理系统在进行日常业务管理前，要求就资产分类、属性格式、卡片格式、业务、单位和部门等基础数据进行整理规划，只有当这些基础数据整理并定义后，系统才能真正地管理到资产的日常业务的方方面面。

二、实验目的及要求

通过对实验的操作，完成新增资产业务处理、资产调拨业务处理、资产变动业务处理、闲置资产管理、资产清查等资产管理操作。

三、实验内容

◆ 根据实验资料,模拟新增资产业务处理、资产调拨业务处理、资产变动。
◆ 业务处理、闲置资产管理、资产清查等资产管理操作。

系统实现

1. 新增资产

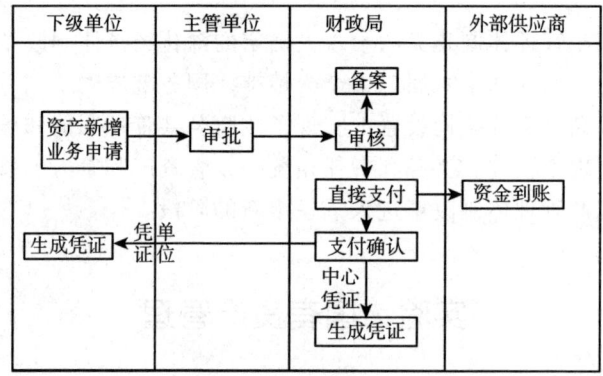

图 6-1

流程关键节点注释:
(1) 下级单位向主管单位对本单位资产购买业务类型申请。
(2) 主管单位汇总各下级单位资产情况向财政局提出相应资产业务类型申请。
(3) 财政局国资科及领导对资产新增审核。
(4) 国库支付中心将资产新购纳入政府采购并走直接支付流程。

2. 资产调拨

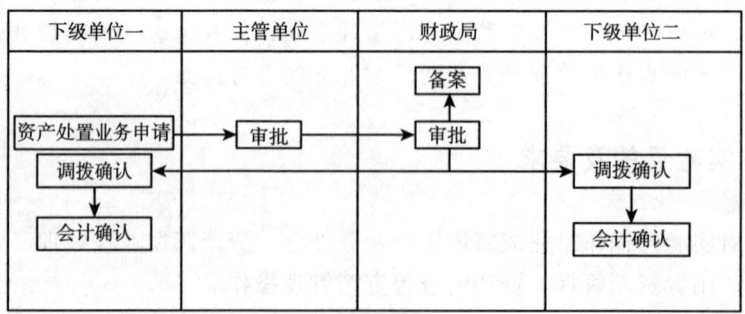

图 6-2

流程关键节点注释：

（1）下级单位向主管单位对本单位资产调拨业务类型申请。

（2）主管单位汇总各下级单位资产情况向财政局提出相应资产调拨申请。

（3）财政局国资科及领导对资产调拨审批。

（4）下级单位在进行资产变动调拨确认后会计再进行会计确认。

3. 资产处置

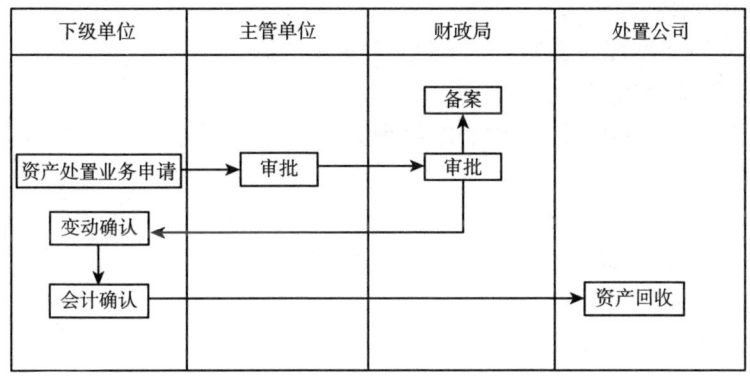

图 6-3

流程关键节点注释：

（1）下级单位向主管单位对本单位资产处置业务类型申请。

（2）主管单位汇总各下级单位资产情况向财政局提出相应资产处置申请。

（3）财政局国资科及领导对资产处置审批。

（4）下级单位在进行资产变动处置确认后会计再进行会计确认。

四、实验平台

新中大公共财政管理教学软件

五、实验资料

以下是两笔资产新购业务信息，作为实验课程练习备用：

1. 公安局（本部）新建公安局办公综合楼一栋用于行政办公。

  部门：核算中心；

  国标码：023000 办公用房；

  单价：5000000；

原始金额：5000000；

当前金额：5000000；

资产性质：国有；

资产状态：在用；

资产来源：自建；

资金来源：预算内资金

使用年限：50年；

2. 公安局（本部）新购一批DELL笔记本电脑。

部门：核算中心；

国标码：711199其他数字电子计算机；

数量：5台；

单价：6000；

原始金额：30000；

当前金额：30000；

资产性质：国有；

资产状态：在用；

资产来源：新购；

资金来源：预算内资金

使用年限：5年；

3. 将公安局（本部）笔记本电脑代码为"1110010013030006"调拨给经办机构（本部）使用。

4. 将公安局（本部）笔记本电脑代码为"1110010013030002"的电脑报废处理。

5. 将公安局（本部）笔记本电脑代码为"1110010013030005"的电脑闲置处理，被经办机构（本部）选中。

6. 盘点公安局（本部）所有资产。

六、实验指导

（一）资产初始化确认操作

1. 首先以gkk001王主管的身份登录系统后，进入新中大公共财政管理软件Gsoft［公共财政工作管理平台］，选择"系统菜单"→"资产管理"→"资产管理"进入软件的资产管理系统。

2. 选择"初始设置"菜单→"选项设置"→"资产库设置"，出现如图6-4所示的资产管理系统设置窗口。

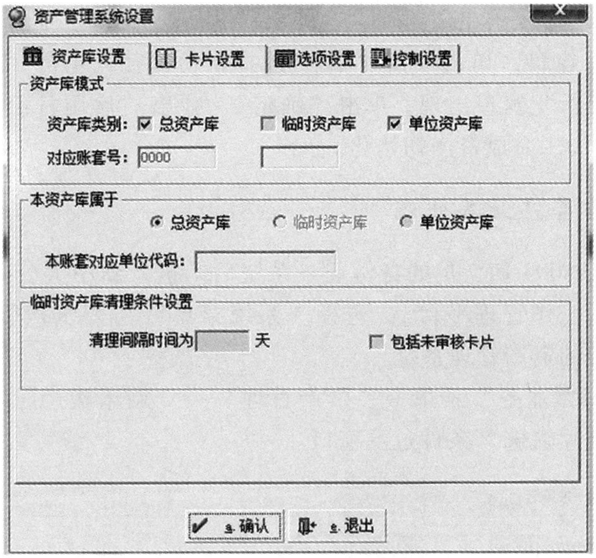

图 6-4 资产选项设置

选择过程：勾选总资产和单位资产库 ☑单位资产库，选择资产库属性：总资产库，填写本账套对应单位代码：0000（教师账套填写0000，学生账套填写自己对应账套。），然后单击"确认"完成选项设置。

3. 选择"初始设置"菜单→"选项设置"→"初始完成确认"，出现如图 6-5 所示的初始化完成确认窗口。

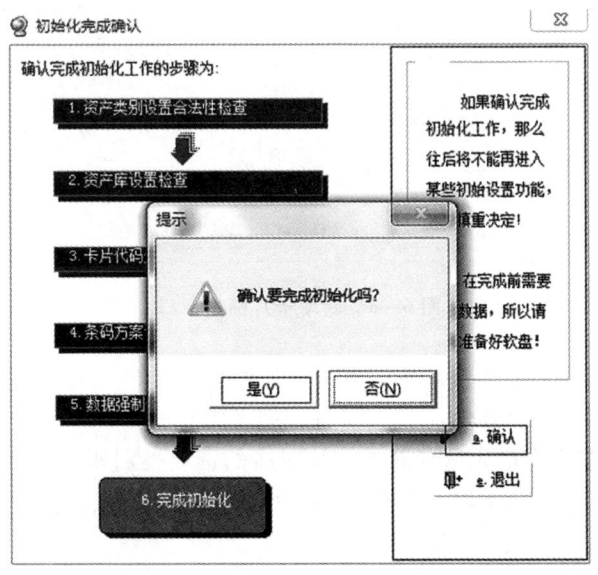

图 6-5 初始化完成确认窗口

初始化确认过程：单击"确认"，弹出"提示"窗口，单击"是"，在弹出的"数据备份"窗口，单击按钮"🔍"选择备份路径，单击"确认"，等待已完成备份的"提示"窗口出现，单击"确定"，弹出"启用月份"窗口选择"1月"，单击"确认"完成资产初始化。

（二）新增资产业务处理

1. 首先以 gkk004 何文员的身份登录系统后，进入新中大公共财政管理软件 Gsoft [公共财政工作管理平台]，选择"系统菜单"→"资产管理"→"资产管理"进入软件的资产管理系统。

2. 选择"日常业务"菜单→"资产管理"→"新增资产"，出现如图6-6所示的"新增卡片筛选"条件过滤窗口。

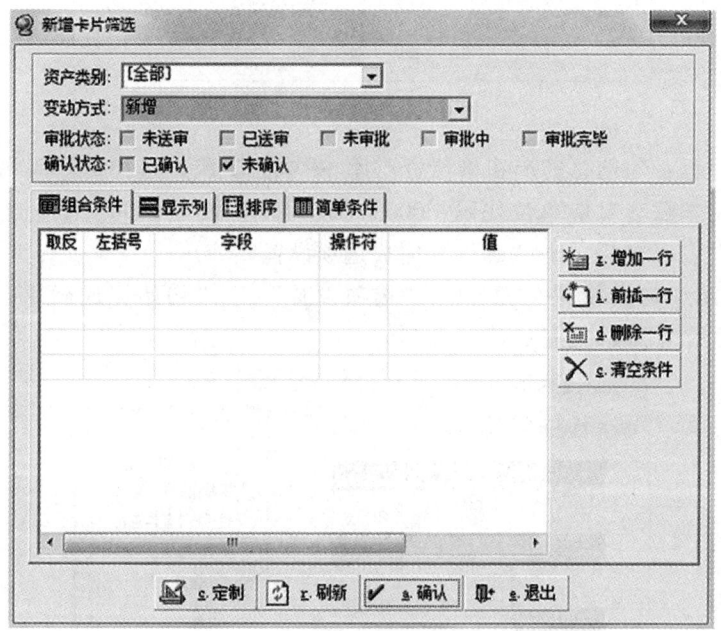

图6-6 新增卡片筛选窗口

在图6-6进行条件筛选后，单击"确认"按钮（也可以直接单击"确认"），进入新增卡片操作的主界面窗口，如下图6-7所示。

在图6-7左边窗口先选择新增卡片对应的资产类别如 101 办公业务用房 ，然后单击右边窗口的"增加"按钮，出现如下图6-8所示的窗口。

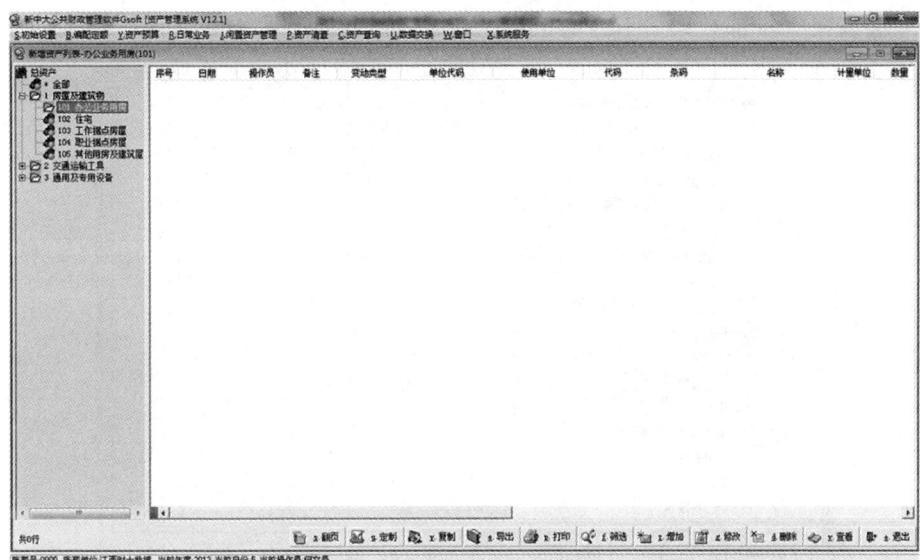

图 6-7 新增卡片操作

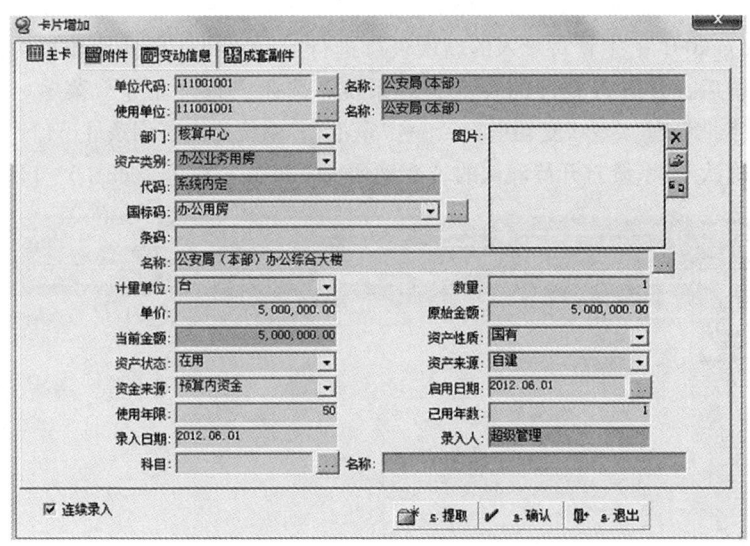

图 6-8 卡片新增界面

公安局办公综合楼录入过程中选择：单位代码：111001001 公安局（本部）；部门：核算中心；国标码：02300 办公用房；名称：公安局（本部）办公综合楼；计量单位：栋；数量：1；单价：5000000；原始金额：5000000；当前金额：5000000；资产性质：国有；资产状态：在用；资产来源：02 自建；资金来源：预算内资金；使用年限：50；最后单击"确认"保存退出。

公安局（本部）购置五台笔记本电脑录入过程同上，结果如下图6-9所示。

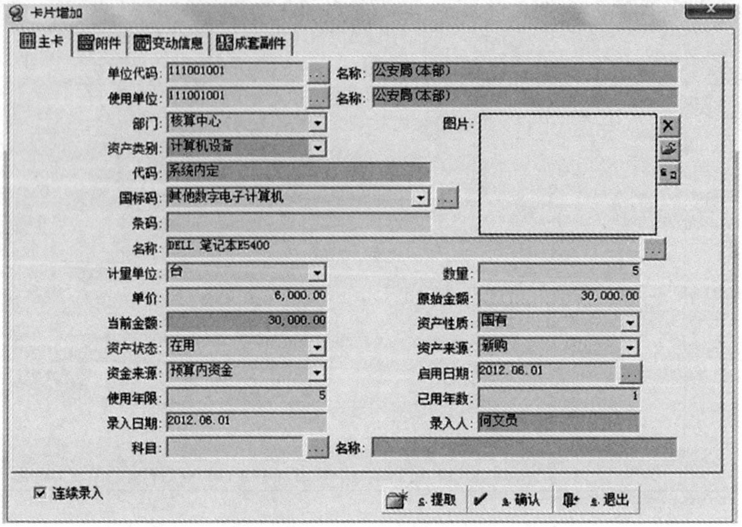

图6-9 新购笔记本界面

3. 由gkk001王主管对录入的新增资产进行变动审批。更换操作员为王主管身份登录系统后，并进入软件的资产管理系统。选择"日常业务"菜单→"审批管理"→"审批管理"→"变动审批"→"审批"，系统弹出查询条件窗口，选择条件后单击"确认"，系统打开待确认的"变动列表—审批"窗口，如图6-10所示。

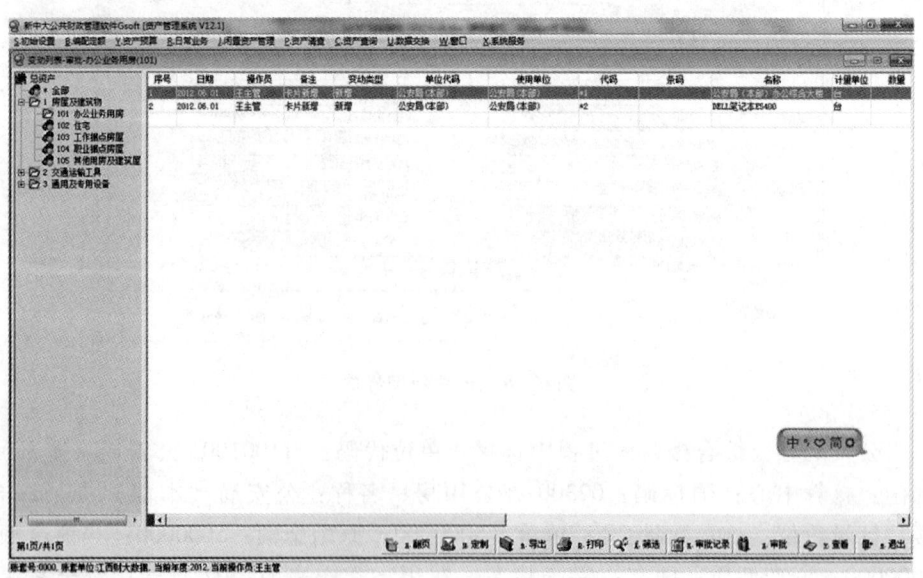

图6-10 变动列表—审批界面

在图 6-10 所示的界面选中需要变动确认的资产，单击"审批"，系统将自动弹出审批意见窗如图 6-11 所示，填写"审批意见"，单击"确认"，审批下一条记录。

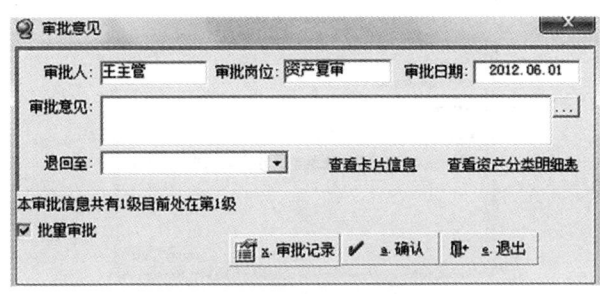

图 6-11 审批意见界面

4. 由 gkk002 任经办对录入的新增资产进行变动确认。更换操作员为任经办身份登录系统后，并进入软件的资产管理系统。选择"日常业务"菜单→"变动确认"，系统弹出条件筛选窗口，选择条件后单击"确认"，系统打开待确认的"变动列表"窗口，如图 6-12 所示。

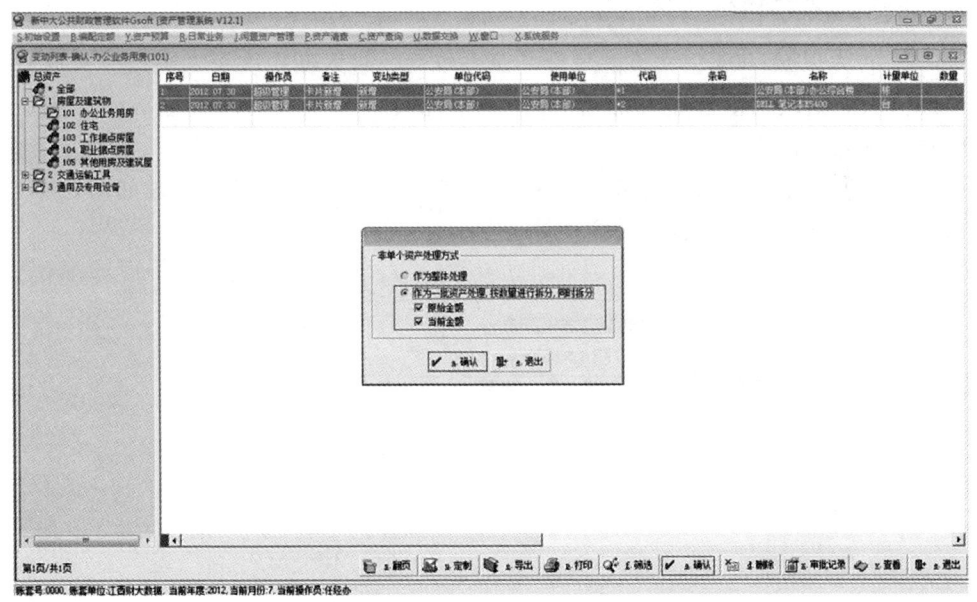

图 6-12 变动确认界面

在图 6-12 所示的界面选中需要变动确认的资产，单击"确认"，系统将自动弹出消息窗如图 6-13 所示，提示"处理成功"，单击"关闭"，确认下一条记录。

图 6－13　变动确认消息窗

（三）资产调拨处理

1. 首先以 gkk004 何文员的身份登录系统后，进入新中大公共财政管理软件 Gsoft［公共财政工作管理平台］，选择"系统菜单"→"资产管理"→"资产管理"进入软件的资产管理系统。

2. 选择"日常业务"菜单→"资产管理"→"资产调拨"，出现如图 6－14 所示的"查询窗口"条件过滤窗口。

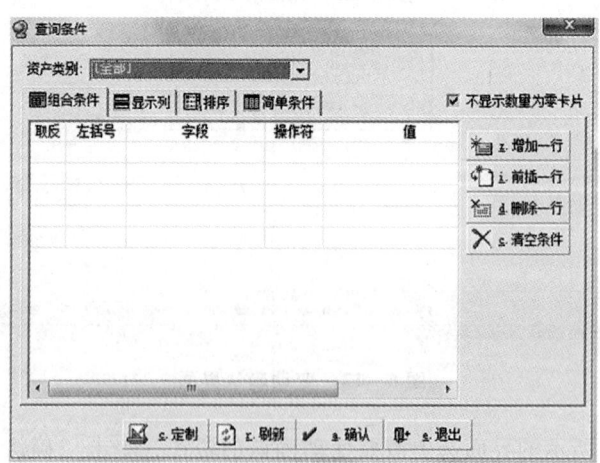

图 6－14　查询窗口

在图 6-14 所示的进行条件筛选后，单击"确认"按钮（也可以直接单击"确认"），进入资产调拨操作的主界面窗口，如下图 6-15 所示。

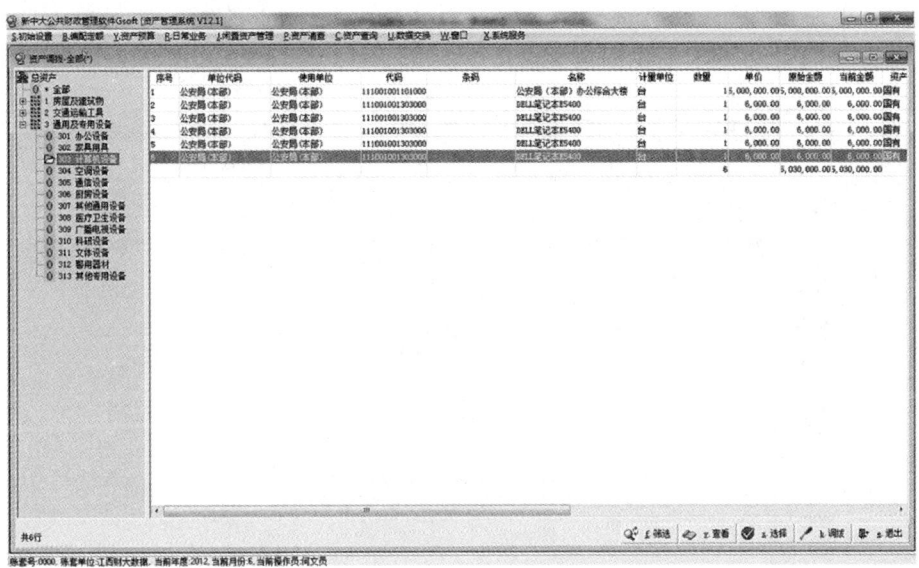

图 6-15　资产调拨窗口

选中需要调拨的资产卡片（如最后一条代码为 1110010013030006），单击"调拨"，弹出"卡片调拨批处理"，如下图 6-16 所示。

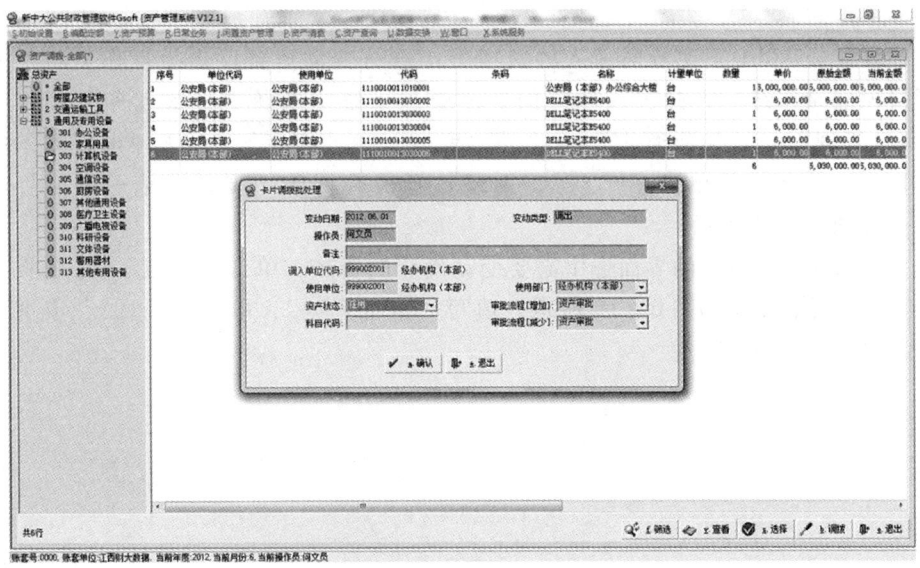

图 6-16　卡片调拨批处理

录入过程：选择调入单位代码：999002001 经办机构（本部）；使用单位：999002001 经办机构（本部）；使用部门：经办机构（本部）；资产状态：在用；审批流程（增加）：资产审批；审批流程（减少）：资产审批；然后单击"确认"，弹出下图 6-17 所示的消息窗口。

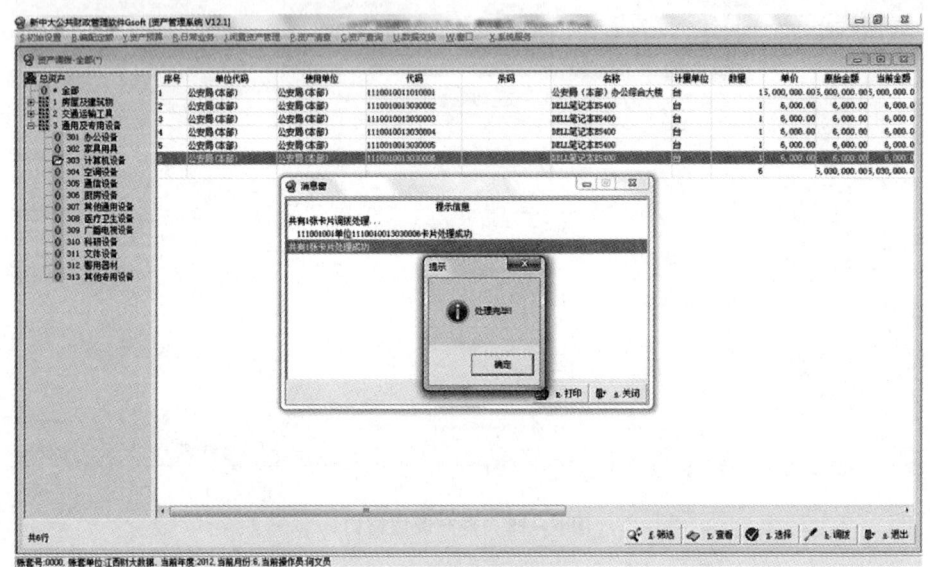

图 6-17　调拨消息窗

单击"确认"，关闭后退出。

3. 由 gkk001 王主管对录入的新增资产进行变动审批。更换操作员为王主管身份登录系统后，并进入软件的资产管理系统。选择"日常业务"菜单→"审批管理"→"审批管理"→"变动审批"→"审批"，系统弹出查询条件窗口，选择条件后单击"确认"，系统打开待确认的"变动列表—审批"窗口。如图 6-18 所示。

在图 6-18 所示的界面选中需要变动确认的资产，单击"审批"，系统将自动弹出审批意见窗如图 6-19 所示，填写"审批意见"，单击"确认"，审批下一条记录。

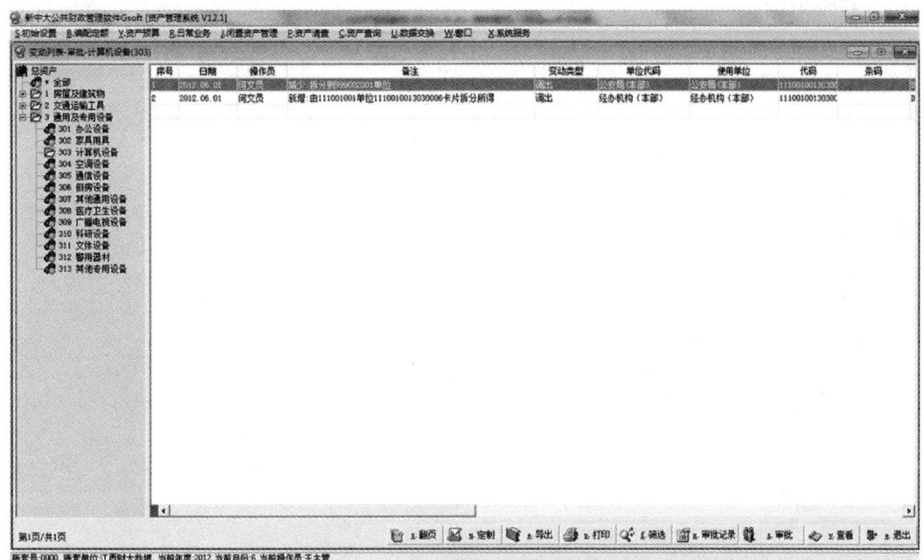

图 6-18 变动列表—审批界面

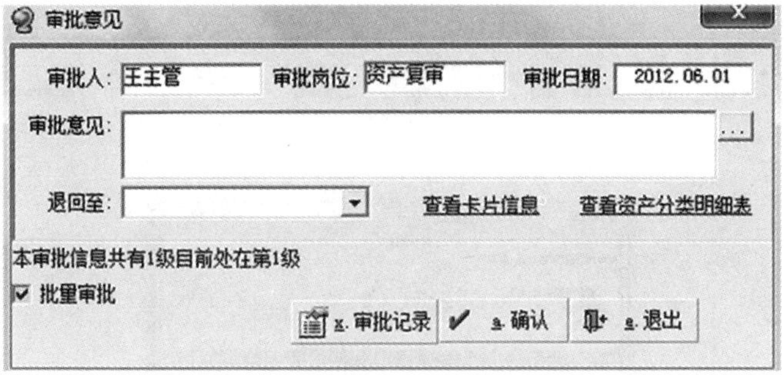

图 6-19 审批意见界面

4. 由 gkk002 任经办对录入的调拨资产进行变动确认。更换操作员为任经办身份登录系统后，并进入软件的资产管理系统。选择 "日常业务" 菜单→ "变动确认"，系统弹出条件筛选窗口，选择条件后单击 "确认"，系统打开待确认的 "变动列表" 窗口，如图6-20所示。

在图6-20所示的界面选中需要变动确认的资产，单击 "确认"，系统将自动弹出消息窗如图6-21所示，提示 "处理成功"，单击 "关闭"，确认下一条记录。

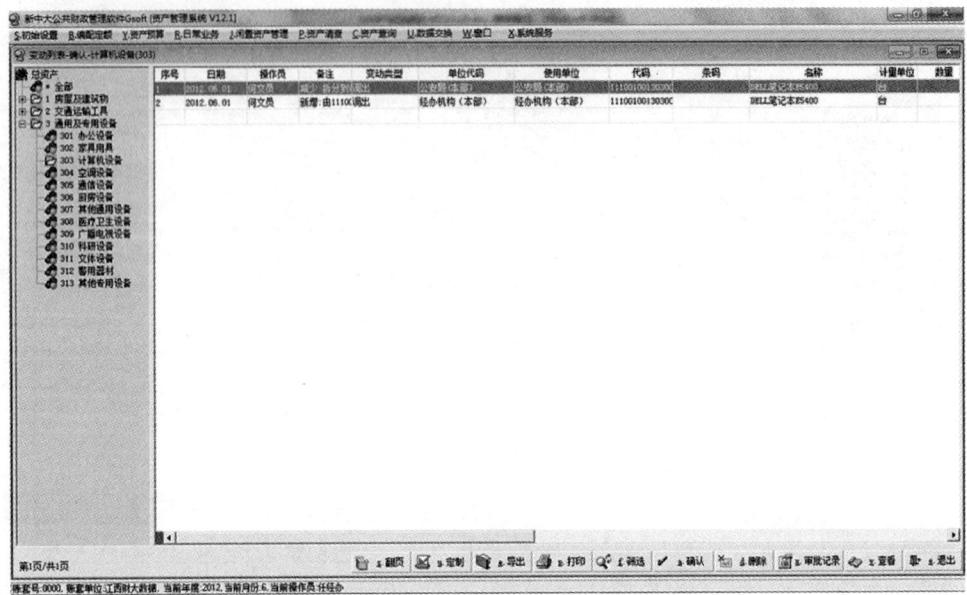

图6-20 变动确认界面

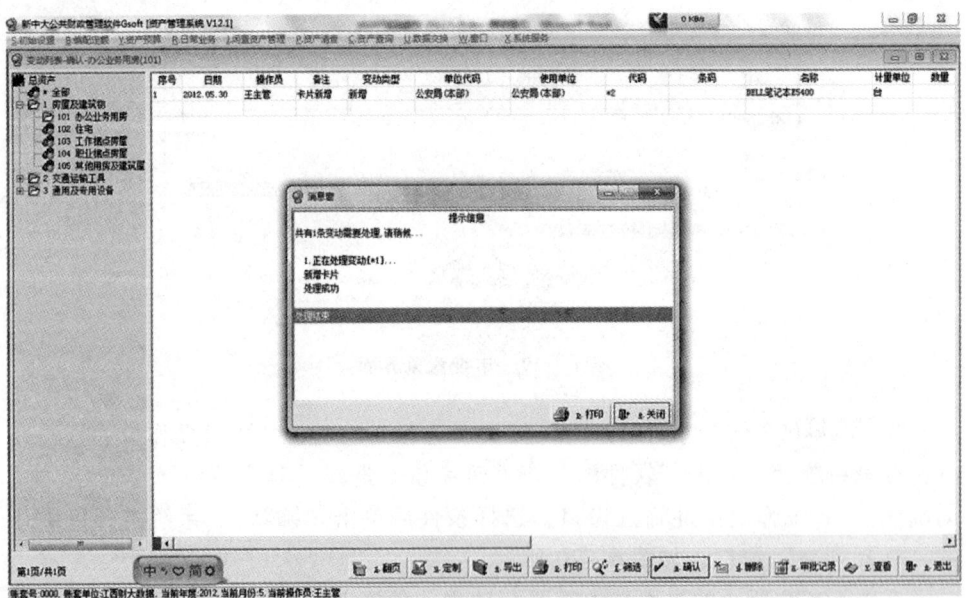

图6-21 变动确认消息窗

(四) 资产变动业务处理

1. 首先以gkk004何文员的身份登录系统后,进入新中大公共财政管理软件

Gsoft［公共财政工作管理平台］，选择"系统菜单"→"资产管理"→"资产管理"进入软件的资产管理系统。

2. 选择"日常业务"菜单→"资产管理"→"资产变动"，出现如图6－22所示的"查询窗口"条件过滤窗口：

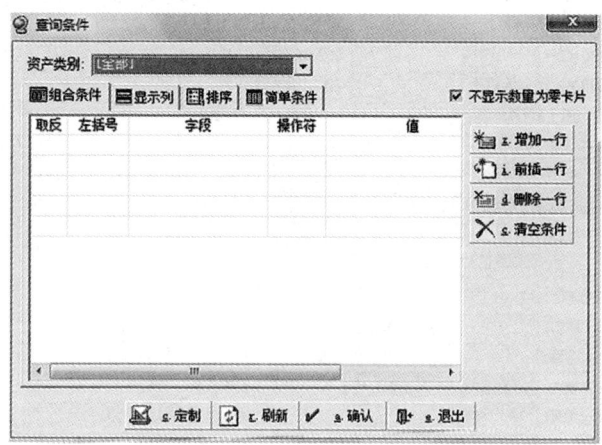

图6－22　查询窗口

在图6－22进行条件筛选后，单击"确认"按钮（也可以直接单击"确认"），进入资产列表主界面窗口，如下图6－23所示：

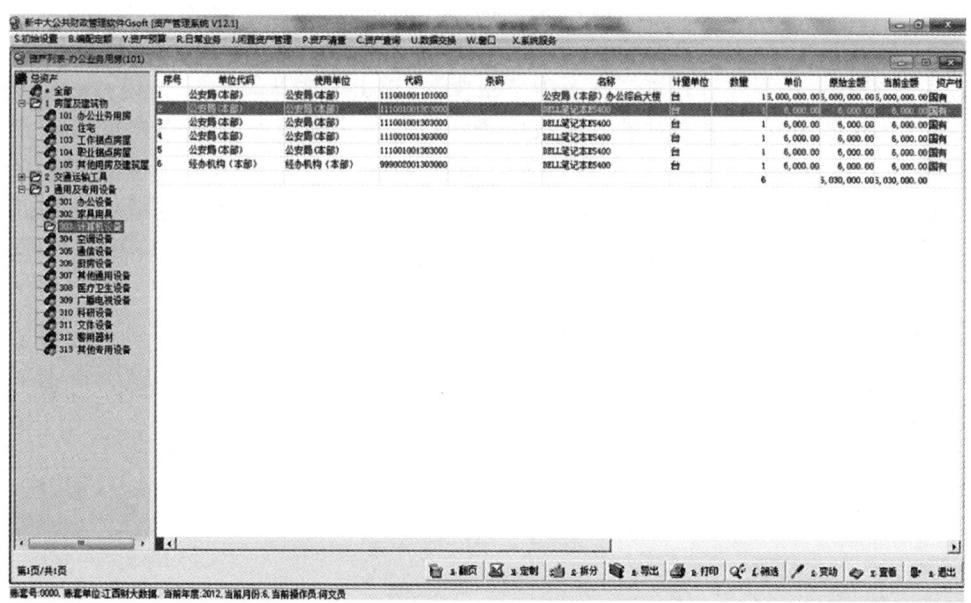

图6－23　资产列表窗口

选中需要报废的资产卡片（如第二条代码为1110010013030002），单击"变动"，弹出"变动类型选择"，选中"287 计算机设备报废"单击"确认"，在弹出的"卡片变动-计算机设备报废"，如下图6-24所示。

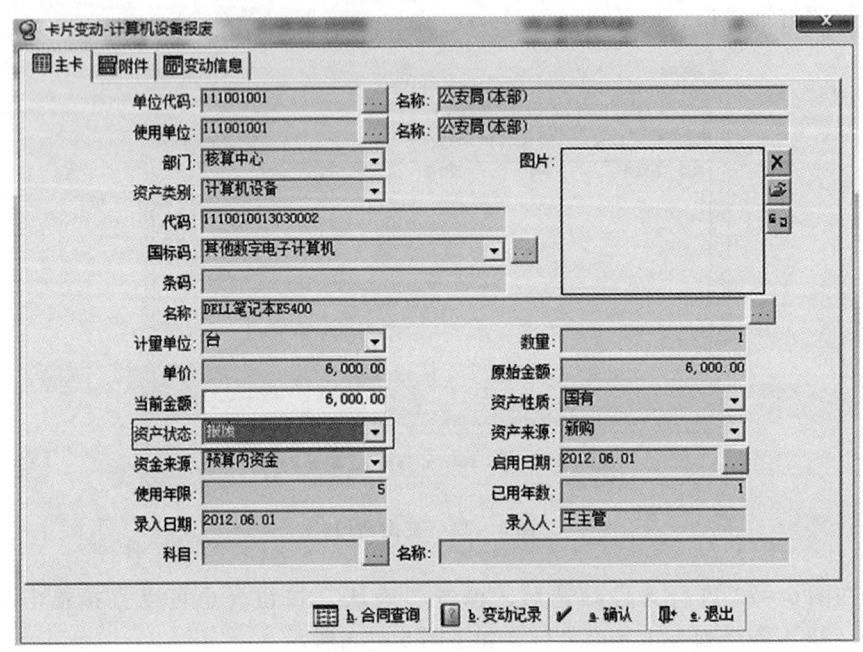

图6-24 变动类型选择

资产报废过程：选择资产状态为"报废"，单击"确认"。

3. 由gkk001王主管对录入的报废资产进行变动审批。更换操作员为王主管身份登录系统后，并进入软件的资产管理系统。选择"日常业务"菜单→"审批管理"→"审批管理"→"变动审批"→"审批"，系统弹出查询条件窗口，选择条件后单击"确认"，系统打开待确认的"变动列表—审批"窗口，如图6-25所示。

在图6-25所示的界面选中需要变动确认的资产，单击"审批"，系统将自动弹出审批意见窗如图6-26所示，填写"审批意见"，单击"确认"，审批下一条记录。

图 6 – 25　变动列表—审批界面

图 6 – 26　审批意见界面

4. 由 gkk002 任经办对录入的报废资产进行变动确认。更换操作员为任经办身份登录系统后,并进入软件的资产管理系统。选择"日常业务"菜单→"变动确认",系统弹出条件筛选窗口,选择条件后单击"确认",系统打开待确认的"变动列表"窗口,如图 6 – 27 所示。

在图 6 – 27 所示的界面选中需要变动确认的资产,单击"确认",系统将自动弹出消息窗如图 6 – 28 所示,提示"处理成功",单击"关闭",确认下一条记录。

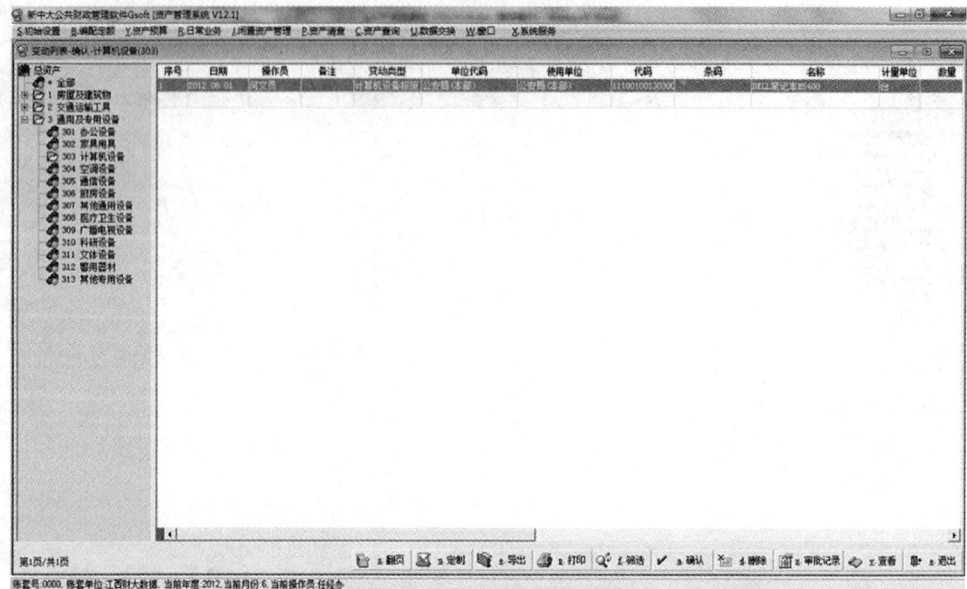

图 6-27 变动确认界面

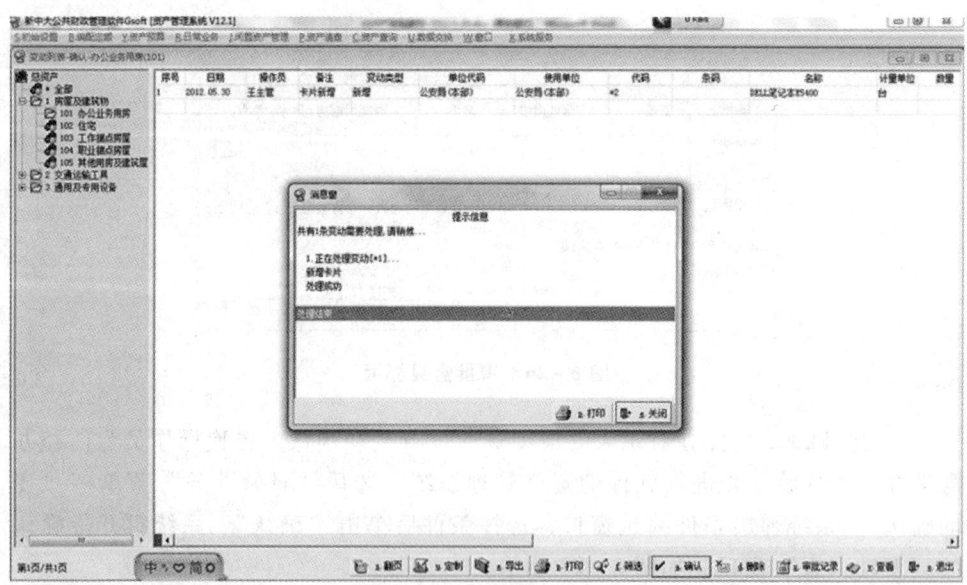

图 6-28 变动确认消息窗

(五) 闲置资产管理

1. 首先以 gkk004 何文员的身份登录系统后,进入新中大公共财政管理软件

Gsoft[公共财政工作管理平台],选择"系统菜单"→"资产管理"→"资产管理"进入软件的资产管理系统。

2. 选择"闲置资产管理"菜单→"提供方",出现如图6-29所示的"查询条件"过滤窗口。

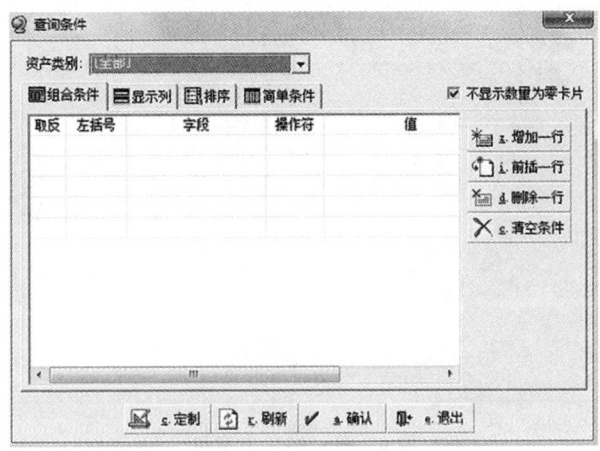

图6-29 查询窗口

在图6-29进行条件筛选后,单击"确认"按钮(也可以直接单击"确认"),进入"卡片列表"窗口,如下图6-30所示。

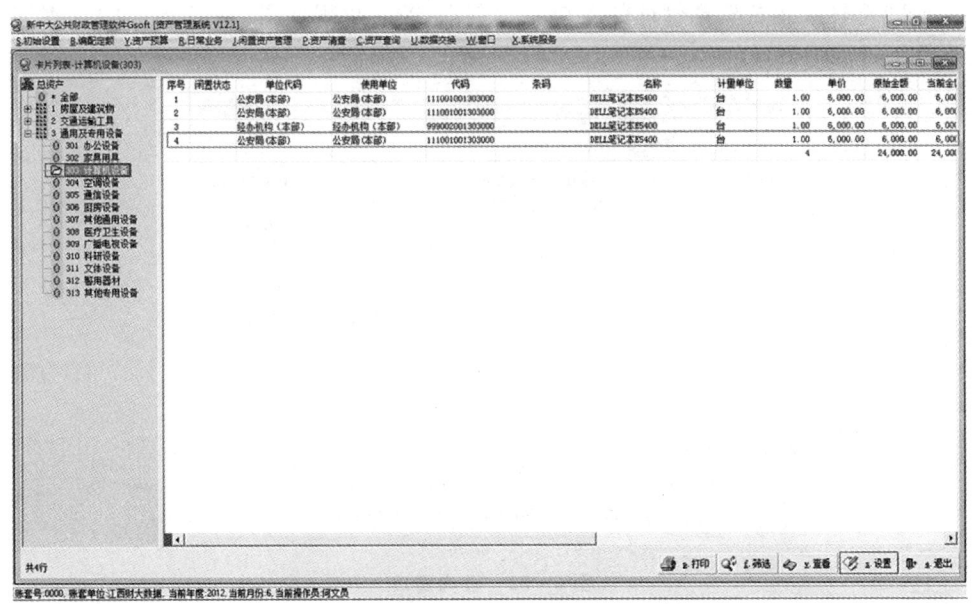

图6-30 卡片列表窗口

资产空闲设置：选中左侧资产分类"303 计算机设备"，再选中需要闲置的资产（如第一条代码为 1110010013030005）单击"设置"，选中"置为空闲"，弹出图 6-31 所示，填写"意见"，单击"确认"，弹出消息框，关闭退出。

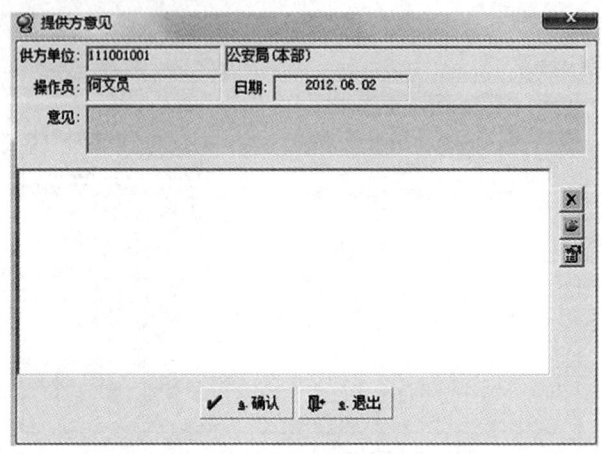

图 6-31　提供方意见

3. 以 gkk003 陈文员的身份登录系统后，进入新中大公共财政管理软件 Gsoft ［公共财政工作管理平台］，选择"系统菜单"→"资产管理"→"资产管理"进入软件的资产管理系统。

4. 选择"闲置资产管理"菜单→"需求方"，出现如图 6-32 所示的"查询条件"过滤窗口。

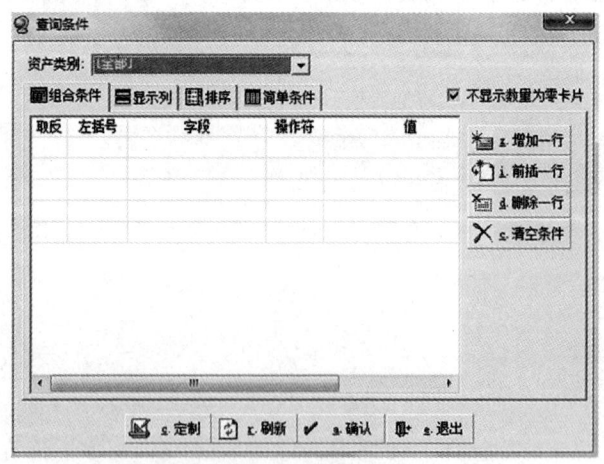

图 6-32　查询窗口

在图 6-32 进行条件筛选后，单击"确认"按钮（也可以直接单击"确认"），进入"卡片列表"窗口，如下图 6-33 所示。

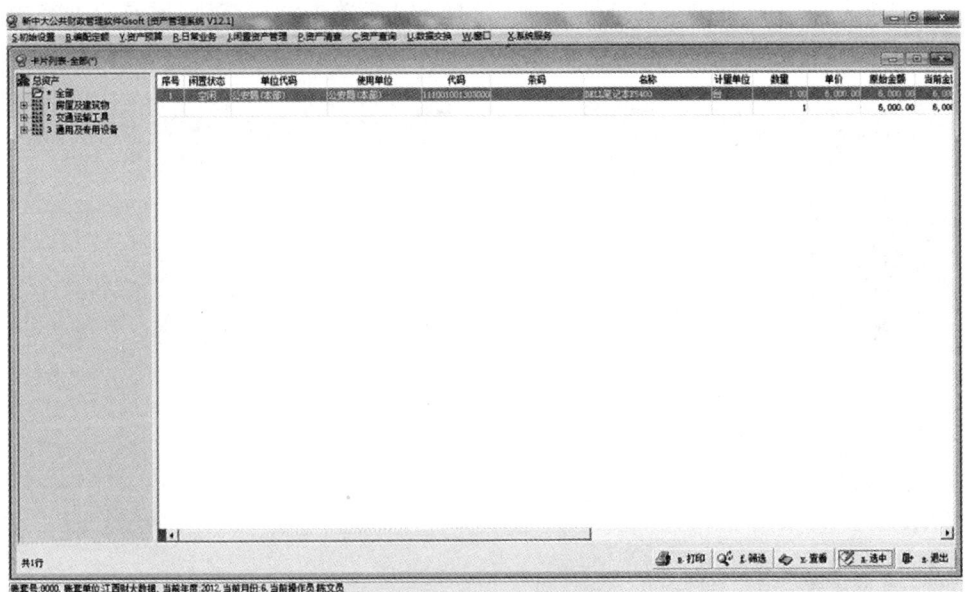

图 6-33　卡片列表窗口

资产需求设置：选中左侧资产分类"303 计算机设备"，再选中需求的空闲资产（如代码为 1110010013030005）单击"选中"，再选中"选中"，弹出图 6-34。选择需求单位：999002001 经办机构（本部），填写需求方"意见"，单击"确认"，弹出消息框，关闭退出。

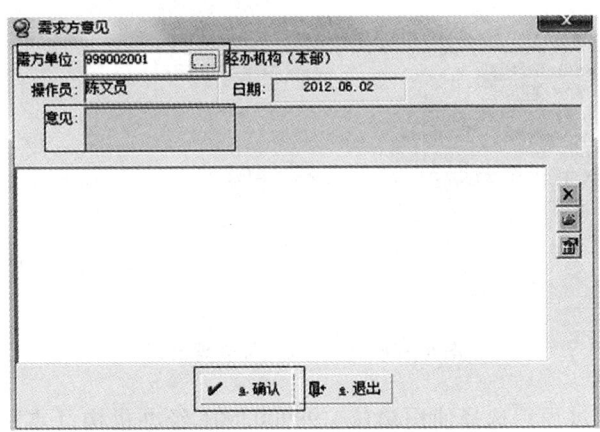

图 6-34　提供方意见

5. 由 gkk002 任经办对处置的闲置资产进行处置确认。更换操作员为任经办身份登录系统后,并进入软件的资产管理系统。选择"闲置资产管理"菜单→"处置确认",系统弹出查询条件窗口,选择条件后单击"确认",系统打开待确认的"卡片列表—全部"窗口,如图 6-35 所示。

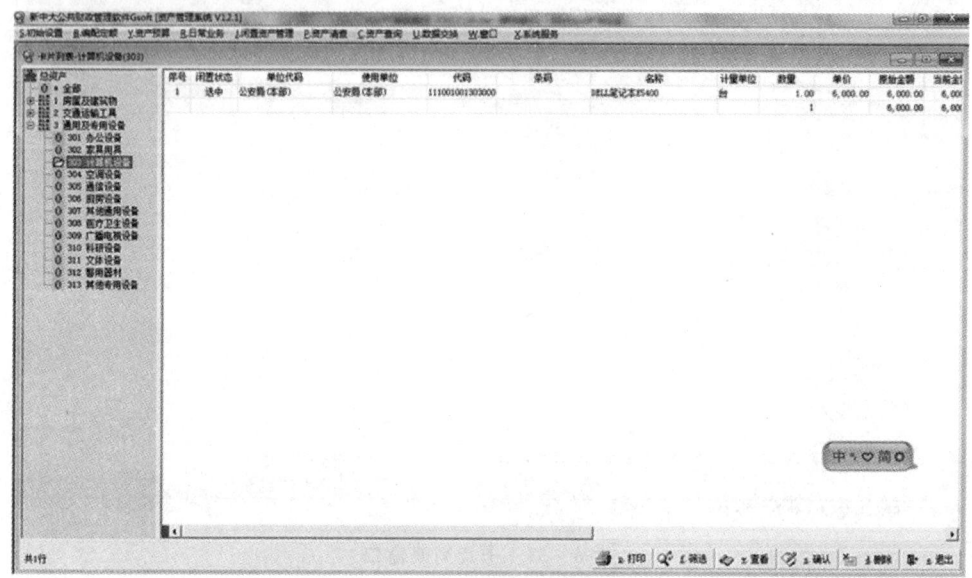

图 6-35 闲置资产处置确认

闲置资产处置确认过程:选中左侧资产分类:"303 计算机设备";选择右侧需要确认的资产,单击"确认",系统弹出"卡片调拨批处理"窗口,如图 6-36 所示。

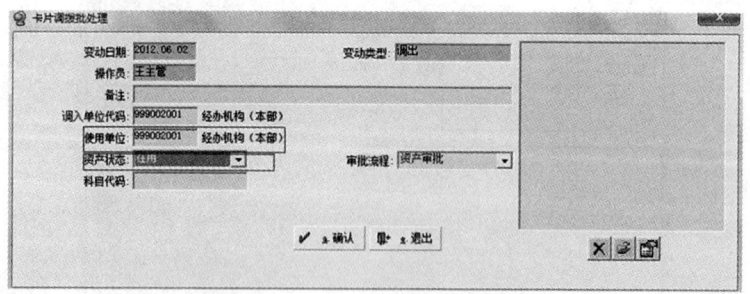

图 6-36 卡片调拨批处理窗口

调拨批处理过程:选择使用单位:999002001 经办机构(本部);资产状态:在用;审批流程:资产审批;单击"确认",系统弹出消息及提示窗口,单击"确定",最后"关闭"。

6. 由 gkk001 王主管对录入的闲置资产进行调拨审批。更换操作员为王主管身份登录系统后，并进入软件的资产管理系统。选择"日常业务"菜单→"审批管理"→"审批管理"→"变动审批"→"审批"，系统弹出查询条件窗口，选择条件后单击"确认"，系统打开待确认的"变动列表—审批"窗口，如图 6 - 37 所示。

图 6 - 37 变动列表—审批界面

在图 6 - 37 所示的界面选中需要变动确认的资产，单击"审批"，系统将自动弹出审批意见窗如图 6 - 38 所示，填写"审批意见"，单击"确认"，审批下一条记录。

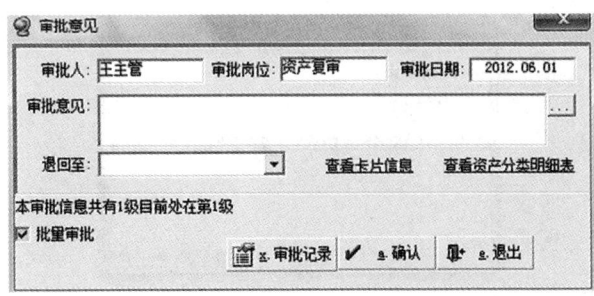

图 6 - 38 审批意见界面

7. 由 gkk002 任经办对录入的闲置资产进行变动确认。更换操作员为任经办身份登录系统后，并进入软件的资产管理系统。选择"日常业务"菜单→"变动确认"，系统弹出条件筛选窗口，选择条件后单击"确认"，系统打开待确认的"变动列表"窗口。如图6-39所示。

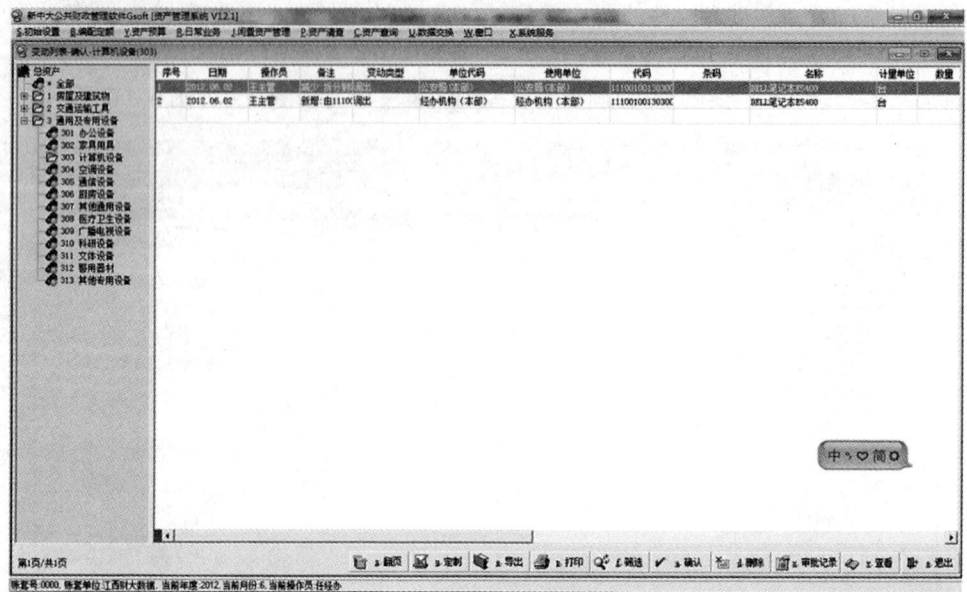

图6-39 变动确认界面

在图6-39所示的界面选中需要变动确认的资产,单击"确认",系统将自动弹出消息窗如图6-40所示,提示"处理成功",单击"关闭",确认下一条记录。

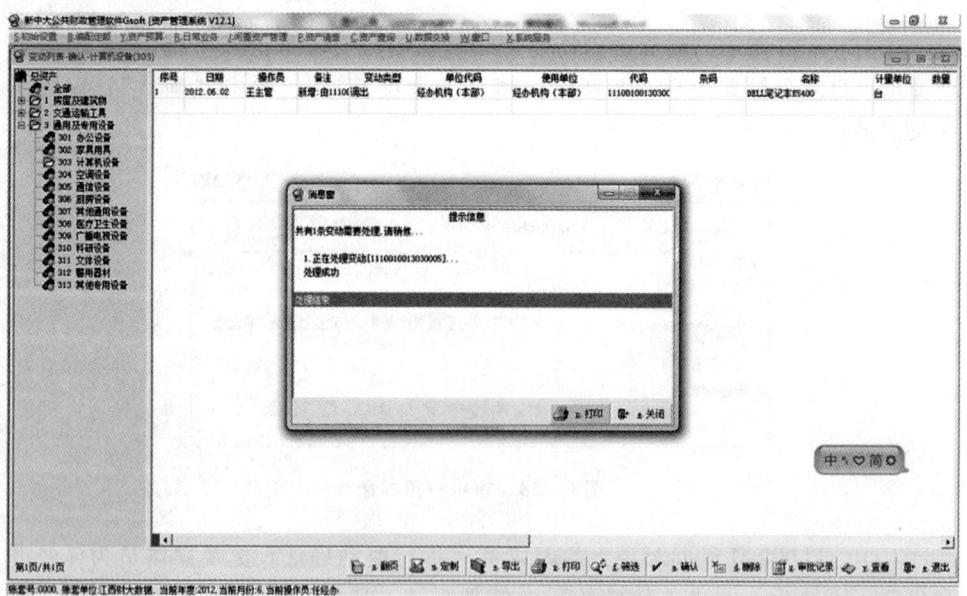

图6-40 变动确认消息窗

（六）资产清查管理

1. 首先以 gkk004 何文员的身份登录系统后，进入新中大公共财政管理软件 Gsoft [公共财政工作管理平台]，选择"系统菜单"→"资产管理"→"资产管理"进入软件的资产管理系统。

2. 选择"资产清查"菜单→"盘点卡管理"，出现如图 6-41 所示的盘点卡片列表窗口：

图 6-41　盘点卡列表窗口

盘点卡建立过程：单击"增加"出现下图 6-42。

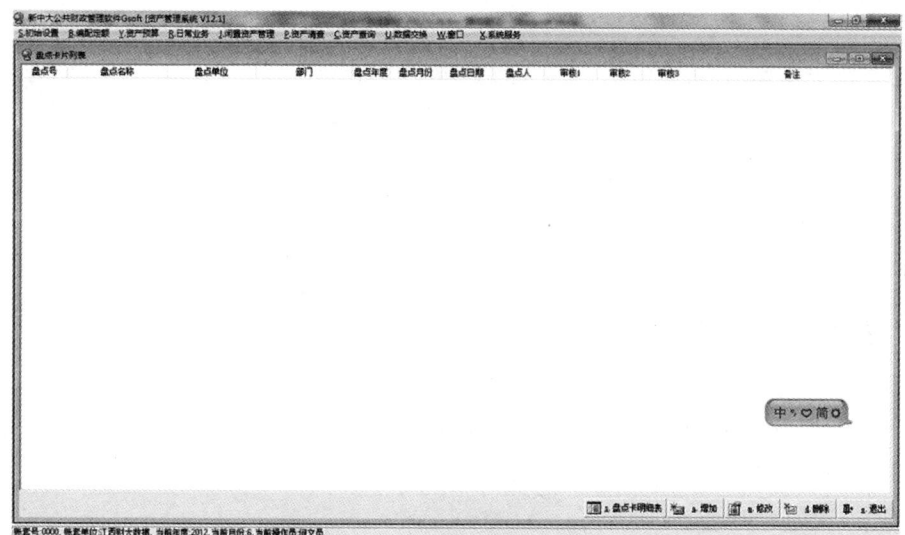

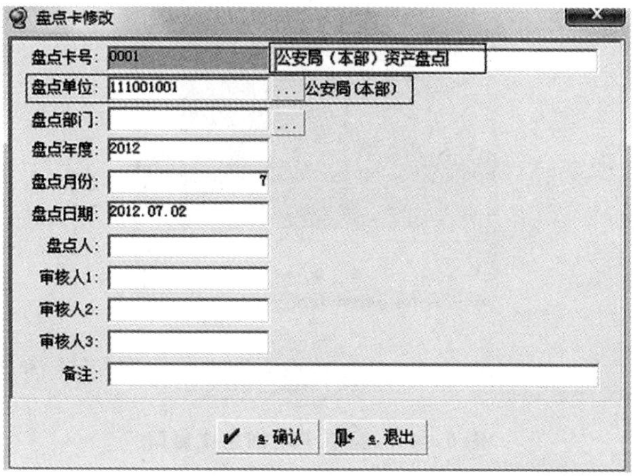

图 6-42　盘点新增窗口

盘点卡建立过程：输入盘点卡名称：公安局（本部）资产盘点；盘点单位：111001001 公安局本部；单击"确认"，出现下图 6-43。

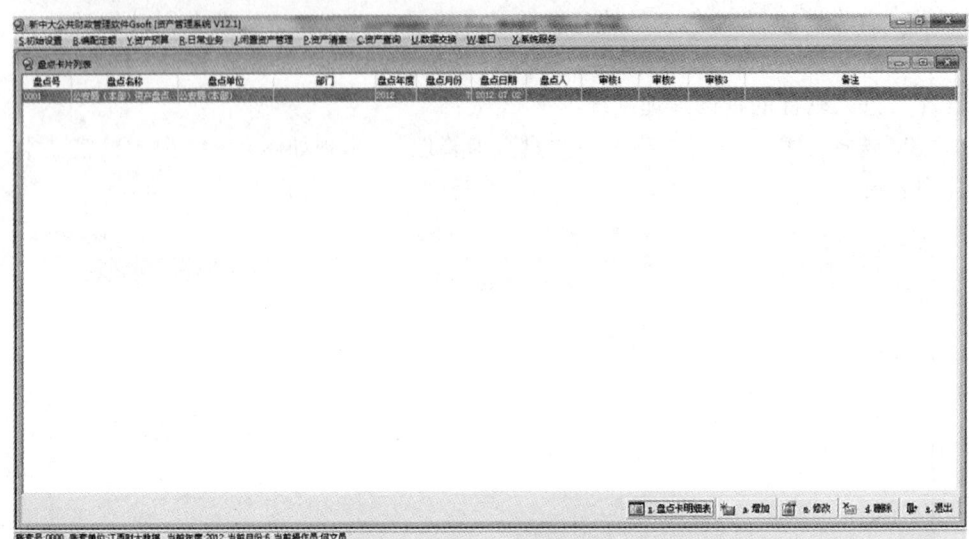

图 6-43　盘点卡列表窗口

单击"盘点卡明细表"，系统弹出图 6-44。

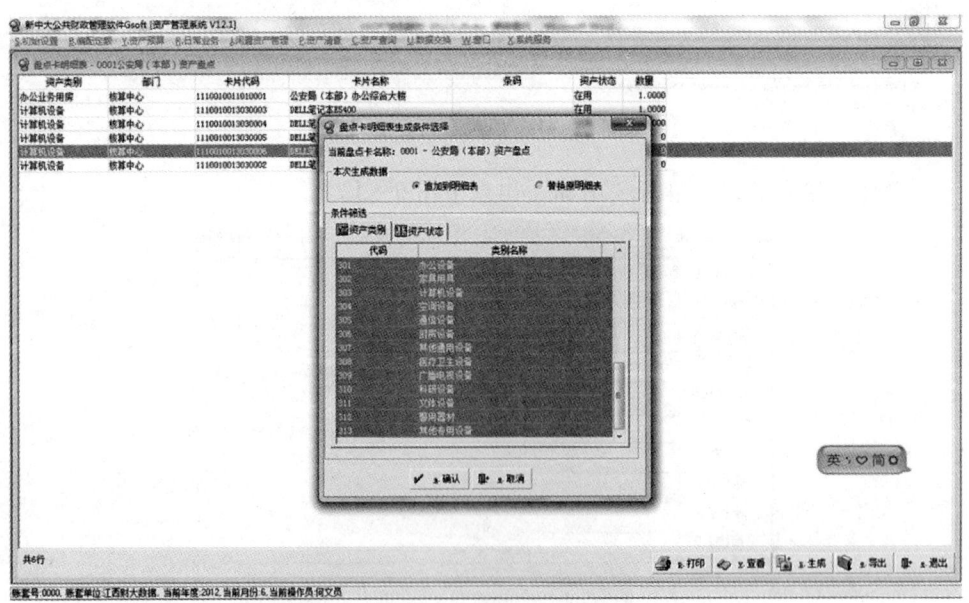

图 6-44　盘点卡明细生成窗口

盘点卡明细生成过程：选择需要盘点的资产类别和资产状态，单击"确认"，完成盘点卡明细操作，系统弹出盘点卡明细生成成功，单击"确定"完成。

3. 以 gkk004 何文员身份进行资产盘点，选择"资产清查"菜单→"资产盘点"，出现如图 6-45 所示的资产盘点窗口。

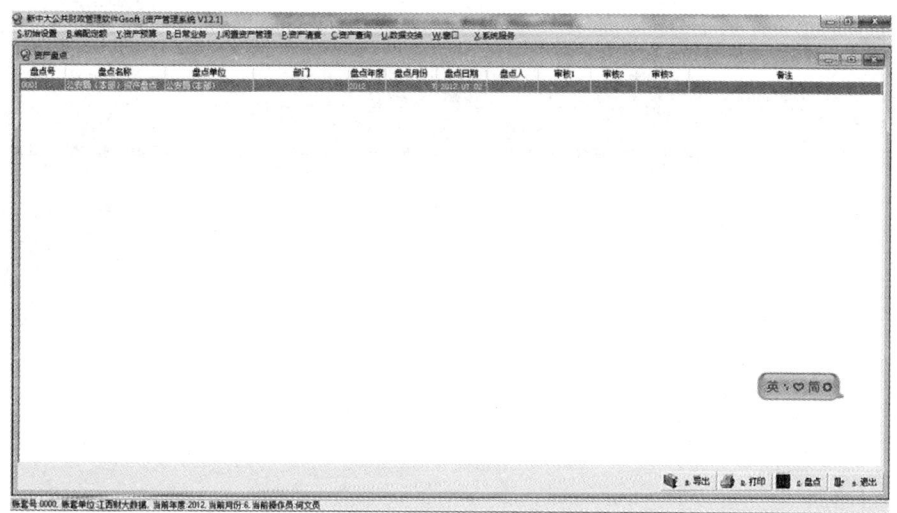

图 6-45　资产盘点窗口

资产盘点过程：单击"盘点"生成下图 6-46 所示的资产盘点明细，在实物数量进行录入；单击"自动盘点"，弹出"自动盘点条件设置"，在"资产数量 = 实物数量"打钩，单击"确认"，此时在资产盘点窗口的盘点结果栏将显示结果，然后单击"保存"退出。

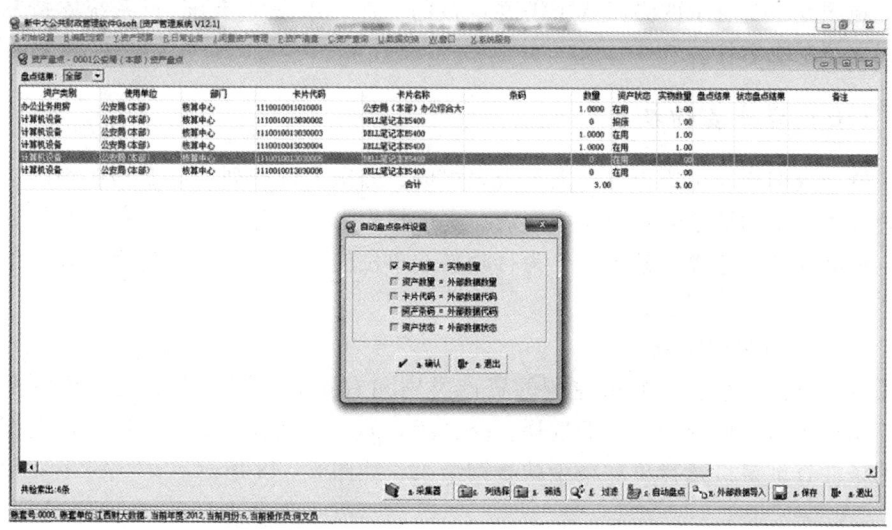

图 6-46　资产盘点明细

4. 由 gkk001 王主管对录入的盘点资产进行盘点资产审核。更换操作员为王主管身份登录系统后,并进入软件的资产管理系统。选择"资产清查"菜单→"盘点结果审核",系统打开待确认的"资产盘点卡审核"窗口,如图 6-47 所示。

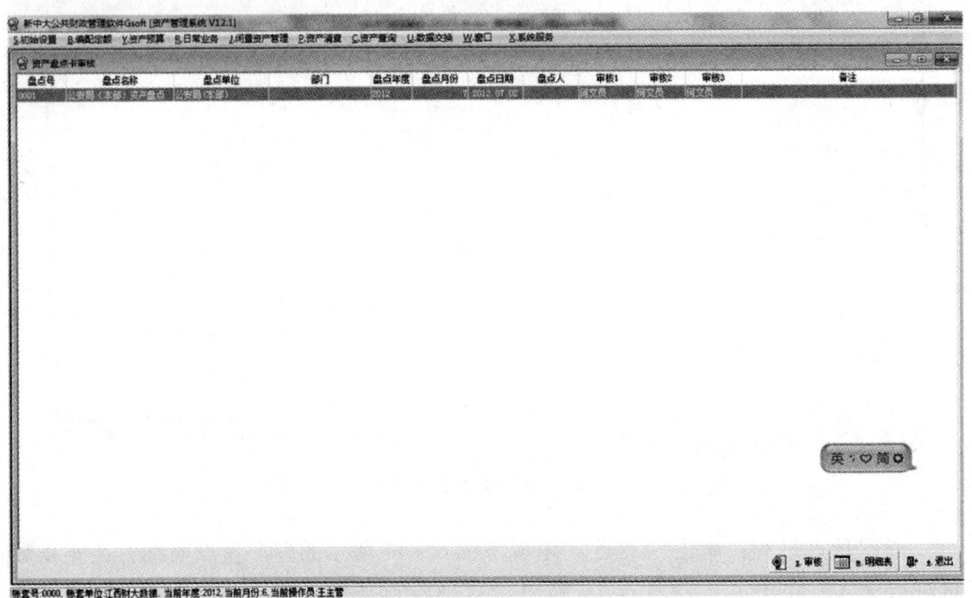

图 6-47 资产盘点卡审核界面

在图 6-47 所示的界面选中需要审核的资产,单击"审核",系统支持三个不同人员三次审核。

(七) 资产查询报表

资产查询报表主要由十个大类报表组成,分别为资产列表、变动明细表、分类统计表、变动汇总表、增减明细表、资产报表、资产总分类账、资产明细分类账、增减变动汇总表。其中主要为行政事业单位使用的为资产分类明细表、单位资产明细表、变动明细表等。

1. 资产分类明细表

资产分类明细表主要由左侧的资产类别和右侧对应资产类别的单位资产组成,用户可以根据资产类别的选择,查看所有的该类别资产台账,也可根据打开时的条件查询窗口选择更加精细的查询结果,如图 6-48 所示。

图 6-48 资产分类明细表

2. 单位资产明细表

单位资产明细表主要由左侧的资产单位和右侧对应资产单位的单位资产组成，用户可以根据资产单位的选择，查看所有的该单位资产台账，也可根据打开时的条件查询窗口选择更加精细的查询结果，如图 6-49 所示。

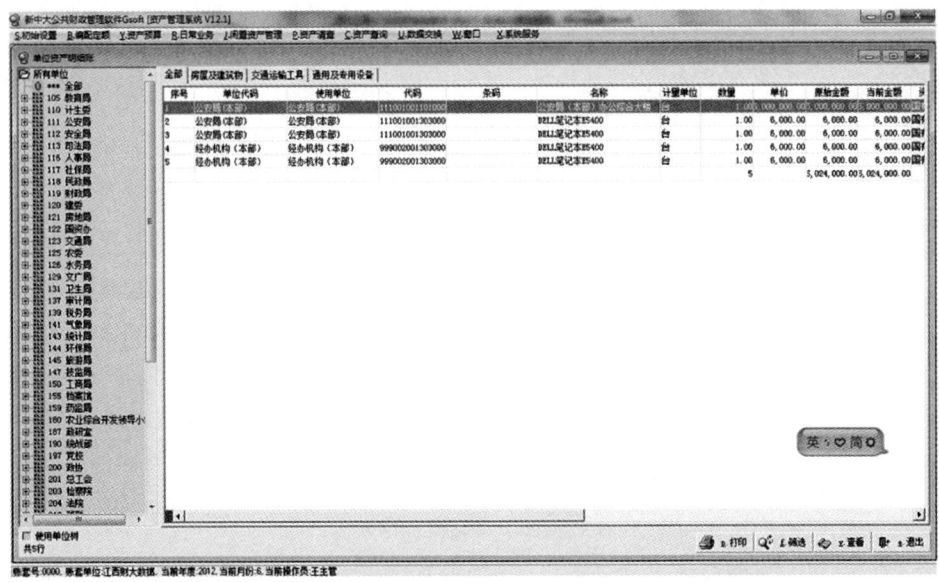

图 6-49 单位资产明细表

3. 变动明细表

变动明细表是将所有资产单位变动的所有情况进行了罗列出来方便用户查询，也可根据打开时的条件查询窗口选择更加精细的查询结果，如图 6-50 所示。

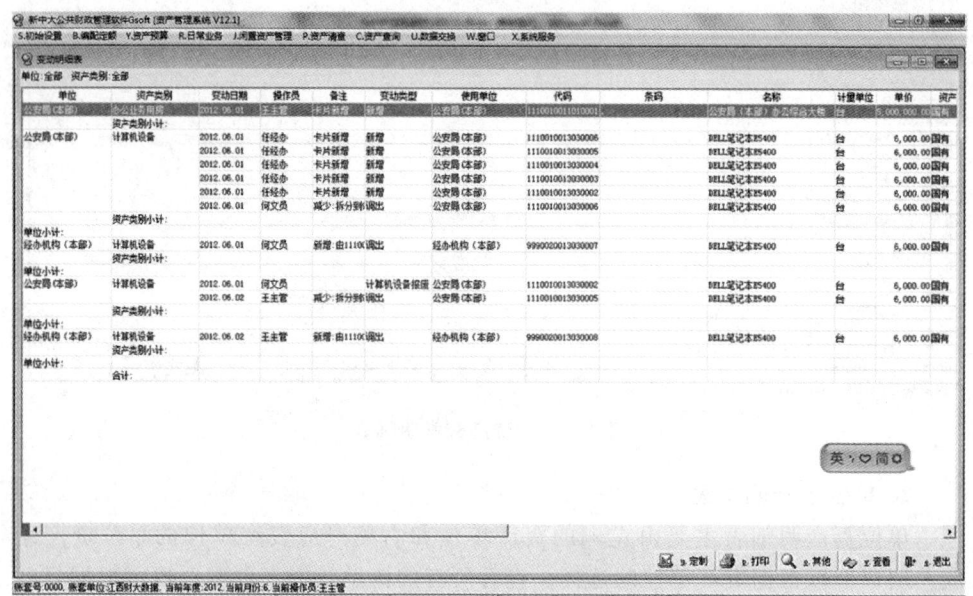

图 6-50 变动明细表

后　记

对"财政信息管理系统"在本科课程体系中的探索始于2008年，由初期的论证到课程的开设，经历了多次的探索。在这期间，有过疑惑，有过惶恐，甚至在纠结中曾经萌生过放弃的念头，可最终课程组在学院领导的大力支持和鼓励下还是坚持下来了，并通过对整个学科体系的考量，同时结合实验课在学科建设中的作用，确定了目前这版教材的主体内容。不敢说是有什么收获，只能说是基于实践对实验课的开设、教学运行、教学结果反馈的一个总结，以期在今后的教学中，有一个重新出发的起点。

这本教材不仅仅是一门实验课的教程，在编写伊始，编写组就经过讨论并取得一致性的意见，要立足于软件的操作和演练，结合财政理论、财政前沿及财政管理改革的平台，能让本科生在即将毕业走上工作岗位前，对曾经学过的专业知识进行有效的整合和宏观的认知。因此，本教材包含理论前沿和实验操作两大部分。同时希望教授的教师不要局限于教材的限制，可以能动地对财政活动进行积极的补充和丰富，为课程的建设，为实验课开设作用的发挥，提供更多的经验和有益的实践。

教材在编写分工情况如下，白恩来承担了理论部分的第一章、第二章、第四章的编写，魏松承担了理论部分第三章的编写，白贵承担了理论部分第五章的编写，实验部分由白恩来、魏松共同完成的。同时教材编写过程中得到了内蒙古财经大学财税学院的大力支持，相关领导亲自参与了教材的编写，同仁们也提出了非常多有益的改进建议，在此编者深表感谢。杭州新中大软件股份有限公司在实验课开设、课程运行中提供了大量的技术支持，同时对教材的编写提供了大量的素材，教材编写组对此深表谢意。初次尝试编写实验教材，由于缺乏经验，水平有限，难免会有疏漏和遗憾，望读者能见谅。

本书编写组